导　读

《西方哲学二十一讲》（旧译《西洋哲学史》）是美国著名的哲学史家弗兰克·梯利在其讲授哲学史的基础上于1914年编写出版的一部教材。该书自出版以来，在西方哲学界一直受到好评，被美国各个大学哲学系广泛采用为哲学史教材或主要参考书。

我认真阅读了新世界出版社提供的这本由陈正谟先生翻译的书稿，认为很有必要再次出版这部哲学经典名著。理由有四：

第一，从该书的作者立场来看，梯利本人的学术贡献更多地体现在，他并不是一个重要的哲学家，而是一个著名的哲学史家。一般来说，哲学家撰写的哲学史著作往往会带有哲学家本人的哲学立场和评判标准，例如黑格尔的《哲学史讲演录》、文德尔班的《哲学史教程》、罗素的《西方哲学史》等。但是，作为一个著名的哲学史家，梯利的这本书在评价历史上不同的哲学派别和哲学家时就比较客观公正，可以说是纯粹哲学史家编写的哲学史。

第二，从该书的主要内容来看，梯利这本书在中国哲学界可以说开创了哲学史教学的新局面，提供了中国人编写哲学史教材的范本。这本书在陈正谟先生首次译介到中国学术界之前，国内也出版过不少哲学史一类的书籍，但大多是一种历史上的哲学家思想的罗列，缺乏哲学史的内在联系，而梯利这本书恰好弥补了这一不足。正如梯利在本书序言里所说，哲学史的目的在于把每一种宇宙观安插到适当的位置上，认为它是一个有机整体的一部分，把它现在、过去及未来的知识的、政治的、道德的和宗教的元素连接起来。此外，梯利这本书还有一个很重要的特点，即它在内容上并不仅仅局限于宇宙论和认识论领域，它更加关注哲学家在伦理、宗教、政治、法律、经济和教育等领域的哲学思想。这样一来，它不仅适用于专门研究哲学的人去阅读，而且也适用于普通的哲学爱好者去阅读。

第三，从陈正谟先生的学术能力和译文质量来看，可以说这本书是一部经得起历史检验的经典哲学译著。1919年，陈先生就开始阅读和尝试着翻译这部名著了，当时他还是北京大学哲学系的一名学生。当年胡适在北大讲授西方哲学史时，约定了由12名学生共同翻译梯利的这本书，计划将其列入商务印书馆出版的“世界丛书”，陈先生便是其中之一。虽然胡适的这一愿望未能实现，但这个约定却为陈先生独自翻译这部名著打下了坚实的基础。1929年，陈先生独自译完了全部书稿，但又因“一·二八事变”爆发，部分译稿遗失。1936年，陈先生又用了一年时间重新翻译此书。1938年这本书得以列入商务印书馆“大学丛书（教本）”出版计划并最终出版，中文译名为《西洋哲学史》。经过将近20年的初译、次译、再译到最终出版，陈先生可以说是最能理解梯利这本书的中文译者。无论是在哲学术语的翻译方面，还是在对哲学思想的理解方面，陈先生的学术贡献都是显而易见

西方哲学二十一讲

A HISTORY OF PHILOSOPHY

·上·

Frank Thilly

［美］
弗兰克·梯利
著

陈正谟
译

新世界出版社
NEW WORLD PRESS

图书在版编目（CIP）数据

西方哲学二十一讲 /（美）弗兰克·梯利著；陈正谟译. -- 北京：新世界出版社，2024.4
ISBN 978-7-5104-7662-4

Ⅰ.①西… Ⅱ.①弗… ②陈… Ⅲ.①哲学－世界－教材 Ⅳ.①B1-49

中国国家版本馆CIP数据核字（2024）第 023972 号

西方哲学二十一讲

作　　者：［美］弗兰克·梯利
译　　者：陈正谟
责任编辑：范禄荣
责任校对：宣　慧　张杰楠
责任印制：王宝根
出　　版：新世界出版社
网　　址：http://www.nwp.com.cn
社　　址：北京西城区百万庄大街 24 号（100037）
发 行 部：(010)6899 5968（电话）　(010)6899 0635（电话）
总 编 室：(010)6899 5424（电话）　(010)6832 6679（传真）
版 权 部：+8610 6899 6306（电话）nwpcd@sina.com（电邮）
印　　刷：天津旭丰源印刷有限公司
经　　销：新华书店
开　　本：880mm × 1230mm　1/32　尺寸：145mm × 210mm
字　　数：490 千字　印张：20
版　　次：2024 年 4 月第 1 版　2024 年 4 月第 1 次印刷
书　　号：ISBN 978-7-5104-7662-4
定　　价：128.00 元

的。陈先生不仅把这本书首次译介到了中国，而且对于人们全面准确地理解西方哲学思想起到了积极的推动作用。

第四，从该书编者的勘校效果来看，为契合当代读者的阅读习惯，编者做了大量的修缮工作，比如对个别哲学词语和语句进行的修饰和改进，对哲学家人名、哲学流派、哲学著作进行的规范化处理等。这就使得该文本读起来更加流畅、更具美感，而又不失原有译文的本真面貌和语言风格。

2023年11月9日于喻家山下

（导读作者张廷国，系华中科技大学哲学学院教授、博士生导师，德国哲学研究中心执行主任，应用现象学研究中心主任）

序 言

哲学史的目的，在于把那些“解决万有的问题或说明经验的世界”的各种想法，做成一种连贯的记载。这种记载是有理性的人类之思想，从古到今的发展之故事，不仅是按着年代先后列举和解释各种哲学学说，而且是研究各种哲学学说彼此间的关系、发生的时间及提出其主张的学者。各种思想系统，虽然多多少少有赖于其所发生的文明以前的思想之性质及其主张者的个性，然而一经成立，又大有影响于其当代与后代的思想与制度。所以哲学史必须竭力把每一种宇宙观安插到适当的位置上，认为它是一个有机整体的一部分，把它现在、过去及未来的知识的、政治的、道德的、社会的和宗教的元素连接起来。哲学史又必须追踪人类思想上进步的线索，指出哲学怎样产生，所有的问题及学者提出的解决方法怎样唤起新问题与答案，并且指出在各个时代中对于最后的解决进步到什么地步。

当研究各个不同的思想系统时，我们要留意让那些主张者的思想尽量表现出来，不要全拿我们主观的见解去批评他们。哲学史多半是哲学本身最好的批评者，因为一个思想系统由它的后起者来祖述、改变、发挥或推翻，其中种种错误与破绽，由此可以暴露出来，而且它常常做新思想的出发点。哲学史家在研究哲学史时，必须持一种不偏不倚的客观态度，并且要尽量预防插入其个人的哲学思想于其所讨论的范围之中。然而，要完全免掉个人的成分，是不可能做到的。哲学家的成见，在某种范围内往往流露于他的著作中。流露他的成见之方法有好几种：有时侧重于某种特别的哲学，有时自以为某种哲学是进步或衰退——有时甚至对于各个思想家的记载得有详细、有简略。这都是不能避免的。然而哲学史家对于各个哲学家须得让其有个圆满的机会，陈述了其学说，然后加以反对的言论，并且不要单拿现在的眼光批评他。换言之，不要拿现今的标准衡量他。初期希腊的宇宙观，若与近世学说相比，那就觉得是质朴、幼稚和粗鲁了，不仅不是知识的大光明，而且很可笑。然而若就当时的观点看起来——希腊人民初次努力了解宇宙时——那种宇宙观，又可以成为划时代的事情了。我们评判一个哲学系统，必须从它本身的目的和历史地位着眼，从它的前因后果着眼，从它所引出来的发展着眼，只能把它同其直接的前后的思想系统相比，不可与太远的前后的思想系统相比，所以哲学史的研究法是历史的、批评的。

研究哲学史的价值有下列诸点：好学之士，都注重于万有之根本问题及历来学者对于这些问题的答案。哲学史正好适合这种要求。除此之外，哲学史的研究可以帮助人们了解其自身的时代及别的时代，又可以使人们知道过去与现在之伦理的、宗教的、政治的、法律的与经济的思想，因其指出了这些思想所根据的原理。哲学史之研究，又是建立哲学的思想之有益的预备，由简单的思想构造，到复杂的困难的思想构造，论述民族之哲学的经验而训练我们之抽象的思维。由此可以帮助我们建立宇宙观与人生观。假若有人想构建哲学系统，却不顾前人之言论，其结果必与文化初期之粗浅的学说相去不远。

科学和哲学可以说同发源于宗教，或者更可以说科学、哲学和宗教本就是一源，这个源就是神话。神话是了解宇宙之一种原始的尝试，人类初始解释现象，多半是在实用上令其注意的现象，其解释那些现象，根据的就是自己粗浅的经验。他们把自己的本性纳入那些现象中，按照自己的想象形成那些现象，赋予那些现象以生命，而将之认为活的、有生灵的东西。在许多民族中，这种暧昧不明的精灵论的概念，变为清晰明了的有人格的神灵之概念——其等级较人类高些，然而实质上还类似于人类（多神论）。不过这些神话的创造，皆不能认为是个人的创造或逻辑的思想之结果。它们是民众的心理之表示，想象与意志为其中重要的角色。

一种概括的哲学史必然包括各民族的哲学。然而各民族实际上并不曾都产生过真实的思想系统，其中只有很少数的民族的思想能够说得上有历史。许多民族的思想皆未超过神话的阶段，即使是东方民族的哲学，大半皆含有神话的和伦理的思想，而不是完全透彻的思想系统，它们皆是由诗歌和信仰析出。所以本书的研究，只限于西方各国且开端于古希腊的哲学。它的文化尚有若干部分为西方文明之基础。今依通史的分类法，全书分为“上古或希腊哲学”“中古或基督教哲学”及“近世哲学”三部分。

哲学史研究的材料有：（一）哲学家的著作或他们著作中保留下来的断章残篇，这叫作原料。（二）前两种都没有时，我们要靠别人对于他们的最可靠的和最精确的记载来研究他们的学说。这些材料当中，能在这里帮助我们的是那些特别的哲学家之传记和学说之记述，哲学史上的专论和通论，某种学理的批评及其相关的参考书。这种副料为原料散佚时所必不可少的。然而即使原料未散佚，副料亦有重大的价值，因其可以对明了所研究的思想有帮助。哲学史家须求助于对其研究有贡献的著作，在这些著作中，副料是重要的部分。他们又须借助于人类一切活动的历史，如科学史、文学史、美术史、道德史、教育史、政治史和宗教史等。因为这些历史可以使他们了解其所研究的时代之精神。

目录

| 第三部分　近世哲学 |

第一部分

希腊哲学史

第一讲

自然哲学

希腊哲学开始是研究客观世界之本质，其开始大半注意于外界的自然，之后渐渐地转其眼光于人类的本身，所谓人本主义是也。他们开首的大问题是：自然是什么？因而人类是什么？其次的问题是：人类是什么？因而自然是什么？他们的兴趣由自然转移到人类，引起人类精神的问题之研究，即人类心理和人类行为的研究，逻辑、伦理学、心理学、政治学及诗的研究。

第一章　初期希腊思想的起源和发展

第一节　希腊哲学史

西方古代的民族，其思想很少有超出神话阶段以上的，除希腊人之外，也许无一民族曾产生过一种真正的哲学。因为这个缘故，我们便以希腊哲学为起点。希腊哲学家不仅建立了后来的西方哲学系统之基础，而且差不多把两千多年来欧洲文化中的问题与答案都提出来了。他们的哲学是人类思想“从简单的神话开始，到现在世界上最复杂、最概括的思想系统”之进化的一种最好的例证。希腊哲学家之所以有生气，是因为他们的爱真理、好独立的精神。这种精神自古以来没有人超越过，甚至比得上的都很少。因此希腊哲学之研究，应该是有意于高深思想的学者之一种动心的和可贵的学科。

我们所谓的希腊哲学史，就是那起源并发展于希腊版图之上的知识的运动。然而其中所包括者，不只有希腊本国人民的哲学，还有发扬于雅典、罗马、亚历山大城和小亚细亚各处带有希腊思想之根本色彩的哲学，此为希腊文化所演生之哲学。

第二节　环境

我们现在要研究他们的哲学的这个民族，住在希腊山岭的半岛上。这个地方的自然环境，最宜于产生一种活泼的民族性格。其许多海港不仅便于航行与商业活动，而且可以用作向海外殖民的出口。希腊的殖民地是一串的，从本国直到小亚细亚的海岸，最后至埃及、西西里、南意大利及赫丘利斯之柱，连续不断。因为殖民地与祖国没有断绝关系，所以殖民地的人民常将其所处的各地方的风俗、遗训与制度带回祖国。希腊处在这种情形下，经济有了长足的进步——商业工业之发展、城市之兴起、财富之积聚、分工之增加，大有影响于希腊全部版图上之社会的、政治的、知识的及宗教的生活，并且利于展开一条较新的丰富的文化之途径。这种自然的与人文的环境，激发了希腊人的民智与意志，开拓了他们的宇宙观与人生观之见解，活泼了他们的批评与反省之精神，发展了他们特立的人格，使他们的思想及行为等各方面获得进步。希腊民族原来就禀有聪明伶俐的智慧、渴求知识的欲望、优良的美感及实行的毅力、好胜的心理。今环境复供给以试验其权力与才能的“材料”，遂使其在政治上、宗教上、道德上、文学上及哲学上有长足的进步。

第三节 政治

希腊市府国家的政治命运，无论在本土上还是殖民地上，都表现出一些共通的特性，到处可以发现从家长专政经过贵族政治而至平民政治的一种政治的变迁。荷马的史诗中所描写的社会，是一种阶级制度的社会，其政体是一种家长式的专政。之后因为少数人发了财、有了教化，遂演变成贵族政治；又因时代迁移，演变成寡头政治。中间因为社会的情形变了，市民阶级产生，他们就开始与特权阶级的领袖相抗衡。到了公元前六七世纪，因与人主争权力的勇敢、有野心之人的努力，暴民专政遂布满希腊。最后人民得到了政权，暴主专政的政治遂变成平民主政的政治。

第四节　文学

这些情形，我们可以认为是希腊人心觉悟的结果。这种新运动是启蒙时代的一个征兆和原因，是新思想之标杆、旧思想之批评。其结果的发生，是对于旧制度的一种反抗及新改革的一种要求。公元前6世纪以前的希腊文字史，表现出一种反省和批评精神的发展，好像那表现于政治生活上的情况一样。荷马史诗的愉快性和客观性——儿童时期天真烂漫的特性——渐次消失，诗人们逐渐减少了乐观的色彩，增加了批评的和主观的色彩。本来，在荷马的著作中，已经间或可以发现他对人类的行为、众生的愚笨、人生的困苦与短促及不义的罪恶所发出的道德的批评。在赫西奥德的著作中，那批评与悲观的论调更为明显。他的《工作和日程》是一本伦理学教科书，攻击当代的弱点，提出道德的格律和人生实用的规则，赞美朴素的道德，悲伤古代黄金时代的衰微。公元前7世纪，悯世讥俗的一班诗人如阿尔凯奥斯、西蒙尼戴斯、阿尔齐洛科斯以悲凉和嘲讽的诗调，诋毁虐政的发生，悲伤人民的柔弱，以鼓舞其勇往，并尽其职分于人事，而听结果于天命。这种意含教训和悲观的精神，在公元前6世纪的诗歌中，还明显地将人民的政治命运作为讨论的材料，而且常把事物的新秩序抛弃不顾。属于这时期的诗人，有寓言的诗家伊索和那些格言的诗人如梭伦、甫西里第斯、塞奥格尼斯。他们的聪明的箴言，含有伦理的思想，为后世道德哲学的胚胎。个人开始分析人生、批评人生，对于其种族中的习惯与理想不再随声附和，并欲表现出自己伦理的、政治的、宗教的思想与希望。结果就是，这种批评与研究的精神——由广大的复杂的经验所产生的这种精神——引起政治学及伦理学中对人类行为的哲学研究。

第五节　宗教

希腊宗教的发展，与政治及文学遵循着相同的路径，开始是一种自然崇拜，继而演进为多神教，并由诗人的想象创造出一个神的社会，其中住有很多神仙。在这里面，也有批评与反省的精神，并促成了伦理的及合理的宗教。诗人所想的众神之品行（如荷马所描写的）及道德心之精炼，合在一起生出较纯粹的奥林匹斯山之概念。后来因文化的进步，众神本身都变成有道德的，而宙斯成为神的社会中的领袖、天上地下的正义保护者。

另外，关于众神之起源、彼此之关系以及世界之始末，都需要玄学的解释。于是一班人开始思量传统的神话，思索众神如何发生：他们用传统的神话作为思索的根据，用粗浅的方法说明万事万物。赫西奥德的《神谱》是最先论道众神系统的最古老的例子。属于这类文献的，还有公元前540年锡罗斯、费雷西底的神谱和俄耳甫斯的创世说。这些文献也许根据的是较古老的一种神谱，但从其现今的形式看来，则显示不出它们是先于公元前1世纪的东西。照赫西奥德的《神谱》来看，最初发生洪荒混沌，其次有大地，再次有爱情。从这洪荒混沌中生出黑暗和夜晚，又从这两者的结合中生出光明与白昼。大地生海，大地与天结合而生河。天的种子生爱。天降雨而播种生命的种子于自然界。这种想法也是想说明万物之起源，唯有其态度不是科学的、逻辑的，只是借助于诗人的想象及通常的神话。一班诗人为了追寻万事万物如何发生的答案，按照日常简单的经验，认为此类似于人类的意志之体现，黑暗与夜晚合而生白昼，天与地配而生河流。

第六节　哲学

上节所说的《神谱》，虽不是哲学，却是哲学之先驱。本来，在神话中已经有了哲学的思想，因为神话是某种说明的要求，这种要求，虽然是根据意志，并且容易由想象来满足，但是有哲学思想的意味。《神谱》与《创世纪》是神话的进步，都是想把神话的世界弄成合理的，并且想说明管理自然中之变化、人生中之事情者的起源。不过它们大半还是只能满足诗人的想象，不能满足逻辑的思维，并且它们诉之于超自然的力量和动作，而不是诉之于自然的原因。哲学发生于理性克服了空想、理智克服了想象。换言之，不用超自然的东西作为说明的原理，而以经验的事实作为研究和说明的基础，方才发生哲学。哲学解释万事万物，其态度不偏不倚、不怀成见，不为通常的神话所束缚，不为直接的实际的需要所牵制。哲学发生于希腊，约在公元前6世纪，所谓启蒙时代是也。有了上面所说的研究的精神及希腊人一切精神生活中所表现的精神，自然而然地便发生了哲学。

第七节　希腊哲学概观

希腊哲学开始是研究客观世界的本质，其开始大半注意于外界的自然，之后渐渐地转其眼光于人类的本身，所谓人本主义是也。它开首的大问题是：自然是什么？因而人类是什么？其次的问题是：人类是什么？因而自然是什么？它的兴趣由自然转移到人类，引起人类精神的问题之研究，即人类心理和人类行为的研究，逻辑、伦理学、心理学、政治学及诗的研究。再然后更注重于伦理学的问题：什么是至善？什么是人生的意义和目的？伦理学成为研究的主要对象，逻辑和玄学成为解决道德问题的辅助学问。最后神及人与神的关系的问题——神学的问题——成为主要的问题。故希腊哲学是以宗教始，以宗教终。

（一）希腊哲学上最先提出的大问题是辩士派以前的时代的问题。这个时代大约从公元前585年起，到公元前5世纪中叶止。最早的希腊哲学是自然主义的哲学，主要在于自然方面；那种哲学多半是万物有生论的，因其认为自然是有生命的或活的；那种哲学是本体论的，因其研究万物的本质；它大半是一元论的，因其用一种单一的原理，解释一切现象；它是武断论的，因其真诚朴实地假定人类心理有解决宇宙问题的能力。这个时代的哲学舞台在殖民地，其中爱奥尼亚、南意大利和西西里各地最兴盛。

（二）辩士派时代是一个过渡的时代，在公元前5世纪的时候。这个时代的哲学渐渐地不信任人类心理有解决宇宙问题的能力，并且渐渐地不相信一直以来的种种思想和制度。这种运动是怀疑的、急进的、革命的、轻视或反对玄学的思辨的运动。然而因其注意于人的问题，所以对于知识的问题和行为的问题有比较透彻的研究，并且开苏格拉底时代的先河。雅典就是这种新启蒙时代的大本营，又是伟大的哲学派的家乡。

（三）苏格拉底时代是一个改造的时代，从公元前430年起，到公元前320年止。苏格拉底拥护知识，以对抗怀疑论的攻击，并且指出真理怎么样可以用一种逻辑的方法得到。他努力去规定善的意义，因而又为伦理学开了一条路径。柏拉图和亚里士多德根据苏格拉底所建立的基础，构成合理的知识论（逻辑）、行为论（伦理学）和国家论（政治学）。他们又组成了一些概括的思想系统（玄学），并且以心灵、理性或精神来解释宇宙。所以我们可以说这种哲学的特色是批评的，因其考究知识的原理；是理性论的，因其承认理性有探求真理的能力；是人本主义的，因其研究人；是唯心论的，因其以心理为说明实在的主要元素；是二元论的，因其以物质为次等元素。

（四）最后的时代从公元前320年起，直到公元529年查士丁尼大帝结束哲学家的各派为止，是后亚里士多德时代。在这个时代中，哲学的舞台是在雅典、亚历山大城和罗马。有两点应该注意：一是伦理学方面，一是神学方面。斯多葛学派（或译苦行派）的芝诺和享乐派的伊壁鸠鲁所研究的主要问题，就是行为的问题：什么是有理性的人类的努力目的？什么是至善？伊壁鸠鲁派以幸福为人生之最大的目的，斯多葛学派以德性的生活为人生之最大的目的。这两派都注重逻辑与玄学，前者以为逻辑与玄学足以破除迷信及愚昧，而且有助于幸福；后者以为其足以使人知道各人的责任为合理的宇宙的一部分。伊壁鸠鲁派是机械论者，斯多葛学派以宇宙为神圣的理性之表现。神学的运动发生于亚历山大城，是希腊哲学与东方宗教接触的结果。新柏拉图主义是其发展到极点的形式，认为世界由超绝的神创造而出，这超绝的神是万物之根源，也是万物之目标。

第二章 辩士派以前的哲学发展

在这一章中，我们要研究爱奥尼亚的物理学家或自然哲学家、毕达哥拉斯学派的赫拉克利特，埃利亚学派的恩培多克勒，原子论派的阿那克萨哥拉。爱奥尼亚的物理学家之思想大有进步，他们解释森罗万象，想以自然的原因，而不愿诉之于神话的东西。他们的问题是：组成宇宙的本原是什么？他们解决这个问题是靠感官和知觉：有以为是水的，有以为是“气”的，有以为是一种假设的不可分的物质的。他们力图用单一的原理（一元论）去解释各种物体的性质和变迁，认为万物的性质和变迁为原始的质料之转变。据他们观察，一切实体可以变化为别种实体（例如水变为汽），所以原始的元素必定曾经同样地转变为我们现今经验的世界上的各种实体。古希腊的思想家皆默认实在是活的，他们用这种见解说明变化的事实本身。他们以为原始的实体本身内有运动和变化（万物有生论）。毕达哥拉斯学派注意于感官和知觉的实体，不如其注意于世界上万物中的关系、秩序、一致或和谐，因为这种关系可以拿数目来表现。他们于是认为数为实体，以数为万物之根本原因。赫拉克利特与爱奥尼亚的学者类似，以活的实体（火）为原理，但只特意地提出变迁或变化的事实，认为其是重要的东西。依他看来，世界是在连续不断的变化之中的；万物都处于一种流动的状态；万物之中绝无真实的永久不变性。他还提出一个比先辈们更明白的观念，以为世界上有一种管束其所发生的事情之理性。埃利亚学派也注意于变化的观念，但是认为其是绝对不可设想的。他们觉得一种元素（如火）将要变成别种东西，是不可设想的；一种东西不能变为本身以外的东西；原来是什么样的东西，终究是什么样的东西；实在的重要特性是不变，是永恒。与埃利亚学派不同，恩培多克勒指出，没有什么东西真能变成别的东西，没有什么东西能够生于无，没有什么东西能够变成无，没有什么东西能变成绝对不同的别种东西。然而他还与赫拉克利特一样，主张万物有变化，不过变化只是相对的，不是绝对的。不变的元素或分子原是有的；这些元素或分子合起来组成物体，就是发生；物体的部分分离了，便是消灭。宇宙间没有什么东西真能绝对地发生、变化、消灭：永久不变的各元素实际上能够变更其彼此间的关系。原子论者大体上承认恩培多克勒的新理论，但亦有不同的观点。他们不像他假定土、气、火、水四大元素及俨然有人格的爱与恶两种原动力，他们假定了无数细微的不可分的物质微细点，叫作原子，比土、气、火、水更根本些，并认为运动为原子本身所固有。阿那克萨哥拉对于恩培多克勒及原子论者所提出的原理，也有不同之处。他假定有无数的根本的性质，并另外提出一种心理的观念来解释它们的运动之起源。最后一班辩士派对于这些学说，都持一种相反的态度，声言这种解决宇宙问题的尝试是无用的，其所持的理由是，这种知识是不能成功的。

第三章　实体的问题

第一节　泰勒斯

泰勒斯大约于公元前624年生于希腊的一个殖民地米利都，死于公元前554年与公元前548年之间。他是一个有名的政治家、数学家和天文学家，并且是希腊的第一个哲学家。相传，他曾于事前预料到公元前585年5月28日出现的日食。所有的著作家都把他尊为希腊的七哲之一。泰勒斯也许从来未曾著作过什么书，因此，我们不能得到他的著作。有人以为《航海占星学》是他的著作，其实是伪作。故我们对他的学说的知识，只限于哲学史上的副料。

泰勒斯的重要，在于他公正地提出了哲学的问题，并且不用神话的东西来解决。他主张水为万物之本原。他的推论的根据，也许是因为他看见生命所必需的许多元素（滋养、热气、种子等）都含有水分。他以为万物都生于水，至于如何生于水，他未曾说过。大概他觉得一种实体变成另一种实体是经验的事实，全不成什么问题。他明明白白地把自然看作是活动的、变化的，像一班古希腊哲学家的主张一样。据亚里士多德说，

泰勒斯

他的学说至少是如此。据希波吕托斯说，泰勒斯以为万物不仅生于水，并返于水，也许他认为水是一种泥，可以极圆满地说明固体、液体和一切生物的起源。

第二节　阿那克西曼德

阿那克西曼德是泰勒斯的同乡，生于公元前611年，死于公元前547年或公元前546年。相传，他是泰勒斯的学生，但依公平的推测，他们两人既然是同乡，他一定熟悉泰勒斯的见解。据说他对于天文学、地理学和宇宙论有兴趣。他曾制作过地理图、天体图，并且曾把日晷介绍到希腊。他的一篇《自然论》现在只剩下断章残篇，那是希腊文的第一本哲学著作，也是希腊文的第一本散文著作。

阿那克西曼德的学说大概如下：万物的本质或原理，不是泰勒斯所设想的水——因为水的本质还待解释，而是一种无穷的永久不灭的实体，万物由它构成，最后又变成它。阿那克西曼德大概是把这种实体认为一种无限的、充满空间的、有生命的物质。只是其性质如何，他未曾特别地说明，这是因为他认为一切性质皆由之而生。照他的推论，这种实体一定是无穷的，因为如果不然，在万物创造之中，在某一时刻就可能会耗费净尽。

从这种浑然不可分的物体开始，因永久的运动而演化出各样的实体；最先生热，其次生冷，热绕着冷，便成了一团火焰。火焰的热把冷变成汽，又变成气，气扩张成火，再灭裂火，以成为许多轮状的圈。这些圈有许多开口，好似一支笛的小孔一般，火从这开口里流出来，即天体，那围绕着众天体的空气，强迫它们绕着地球而动。太阳是最高的天体，其次为月，再其次为恒星和行星。地球乃是在中间的一个圆筒体，由原始的湿气组织而成，海是这剩下的湿气。

因为太阳蒸发了湿气，最初的生物就生出来了。到了后来，有些动物从水中爬到陆地上，适应其新环境。人类与其他动物一样，在初时，原是一种鱼。无论什么东西，最后必须要再回到它所从其中生出的原始的物质，再由这原始的物质，重新产生东西，如是轮回，以至无穷。这种宇宙转变是最早的思想所共有的。万物的创造是不公道的，因为损了“无穷”，才能变成它们的状况。

阿那克西曼德的思想较泰勒斯的思想更进步。第一，他想把泰勒斯认为的基本元素，解释为演生的东西；第二，他想描写变化程序的各个阶段。他又好像有一种物质不灭的观念。他不愿意去规定这无穷的物体的性质，表示他趋向于思想之抽象的形式，不像泰勒斯应用具体的感官和知觉的实体。他的原始的生物学说是进化论的先驱。他的天体论在天文学史上占据着很重要的位置。

第三节　阿那克西米尼

阿那克西米尼生于公元前588年，死于公元前524年，也是米利都的市民。据说他是阿那克西曼德的弟子。他曾用爱奥尼亚的土话写作一本散文书，现在只剩下了一些断篇残章。依他看来，万物的第一原理或基础的实体，是“一个”和“无穷”，像他老师所讲的一样。但万物的第一原理（或基本）并非不能决定，实则是空气，或蒸汽，或雾。因为空气或呼吸是我们生命的基本元素，所以是宇宙的原理。因为我们自己的灵魂（气）支撑着我们的五官百骸，所以呼吸和空气围绕着全宇宙。这种气是有生命的，在空中无限地扩大。

空气之变成万物，全靠稀薄和凝结这两种特性。当其稀薄时，就变成火；当其凝结时，就依次变成风、水、土及石。其他万物都由这些东西组合而成。一切变迁生于运动，运动是永久的。

米利都学派的后辈有喜坡（公元前5世纪）、伊代奥斯和第欧根尼（公元前440年—公元前425年）。

第四章　数的问题

第一节　毕达哥拉斯及其学派

上面所说的那些思想家，都是注重于万物的本质问题。他们所研究的问题是：什么是组成世界的本原？他们都认为那些本原是一种具体的、确定的实体，如水、气或由这些元素所分化出来的东西。如今且说那些特别注重法相或关系的问题的一派哲学家。他们是数理家，所以都注重可以度量的数量关系，并且开始去考察世界上的齐一性（或常然性）和规律性的问题，意欲构成数的实在，以说明这种事实，而认为数为万物的本原。

此派的创始人为毕达哥拉斯。他死后几个世纪的著作家记载他的奇闻轶事的著作很多。相传，他周游很广，他的种种思想，即由其所周游各地抽演而来。但这种记载不可靠。他在公元前580年与公元前570年之间生于萨摩斯，大约在公元前529年迁居南意大利的希腊殖民地。据说，他之所以离开本土，是因为他反对当时的暴君坡力克拉提，而尽忠于贵族党。他居住在克罗顿，创立一个学社，作为宣传其伦理、宗教和政治之用。他的理想是要发展政治的道德，让生徒去为国家做善事，把自己附属于国家全体之下，以国家为重。他要实现这种理想，因此特别注重道德训练：各人须要晓得自制，克服情欲，调和心灵，须要敬重尊长、教师和国家的威权。他的会社似乎是一个公民的实际训练学

毕达哥拉斯

校，他在这里头试验他的理想。这团体里的人员都去培养友谊的道德、练习自省的功夫，以图改善他们的性格。他们结合成一个团体，共同生活，好像一个大家庭，同衣共食，从事研究美术、手工、音乐、医学，尤其注重数学。成员通常须做过徒弟，其格言是“学而后知”。这种团体开始或许是当时发生于希腊的一种通俗的宗教复兴团体，目的在于清净人生，参与全民的信仰，尤其是神秘的信仰。这种神秘的信仰，以灵魂之将来的命运由现今之生活的行为而定。这种信仰立定了支配人生行为的规则。据说毕达哥拉斯的这种会社的目的，在于推广流行于下层阶级的宗教到有知识的贵族阶级中。

毕达哥拉斯会社的这种大同主义的政治思潮，与各个城市的人民的思想不合，因为各个城市都有附和者到来的缘故，所以最后遭遇了严重的迫害。因此毕达哥拉斯就逃避到麦塔庞顿，于公元前500年，死于其处。他的许多弟子都被逐出意大利而逃入希腊。他的弟子虽然继续宣扬他的主义有数百年，但这种主义的社会终究还是归于寂灭了。

第二节 毕达哥拉斯的数论

毕达哥拉斯学派注重于世界上“法相”和“关系”的事实。他们发现度量、次序、比例以及常规的循环都可以用数目表现出来。他们以为若是没有数目，便不能有这样的关系和循环，不能有次序，不能有法则；所以数目必定为万物之本，数目必为真的实在，必为万物之实体和基础，万物是它的表现。他们以数目为实体，说数目是万物的根源，恰如今日许多人以自然法则为实体一样。他们认为弦长与音调之间是数目的关系、数目的表现，数目是关系的原因，是现象的基本原理与基础。从一到十，各个数都有其特性。

物质世界是数目的，因其以单位为基本。点是一，线是二，面是三，体是四。土是一个立体；火是一个四面体；气是一个八面体；水是一个二十面体……物体的线和面都被认为具有一个独立存在的实体；因为没有什么物体能够没有线与面，而线与面没有物体还是能够想得到。空间的形式是物体的原因，又因为这些形式能够由“数”表现出来，故“数”是最后的原因。这个同样的理由，可以应用到非实体的东西上，如爱情、友谊、公道、道德、健康等，都是以“数”为根本。爱情和友谊，是数目“八”的表示，因为它们是谐和，而谐和是一个八度。

第三节　天文学

毕达哥拉斯学派也注重于天文学的研究，并出现了一班著名的天文学家。他们认为宇宙的中心为火球，诸行星被它们所依附的透明的气团推动，都绕着它们而运行。恒星系是天的最高处，三万六千年绕火球一周；其下为土、木、火、水、金诸星及太阳、月亮和地球，都围绕一个天体中心。但“十”既然是完全的数，须得有十个天体；因此毕达哥拉斯学派安上一个“相对的地球”。介于地球与中心的火球之间，遮蔽由中心的火球放射到地球上的光线。地球和“相对的地球”每天都绕着中心的火球运行，地球围绕的时候，常把它背对着“相对的地球”的一面对着火球，因此住在地球反面的人都看不见这中心的火球。太阳每年绕行中心的火球一周，反射这火球的光。诸星球的运动，代表一个八度，故是谐和的。因为每个球体都产生其自己的音调，于是天体就发生谐和的情境。这种天文学说看似荒诞，却是公元前280年萨摩斯的阿里斯塔克的太阳中心说的先驱。后来因时代之进步，“相对的地球”及中心的火球都废掉了，而塞塔斯及方杜斯于是想到以地球为旋转轴。赫拉克利特提出理由否认众行星围绕地球而旋转，而认为众行星的运行与太阳的运行有关系。阿里斯塔克根据太阳的形体较大，推论到太阳不绕地球运行，而是地球绕太阳运行。

第五章　变化的问题

第一节　永恒与变化

爱奥尼亚学派的物理学家注重于万物的实体的性质，毕达哥拉斯学派注重数量的关系、次序、谐和和数目。其次令人注意的问题，就是变动或变化的问题。最初的哲学家都是依着一种朴素的物体观方法来论道变化、转移、起灭的程序，完全没有把它认为是问题。他们未尝思索变化的观念，只是在各种说明上用到它。他们指出万物怎样从他们假定的原始的根本里面发生出来，及其如何复归于原始的根本。例如气怎样变成云，云怎样变成水，水怎样变成地，以及这些实体怎样复返于原始的实体。在这实体转变说中，含有一种思想，认为实体虽然有千变万化，然而无绝对的创造与消灭：无论其为水、为云、为土，其本原是一样的。因此有些思想家特别注重于变化、生长、发生、衰灭的现象，而且以之为思想系统的中心，这也是很自然的。赫拉克利特就是专注于这种现象的一个人。他深感于世界上的变化的事实，而且推论到宇宙的真实生活就是变化，没有什么东西是长久不变的，长久不变是幻想。万物虽然似乎是固定的，但实际上是在连续不断的变化程序之中，在一个流动不停的状态中。然而埃利亚学派的见解与此相反，他们否认变化的可能。他们以为实体发生变化，一个东西真要变为别的东西，这是不可思议的。所以他们说变是幻想，是感觉的现象，实体是常在的、永久的。

赫拉克利特生于公元前535年，死于公元前475年，是以弗所的一个贵族的儿子。他生平极富有贵族气，极恨平民政体。他的意见与众不同，好对人吹毛求疵，好批评、好武断，性情庄重、骄傲、悲观。他轻视赫西奥德、毕达哥拉斯、色诺芬尼，甚至藐视荷马，而矜夸自己的修养。他说："博学多能不能训练心灵，假如能够，必使赫西奥德、毕达哥拉斯和色诺芬尼诸人多才多艺。"他的文章暧昧不明，也许是故意如此，所以人们称他为"暧昧者"。然而他是一个有力的著作家，立言多新颖而玄妙，唯独没有证据来支撑之。他的著作只有断篇残章流传下来。他的《自然论》共分为三部分：物理、伦理、政治。他的书札是后人的伪作。

第二节　相反之结合

上面已经说过，赫拉克利特的学说的基本思想是：宇宙是在永不停止的变迁的状态中。他说："人不能在同一条河流中停站两次，因为刚立河水中，所立之处的河水已经流走了。"他为了表示连续不断的流动之观念，而选择流动不息、永不停止的东西作为万物的本原，这种东西即炎炎的火，有时他称之为"蒸汽"或"呼吸"，而且认之为有机体及灵魂的根源。有些解释家以为火原本是永不停止的活动或行程中的一种具体物质的表现，不是一种实证，而是实体的否定，是纯粹的活动。然而赫拉克利特未曾推论到这样精细的地步，只以为找出一个永久变化的本原，连续不断的变化性质，就已经满足了，而"火"便足以满足这样的要求。

火变为水，再变为土，土又变为水与火。“又火与水变而为土，与由土变而为水与火，皆是一样的。”“万物变化为火，而火又变化为万物；好像货物换成黄金，黄金又换成货物一般。”万物之所以像是始终如一的，是因为我们不见其常常的变动，也因为它们才在这一方面失掉的东西，又在那一方面得着了。太阳是日日新的，升时照耀起来，沉时便熄灭了。

本原是常动的、常变的、永不静止的。它的创造，就是它的毁灭；它的毁灭，就是它的创造。例如火变为水，火就消灭，而另成为一种新的东西的形式；无论什么东西，都是这样变成与它相反的东西的。所以无论什么东西，都是两种相反性质的结合；没有什么东西能够保存它本来的性质；没有什么东西能够具有永久的性质。照这样来讲，无论什么东西，都兼有矛盾的两面；凡能表示与它相反的，同时也可以表示它自身。唯有这样的相反性，方能造作世界。譬如音乐上的谐和，即高音与低音的结合，就是相反的东西结合的结果。

换句话说，世界受制于冲突：“战争是万物之父，为万物之王。”如果无冲突或“相反”的缘故，世界便没有了，停滞了，熄灭了。“甚至一点之微，如果不受搅动，也是要分解成它的最小分子的。”相反和矛盾结合起来，产生谐和；其实，无矛盾、相反、运动或变化，便无这种秩序。最后，它们结合起来，成为宇宙的根本。世界终究要回复到火的原状的，变化的程序又要重新开始，这也是合理的。这样来讲，善与恶是一样的；“生与死、醒与睡、少与老，都是一样的，因为后者一变，便成为前者，而前者一变复归于后者”。由神看来，万物都是公平的、善良的和公正的；因为神命令万物必须如此，神使万物在全体中谐和，但是人类则以为有些是不公正的，有些是公正的。

第三节 理性的法则

故宇宙的程序，不是偶然的或呆板的，而是依照定规的；我们可以说是依照法则的。“这个法则既不是神造的，也不是人造的，古往今来，永远是一种炎炎的火，按着定规而燃，按着定规而熄。”赫拉克利特有时说这法则是命数的使然，或天公的使然，是必然的观念之表示。在一切变化和矛盾之中，始终如一的东西，即暗藏于一切运动、变化和矛盾中的法则。这种法则是万物里面的理性，是“逻各斯”。故第一本原是合理的本原，它是活的，富有理性。赫拉克利特说：“了解万物所用以运行于万物中的智慧，是唯一的聪明。”他是不是把这种智慧看作有意识的智慧，我们不能绝对地确定，但假定他是如此认为的，则不失为一种公平。

第四节 心理学与伦理学

赫拉克利特的心理学和伦理学，都是根据这种宇宙论创造的。他以为人类的心灵就是普遍的火的一部分，而且受火的滋养。人类呼吸火，并且由感官得到火。最干燥、最温暖的心灵，便是最好的心灵，最像宇宙的火的心灵。“感官智识”不及理性，耳目都是不可靠的。没有反省过的知觉，便不能指出深奥的真理，这种真理只能靠着理性找寻出来。

人类的统御元素就是心灵，这心灵与神圣的理性相近。人必须要把自己附属于普遍的理性之下，附属于运行在万物中的法则之下。“凡有智慧的人，必须谨守万物中的普遍元素，恰如一个都市，要谨守法律，并且还要强些。因为一切人类法律都是由神圣的法律孳生出来的。”所谓道德，就是生活于一种合理的生活中，服从于理性的命令。不仅人类如此，世间万物都如此。然而“理性虽然是世人所共有的，但是大多数人的生活却好像都具有他们自己的特殊见解”。道德的意思就是守法、律己、节制情欲，换言之，就是拿合理的原理来管理自己。“人民应该为拥护他们的法律而战，如同为保护堡垒而战一样。”“品性是一个人的守护神。”“防止放纵，必须要甚于防止火灾。”“情欲是难满足的，满足情欲就要损害心灵。”“我以为如果有一个人是最好的，可以比得上一万人。”

赫拉克利特轻视民众，以为他们“是随声附和之徒，利用群众为导师，而不知群众中坏的多，好的少”。“且只知放饭流歠。”“人生不过是一种悲愁的儿戏，是儿戏世界。”“人生在世，犹如夜里的光，忽明忽暗。”他又轻视通俗的宗教，说：“宗教家用血去洗濯他们自己，好像跑在泥中的人，还要用这泥去洗濯。如果有人看见别人这样做，必定要以为别人是癫狂了。他们不知什么是神灵与英雄，却向那些偶像祈祷，恰如人同房子说话一般。”

第五节　埃利亚学派

赫拉克利特注重于变化和运动的现象，埃利亚学派却说变化和运动是不可设想的。万物的原理必定是常住的、不动的、永不变化的。这个学派的名称起于南意大利的埃利亚城，这个城是这一派的始祖巴门尼德的本土。我们且把这种哲学分成三个方面：（一）色诺芬尼（可以称为一个发起人），首建这派神学的基本思想；（二）巴门尼德，把它发展为一种本体论，而完成其系统；（三）芝诺和梅里苏，都是这派学说的拥护者，都长于辩论。芝诺指出了他们的反对派的荒谬，以证明埃利亚学派的学说的合理性；梅里苏提出了积极的证据，以维持其理论。

第六节　神学

色诺芬尼（公元前570年—公元前480年）从小亚细亚的科洛封迁居于意大利南部，是一个漫游各地、唱诗度日的人；专以背诵他的伦理的、宗教的诗歌为事。他的著作留存至今的，只有些许残篇断章。他是一位思辨的神学家，而不是哲学家。他与毕达哥拉斯一样，受公元前6世纪通俗宗教运动的影响。他攻击流行的“神人同形同性论”及“多神论”，主张神的统一性和不变性。“但是世人总以为神的产生与他们相似，而且有像他们一样的知觉，并且有声音和形状。”“是的，若是牛或狮子都有了双手，能用它们的手去描画，创造出人类所能创造的艺术品，那么，马就要画神像以像马，牛就要画神像以像牛了，各依其形以画其神。”“所以埃塞俄比亚的黑人把他们的神弄成黑的，并把神的鼻子弄成扁的；色雷斯人也把他们的神弄成红发蓝眼。”其实，神只有一个，其身体与心理都不像人类。它以它心里的思想去驾驭万事万物，并不费什么劳苦。它住在一个丝毫不移动的地方。它无所不见，无所不思，无所不闻，无所不包。神是一个，无始无终。由神之无所不包言之，神是无限的；但由神不是一个无形式的无穷而是一个有完全的形体言之，神是有限的。它是一个不动的全体——因为移动便和统一性不相符合——但它的一部分却是有运动或变化的。

色诺芬尼是一个泛神论者，把神看作宇宙永久的根本，认为宇宙万物同属一体。换句话说，他认为神就是宇宙，不是一个纯粹的神灵，而是有生灵的自然之全体。这是初期希腊人所常有的自然观（万物有生论）。如果他相信多神论的诸神，就把他们看作宇宙的各部分，看作自然的现象了。

色诺芬尼又贡献了一些自然科学的理论。他从石头上甲壳和痕迹的证据，推论出我们人类及万物皆发生于土及水中；地曾与海混合在一起，因年代的迁移，渐渐除掉潮湿之气；地将来仍要变为海、化为泥，人类重新复生。他以太阳和群星为火云，天天燃灭。

色诺芬尼所提出的宇宙观，后来由这学派的玄学家巴门尼德（大约生于公元前515年，是埃利亚地方一个富豪的儿子）所发挥并补充。巴门尼德娴习赫拉克利特的学说，也许是毕达哥拉斯学派的。他的训诲体的诗叫作《自然论》，现在还存有残篇断章，共分为两部分：一是论真理，一是论意见。

第七节　本体论

赫拉克利特以为万物都有变化：火变成水，水变成土，土复变成火；万物始而存在，继而消灭。巴门尼德便问道：这怎么可能呢？一种东西怎么能够既是有，又是非有呢？一个人怎么会想出这样的一个矛盾来呢？一种东西怎样能变成它的性质呢？一种性质怎样能变化为别种性质呢？要说这是可能的事，就无异于说一些东西既是有，又是非有了；就是说无可以生有，有复可以变无了；换言之，如果由变化而生“有”，它必定来自非有或有，如果来自非有，便是来自无，这是不可能的；如果来自有，就是来自它的本身，这无异于说它和它的本身是相同的，或始终是有的。

这样看来，可见“有”只能从“有”来，没有一种东西能够随便变成别的东西，凡现在是什么样的东西，其过去与将来及永久也还是这样。所以东西只能有一个永久的、无始终的、不变的“有”。既然“有”是始终如一的，“有”之外没有别的，“有”就必须是连续不断的。再者，“有”必须是不动的，因为既然“有”不能再“有”，又不能变无，并没有“非有”（空间），让它去移动。更进一步来说，“有”和“思想”是一个东西，因为凡是不能思想的，便不能有；而不能有的——“非有”，便不能思想。凡是可以思想的，就是“有”，故“思想”和“有”是相同的。实体附于心灵，就此而言，“有”和“思想”也是一个东西。

“有”或“实在”是一个和谐的、连续的、无限的质体——巴门尼德的美术的想象把它描述为一个浑团——富有理性，永久不变。一切变化都是不可思议的，因此感觉也只是一种幻象。假如把感官所得的东西看作真的，那就把“有”和“非有”看成同样的了。巴门尼德确信理性，他觉得凡是与思想矛盾的，便不能是真实的。

巴门尼德除真理论之外，还提出一种根据感官和知觉的理论。按照这种理论来说，便有“有”和“非有”，有运动和变化。宇宙就是两种本原混合的结果，其中一种是温和与光明的成分，另外一种是寒冷与黑暗的成分。有机物产生于黏土。人类的思想靠着他们体内各成分的混合，温和的成分看见宇宙的温和与光明，寒冷的成分看见宇宙的寒冷与黑暗。

巴门尼德在他的真理论中说，伦理的思想要我们认为宇宙是统一的、不变的、不动的，另外一方面，感官和知觉又指出宇宙是多元的、变动的——这是表面的及意象的世界。这样世界是怎么存在的，或怎么能够被看见，巴门尼德没有告诉我们。

第八节　辩证法

芝诺大约生于公元前490年，死于公元前430年。他是埃利亚的一个政治家、巴门尼德的弟子。其立论之法，是指出反对派的荒谬，证明他自己的学说。他的思想是：如果我们假定“多”和“动”，我们便矛盾了。这类观念是自相矛盾的，所以不能承认。如果有许多东西，它们必须是兼有无穷小和无穷大的：何以有无穷小，因为我们能把它们分至小到无形，而成为无穷小；何以有无穷大，因为我们能把各部分加至无量的大，而成为无穷大。可是兼有无穷小与无穷大，这便是荒谬之词了。所以我们必定要排斥之。“运动”和“空间”的不可能，是同样的道理。如果我们说一切“有”是在“空间”中，我们必须假定这个空间是在那个空间中，那个空间在另一空间中，如此前进，未有止境。同样的道理，我们假定一个物体在空间中移动，当其经过某空间之前，必须先经过某空间的一半；在经过这一半之前，又必须先经过这一半的一半；依此类推，可至无穷的一半之一半。简单来说，就是这物体永远不能实在地达到某一处，因而运动就成为不可能的了。

芝诺

萨摩斯的梅里苏是一个有功的将官，对于埃利亚学派的学说提出了一种积极的证据。他说“有”是不能有来源的，因为要是有来源，那就是“有”之先有“非有”，其实不能从“非有”来。“有”也只是一个，因为如果有一个以上的“有”，“有”就不是无限的了。世间没有虚空的空间或“非有”，所以动是不可能的。如果没有“多”，又没有“动”，便不能有“分”，有“合”，更不能有变化。所以感官指出的“动”与“变”，是欺骗我们的，是不可信赖的。

第六章 变之说明

第一节 解谜

古代自然哲学家都隐然地假定没有什么东西有生有灭，认为绝对的创造与毁灭是不可能的。然而他们意识中并未曾明白地认识这种思想。他们不加批评，就去承认这种思想。这种思想在他们的心里，与其说是显然的，不如说是隐然的。唯有埃利亚学派的思想家，很注重这种思想；他们推论时，不但默然地假定这个道理，并且审慎周详地确定它为思想的绝对原理，而勇往直前地去应用它。他们以为没有东西能够有生有灭，并且没有一种东西能够变成别的东西，没有一种性质能变为别种性质；因为要是说一种性质能有变化，便是那种性质可消灭、可创造。其实“实在”是常住的、不变的，而变化只是感官所生之幻象。

万物似固定，又似有变。万物如何能似固定而又似有变呢？这种思想的矛盾又如何能解除呢？哲学不能这样搁置不管，不能不用方法解决这种固定而又有变的谜，不能不想法解决这种静而又动的宇宙问题。赫拉克利特及巴门尼德的弟子，就想法解决这种难题。

他们说，绝对的变化是不可能的，所以埃利亚学派这样的主张是对的。一个东西不能来自无，不能变为无，不能有绝对的变化。但我们可以说万物有相对的生灭、变化。实在的本质或原子，是始终不变的，是永久如一的。然而这种本质或原子能聚而成物体，又能散而为原子。实在的、原始的原子，不能创造、毁灭或变化其属性，唯能变化彼此间的关系。这是我们所谓的变化。换言之，绝对的变是不可能的，相对的变是可能的。发生是原子之集合，消灭是原子之分散，变化是变化原子之关系。

恩培多克勒（原子论者）及阿那克萨哥拉对于赫拉克利特和巴门尼德所提出的问题，予以大体相同的解答。他们承认绝对的变是不可能的，但是有相对的变化。然而他们对于下列各题的解答便有些不同的地方：（一）组成宇宙之实在分子的性质是什么？（二）什么东西使这些原子聚散离合？依恩培多克勒和阿那克萨哥拉来说，这些元素都有一定的性质。依原子论者来说，一切原子都没有性质。依恩培多克勒来说，宇宙有四种元素：土、气、火、水；依阿那克萨哥拉来说，宇宙有无量数的元素。依恩培多克勒来说，只有爱和憎两种神秘的东西，使这些元素聚散离合；依阿那克萨哥拉来说，有一种心灵在诸原子之外，使诸原子发起运动；依原子论者来说，运动是诸原子本身所固有的。

恩培多克勒于公元前495年生于西西里的阿格里真托，是一位富而好义者的儿子。他在本国曾做过多年民主政治的领袖，据说他推翻了王室。他也许在亡命之中，于公元前435年死于伯罗奔尼撒半岛。有一个故事，说他自己跳进埃特纳火山口中自杀。这是无稽之谈。他不但是一位政治家、演说家，而且是一位宗教家、医生、诗人、哲学家。有许多故事论道他的奇迹，好像他自己也很相信自己的魔力。他的著作留传至今的，只有两首残缺的诗：一首是宇宙论的，叫作《天论》；另一首是宗教的，叫作《清洁论》——1908年由莱纳德翻译成诗文。

依恩培多克勒来说，宇宙间无严格的生灭，只有混合与分离。“无论什么东西，不能发生于无，亦不能消灭；万物常在，永久保存。”宇宙中有四种元素（或万物之根），这四种元素是：土、气、火、水，各有其特别的性质。它们无始无终、不变不灭，充塞于宇宙之间。物体之成，成于这些元素的结合；物体之毁，毁于它们的分离。一种物体影响别种物体，是一种物体里头的流出物，流入与它相合的别种物体的气孔中。

但什么东西使这些元素集合分散呢？恩培多克勒于是假定了两种神秘的东西：“爱”和“憎”来解释这个道理。这两种力——我们可以叫作引力和拒力——常常在一块运动，以形成物体、毁灭物体。然而宇宙初起时，一切元素混成一团。“爱”在它里面做一个主宰。但是“憎”渐渐地占据上位，诸种元素于是各自分开、各自存在，任何物体都没有。后来“爱”走进这杂乱无章的宇宙里，产生一种回旋的运动，使同类的分子互相结合。其结果是“气”或“以太”首先分出来，构成弧形的天；其次“火”又出来，构成底下的众星；“水”因旋转运动，由“土”逼榨出来而成为海；天火蒸发水而产生最下层的大气。这种结合的历程，连续不断，直到那些元素再由“爱”的动作结成一团，又由分散的作用使诸元素分散，如此循环不已。

有机的生命都发生于土，最初是植物，其次是动物的各部分，如臂、眼及头。这些部分偶然的结合，成为一些奇形怪兽——如具有双首的动物，牛身人面的动物，人身牛头的孩子。之后由种种的试验，产生适于生存的形体，一代一代地延续下去。

人是由四种元素组成的，人类认识各种元素的能力，即依靠这些元素：同类认识同类，身体中的土认识土，水认识水，气认识气……感觉即物体对于感官作用的结果。例如视感，就是物体中所放出的元素（水与火）与眼孔中所放出的同类元素，因引力的作用而相遇。影像乃是物体与眼睛中的元素在眼睛附近接触的结果。然而也只有水、火、土等元素影响眼睛。听觉是气闯入耳中而生声，味觉和嗅觉是一些元素走进鼻孔以及口中，而知识之中心机关乃是心脏。

恩培多克勒依照初期希腊的自然哲学家所主张的万物有生论，将万物都认为有精神生活。他说："万物都有思想力。"他的宗教著作里面，讲人类的堕落和灵魂的轮回这种学说，与俄耳甫斯教的教义接近，影响了很多希腊人。

第二节　阿那克萨哥拉

阿那克萨哥拉生于公元前500年，死于公元前428年。他生于小亚细亚，后来移居雅典，与大政治家伯里克利友善，这位大政治家想把他的本城弄成希腊的政治和思想中心。阿那克萨哥拉被仇人攻击为无神论者，在雅典住了30年（公元前464年—公元前434年），然后迁居兰普萨库斯，后来就死于其地。他是一位有名的哲学家、数学家和天文学家。他写的《天论》现在还存有断篇残章，是用简单明白的散文写的。

阿那克萨哥拉研究的问题同恩培多克勒的问题一样，是要说明变化的现象。他承认埃利亚学派的概念，认为绝对的变化是不可能的，不存在这种性质能变成那种性质的情况，实在的本质永久不变："万物是不生不灭的。"只是他不否认变化的事实，主张有相对的变化；万物的生灭不过是元素的合离。然而元素之数不止四种，宇宙这么丰富，性质这么复杂，少数元素绝对不能对其加以解释。而且土、气、水、火并非单独的元素，都是由其他实体混合而成的。因此阿那克萨哥拉假定有无量数的具有特别性质的实体，各有其形状、颜色和气味，为肉、发、血、骨、金、银等类的分子。这些无穷小的但并非不可分的分子，都是无因的、不变的。不然，“肉怎能从非肉的东西而来？”它们的数量和性质都是一定的，既不能加，又不能灭。他以为身体是由明暗、冷热、刚柔等不同的皮骨血肉所做成的。身体由于食物而获得营养，所以食物必含有构成身体的各种实质的分子。但是食物的成分来自土、水、气和太阳，所以土、水、气和太阳必供给构成食物的实质。因此，恩培多克勒所说的单纯的元素，其实都是极复杂的东西。它们都是各种无穷小的物质分子的贮藏所，它们必含有有机体里面的一切物质，不然我们怎么能解释身体里面的皮骨血肉呢？

宇宙未生成以前，无穷小的物质分子——阿那克萨哥拉把它叫作胚胎或种子，而亚里士多德把它叫作和谐的原子——都混在一块，充塞于宇宙中，彼此不相分离。太极是无量数的无穷小的种子的一个混合体。现在的世界就是组成这太极的分子之分散集合的结果。然而这些种子怎样从洪荒的境地分散而集合成一个有秩序的宇宙的呢？那是由于机械的方法或运动的法则使然。然而什么东西使它们去运动呢？阿那克萨哥拉不像万物有生论者说它们秉有生命，不像恩培多克勒假定有“爱憎”二力来使其运动。他同现代人一样，主张是由于天体的旋转运动使之如此的。混沌的一团中的一点，遇着迅速而又锐利的旋转运动，种子便分开；这种运动渐渐扩展，把同样的分子并在一起，而又继续扩展下去，一直到这原始的混沌一团完全分散。最先的旋转，使浓厚离开稀薄，寒冷离开温暖，黑暗离开光明，湿离开干。浓厚、寒冷、黑暗、潮湿，聚而成今日之土地。稀薄、温暖、光明、干燥散而至太空之甚远的地方。分散作用继续不断，以至构成天体

（这些天体都是固体的，依着旋转力，从大地旋转出来的），并且构成大地上的种种物体。太阳的热渐渐地把潮湿的土地晒干，那些充满空中的种子被雨打下来，埋在泥土里，便产生种种有机体；这种种有机体，阿那克萨哥拉认为有灵魂，以便说明它们的运动。

我们知道现在的复杂的世界是从原始的旋转而来的，是长期运动的结果。但是什么东西使它成为这样的呢？阿那克萨哥拉假定是一种智慧的原理、一种心灵或“努斯”、一种世界秩序的精神。它以这种东西为一种绝对单纯的同质的实质——不与别的成分或种子相混合，绝对地独立——有支配物质的力量。它是一种自动的东西，为世界上一切运动和生命的自由的源泉，知道过去、现在、未来的物事；支配一切物事，而且为一切物事的原因；主管一切有生命的大小的东西。

阿那克萨哥拉所谓的“努斯”或心到底是纯粹的精神，还是极精致的物质，甚或全不是物质的，或全不是非物质的东西，对它的解释，各不相同。虽然他有时模糊地说“努斯”是万物中最清纯的东西，绝不含有别的东西，但我们只可以说他的出发点是暧昧的二元论、界线不显的二元论。心虽然创造世界历程，但仍存在于世界中，存在于有机体中，甚至存在于矿物中，任何地方都须以心说明一切运动，不然就不能说明了。心在周围的物中，在已分离的物中，又在要分离的物中。用近世的名词说，它是超然的又是内在的，这种思想中有神论与泛神论无明显的界线。亚里士多德批评得好：“阿那克萨哥拉以心为一种构造宇宙的计划，当他穷于解释必然的原因时，就拉入心；解释别的事情时，又用非心的东西。”其实，阿那克萨哥拉是竭力用机械的原理来说明万事万物，其以心为运动之智慧的原因，不过是一种最后的归依。

第三节　原子论者

恩培多克勒和阿那克萨哥拉开宇宙之自然科学的见解（原子论）之先河。在今日的科学中，他们的理论还是大有势力的主张。然而他们的学说有很多待修正之处，到了原子论者出现，才被加以修改。不过原子论者承认他们所主张的实在的原始不变的分子，否认他们所说的分子的性质，并且否认分子的运动是由外面的神或心所主持。原子论者主张土、气、火、水不是“万物之根”，并无各种不同性质的无量数的种子。这些东西都不是真实的本原，而是由许多简单的单位构造而成的。这些单位是不可见的、不可入的、不可分的、具有空间的实体（原子），锥形状，重量、大小不同，其本身中具有运动。

原子论学派的鼻祖是留基伯和德谟克利特。对于留基伯的事迹，现在几乎一无所知，甚至有人疑心有没有这人。但又有人认为他是原子论的真正鼻祖（亚里士多德亦其中之一人）。后一种见解多半是对的。相传他来自米利都，在埃利亚从学于芝诺，并且在阿布德拉创立了一所学校，教授弟子，得弟子德谟克利特而彰其名。他的著作很少，相传都已混入他的弟子的著作里面。

德谟克利特大约于公元前460年生于色雷斯海岸的阿布德拉商业城，死于公元前370年。他周游很广，著作很多，物理学、玄学、伦理学、历史学无所不有；并博得一个数学家之名，可算博学鸿儒。

他的著作传到现在的比较少，其中亦不能确定哪些是他的，哪些是他的老师的，但我们可以由现有的材料，得出原子论的概念。

原子论者同意埃利亚学派所主张的绝对的变化是不可能的：实在的本质是常住的、不毁不灭的。同时，万物连续不断的运动变化，亦不可否认。然而若无空虚的空间，或巴门尼德所谓的“非有”，则变化与运动亦不可设想。所以原子论者主张“非有”或空虚的空间是有的，空间虽不是真实有形的东西，但是确有空间；有（物体）并不比非有（空间）真实些。没有身体的东西也能真实。有与非有、实与虚，都能存在。实在不是埃利亚学派所主张的永久不可分的、不能动的东西，而是许多东西的一个复合体——由空虚的空间分开的无数的东西。

这些东西都是不可分的、不可入的、单纯的原子。原子不是一个数学的点或一个力的中心（如近人所设想的），而是有体积的；它不是数学上的不可分，只是物理上的不可分，即它的里面没有“空的空间”。一切原子在性质上都是相似的，它们既不是土、气、水、火，也不是特殊的种子。它们只是极小而又坚实的物理的存在，唯其形状、大小、重量、排列和位置各不相同。它们是永久不变不灭的，现在是什么样，过去也是什么样，将来依然是什么样。换言之，原子就是巴门尼德所谓的不可再分的“有”。

万物都由此原子与空的空间构成，好像喜剧、悲剧都由文字组成一样。一切物体都是许多原子与空间的结合；物之生，即原子之结合；物之灭，即原子之分散。物体之不同，由于原子结合法之不同。原子彼此间互相影响，是由于接近时互相压迫、互相摩擦导致的。若彼此距离太远，便不能互相影响。原子聚散离合，是由于其本身中所固有的运动造成的。万事万物的发生，没有无因者；其发生皆有一种缘由，且是必然的。运动是无因的，与原子本身相似；原子开始运动，中间绝无停止。原子的形状有多种多样：有的有钩，有的有眼，有的有凸，有的有凹，所以易于联结在一起。

世界的演化，可以说明如下：原子沉重而下坠，其大者下坠得迅速，遂将轻者挤得上升。因此，遂发生旋转运动，逐渐扩大，其结果是，大小重量相同的原子聚集在一起，比较重的居其中，先构成气，次构成水，更次构成固体的土地；较轻的落在四周，构成天火与以太。许多世界皆由此而生，各个世界皆有中心，皆是球形；有的无日月，有的有大而且多的恒星。地球就是这样构成的。生命是从湿地或泥土中产生出来的。秉有火性的原子散布于全部有机体上，为一切有机体的热力之根源。其在人类心灵中，尤为丰富。心灵是由最精致的、最圆满的、最敏捷的秉有火性的原子组织而成。这种原子散布于全体——两个不同的原子之间，常有一个心灵原子——此种原子产生身体的种种运动。各种特别的心理作用，在身体内有一定的对应器官。脑髓是思想的机关，心脏是愤怒的机关，肝脏是欲望的机关。

各种有机体或无机物抵抗周围的压力，就依赖其体内的灵魂。我们呼吸灵魂原子，生命就赖以保存。死即灵魂原子之散逸，换言之，盛灵魂的原子的器具破坏了，灵魂原子跑了，生命就断绝了。

感官和知觉类似于所感觉的物体的放射或影像作用于灵魂所起的一种变化。影像由物体流露出来，而现形于空气中；开始改变物体附近分子的位置，继而改变较远分子的位置，逐渐进行，直到与感觉器官所流露出来的分子相接触。同类的分子感知同类的分子，换言之，知觉的成立，成立于物体流露出来的影像与感觉器官所流露出来的影像的相同。这种知觉论，大体上与近世科学的以太波动说相仿。

德谟克利特以这种散布于各处的影像的理论来解释梦境、预知与神的信仰。他说神是有的，但与人相仿，有生有死，唯生命较长而已。宇宙间有一种宇宙灵魂，是由比组成人的灵魂还精细的原子组成的。

一切可感觉的性质——色、声、嗅、味等——我们认为的各种物体的属性，都不在万物的本身当中，都只是原子的结合对我们感官的影响。此种原子除不具人性及形状、大小之外，没有其他性质。所以感官和知觉不能给我们以事物的真知识，只是告诉我们万物怎样影响我们。（这是近世哲学上第一性质和第二性质的区别）。我们虽然不能看见原子是什么样的，却能想到它们的样子。感官和知觉是模糊的知识，思想超越了我们的感官和知觉而达于原子，是唯一的真知识。德谟克利特是一个理性论者，与初期的希腊哲学家相同。然而思想不是独立于感官和知觉以外的，思想——有一个比较精细的机关——之起，起于我们感觉经验无能为力的时候，起于深密的研究，而非感官知识所能达到的时候。再者，德谟克利特认为灵魂与理性为同物，这是不可不记得的。

德谟克利特伦理学的断章残篇里面，可以寻出一种精密的快乐论的大旨。他认为人生的真正目的是幸福。幸福是随心灵的安静、和谐及无畏而起的满足、快乐的状态。幸福不在于物质的舒服或身体的快乐——这种快乐是短期的、有痛苦的——而在于快乐的适度、生活的调和。欲望愈少，失望愈少。欲达此种目的，最好是运用精神的能力——深思熟虑后的行动。

一切道德的价值在于实现最高的善（幸福），其中最重要的，便是正义和仁爱。猜忌、嫉妒、毒辣，都会造成不睦，而且害人。然而我们的正当行为，不要出于畏罚心，而要出于责任心；要做一个好人，不仅要避免恶行，而且要对于恶行绝不可想。“君子小人之分，不仅以其事迹为根据，而且以其欲望为根据。”“心地光明的人，常常倾向于正当的、合法的行为；日夜快乐，身体强壮，不为思虑所困。”我们应该忠心于国家，“因为统治好的国家，是我们的最大保障”。“国家太平，万物繁盛；国家腐败，万物败坏。”

第二讲

知识及行为的问题

各种学说，必须重新建立一个巩固的基础，而回归于根本原理。知识是什么？真理是什么？什么是对的？什么是善的？什么是神之真的概念？什么是国家及人文制度的意义与目的？这些问题，后来逼着希腊思想家用新的眼光考察那些已经暂时停顿了的而今又不可忽略的老问题。什么老问题呢？即宇宙是什么？人在自然界的位置是什么？

第一章 辩士派时期

第一节 思想的进步

哲学自神统论及宇宙论之后，大有进步。旧的宇宙观及人生观因哲学之影响，大加改变；其改变之程度，由充满神话的朴素的宇宙观与原子论者的机械的宇宙观互相比较，即可明了。自由研究的精神，不仅限于各派哲学家，思想界的各方面莫不如此，并且新的观念，逐渐驱逐了旧的观念。这种变动可于希腊的戏剧诗中看出，如埃斯库罗斯（公元前525年—公元前456年）、索福克勒斯（公元前496年—公元前406年）、欧里庇得斯（公元前480年—公元前406年）诸人诗文中的人生观及宗教观，皆因批评与反省而更加深刻、宽广。史学家及地理学家的著作中亦见此状况；无稽之谈与迷信，开始为人所信任，现在皆不为人所信任；而希罗多德（生于公元前470年）开历史批评的研究之端，修昔底德（生于公元前471年）尤为古代此学中最好的代表。在医学上，旧时荒诞的思想与技术，皆为医学名家所废弃；对自然及人类的研究，感觉都必要，而哲学家的物理学说亦被应用于治疗术上——许多哲学家本人就是医生。希波克拉底（生于公元前460年），可为希腊医学之科学研究的标杆。医学的研究，对于哲学的研究贡献了一种很大的价值，因其指出观察与经验的重要性。

现在来讲希腊哲学史上伟大思想系统的建设暂时停顿的时

期。这个时期中的有些思想家只是简述并发挥已存的学说；有些思想家只是在想法子综合古代哲学家与现代哲学家的学说，以成折中的思想；有些思想家专注于医学所追随的自然科学的研究；有些思想家专注于精神训练的研究，以作为道德、法律、政治的基础。贡珀茨说此时期研究学术的热忱深而且广，其所研究的问题也多种多样，举凡国家的起源与目的以及行为、宗教、美术、教育的原理等问题，都加以研究。各种专门学科的著作很多。人类各种活动，自饮食、烹饪以至艺术创造，自走路以至战争，皆立成规则，并且尽可能构成原理。哲学成了一块发酵菌。希腊初期哲学中的独立批评与思索的特有精神，侵入各种研究中，进而开了后来伟大的思想时期之先河。但在达到开明极点的时期之前，人类的心理，仍不免误入许多迷途。我们且来叙述公元前5世纪后半期的哲学——希腊史上以及一般文明史上的最重要时期。

第二节　希腊之启蒙时期

我们已经看见希腊人民在政治的、道德的、宗教的、哲学的发展中渐趋于自由与个人主义。这种对于生活及制度的批评态度，在早期的诗歌中，就已经被发现：荷马的诗中隐然有之，而赫西奥德及公元前六七世纪的诗中批评更加有力。这些诗人深思熟虑于当时的风俗习惯、社会与政治的制度、宗教的观念与仪式、鬼神之起源、性质与行动，而发挥了一种比较清纯的神祇之概念；而且在他们的神统论与宇宙论中，铺设了一条哲学降临的道路。

公元前6世纪的哲学中，独立思想的趋势几乎已相当明朗。

公元前6世纪及公元前5世纪的前半期，专注于自然科学及自然哲学的研究；探究的心理转向外面的物质世界。他们全部的精神在于了解宇宙的意义：前后各种思想全在想着解决宇宙之谜，他们最大的兴趣对象是宇宙及其法则，认为人类在自然界的位置由玄学的结论来规定。

公元前5世纪，希腊人民在政治上、经济上、知识上的各种经验，最适宜于启蒙时期的精神发展。希波战争（公元前500年—公元前449年）使雅典成为海边城市霸主，执当时希腊之牛耳，并使它成为希腊商业的、知识的、美术的中心。诗人、教师、美术家及哲学家皆来雅典帮助教养其富庶的公民；建立许多伟大的建筑物及铜像，以装饰其城市；设立许多剧院，以娱乐其自足的人民。我们若想起公元前5世纪下半期雅典的许多名儒——伯里克利、阿那克萨哥拉、修昔底德、菲狄亚斯、索福克勒斯、欧里庇得斯、阿里斯多芬、希波克拉底、苏格拉底——便知道伯里克利在一个大的追悼会上的演说词——雅典是希腊之学府——不是夸张之词。

希腊秩序更新之后，经济上发生大的变动，政治上建立民主制；因此对于独立的思想与行为，给以更大的刺激；而希图权力与发生权力的事物，如财富、名誉、文化、能力、成功等欲望，亦随之而来。向来的宗教、道德、政治、哲学、科学、美术之见解，概加以批评；一切旧根基，概行估量一番，其中颇多废弃者；排斥旧文物制度之精神，遍地皆是。人民了解新文化之要求，逐渐强烈；公共生活给予擅长公开演说之人以良好机会，因而修辞、演说、辩证各术，成为实际上必需的预备。

上述情形是启蒙时期的大概。在这个时期中，人类心理的态度，自然足以鼓舞个人主义的发生。个人欲挣脱团体的威权，于是为他自己努力，为他自己思想，为他自己救济，独立于陈训之外。这种批评的思想习惯，往往不免走到极点，流为诡辩遁词或吹毛求疵之论；又不免流为主观主义：我想到是真的，就是真的；我认为是对的，就是对的。这个人的意见与那个人的意见是一样的好，这个人的行为与那个人的行为是一样的好。各有各的道理，彼此都是好的。在这种情形之下，无论何人的意见，都不是出众的，其在学理上便会发生怀疑主义，实行上便会发生自利主义，这是不足为怪的。修昔底德有一段话——这段话常被人引用——虽然也许有言之过当之处，然而也足以说明此新运动的大概。他说：凡论著之通义俱随人之兴会以为解释；最不顾利害的勇悍的人，是最可友爱之人；谨慎温和的人，是胆小的人；守规矩的人，是愚人。人之受尊敬，与其凶暴不法的行为成正比，凶暴不法的行为愈甚，愈受人尊敬，不然便愈不受人尊敬；除擅长以诈胜人的人以外，无人能在社会上出风头；如果有人想诚心免除巧诈诡计，便被认为是党中之反动分子。遵守盟誓的时期，未有长过需要的一瞬间；事实上捉弄敌人，使其相信你的话，而受摧毁则格外可乐。阿里斯多芬的喜剧中，也指出新文明之黑暗的方面。据他说："古代的教化在当时几乎完全废弛。富人懒惰而奢侈，贫人作奸而犯科，少年动辄欺侮老辈，宗教成为嘲弄品；各阶级的人都专注于得钱，以为满足感觉的快乐之用。"这是自由思想的个人主义时代的潮流一面。但另一面，又有代表保守的旧思想者，反对新思想、新教育、新道德或竟谓之曰新罪恶。因为他们认为新文化是"非宗教的、不道德的，使青年人不类其长老的，并且连带着散漫的社会与逼促的生活"。

第三节 辩士派

新运动之代表即辩士派。“西文”中辩士派的原意，是指聪明伶俐的人。这种人各处游行，专以教育为业，微收学费以为生。他们教人以演说术、思想术，并教青年人以政治生活的预备。（“辩士”一名，原含有讥诮之意，一半因其要学费，一半因其后来的极端派侮辱守旧者太甚。）

他们操持这种职业，热度甚高。据说，普罗塔哥拉对一青年人说：“如果你来从我学，不久就要好过你未来之前。”苏格拉底问他何以有这样的力量，他答道：“如果他来从我学，他就要学得他所想学的。这只在公私事务上持以审慎周到；果能如此，就能把家务调理得极好，并能把国事治理得极顺。”辩士派以为青年人如欲事业成功，须精于辩论、文法、修辞、演说。他们以实用的目的，研究这些学科，遂开了一个研究学术的新局面。他们也注重于道德、政治的问题，所以对于伦理学、政治学的有系统的研究，给了动力。因为当时道德心衰颓，成功心强烈，后来的辩士中有些急于望其生徒之成功，不免走入极端。他们教授的目的，专注于如何用诡辩来制胜反对者；如何把坏的弄成像好的；如何利用逻辑上似是而非之论以愚弄人，使之被嘈杂大众讪笑。

这个时代的批评精神，大半是由哲学滋生的，可是反而影响到了哲学本身，引起人们对于玄学思想的暂时轻视。这是因为思想批评自己，发现自己的缺点，可以说是哲学为其自掘坟墓。关于实体之本质的问题，没有两个思想家的答案是相同的。有些哲学家说实体之本质是水；有些说是气；有些说是火；有些说是土；有些说是这四种东西的合成；有些说变化是不可能的；有些说宇宙中除变化之外，没有别的。主张有变化者说，如果没有变化，便不能有知识；因为一不能变为多，我们就不能预料事物。主张无变化者说，万事万物如果变化，也不会有知识；因为若无固定不变的事物，我们如何能预料事物？有些哲学家说，我们知道事物，是因为事物影响我们的感官，但又有人说我们不能知道什么，因为我们的感官捉不到事物之真性。这些主张的归结，即说我们人类不能解决宇宙之谜。辩士派乃主张人的心理为知识的程序中的要素。辩士派以前的思想家，曾假定人类的理智能得到真理，他们的批评很是敏锐，却忘了批评理智本身。辩士派乃着眼于认识的主体，其研究的结果，以为认识专依靠各个认识者；凡我认为真的，便对我是真的；知识中只有主观的意见，没有客观的真理。所以普罗塔哥拉说："人是万事万物的尺度。"这就是说个人即自己知识的法则。由这种理论上的怀疑主义发展出实践上的怀疑主义，认为个人即自己行为的法规。如果知识是不可能的事，是非之知识当然是不可能的事；普遍的是非也当然是不可能的事；是非善恶，唯赖主观的良心以评断之。这种结论不是早期的辩士如普罗塔哥拉与高尔吉亚所倡导的，而是后期的极端派，如波拉斯、拉西马库斯、克勒斯及欧西德莫斯诸人所倡导的，这几个人都是柏拉图《对话录》中的对话者。他们以为道德不过是一种盟约的代表，是强者对于弱者要求的志愿。道德规则与"自然"相反。他们有些人说法律是弱者——多数人立来抵抗强者的——阻挡最适宜者得到他们应有的权利，所以法律是阻碍自然正义的原理的。自然权利原是强者的权利。有些辩士说法律是由少数的强者——特权者制定的，所以保护他们自己的利益；换言之，法律是上等人的利益，别人服从于法律，他们更便于宰割别人。

克勒斯在柏拉图《对话录》的《高尔吉亚》一篇中说：

制造法律者是多数的弱者。他们制造法律，定立赏罚，是为了获取自己的利益；他们威吓强者及彼等能占优胜者，使其不得占优胜。他们说不诚实是可耻的、不公平的。他们所说的“不公平”的意义，是指一个人希望所得多过于其邻人而言；他们自知其逊色，就欢喜平等。所以一部分人多有所得的图谋，通常叫作不公平。然而天公认为其公平，以为好者应该超越坏者，强者应该超越弱者。它在各方面表示出这种意思。人类、动物、各个国家、各个民族中，皆优者治理劣者，而且所得超出劣者之上，若薛西士之侵略希腊，或其父之侵略塞西亚人，究竟根据于何种公平的原则呢（其他的例子尚多，不及申述）？盖此等人乃依自然之道而行，而非依人为之律而行。人为之律将强者自幼从根拔去而驯之若幼狮，谓彼应以平等为满足，而平等即光荣及正义。假若强有力者出，必破坏一切罗网，推翻一切反乎自然的法律——反仆为主的法律——自然的公道，他就可照耀于人间。

拉西马库斯在柏拉图的《理想国》中有一段相似的话：公道的人与不公道的人比起来，公道的人总是受损的人。第一，在私人的合同上，不公道的人与公道的人合股营业，若是合股的事业解体，不公道的人所得常多，公道的人所得常少；第二，关于向国家纳税的事，公道的人与不公道的人所得虽相等，而缴纳所得税时，公道的人总比不公道的人所纳的多；假若有所得，不公道的人所得的，总比公道的人多。再就官吏来说，公道的人因公忘私，由此受到另外的伤害，从公众方面，一无所得，这是因为其公道的缘故。更有甚者，公道的官吏，因为不以非法的行为与朋友周旋，常被朋友怨恨。不公道的官吏，则恰恰相反。所以我以不公道为不公道的人的最大利益；如果再看那犯罪的人是最幸福的人，不做不公道事的人是最痛苦的人，此意更觉明显。试看暴虐的君主，以欺诈与强权敲剥人之财产，并不是零零碎碎地敲剥，而是整个地抢夺；其所抢夺的，不管是神圣的或凡庸的，也不管是私人的或公家的；这种行为无论是单做哪一件，若被人察觉，都要受到很大的耻辱——单做一件的，不是叫作强盗，便是叫作骗子，或叫作拆白党。而君主便不然，他剥夺了人民的金钱，还把人民用作奴仆；不仅不受责备，且被人民及听任使此不公平之事并完成的人，称为有福禄。人类谴责不公平为的是怕受其害，但非缩手而不为之。所以由我看来，不公道比公道有力些、自由些、尊贵些；公道是强者的利益，不公道是各人自己的利益。

第四节　辩士派的价值

因为有了柏拉图与亚里士多德之仇视的批评，及若干少年辩士派之虚无论的主张，辩士派运动的价值，在思想史上蒙着长久的不白之冤。一直到了黑格尔与格罗特想给这派思想家以公正的评价之后，这派思想家才得到公正的批评。这派思想家的学说中，本有坏的成分，却也有好的成分。反省与批评，是哲学、宗教、道德、政治及一切人类思想所不可或缺的。辩士派的思想，诉之于理性是可称许的；唯不能用理性为一切建设的工具，是其短处。西塞罗说得很对，他说辩士派把哲学由天上移到了人间，不把目光投射于外面的自然，转而投射于人之本身，他们认定研究学问的对象应当是“人”。但他们的短处是未认识人之普遍性质，不认得森林是许多树的集合，不晓得集合个人是众人。他们专门宣传人之不同点，忽略了人之共同点。他们过于重视感觉之虚妄。他们专注于人类的知识与行为中偶然的、主观的、纯粹个人的成分，而对于众所公认的客观成分，未尝公平地看待。

然而他们对于知识的批评，使知识问题感觉有深沉的研究的必要。往日的思想家，老实地、独断地承认人类心理能得到真理，辩士派否认确切的普遍知识之可能，强迫着哲学去研究思想程序的本身，开了认识论之先河。他们利用种种逻辑上似是而非之论来责难别人，遂使人觉得有研究正确的思想律之必要，而促成逻辑的产生。

道德的知识与实行上，亦是如此。辩士派主张道德须诉之于个人良心：此前盲目的、无理智的、顺从风俗习惯的道德行为，经此一番批评，乃变为反省的、个人的选择行为。然而专诉之于主观的意见与个人的利益，亦有毛病。独立的思想，易流于知识的、道德的无政府状况；个人主义易流于纯粹的自私。然而辩士派的思想对于思想界终有贡献，因为他们把普遍的是非、善恶、公私、道德的概念，从根本上加以批评破坏，遂促成伦理学、政治学之深沉的研究——此种研究，不久即见非常好的效果。

辩士派运动的最大价值，即在于激发思想，使人根据理性来考察哲学、宗教、风俗、道德及各种制度。因为他们否认知识的可能，遂使知识的研究成为必要，逼迫着哲学去研究知识的标准。因为他们极端攻击传统的道德，遂使道德防备流于怀疑主义与虚无主义，而发现是非之合理的原理。因为传统的宗教信仰被他们批评破坏了，遂使许多思想家觉得有发挥比较巩固而清纯的神之概念的必要。因为国家的政治、法律遭到了他们深刻的批评，遂使思想家觉得有发挥哲学的国家学说之必要。这样一来，各种学说必须重新建立一个巩固的基础，而回归于根本原理。知识是什么？真理是什么？什么是对的？什么是善的？什么是神之真的概念？什么是国家及人文制度的意义与目的？这些问题，后来逼着希腊思想家用新的眼光考察那些已经暂时停顿了的而今又不可忽略的老问题。什么老问题呢？即宇宙是什么？人在自然界的位置是什么？

第二章　苏格拉底

第一节　苏格拉底的生平

公元前5世纪的情形，我们已经叙述过了。此时须有一个人来把这个时代的知识的、道德的混乱状态整饬一番；把真的东西从假的东西中拿出来，把本质的东西从偶然的东西中拿出来，安定人心，使人从万事万物的正当关系中来观察万事万物——他是一个调和者，可以持平于极端的保守与极端的维新之间。此人之出世，即苏格拉底。他是思想史上最伟大的人之一，他是哲学之父，他的观念与理想在西方文明史上照耀了二千多年，到现在对于思想上还有影响。

苏格拉底于公元前469年生于雅典，家世贫苦，父亲为雕刻匠，母亲为接生婆。他如何受到教育的，现在不得而知，但他爱好知识，在雅典这座文明的城市中，有种种机会可以促其知识之进步，则是显而易见的。他初操其父业，后来觉得自己应该操一种神圣的事业。他有一种习惯，

苏格拉底

爱在街道上、市场上、运动场上与各种各样的男女谈话，谈论各种问题，如战争、政治、婚姻、朋友、爱情、家政、艺术、商业、诗歌、宗教、科学，尤其是道德。他对于人事无所不研究。人生及一切有关人生之事是他的研究主旨，而对于宇宙之物理方面的研究，则甚为淡然。他说他从树木与石头中学不到什么。他精细灵敏，顷刻之间即能发现辩论中似是而非之论。他谈话极为中肯，他的性情虽然温和谦让，但爱批评时务、指责弱点。

苏格拉底的行为是他所主张的道德之标准；他最能克己、自尊、勤俭、忍耐，又是一个极有豪气的人；他的欲望极少。他生平在战争中、在政治责任上表现出很多勇敢的、道德的事例。他在对他的审判案子中，表现出了道德的尊严与刚正不阿。他死于国人之手，他们诬陷他主张无神论、诱惑青年。他于公元前399年饮鸩而死。但由于他服从法律，并主张别人也应该服从法律，可以证明他尊重主权、尽忠国家。他被判决死刑后，朋友劝他逃走，他不情愿，其所根据的理由是他生平所尊重的法律，他不愿临死时不服从法律。

苏格拉底的形貌丑陋，身短而胖，烂眼塌鼻，嘴大唇厚，衣服褴褛，面不修饰。他虽有此等丑陋之点，但一到说话之时，皆能令人忘却，可见其人格之伟大、谈话之魔力。

第二节　真理的问题

苏格拉底的重要事业，在于反对辩士派，因为他们贬损了知识，动摇了道德与国家的基础。他以哲学的思想为当时之急需，认为怀疑主义若不消灭，虚无主义的人生观便不能免掉。他认定当时流行的道德上、政治上的各种谬误，是发生于荒谬的真理论，解除这些荒谬的关键，在于知识的研究。他有如此见解，并且相信人类理性的能力，能够解决当时实际上的难题，于是以此种事情为自己的使命。他的目的不在于建立一种哲学的系统，而是为了激励人们爱好真理与道德，使人思想不误、生活正当。他注重实际，而不注重悬想；他注重于取得知识的正确方法，未尝有意贡献一种方法论。他未贡献一种理论，只是在实用一种方法，借以生活，并且以身作则，劝人仿效之。

苏格拉底想到，我们如欲得到真理，切不可轻信侵入脑中的偶然意见。我们心中充满了混淆空虚的思想；我们有一堆未经考察、未经消化的意见，一堆根据信仰而承认的成见，对于这些成见，我们并不了解其意义；我们还有许多无根据的武断。实际上，我们完全无知识、无信念；我们知识的基础，建立在沙堆之上，全部的根基，遭到小小的打击，便可毁灭。我们的事业在洗清我们的观念，我们要了解名词的真意，正确地规定我们所用的概念，确切地了解我们所谈的真相。因此我们还要有理性，用以支撑我们的意见，证实我们的假设——要思想，不要猜想——用事实来证实理论、修改理论，使其合于事实。

辩士派说世上没有真理，人不能知道什么；各人彼此不同，意见彼此相反，此亦是也，彼亦是也。苏格拉底说这是不对的。思想不相同，本属实情，然学者之本分，即在于由异中寻求同，寻求共通的原理。苏格拉底的方法的目的，即在于寻求这种普遍的判断。他应用他的方法于各种讨论中。他同别人讨论一个题目，自己装作不知道什么，往往好像一无所知。他的方法是使别人觉得自相矛盾，以他为师。他虽然装作不知道什么，但谈论起来，即刻被人发现他是一个有学问的人。有一次一个听讲的人，埋怨他说："你惯于追问你原来熟知其意义的问题。"他用层层追问的方法，把原来混乱谬误的有争论的意义，逐渐弄到清晰明了而成为形体，最后就如同一个好看的造像之出现。所以苏格拉底学习雕刻，并不是毫无裨益的。

第三节　苏格拉底的方法

苏格拉底讨论一个问题，通常以一般通俗的意见为起点。他以日常生活的事情为例证，来指出他们之无根据，来证明其有待改正。他用问答法，举出各种事例，以暗示与他对话的人，使其形成正当的意见；他不使真理逐渐发挥出来，就不停止。我们可以举一个有名的例子，以证明之。苏格拉底以精巧的发问法，使一个名叫欧西德莫斯的青年人自认为他自己要变成一个大政治家。他暗示这个青年，不可不希望自己成为一个公道人。这个青年就觉得自己已经是一个公道人。色诺芬在他的追念录中记述的这段对话如下：

苏格拉底说：

然而必须有种种公道的行为，与技巧的行为一样。

欧西德莫斯说：

自然。

苏格拉底说：

然则你必能告诉我那是公道的行为。

欧西德莫斯说：

自然，我并且能告诉你哪些是不公道的结果。

苏格拉底说：

对，我们再来设立两个相反的行列：一行记载什么是公道的结果，一行记载什么是不公道的结果。

欧西德莫斯说：

我赞成。

苏格拉底说：

虚假是什么？应列在哪一行？

欧西德莫斯说：

自然该列在不公道的一行。

苏格拉底说：

欺骗是什么？

欧西德莫斯说：

欺骗应列入不公道的一行。

苏格拉底说：

偷窃是什么？

欧西德莫斯说：

偷窃也该列入不公道的一行。

苏格拉底说：

压迫是什么？

欧西德莫斯说：

不能列入公道的一行。

苏格拉底说：

假设一个将官，讨伐一个对他的国家做了很不对的事情的敌人，他战胜了敌人，压倒了敌人，那也是不对的吗？

欧西德莫斯说：

自然不是。

苏格拉底说：

假若他用诈术，劫夺了敌人的财货，欺骗了敌人，这是什么行为呢?

欧西德莫斯说:

自然都是很好的行为。

苏格拉底说:

但我想你的意思是要欺骗虐待朋友了。那么，我们应当把这些行为放在两行里吗?

欧西德莫斯说:

我想应当如此。

苏格拉底说:

好，我们就专门来讲对朋友。假设一个将官的军队无勇气、无组织。他对他的军队说，后援队来了，使其军队信任其言，鼓起勇气，战胜敌人。这也算是欺骗朋友吗?

欧西德莫斯说:

我认为这还是公道一方面的行为。

苏格拉底说:

假设一个小孩子病了，应该吃药而拒绝吃药。他的父亲欺哄他，说是好吃的东西。他吃了，病就好了。这也算是欺骗吗?

欧西德莫斯说:

这还算是公道一方面的事。

苏格拉底说:

假设一个朋友是很癫狂的，我们把他的刀子偷偷拿走了，以免他自杀，我们也算一个扒手吗?

欧西德莫斯说:

这还是公道一方面的事。

苏格拉底说:

但是我想你说过必定不可欺骗朋友的话吧?

欧西德莫斯说：

我将要取消前言。

苏格拉底说：

对。但我还有一点要问你，你觉得有意败坏公道的人，与无意败坏公道的人，哪一个更不公道些呢？

欧西德莫斯说：

苏格拉底，由我来说，我再不能相信我的答话。因为全部事情，都与我原来所想的相反了。

苏格拉底用这种方法，借归纳的程序，演成定义。借许多事例的帮助，造就暂时假定的定义，更由别的事例来考验之、扩大之、缩小之，以应一切需要，直至得到满意的结果为止。培根所说的消极的事例，对于这种程序有很大的功用。这种方法的目的在于发现问题的根本性质，以得到清楚明了的概念。苏格拉底有时又依根本原则为正当的定义，来批评种种主张。这里的方法便是演绎法。例如你说这个人跟那个人比起来是一个较好的公民，但是若没有正当理由，你的这种言论不过是一种主观的意见，没有什么价值。你必须要知道什么是好的公民，你必须要规定你所说的意义。

当有人同他的观点相违，而又不能道出其所以然，又或者有人毫无证据地谓其所称的人比苏格拉底所称之人更聪明、更有技巧或更勇敢，则苏格拉底将以下述方式返回来辩论其基本的论题：你说你所称的人较我所称的人是个更好的市民，是吗？是的，我这样说的。那么，我们为什么不首先决定什么是一个好市民的责任呢？我们就来决定吧。

他不应该是一个办理公共财政而使国家更富的人吗？无疑是

的。他不应该是一个在战场上战胜敌人的人吗？当然是。他不应该是一个奉使而能变敌为友的人吗？毫无疑义是的。他不应该是一个对众人演讲而能使各人意见调和以趋一致的人吗？我想是如此。

其讨论归结于基本的原理，遂使反对者恍悟真理之所在。

他辩论任何题目，都采取普遍承认有真实性的论说，以此可以形成他的推理的坚实基础。因此，当他讲话的时候，他最容易使听者赞成他的辩论。他常说，荷马描述尤利西斯这个决断的演说家的风度，是他的推理之形成根据于人类所公认的观点上。

总之，知识毕竟是可能的。我们如果靠正当的方法，如果确定我们的字义，如果回归第一原理，我们就能得到真理。知识是关于普遍的标准的东西，不是关于特殊的偶然的东西。辩士派不懂这一点，苏格拉底才纠正了这一点。然而苏格拉底与辩士派亦有相同之处，他也相信物理的与玄学的思辨，终归失败；也认为研究宇宙之本性、宇宙之来源及天体之成立诸问题，是搅扰脑袋的愚笨勾当。他的兴趣只在于实用的方面，不在于思辨的方面。他说："学者之研究应当于自己或他人的利益有所裨补。若只研究万象如何发生，自己能随意创造风雨、调节时令、成为丰年吗？能为所欲为，以应其需要吗？"他自己对于各种人事问题，论究不倦。什么是虔诚？什么是不虔诚？什么是美？什么是丑？什么是贵？什么是贱？什么是公道？什么是不公道？什么是廉洁？什么是放纵？什么是勇敢？什么是怯懦？什么是国家？什么是政治家？什么是治人者？什么是治人者应有之性格？类此种种问题，是他所研究不倦的。他以为有这些知识的人，应该给以贵族的特权；无这些知识的人，应该降为奴隶。

第四节　伦理学

苏格拉底对于知识及明晰而合理的思想的信心极强，乃至于认为此种信心足以医治我们的一切弊病。他应用他的方法于一切人生问题尤其是道德上，并欲为人之行为求一理性的基础。如前所述，激进的思想家，认为当时之伦理的观念与实行不过是习惯而已，即正义毕竟为强权所制造。保守派则认为此是自明的，认为行为之规律不可以理解，唯有必须服从。苏格拉底力图了解道德之意义，发现是非之原理，为测量道德之标准。他的心目中最大的问题，是如何规定我们的生活。

什么是生活之合理的规则？理性动物的人类应该如何行为？辩士派说人是万事万物的尺度，以为我认为对的，便是对的，没有普遍的善：这是不对的。其义当不止于此，必有原理或标准或善，而为一切理性动物所公认的——要研究这些问题。

什么是善，什么是至善呢？苏格拉底说，知识是至善。正当的思想，是正当行为之根本。想驾船，必须知道船之构造与作用；想治国，必须知道国家之目的与性质。同样的道理，除非人知道什么是道德，什么是克己，什么是公道，什么是勇敢，什么是虔诚，他才能成为有道德的人。但是如果知道什么是道德，必定会成为一个有道德的人。“世上无人有意为恶，无意为善。”“无人愿去为恶或去做他所以为恶的事。趋恶避善，非人之本性：如果遇着不可免的两种罪恶，如能避重就轻，无人不愿避重就轻。”反对者说，“世上原有了解善并赞成善反而作恶的”。苏格拉底则说没有这样的事，没有真知善而不择善而行者。他以为是非之知识，不只是理论的意见，而且是躬行实践的确信；不仅是理智的事情，而且是意志的事情。况且道德原是人类的利益。诚实而有用的行为，足以使生活快乐而不痛苦；故诚实的行为，是有益的、善的。道德与真幸福是一致的，无论何人，若非克己、勇敢、聪明、公道，绝无幸福。苏格拉底在他的《辩护篇》中说："我别的不做，但我要劝你们老的少的不要只想子孙及财产，首先要注意你们心灵的最大进步。我告诉你们，道德不是由财富而生的，财富是由道德而生的，公私财富无不由道德而生。"他被判决死刑时，说："我还要要求你们——原告及裁判官一件事。我的儿子长大了，我要请你们责罚他。如果他只顾及财富而不顾及道德，我请你们责备他，如同我责备你们一样；如果他实在是空虚而假充饱学之士，请你们谴斥他，如同我谴斥你们一样。你们如允我的请求，我们父子就食德不浅了。"

第五节　苏格拉底的弟子

前面已经说过，苏格拉底既未建立一种玄学的系统，也未贡献一种知识论或行为论。他的学生却根据他所立下的基础，建立了种种学说。有些学生把他的方法论所提示的逻辑问题，作为他们研究的对象；有些学生专注于他所提出的伦理问题，而建立伦理学的学说。欧几里得（公元前450年—公元前374年）所建立的麦加拉学派，融合他的道德即知识之学说，与埃利亚学派的"有"论，组成了善为万物之永久的本质之论，其他——物质运动或感官所得的变化的世界——皆非实有。所以只有一个"善"，一切外表的善，皆无价值。欧几里得的门徒，专注于苏格拉底的辩证法方面，正如埃利亚学派的芝诺及辩士派一样，钻研于辨析毫末之论。

此派学者有欧几里得、亚力息那斯、狄奥多罗斯、斯提尔波、伊里斯的斐多，他们建立埃利亚学派而极其认同于麦加拉学派。

有两个伦理的学派，皆根据于苏格拉底的学说：一个是古利奈城的亚里斯提卜（大约生于公元前435年）所建立的昔勒尼学派，一个是安提西所建立的犬儒学派。前一派以快乐为至善，后由伊壁鸠鲁派详述而完成之；后一派反对快乐说，认为道德的目的在于道德，后由斯多葛学派发扬而光大之。

第三讲

改造时期

最高的幸福，是我们本性中最好部分的行为，是思辨的行为。这是最高等、最持久、最快乐、最充分的幸福。这种生活对人是最好的。人们享受这种生活，不是仰赖其人性之力，而是仰赖其神性之力。如果理性与人性的其他部分相比，则更显其是神圣的，而且依据理性的生活，与人类普通的生活比较起来，当然是神圣的。

第一章　柏拉图

第一节　柏拉图与他的问题

上述苏格拉底的门徒都未能建立一种完全的、透彻的思想系统，这种事业似乎在等待一位大学者来完成。有一位大学者，认为苏格拉底所提出的诸问题，彼此都有关系，皆与万物之根本性质的问题有关，不把它们认为彼此有关，作为一个大问题的诸部分，绝对得不到一种正当的解决。换言之，人生的意义、人的行为、知识及制度等问题的圆满解决，全在于实体的意义这一问题的解决。从事此种工作的人是谁？他就是苏格拉底的弟子柏拉图。他一生做此种事业，不仅建立了知识论、行为论、国家学，而且建立了一种宇宙论来连贯之。

柏拉图

柏拉图生于公元前427年，是一个贵族家庭的儿子。据说，他最开始跟从别人学音乐、诗歌、绘画、哲学。到了公元前407年，他从学于苏格拉底，直到苏格拉底死后，才含泪而去。据说，他曾游历过埃及、小亚细亚，也游历过意大利，拜见过毕达哥拉斯学派；为官于叙拉古国暴君狄俄尼索斯一世之朝，后被此暴君卖给别人为奴隶。但许多记载俱否认此说。他在阿卡德莫斯的森林中建立了一个学院，教授数学与各门哲学；其方法为讲演与对话，与近世的研究很相似。有的记载说他的学院关停过两次（公元前367年一次，公元前361年一次），因为他这期间跑到了叙拉古国，想要助其当权者来实现自己的理想国，不过未达到目的。他死于公元前347年。他是一位诗人、神秘家、哲学家兼辩论家；融合了理性的分析、抽象的思想、诗意的想象与神秘的感情。他生于贵族家庭，性情高雅而不凡庸。

柏拉图的著作都保存了下来。有《对话录》三十五篇，《书札》十三篇，《定义》一集。然而《书札》与《定义》都是伪作。《对话录》中，赫尔曼只认为二十八篇是真的；施莱尔马赫认为二十三篇是真的；泽勒尔与海因策认为二十四篇是真的；卢托斯拉夫斯基认为二十二篇是真的。很多人想把他的《对话录》按着年代顺序排列，然而却不能得到确切的次序。所以完美的柏拉图之思想史，现在还得不到。不过我们可以把他的著作勉强分为三大期：第一期，其著作是一切伦理的《对话录》，其思想不出苏格拉底的范围；第二期，发挥自己的思想，拿出自己的方法；第三期是思想的组织完成期。

苏格拉底以为欲生活好，须得到“善”的知识；而得到“善”的知识，是可能的。但他未曾指出如何得到“善”的知识的方法，只在对话的形式中，用过发现真理的方法。柏拉图巧妙地运用此方法于他的著作中。他更进一步思索真理的方法与意义，并论述方法论（辩证法或逻辑），在方法论中讨论形成概念或得到真理之方法。此为知识论与形式逻辑的开端。然而柏拉图并不以指出得到真概念与真判断的方法为满足，他的主旨在于从精神、物质、道德等方面来了解实体——了解整个统一的实体。若不了解宇宙的本性，知识问题就不能解决，这是他认为显然明白的事情。因此，他就以他所理想的大思想家的精神，发挥一种宇宙论。柏拉图虽未显然地划哲学为逻辑、玄学（物理学）、伦理学（实用哲学包含政治学），但他的著作是这样来区分的。所以我们叙述他的思想，就依这个次序好了。

第二节　辩证法

当时的哲学中，知识问题最为重要，这是柏拉图所明知的。一个人对于知识的起源与本性的见解，常常决定其对于当时所发生的问题的态度。柏拉图说，如果我们的主张是出于感官知觉与意见，则辩士派所说的“世上无真知识”是十分对的。因为感官知觉发现不出真相，只能发现现象；而意见则有真有假，单纯的意见没有什么价值。意见不是知识，因其建立于感情或信仰之上，不能知道真假，不能批评自身。真知识是建立于理性上的知识，能够检查自身的真伪。大多数人的思想不知其为何思想，他们的意见没有根据。寻常的道德没有价值，也是因其建立于感官知觉及意见上，不明了其本身的原理。常人不知其行为之所以然，他们的行为大概是出于本能，其根据是风俗或习惯，就如蜂蚁一般；他们的行为是求快乐与利益，是自私的。所以大多数的民众，是无意识的辩士派。辩士派之谬误，在于混乱现象与实体、快乐与善。

我们必须超越感官知觉与意见，进而求得真知识。我们若无一种欲望或爱好真理的心理，便不能得到真知识。爱好真理的心理起于探求美的观念，我们有了美的观念的探求，而后有真理的探求。爱好真理的心理驱使我们运用辩证法，并驱使我们超越感官知觉，而趋向观念，趋向概念的知识，由个体来得到共相。这种辩证法，第一，是了解一个观念中散漫的个体；第二，是把这个观念划分为若干部分。换言之，辩证法含有概括与分类两种程序。本着辩证法方有明晰巩固的思想。我们综合概念，分析概念，翻来覆去，使概念成为如大理石雕刻出来般的最好的美术品。判断是表示这个概念与那个概念的关系，调整这个概念与那个概念；至于推理，则是结合这个判断与那个判断。辩证法就是运用思想于许多概念中的方法：思想的根本对象，是概念，不是感觉或影像。例如我们若无公道的概念，便不能说某人公道或不公道；我们知道了什么是公道，而后能说某人公道或不公道。

但柏拉图说，概念或观念（例如公道的概念或观念）不是由经验中产生的，我们不是用归纳法从个别事物中求出概念或观念。个别事实只是把已经隐然存在于我们灵魂中的概念，弄到显然明白。如果这种概念发展出来了，其他概念即可由此演绎而出；更可发挥它们的意义，以得到新的与绝对确切的知识。所以人为万事万物的尺度，是确实之论，为何呢？因为人的心灵中原有普遍的原理、概念或观念，为其一切知识的出发点。

经验不是我们的概念之源，经验中没有什么东西与真、善、美的概念恰好相当。个别的物象，不是绝对的美、绝对的善。我们检讨感觉世界，是用真、善、美的理想或标准。柏拉图认为真、善、美的概念为灵魂中所固有，并且认为数学的概念、逻辑的概念或类别（如有与无、同与异、一与多）皆为先天的。

概念的知识是唯一的真知识，这原是苏格拉底的学说。但问题由此发生，即我们有何根据认为是真的呢？柏拉图的答案，是根据几个前辈的玄学学说找到的。他说，知识是思想与实体相符合，知识必有一个对象。所以如果观念是有价值的知识，必有与之相符的实在东西，因为各种实体是与我们的普遍观念相符合的。换言之，有价值的概念或普遍的概念，不是我们脑子中的思想之昙花一现；数学的真理，真、善、美的理想，必是实在的，必有独立的存在。如果我们观念的对象不真实，我们的知识便不成其为知识；所以观念的对象必实在。

由其他方面，亦可得到这种结论。原来真理是实体的知识。我们以感官所知觉的世界，不是真世界，是变化不停的世界，今日是这样，明日是那样（赫拉克利特的主张）。感觉世界不过是现象而已、幻象而已。真实体是永久不变的（巴门尼德的主张）。所以想得到真知识，必须知道万事万物之永久不变的本质。想得到这种永久不变的本质，唯有概念的思想方能够达到。概念的思想能知千差万别，变化不停中不变不异的性质，能知万事万物的根本形式。

总之，柏拉图认为知识的确实证据，必须求于玄学，求于他的宇宙观。感觉知识——辩士派所信任的——只能给我们以变化的、偶然的、个别的、流动的东西，不能指出真理，指出实体的真相，所以不能作为真知识。概念的知识，指出万物之普遍的、不变的、根本的情形，所以是真知识。哲学的目的，即在于知道普遍的、不变的、永久的东西。

第三节　观念论

如上所述，观念是许多个体所共有的本质的集合，是万事万物的本质所构成的必然形式。我们很易于把观念认为只是心理历程，很容易认为只有个体存在，心之外，没有什么与观念相当。据说，安提西尼曾说过："我只见到马，我未见过抽象的马。"柏拉图不承认此说法。他说观念或法式不是人心中甚至神心中仅有的思想（实则神圣的思想，也都靠着观念）；他认为观念本身是存在，有真形实体，具有实质的性质，是万物之根本的、永久的、超越的原型；未有万物之前，它已存在；万物消灭之后，它仍存在；独立于万物之外，不受万物变化之影响。我们所感知的个体物象，是这些永久的原型之不完全的影本；个体有生有灭，而观念或法式（原型）永久如一。人有生有死，而人型或人类永久存在。物象或影本甚多，但同属于一类的事物，只有一个观念。这种独立的法式或观念，是无数的：有事物、关系、性质、行动的观念；有桌、椅、床、声、色、健康、运动、休息的观念；有大小相似的观念；有真善美的观念；无论什么，都有真观念。

这些观念或原型虽然很多，但并非杂乱无章的，它们构成一个井然有序的宇宙。观念的秩序成为彼此相关联的有机整体，各种观念排成理论的序列。诸观念中，有一个最高观念，即善的观念，其下有无数的观念。善的观念为一切观念之源，居于最高地位，没有别的东西在其之上。真实与真善是一样的；善的观念是“逻各斯”——宇宙的目的。所以整体包含复体，在理想的世界中，离了整体，就无所谓复体，离了复体，就无所谓整体（巴门尼德的主张）。柏拉图认为宇宙是一个众观念的理论的系统，这个系统是一个有机的、精神的整体，由宇宙的目的——善的观念来统治，所以宇宙是一个合理的道德的浑一体。宇宙的意义，非感官所能得到；感官只能得到宇宙的流转的、不完备的反映，得不到真相。哲学的任务，即在于借逻辑的思想，认识宇宙的本质，了解宇宙内部的秩序与关系。

柏拉图的学说，实由希腊哲学名家的思想转变融合而成。他认为现象的知识是不可能的，这一点，与辩士派的主张相似；他认为真知识是概念化的，这一点，与苏格拉底的主张相似；他认为现象是连续变化的，这一点，与赫拉克利特的主张相似；他认为观念的世界是不变的，这一点，与埃利亚学派的主张相似；他认为实体是多数的观念，这一点，与原子论者的主张相似；他认为实体是一个，这一点，与埃利亚学派的观点相似；他认为宇宙是合理的，这一点，与希腊所有的思想家的主张相似；他认为统治宇宙的是心，而心异于物质，这与阿那克萨哥拉的主张相似。他的思想可说是自希腊哲学的开端直至他当时的哲学相互融合的结果。

第四节　自然哲学

现在来看理想世界与所谓现实世界的关系。前文已说过，自然界的各个物象，是诸观念的影本。这是如何得知的呢？纯粹的完全的不变的原理，对不完全的变化，不停地感觉世界有何任务呢？这是因为另有一个原理，它是一切事物，而观念则否。它使感觉世界成为不完全的。这个原理，亚里士多德称为“柏拉图的物质”，是现象世界的基础。它好比是原料，各种形象由它铸成。它是可消灭的，非真实的，不完全的——非实体；而感觉世界的有实体法式及美观，皆有赖于诸观念。有些注解者认为“柏拉图的物质”为空间，还有些注解者认为其是无法式的、充塞空间的质块。柏拉图想解释感觉世界，不得不在观念之外，假定另有这样的东西。所谓感觉世界或自然界不是感觉的幻觉，而是较之不变的理想世界的一种下层秩序。这个下层秩序不接触理想原理，必是无法式、无规定、不可知觉的。自然的存在，是靠着理想世界对于非实体或物质的影响；观念被物质化为许多物体，恰如光线经过三棱镜，发出许多光线。无法式的东西，称之为“非实体”，并非谓其不存在，不过谓其存在的秩序低下而已；“非实体”一词是表示价值的判断。感觉世界具有法式，始有实体。柏拉图对于感觉世界与观念世界间关系的性质，并未说得十分明白；但观念为一切事物的实体之根据，事物的实体即观念的表现，则说得甚为明白。同时，非实体为现象界各个物体之不完备与有歧义的原因，后世有人称之为第二种“原因”或盲目的不规则的必然之“原因”。所以宇宙间有两种原理：一为精神，二为物质。精神是真的实体，是最有价值的东西，万事万物的法式与宇宙中的秩序及法则的原理，皆由精神而来；物质是第二等的粗笨的不合理的势力，是心的桀骜奴仆，因而多多少少地、不完备地取得了心理的印痕。法式是自动的因，物质是协作的因。物质可以为心理之友，但又是心理之敌。它可以辅佐心理，又足以阻碍心理。它是自然与道德的罪恶，是变化与不完全的原因。因为观念世界即善，所以非观念——物质，必是罪恶。由此看来，柏拉图的学说，可称为“二元论”。由其认为精神是基本原理，物质是第二原理，可称之为“观念论”或“唯心论”。由任何点观之，他的学说完全是反唯物论的，反机械论的。

柏拉图在他的《蒂迈欧篇》中，努力地说明自然之起源，这可以促使我们回忆此乃早期的苏格拉底以前的哲学任务。他指出宇宙中有很多神秘的成分，常与他的别的学说相反。在这个宇宙论中，有一个类似艺术家的造物主，按照理想世界的模型，制造世界；它按照善的观念，用物质的本原，来构成完美的世界。它并不是真实的创造者，不过是一个技术人士而已；因为物质与精神两种本原，是已有的东西，仅待一个造物主将二者合并制成东西而已。为了实现它的目的，于是给水、火、土、气四种元素构成世界以灵魂与生命。这种世界的灵魂，是由精神与物质构成，以便知道观念世界与感觉世界。世界的灵魂有其原来的运动，为一切运动之因；当其自动时，也移动别的物体；它散布于世界各处，为世界上调和、秩序及美的根源；换言之，它是神的影像，是一种可见的神。世界的灵魂又是观念世界与现象世界的媒介。它是一切法则、调和、秩序、齐一、生活、精神、知识及数学关系的根源：它根据它的本性的固定法则来运动，使物质散布于宇宙中。造物主除创造世界的灵魂之外，又创造了诸行星之灵魂与合理的人类之灵魂。而动物及没有理智的人类的灵魂则是下级的神所创造的。万物皆是为人而造的：植物是为人的营养而造的；动物的身体是为堕落的灵魂之住所而造的。

柏拉图的宇宙论，未曾明言许多神有人格，也许因为他以为这是理所当然的，而把这些神与人的灵魂归为一类，如善的观念，整个观念世界、造物主宇宙的灵魂、恒星的灵魂及通俗宗教中的诸神。

柏拉图的这种宇宙论，就其神秘的方面言之，是目的论的宇宙观，想说明实体是一个有目的、有条理的宇宙，由理性与伦理的目的支配的智慧所造成。目的或最后的原因是宇宙的真原因，物理的原因是协作的原因。凡宇宙中好的、合理的与有目的的，皆是由于理性的原因；凡是恶的、不合理的、无目的的，皆是由于机械的原因。

第五节　心理学

如上所述，知识论分知识为感官知觉、意见与真知识三种。柏拉图的心理学，亦受此区分的影响。在感觉与意见中，心灵是依附于肉体的；当它认识纯粹的观念世界时，才是纯粹理性。所以肉体是知识的障碍，心灵必须解脱肉体的束缚，以便发现纯粹的真理。现象界中纯粹观念的影本，仅激发合理的心灵之思想；感觉仅激发观念，并非产生观念。所以心灵在未与经验世界接触之前，必已有观念。柏拉图说心灵以前曾见过观念，但以后忘记了；感觉世界中不完全的观念之影本，又提醒之，使其认识以前曾经见过的东西；所以一切知识，皆是心灵的一切学问，皆是心灵的复醒追念。故心灵未与肉体结合之前，已经存在。

所以人类的灵魂一部分是纯粹理性，而此合理的部分是其本色。当其钻入身体之后，便加上了有生灭的不合理的部分，以便生存于感觉世界中。这种劣等的部分，更分为两部分：一部分为精神的部分——柏拉图认为其是高贵的冲动（愤怒、野心、权力的贪恋），居于心脏中；一部分为欲望——柏拉图认为其是低等的嗜好（爱好、饥渴等），居于肝脏中。灵魂与肉体的结合，为灵魂对于知识的障碍；冲动与欲望的存在，为理性之伦理的障碍；但柏拉图在他的伦理学中说，理性本身自然会克服冲动与欲望。探求纯粹的、永久的观念之灵魂必须类似纯粹的、永久的观念，因为唯有同类方能认识同类。追念论（追念原有之知识）即足以证明灵魂之预先的存在与继续的存在。灵魂不死的其他证据，是灵魂的单纯性（单纯则不可分析）及灵魂的生命（生命无死亡，不消灭）。

然则纯粹的、合理的灵魂是怎样与肉体结合起来的呢？关于这一点，柏拉图是乞援于神秘的解释。他融合他的知识论与经验的心理学所提示的概念，与毕达哥拉斯学派的神秘主义于一炉。他说造物主所创造的纯粹合理的灵魂，曾居住于星辰界。但后来想来到感觉世界，遂被囚禁于肉体中。它若克服了它本性中低等的欲望，还可以回到星辰界的位置；如果不能，便要逐渐沉沦，经过许多种动物的肉体（灵魂轮回说）。如果灵魂能拒绝欲望，默想观念，保持本来的面目，便能超然地存在，但须用纯化作用之功夫。

柏拉图的心理学的重要方面是欲望论。感官知觉在灵魂中引起纯粹观念——真理——的记忆，恰如感觉的美之概念在灵魂中引起理想的美之记忆，而追想起原有的美之概念。这种追想，引起对于高尚的生活或纯粹观念的世界之渴慕。对于美善之渴慕及感觉的爱是同一的冲动，皆是渴慕永久的价值。灵魂渴慕它的不灭。感觉的冲动追求种类之连续的存在；高等的冲动追求名誉，如创造美术、科学与人文制度。这些冲动也足以证明灵魂的不灭，因为灵魂所欲想的必可达到目的。

第六节　伦理学

苏格拉底认为最重要的问题，是善的问题。什么是善？什么是善的生活？合理的人应该怎样生活？他们的生活的支配原理是什么？苏格拉底虽然提出这些问题，解决这些问题，但未贡献出有系统的人生哲学，不过立下其基础而已。柏拉图提出这些问题，而欲以统括全体的宇宙观来解决之。他认为人生及人文制度的价值与意义的问题，包含于一个更大的人生及宇宙的意义与性质的问题中。所以他的伦理学与他的知识论一样，也是建立于他的玄学上。

宇宙毕竟是一个合理的宇宙，是一个精神的系统。感觉的对象——围绕我们周围之物质的现象——不过是永久不变的观念之幻象，不能永久，并没有价值。唯有经久不变的是真实的、有价值的；唯有理性方有绝对价值，方是至善。所以人之理性的部分是真的部分，人必须修养理性，培养灵魂之不死的方面。肉体与感官不是真的部分，肉体乃是灵魂的囹圄；解脱肉体之束缚，是灵魂最后的目标。我们须赶快超脱地面，飞入天堂，变成神仙。人生最高的目的，即在于脱离肉体，探求美的观念世界。

灵魂带着理性及有生气的部分与嗜好，被拘禁于暗牢中，有各种问题须得解决。合理的部分是聪明的，它借全体的灵魂，发动意义，所以其根本作用是发号施令。个人的理性统治灵魂其他的冲动时，便是聪明。有生气的部分（意志），必须与理性相联合。音乐与体操可以把理性与有生气的部分两种本原结合起来。若把理性与有生气的部分加以训练与培养，便能支配嗜好。理性发号施令，意志遵从理性的命令，并勇敢从事。若是个人的有生气的部分，苦乐不能移，惧怕不能屈，总是确守理性的指导，便是勇敢。若个人的意志与嗜好同受理性的支配，便是节制。换言之，节制或克己，就是约束一切快乐与欲望。若聪明、勇敢、节制三者调和得当，各安其分，此人便是正直的。若是一个人聪明、勇敢、克己，或能调和自己的灵魂，便是有道德的。这种人不肥己、不偷窃、不欺友、不卖国、不做坏事。所以理想的人物，是能统一他的灵魂，是兼具聪明、勇敢、克己及正直此四德的人。理性的生活——道德生活，是最高的善。人靠着它去得到幸福，此人终是幸福的人。但快乐本身不是目的，是灵魂生活之劣等的东西。

柏拉图的伦理学说中，还有一点，就是注重灵魂中合理的成分，而认为不合理的成分，不仅应该制服之，而且应该铲除之。这一点，与寻常的希腊思想不相同，似有遁世之意，在原始的基督教中有这种意思。柏拉图认为经久的东西是理性，是真理，其他的东西都是空虚的。物质是不完全的，为灵魂之负累，脱离此束缚，探求美的观念（基督教的上帝），方能达成灵魂的至愿。就这一点言之，柏拉图的学说，已达神秘主义的极峰。

第七节　政治学

柏拉图的政治学或国家学，发表于他所著的《理想国》中，是根据他的伦理学发展来的。因为道德是至善，个人不能在离群的状况中得到善，须在社会中方能得到善，所以国家的任务，在于实现道德与善；国家制度及法律的目的，在于产生使多数人能变为善的条件；换言之，即在于产生公共的幸福。社会生活是达到个人之完善的方法，其本身不是一个目的。个人须将其私利放置于公共福利之下，因为个人的真善，离不了社会的福利。如果人人皆归于理性，遵守道德，便不需要国家与法律。可是完美的人为数甚少，所以法律是实现我们真善的必需品。国家的产生，即由于此种必要。

国家的组织，须像一个大的宇宙与个人的道德的灵魂；换言之，国家须由理性来统治。社会上的阶级，与灵魂的机能之数相等。各阶级的关系，亦须与灵魂中各机能的关系相仿。有哲学知识的人，代表理性，应该为统治者之阶级；军人代表有生气的部分或意志，其职责在于保卫国家；农人、工人、商人代表低等的嗜好，其职责在于生产货物、懋迁有无。各阶级各做其分内之事，便是实现了国家的正义。各阶级能如是，国家就是聪明、勇敢、节制的整体。国家有好的统治时，多数人的欲望，由少数人的智慧与欲望来节制；治者与被治者对于应该治理的问题，没有冲突。各人在国家中，须有一种职业。这种职业，须得与其自然的禀赋恰好适合。正义就是各做其分内之事，各守其本分。

理想的社会是一个完备的整体，是一个大的家庭，所以柏拉图反对私有财产制与私有妻子制，而主张统治者及军人（这两个阶级由农、工、商供养之）应该共产、共妻、共子。他主张国家监督婚姻与生育（优生学），舍弃软弱的婴儿，实行国家强迫教育，为供应战争与政府者的妇女提供教育并检查文学美术作品。柏拉图无高尚的美术意见，认为美术就是模仿感觉世界，而感觉世界本身是模仿万事万物的本质，所以美术是模仿之模仿。然而美术可以作为道德教育的手段。

国家是一个文化教育的机关，其基础不可不建立于最高的知识上，即哲学上。“若非哲学家在一国之内握有国王之权力或国王具有充分的哲学知识，换言之，若非政治权力与哲学知识集合于一人之身……则对于国民或人类无所裨益。”国家要执行（上等阶级的）儿童教育。其教育要依一定的计划，未满二十岁的男女，要用相同的教育。其课程要包括身体的运动（婴儿时期）、神话会话（以寓道德教育之意）、体操（以便发展身体与意志）、诵读与写字、诗歌与音乐（以便引起调和、均匀美的情感及引起哲学的思想）、数学（以便使儿童不专注于感觉的东西，而专注于真实的东西）；此外也须加以军队的训练。选择到了二十岁且品质出众的青年，使其研究儿童时代所学的各种课目而连贯之。到了三十岁，查其对于各课的研究已有最好的成绩者，令其再学五年的辩论术，便可使之充当军事官佐及学习官吏。到了五十岁，再加以审查，如其是有学有能者，再致力于哲学的研究，以便候补为国务大员。

柏拉图的理想国是一种完美的国家理想，是地上神国的梦想，人常称之为“乌托邦”。然而柏拉图所谓的国家，是小的市府国家；他的理想中的许多点，在当时的斯巴达已经实现过，在今日认为是事实者亦属不少。

他在他的晚年著作《法律篇》中，大大地修改了他的政治学。他所修改的政治学，认为好的国家除理性之外，还须有自由与友谊。一切市民，须有自由，须参与政治，须私有土地，商业贸易可以委之于农奴与外国人。家庭可以存在。知识不仅包括一切道德的行为，还有快乐、友谊、痛苦与恨恶诸动机。然而道德依旧是理想，道德教育依旧是目标。

第八节　柏拉图在历史上的地位

柏拉图的哲学就其主张宇宙之合理的知识是可能的，以及知识之起源在于理性，而不在于感官知觉等说言之，则是理性论的。但他也主张经验是引起先天的观念之必要的工具。就其主张有真实世界言之，则是实在论的；就其主张真实世界是理想的或精神的世界言之，则是唯心论或观念论的；就其主张感觉世界是真实世界的表象言之，则是现象论的，也可称之为极端的反唯物论的；就其主张一切现象是包含一切的宇宙灵魂之表现言之，则是泛神论的；就其主张有造物主（其说虽然神秘，却不在其哲学系统中占一定位置）言之，则是一神论的；就其主张理想世界超越于经验世界之上言之，则是超越论的；就其主张宇宙灵魂布满空间言之，则是内在论的；就其由最后因或目的论中探求宇宙之究竟的学说言之，则是反对机械论、主张目的论的；就其主张有心物两原理言之，则是二元论的；就其主张全宇宙之最后的因是善之观念言之，则是伦理的。但是他的伦理学说是反对快乐主义的，主张直觉论、唯心论、自我实现论。他的政治学说是贵族主义的与社会主义的。

柏拉图的思想对于后世希腊的思想与基督教，显而易见是影响很大的。基督教徒想把他们的教义化为合理的、可理解的，以传布于受过教育的罗马人，于是把柏拉图的思想当作思想宝库。举凡他的唯心论、二元论、目的论、神秘论、伦理的国家论、人类堕落、灵魂不灭、观念为宇宙之模型等种种理论及其他许多学说，皆被借来装饰新信仰之门面。以后还有机会指出基督教袭用了若干希腊思想，以及基督教最初的大思想家奥古斯丁受了柏拉图如何大的影响，此处暂不详说。他的唯心论对于欧美哲学有何等大的影响，至今依然未灭，此后亦可以逐步明了，暂不赘述。

第九节　柏拉图学派

柏拉图所建立的柏拉图学院，到他死后，还有他的弟子继续来主持。最初讲授的是柏拉图所采取的毕达哥拉斯学说，认为数与观念是一样的东西，也注重伦理的研究。此为旧柏拉图学派，其中领袖有柏拉图的侄子斯珀西波斯（公元前408年—公元前339年）、齐诺克雷蒂（公元前339年—公元前314年）、波列蒙（公元前314年—公元前270年）、克拉泰斯（公元前270年—公元前247年）。此外有名的还有本都的赫拉克利特、尼多斯的欧多克索斯等人。承继克拉泰斯的是阿尔凯西劳（公元前315年—公元前241年）引入怀疑论，成为中期的柏拉图学派代表。等到卡尼阿德斯出来，才建立第三或新柏拉图学派。

第二章　亚里士多德

第一节　亚里士多德的问题

柏拉图是希腊思想家中想以涵盖一切的眼光，建立唯心论的第一个人。然而他的思想系统中有很多困难与矛盾，必须加以讨论，如能推翻，必须推翻之。初期的柏拉图的弟子，对其师的学说少有发挥，唯将其所承受的东西传之于后世而已。到了柏拉图的高足亚里士多德那里，才开始改造他的学说，重建巩固的、科学的学说。亚里士多德首先改造了超越的观念，即柏拉图所认为的超越现在世界的永久法式（亚里士多德所题之名）。其次，亚里士多德精细地规定了柏拉图的物质——第二等元素——之意义，使其成为满意的解释原理。法式与物质间的隔阂，须得铲除；不然，超越的不变化的观念，如何能将其印象嵌入无生命的、不合理的物体中呢？还有其他的难点：如万物的法式为何不断变化呢？不死的灵魂怎样进入已死的人体中呢？造物主与宇宙灵魂之说不过是遁词，而乞援于神话与通俗宗教又是无知识之供状。更重要的是，二元论充斥于柏拉图的思想系统中，种种问题，都未解决；其弟子须解决之。

亚里士多德

亚里士多德保留其师的学说中永久不变的法式——唯心论，而排斥其超越论。他把种种法式由天上移到地面。他说法式不在事物之外，而在事物之内；不是超越的，而是内在的。物质不是柏拉图所谓的“非实体”，不过是活动的而已。物质与法式不是分离的，而是永久联系在一起的。物质实现事物的法式或观念，不断地向前移动、生长、变化或进化。感觉世界不是真实世界的影子或印本；它就是真实世界，因为法式与物质是一样的东西。感觉世界或现象世界是科学的真对象。亚里士多德有鉴于此，即专心地研究之，从而对自然科学给以很大的鼓励。

亚里士多德于公元前384年出生于斯塔吉拉，是马其顿国王菲利普的官医尼哥马科之子。十七岁时，入柏拉图学院，在其中历二十年之久，做了学生，又做先生。柏拉图死后（公元前347年），游历四方，后又回雅典，建立修辞学学校。公元前342年，菲利普招之，让他教授其子亚历山大。七年后，复回雅典，创办高等文科学校，教授哲学，题校名为吕克昂学园，为后世高等文科学校之起源（因为他教授学生时，有散步讲演的习惯，又称之为“散步学校”）。他的教授法是讲演与对话。公元前323年，亚历山大大帝死后，希腊反对马其顿的党徒衔恨于亚里士多德，控告其渎神。亚里士多德乃逃至埃维厄岛，到了公元前322年，死于其处。

亚里士多德的品性高尚，希腊人适度调和的理想，皆实现于他的人格中。他的爱好真理的心理甚强；他的判断正大而精细；他长于辩证法，精于观察，又是一个专门的科学家。他的文章的气派，如同他的思想一样，是端庄的、科学的、可爱的，无空想，甚至有些干燥。我们很少会在他的著作中发现他个性的热情，他的著作很少表现他情绪的激荡。他这些地方不像他的老师。我们研究他的著作时，好像处于沉静而无主观的推理当中。他在思想史上是一个最伟大的人物之一。他的著作甚多，逻辑、修辞学、诗学、物理学、植物学、动物学、心理学、伦理学、经济学、政治学、玄学，无不有其论著。

亚里士多德的著作，传至今天的甚多，其中似乎也有不少散佚。泽勒尔按其著作的内容分为六类：

（1）逻辑（亚里士多德的门徒称之为机关，为取得知识的机关或工具）。内有著作：《范畴》、《命题》、《分析术》（内有三段论法定义、分类、证明）、《论题》（内有九章讨论概率，末附《辩士派的谬误》一章）。

（2）修辞学。内分《狄奥迪克底修辞学》（是根据亚里士多德的学说著的，不是亚里士多德本人的著作）、《亚历山大修辞学》（这是伪作）、《修辞》（共三章，末章不可靠）、《诗学》（内有美术论，唯一流传至今的部分）诸篇。

（3）玄学。内有十四章专论第一原理，在安多尼卡斯所收集的亚里士多德的著作中，居于物理学之后，因此得“元物理学”（在物理学之后之意）之名，而为玄学之起源；亚里士多德本人未尝称之为“玄学”，不过称之为第一原理而已。十四章合为一部，并非亚里士多德之意，其中第二章（a）与第十一章皆是伪作。

（4）自然科学。内有《物理学》（共八章，第七章是插入的）、《论天》（四章）、《论生灭》（二章）、《气象学》（四章）、《宇宙学》（伪作）、《植物学》（伪作）、《动物志》（共十章，末章是伪作）、《动物的构造》（内中有些不可靠）。心理学方面有《论灵魂》，共八章，其中有三章讨论感觉、记忆、睡与醒；其余皆小篇文章。

（5）伦理学。内有《尼各马科伦理学》、《优台谟伦理学》、《大伦理学》（为前二书之合编）诸篇。

（6）政治学。内有《政治学》、《雅典政制》（为前书之一部，1890年发现的）。

第二节　哲学与科学

亚里士多德详述了柏拉图的观念论与目的论，认为宇宙是一理想世界，内部彼此相关，而且为有机的整体，也就是永久不变的观念或法式的系统。此等法式或观念为万物的根本原因与本质，使万物之为万物的原动力。然而观念离不开感觉世界，是感觉世界的一部分，在感觉世界之内，给感觉世界以法式与生命。经验世界是实在的世界，不是不可信赖的现象。所以经验世界是我们研究的对象；经验是我们知识的基础与出发点，而学问的根本原理即由此而生。这种实在的概念，使亚里士多德尊重个体与具体的东西，注重自然科学，并且规定了他的方法。然而真知识不是单纯地认识事实，而是认识事实的理性、原由或根本。哲学包含一切这样有理性的知识，并且包含数学与专门科学。凡研究事物之根本原因的，亚里士多德都称之为第一哲学，现在称之为玄学。玄学研究这种实体，各门科学研究实体的一部分，例如物理学即研究实体的物质与运动。研究实体的部分的科学，亚里士多德称之为第二哲学。

亚里士多德更分科学为三种：（一）理论的科学（数学、物理学、玄学）；（二）实用的科学（伦理学与政治学）；（三）创造的科学（机械学与美术）。他将这些分为物理学（物理学、生物学、天文学等）、玄学、实用哲学。假如我们加上一个伦理学，便是柏拉图的普通分类法（论理学、玄学、伦理学）。

第三节 逻辑

亚里士多德认为逻辑之功用在于论述得到知识的方法。苏格拉底与柏拉图本已为逻辑建立了基础，但详细地研究逻辑，并把逻辑研究作为一种特别学问的，亚里士多德则为第一人。他是科学的逻辑之鼻祖。他说逻辑是取得真知识的重要工具，若不谙熟分析学，不要去研究哲学。所以逻辑是哲学的入门或预备科学。

逻辑的主旨在于分析思想的法式与内容，在于分析得到真知识的程序，是正确思想的学问。思想是由推理（科学的证明）而成，由共相推演个体。推论是由判断而成，表达于文字中，名之曰辞（或命题）；判断由概念而成，概念表达于文字中，名之曰端（或名词）。亚里士多德又讨论判断的种类、性质、彼此的关系及论证的各种程序：今日的形式逻辑，大部分还是以之为根据。亚里士多德的论理中，未曾详论概念；然而论过狭义的概念，如定义及定义的规则；且论过最高的概念或范畴。

亚里士多德注重论证法，这论证法的根据是三段论法——这是柏拉图未曾留意的。泽勒尔说他是发现思想运动的基本法式而名之曰“三段论法”的第一人。三段论法是由某种前提必然发生新的东西（结论）的论法。这种论法是由共相推演个体，是一种演绎推论法。归纳法与之相反，由经验的个别事实，归纳成普遍原理；欲使其完全确实，须根据一切事件的知识。

所以确实的或科学的论证，必是三段论法的形式，是演绎的法式。欲论证其真实，则结论必须由前提而生。而前提本身，必须是普遍的与必然的：所以必须根据别的前提以证明之。知识的目标，是完全的证实（亚里士多德时代的理想科学是数学，所以演绎法在他的逻辑中最重要。他的目的在于得到数学的确实性）。而完全的证实，唯有靠着一串三段论法；结论靠着前提；前提又是其他前提的结论……然而这种程序亦不能继续前进，以至无穷；最后必须靠着不能由演绎法证明的原理，即绝对确实的原理。我们原有这种自明的、直觉的原理，即数学之公理与矛盾之原理。各专门科学，各有其自己的这种原理，又有各科学所共有的普遍原理，或第一哲学的原理。

基本原理是灵魂的最高部分——理性所固有的，是理性的直觉。根本原理，也能由归纳法来证实；归纳法是由个体推论共相；人类理性有从个体抽绎其法式的能力。这种法式为事物的本质，是实在的东西。然而它们不仅是事物的本质或原理，而且是理性的原理，因为其潜伏于心中。经验是使人知道事物本质的必需品。换言之，事物的本质，隐然地存在于人的心中，由经验使之显然。事物的本质，既是思想的法式，又是实在的法式。这就是亚里士多德的基本观念：思想与实体相符合；真理是思想与实体的一致。

所以知识是以感官知觉为起点，是从个体的事实出发，而以得到普遍概念为依归的。普遍概念（共相）虽然是我们思想的终止点，但也是自然界的开端，是第一原理。

所以归纳法是演绎法的第一道门径。科学的理想必须从共相推演出个体，必须供给必要的证据；但没有归纳法的功夫，就不能达到这种理想。亚里士多德如此主张，遂调和了经验论与理性论。知识没有经验是不可能的，但用归纳法，由经验中推演出的真理，不甚确实，仅是或然——所以真理又必是先天的，潜伏于心中的。换言之，真理离了经验，不能知道；若不潜伏于理性中，不能确实。

亚里士多德所谓的范畴是指断定的最普遍的法式而言。他列举了十种（有时是八种）范畴：实质（是什么）、性质（怎样构成的）、数量（如何大小）、关系（如何的关系）、空间（在哪里）、时间（什么时候）、位置（在什么地方）、状态（穿衣服、执干戈）、自动（做了什么）、被动（受了什么）。这都是说我们经验的对象，俱存于时间和空间中，能度量计算，皆与别的事物有关系，能自动，能被动，有根本的属性，有偶然的属性。范畴不仅是思想或语言的法式，也是实在的表示；各种文字与概念，皆有实在的东西与之相当。各个可知觉的实体，皆是此等范畴的依附物，皆能断定。所以实体的范畴，最为重要，其他皆依之而存在。哲学研究实体的范畴，研究事物的根本性质。这就来到亚里士多德的玄学了。

第四节　玄学

玄学的问题，在于发现根本原理。世界是什么样的？它的本质是什么？德谟克利特及其门徒，认为世界的本质是运动不息的物质的原子，柏拉图认为是能够影响物质的超越的观念。亚里士多德否认此二说，且欲从中调和之。他以为观念或法式，不能像柏拉图所主张的是能离开物质而自存的实质；一种性质不能离开其对象而存在；没有物质，便没有法式。但我们所见的变化不停的实在，也不是像原子论所主张的无目的的物质的运动；离了目的或法式，亦不能有物质。柏拉图认为具体经验的对象，仅仅是普遍观念的不完全的模本，是偶然的东西，又认为法式是实体。亚里士多德与之相反，以为个体物象，皆是真实实体。但个体物象的本质或真性，是由其法式构成的，由其所系属的种类的普遍性质构成的，所以他认法式或观念为本体。

然而各个体的物象，皆有变化或生长；换言之，一切可知觉的东西，俱有变化；时而有，时而无；时而能有，时而不能有；时而表现这些性质，时而表现那些性质；时而是种子，时而是嫩芽；时而是树，时而是果。然而我们怎么解释这种变化历程呢？这里面必有变的东西，必有变中不变的东西。这种东西，就是物质；物质永存，物质的本身不能消灭。物质必定有一些属性，我们从未经验过无法式的物质；所以物质与性质或法式，是存在一起的。我们所谓的物质变了形式，并不是说形式变成了别的样子；没有什么法式能变成别的法式。物质具有各种法式；物质是永久存在的，其所原有的法式也是不变的，但是物质有了新的形式，就变成新的样式了。各种法式永久存在，没有忽然变成的。所以无论是物质，还是法式，皆不生不灭；它们都是事物的永久的原理。为了解释生长、变化，我们必须假定一种既历久又变化的基础（物质）与许多负有变化责任的性质（法式）。

物之长成，即实现了物之意义、物之目的或物之法式。法式是物之真的实体、物之实现或完成。物之完成，即物之可能性实现了，潜伏于物中的东西实现了。例如橡子变为橡树；橡子就是潜伏的橡树，橡树是实现了它的潜伏性，是它的法式实现了。所以亚里士多德称物质为可能的原理，称法式为实在或实现的原理。原始的物质即无形式的物质，我们虽能够设想，但不曾有之，不过是一种可能性而已；具体的物质常有法式，是实现物。但对其他的法式及实现物而言，又仅仅是可能性，例如橡子是橡树的物质，大理石是雕像的物质。

为解释变化的世界起见，我们必须假定有法式与物质。各个法式与柏拉图的观念一样，是永久的；但是在物质之内，不在物质之外；物质与法式永久地共存，故宇宙是永久的。法式在物质中实现本身；它使物质运动，各个目的无不由物质实现。美术家想制成一件美术品，必有一种观念或计划在心中；他的手的运动，是受他的计划支配的，由此而实现其目的。在这种程序中，我们可以发现四种原理或原因：形式原因（美术家心中的画形），物质原因（绘画所用的材料），运动原因（绘画的运动），目的原因（绘画的目的）。在自然界中，尤其是有机界中，也有这四种原因从中发生作用；不过自然界中的美术家及其作品是一体的，不能分离的；换言之，美术家即在其作品中。计划与目的是一致的，有机物的目的是有机物的法式之实现。而且法式（或观念）又是运动的原因，所以终究只有两种根本原因——法式与物质——构成不可分的浑然一体；如欲区分之，唯思想上能够。

法式是有目的的势力，在物质中实现其本身。各个有机物之所以成为有机物，是由于一种观念或目的的动作。凡种子中皆有一种指导的原理，使甲种种子不能变成乙种物体。因为法式不变，故种类亦不变；种类始终如一，唯个体有生灭。

如果法式指导物质，为什么自然界中常有丧失原形（或不完全）的东西呢？亚里士多德把这归结于物质的不完全。由这一点看来，物质不单单是单纯的可能性，而且有阻碍法式的能力。个体的多种多样，男女之差，丑恶之别，皆是此抵抗力所致的。

运动或变化是法式与物质的结合。观念或法式使物质中发生运动；观念是运动者，物质是被运动者。运动是物质的可能性的实现。怎样实现呢？由观念使之实现；物质想实现法式，常欲得到法式，遂因法式的出现而引起物质的动作。因为法式与物质是永久的，故运动亦是永久的。这里要留意：有抵抗力的物质表示其抵抗力，而欲向目的的方向来运动；亚里士多德若说的不是一种比喻的话，便是希腊古代万物有生论的复活。

据亚里士多德之意，在物质方面，这种永久的运动，在理论上可以假定有一个永久自身不动而发生运动者。如果它自身运动，必有使之运动者，而使之运动者，必更有使之运动者，如是追根溯源，运动便不能解释了。然而无论如何，运动之始，必不依赖于别的运动的东西来使之运动。所以宇宙间有一个永久自身不动的第一发动者，为自然界一切动作的原因。这个第一发动者既不动，它必是一个离开物质的法式、纯粹的法式、绝对的精神，因为如有物质，便有运动与变化。

这种第一原因是绝对的完善，是世界的最高目的，为世界的至善，是神。神之影响世界，不是运动世界，是用美观或理想来影响灵魂。世界上的万物，如植物、动物，人类想实现它们的本质，皆是因为此至善或神；神的生存，是万物欲望的原因。所以神为宇宙之统合的原理：是万物争相向往的中心点，是宇宙中一切秩序、美观、生命的原理。神之活动在思想，在探求万物的本质，在洞察美的形式。一切可能性皆由它实现。它无印象、无感觉、无嗜好、无欲望、无情绪，是一个纯粹的智慧。我们的智慧是论理的知识，是零碎的运动，是一步一步的；神的思想是直觉的，一刹那之间，看见万物，看见万物的全体。它超脱痛苦与情感的束缚，是最快乐的。它是哲学家所希望的东西。

第五节　物理学

亚里士多德的物理学（物体与运动之学）的特别色彩，在于反对德谟克利特的机械的原子论。他反对物质世界中一切数量的变化都是原子的位置关系的变化。他虽然有时会给物质以万物有生论所给予物质的性质，但照上节所述，他有意认为物质是被动的与惰性的。这一点，他与德谟克利特的意见是一致的。还有与原子论者不同的是：他否认真空的空间。他对空间的定义是：空间是围绕的物体与被围绕的物体之间的界限。空间内没有不被其他物体所围绕的东西。所以恒星之外，没有空间，因为无物体来界限它们。凡无多数物体的地方，便无空间。故没有无限的空间，世界是有限的；空间不是全部运动，是部分有变化。既然空间不能被认为无运动，神当然不在空间中，因为神不运动。

亚里士多德所谓的运动，是各种变化之意。他根据他的目的论而定的运动的定义说："运动是可能性的实现。"他列举了四种运动：（一）实质的（生与死）；（二）数量的（物体形状增减的变化）；（三）性质的（这种东西变为那种东西）；（四）位置的（位置的变化），而位置的变化，规定了各种变化。据亚里士多德说，宇宙的本原有四种（有时主张有五种），各本原能相互变化；多数实体混合起来，就产生新的实体。性质不仅是原子论者所谓的数量上变化的主观影响，而且是万物的真性质。所以性质上的变化，不能作机械的解释，而认为其是原子安排的变化；某力量作用于物质上，就产生性质上绝对的变化。

以上种种概念，皆与原子论者所主张的自然科学相反。这种差异是很重要的：亚里士多德认为自然不能做机械的解释；因为自然是有目的的，是活动的：自然界中没有什么东西没有目的。根据他的玄学前提，他常认为科学解释的许多事好像不能发生。因为根据他的玄学不能想到的，就无发生的可能。由机械论言之，他的主张算是思想上的退步；但是现今也还有一些自然科学家赞同他的活动的或有能力的自然观，而且采用他的目的论者，也还有不少。

宇宙是永久的不生不灭。地球是中心，周围绕以水、气、火，其次绕以天体；天体由“以太”而成，附以游星、日月及恒星。为了解释游星的运动，亚里士多德引入许多朝反方向运动的天体。神居于恒星的最外边，使这最外边运动；这最外边的运动，又引起其他天体的运动。然而这种观念，亚里士多德持之并不甚坚，因为其主张各天体有一个神灵主管着运动。

第六节　生物学

亚里士多德是有系统的与比较的动物学之鼻祖。他在生物学上与在物理学上一样，反对纯粹的、数量的、机械的、因果的自然观，而主张自然之性质的、活动的、目的论的解释。自然界中有种种势力催发运动、指导运动。前面已经说过，法式是活动的、有目的的，是有机体的灵魂。肉体是一个机关或工具，所以是供灵魂运用的；灵魂运动肉体，固定肉体的组织，是生命的原理（生机主义）。人之有手，因其有一个心。肉体与灵魂虽组合成一个不可分的统一体，但灵魂是主宰的原理。换言之，全体的存在，先于部分；目的的存在，先于其实现；舍了全体，不能了解部分。

凡自然界中，如有生命之处，亦莫不有灵魂。全自然界中，甚至无机物的自然界中都有生命的痕迹。灵魂的等级之差别，与生命的各级形式相当。无论什么灵魂，皆不能无肉体；而其肉体必是其特有的；人类的灵魂，必须有人类的肉体，不能寄居于马的肉体中。有机界中，万物的身体是由最低等逐渐进化至最高等的；灵魂也有这样的一个次第，由植物的灵魂（主管滋养、生长与萌芽之功用者为植物的灵魂）进而达到具有更多与更高功用的人类的灵魂。

第七节　心理学

人是一个小宇宙，是自然界最后的目的；其与别的生物不同的地方，唯有理性而已。人类的灵魂，就其主管下等的生物功用之点言之，类似于植物的灵魂；就其有知觉、想象、记忆、快乐、痛苦、欲望、厌恶种种官能之点言之，则类似于动物的灵魂。感官知觉是所感觉的对象，经过感觉器官，产生于灵魂中的变动。感觉器官是可能性的，知觉的对象是实现的。各种感官告诉灵魂以物体之性质；共同感官（心脏）是一切感觉集会之所；人由共同感官把其他感官所送来的知觉结合在一起，而生感觉对象之全景；又生感觉对象之种种属性——数目、大小、形状、运动、静止。共同感觉又能造成类属的影像——凑合的影像，并有记忆之能力（联想的思想）。苦乐之感情，是靠着知觉；各种机能发展时，就发生快乐，如被阻碍，便觉痛苦。快乐与痛苦之感情，引起欲望与厌恶之心理；身体之运动，即由此心理而生。欲望起于灵魂所认为好的对象之呈现。附随有深思熟虑之欲望，叫作合理的意志。

人类的灵魂，除有上述各种功用外，还有概念的思想之能力，能思想万物之普遍必然的本质；灵魂在知觉作用下认识感觉的对象，又恰如理性一样能得着概念。理性即其所能想象或思想的潜伏的东西；概念的思想是实现的理性。然而理性如何能思考概念呢？这是因为有两种理性：一种是自动的（或创造的）理性，一种是被动的理性。创造的理性是纯粹的实现；概念实现于其中，它能直接了解之。在这里，思想与思想之对象是一而非二，有如柏拉图所说之探求观念世界之纯粹的灵魂。在被动的理性中，概念是潜伏的（有如亚里士多德所谓之物质：被动的理性是创造的理性——法式——作用于其上之物质）；使其实现者，是创造的理性。据亚里士多德说，凡无实现的原因者，不能实现。例如完全的法式或观念之存在，乃因有机体之物质须实现之。他又主张完全的法式必存于理性中，因为理性欲实现之。他为了这种思想能通行于精神界，乃划分理性为形式的与物质的、自动的与被动的、实现的与潜伏的两面：潜伏于被动的理性中的概念，实现于自动的理性中。

知觉、想象与记忆，皆与肉体相关联，是随肉体而死灭的。被动的理性含有感觉影像的成分，也是有死灭的。这种影像是引起被动的理性中的概念的机会，但无创造的理性，则不能引起。创造的理性，先于灵魂与肉体而存在，是绝对非物质的、不死灭的、不受肉体之束缚的。它是由外面进入灵魂中的神灵之闪光，不像其他心理作用由灵魂的进化而来。既然创造的理性非个人的理性，则个人的不死显然是不可能的。亚里士多德的这种创造的理性，有些解释者认之为普遍的理性或神心。

第八节　伦理学

亚里士多德的伦理学基础，是建立于他的玄学及心理学上的，是伦理学史上第一次有组织的科学的伦理学。其所讨论的问题，是苏格拉底的至善问题。他以为人类一切行为皆有目的。这目的是达到较高目的的手段；较高目的是达到更高目的的手段；

如此递进，最后达到至高目的，以便寻求其他的善。什么是至善呢？事物之善，在于其特性的实现；各个生物的目的，在于实现其特质，以别于其他生物。人类不仅运用其动植物的机能，也运用其理性的生活。故人类之至善，在于完全发扬其所以为人的各种机能。此即亚里士多德所谓的幸福。然而幸福并不是快乐之意。据亚里士多德说，快乐是随着道德的活动而生的第二等的效果，所以包含在至善中，不与至善同等。

然而灵魂不都是合理的，有合理的部分与不合理的部分。理性须协调感情、欲望与嗜好等不合理的部分；灵魂为了实现其目的，其各部分的作用必须适当，肉体的作用亦须适当，并须有适当的经济条件。（奴隶与儿童不能达到道德的目的，贫穷病苦者亦然。）道德的灵魂是一个有好的秩序的灵魂，理性、感情与欲望之间有正当的关系。这样理性之完全的行为，是理智的效力或道德（聪明睿智）；感情的冲动之完全的行为，是伦理的道德（如节制、勇敢、自由等）。有若干行为便有若干道德。我们对于肉体欲望、愤怒、恐惧、好货、求名等行为，不可不抱着合理的态度。

然则什么是合理的态度呢？亚里士多德说，处乎两极端之间的中庸，是合理的态度。例如勇敢是残暴与胆怯的中庸；仁慈是挥霍与贪婪的中庸；礼节是无耻与羞赧的中庸。这种中庸不是每个人及一切情境之下都如此，其对于我们而言是相对的，是“由理性规定或正直人所规定”的。然而此种中庸也不是个人主观的或随便的意见；道德的行为是由正直人决定的；正直人是万事万物的尺度与标准；他们判断事物极正确，一切事物中的真理都呈现于他们的眼前。更有两点须得记着：（1）道德的行为含有意志的习惯或气质，是品格的表现。（2）道德的行为、自由意志的行为，是自由选择的行为；“德与不德，皆在我们的能力范围内”。亚里士多德把这些观念表现于下列的定义中：“道德是一种气质或习惯，包含审慎的目的或选择；它的本质是中庸；中庸是由理性规定的，由正直人规定的。”

是故人之至善，为自我实现。虽然这种学说不可解读为自利的个人主义。人之实现真我，是爱护其理性的部分——至高的部分，是依尊贵的动机而行动，是尊重他人的利益，是尽忠其国家。要了解亚里士多德之爱他人的学说，只需读他的伦理学中论述友谊与公道的部分即可。伦理学中说，有道德之人的行动，常是为其友人与国家的利益，若有必要时，就算以身殉之，亦在所不惜。他避让众人所竞争的金钱、荣誉及财货；他宁愿短暂地享受深厚的快乐，也不愿长期地享受平庸的快乐；他宁愿过一年高尚的生活，也不愿过多年无声无息的生活；他宁愿做一次高贵的行为，也不愿做许多下贱的行为。这是真实地为他人而舍弃生命，为自己择取高贵。有道德之人的自爱，是专心做高尚的事情。人是社会的动物，有愿意与他人共同生活的趋向；他需要有别人，以便向之为善。“有道德的朋友，自然是有道德的人所想望的”；换言之，有道德的人，为好善的目的而好善，不得不爱好有道德的朋友：有道德的人认为他的朋友是他的第二个自我。

正义（或公道）是与他人有关系的道德，因其增进了他人的利益，不管是治者或被治者的利益，皆能增进。正义有合法与公平二义。法律是为全社会或上流社会的幸福而设立的。一切道德皆包含于正义的观念中，皆是以一般人的幸福为依归的。正义又有给各人以适当待遇的意义。

然而此说不可认为是快乐论。快乐是道德的行为之必然的与直接的结果，但并非人生的目的。快乐是行为的完成，是伴生的、附加的。“行为最完美时，最感快乐”。快乐足以使我们的生活完美，而生活又是我们所欲望的，故希图得到快乐，也是合理的。快乐与生活相随而不相离，无行为则无快乐，而行为又由快乐来完成。据亚里士多德说，有道德的人所认为是可敬的与可乐的，是真可敬的、真可乐的。然而只知肉体之乐，却未尝过纯粹的与自由的快乐者，必不知纯粹的与自由的快乐之可贵。

最高的幸福，是我们本性中最好部分的行为，是思辨的行为。这是最高等、最持久、最快乐、最充分的幸福。这种生活对人是最好的。人们享受这种生活，不是仰赖其人性之力，而是仰赖其神性之力。如果理性与人性的其他部分相比，则更显其是神圣的，而且依据理性的生活，与人类普通的生活比较起来，当然是神圣的。俗人谓人之思想不可能超出人性之上，这话是不对的，不可遵循；因为人须寻求不死不灭，须尽力按照其本性中最高部分来生活。

知道道德的本性，还不可以觉得已经足够。我们必须拥有它，必须勉力来实行。理论足以激发思想已经自由的青年，但不能激发多数民众。人在幼年时期，若不以道德法来训育他们，绝不能有正当道德的倾向。成人以后，须有法律来约束他们，使其知道人生之本分；因为多数人的活动，不是受理性与自重的支配，而是受刑罚之恐怖的支配，或者迫于必然之趋势。国家须设法训育其人民。无论如何，凡欲治理人民者，不可不了解法律的原理，所以亚里士多德为了完成其人生哲学，才进而研究政治学。兹述其政治学于后。

第九节　政治学

人是社会的动物，唯有在社会与国家中，才能实现其真实的自我。家族与乡党，就时间上来说，皆先乎国家而存在；但国家是人生进化的目标，再依据亚里士多德之全体先乎部分而存在的学说，国家又是高于家族、乡党及个人的。这个意思是说社会生活是人生的目的。然而国家的目的，又在于产生好的公民。这是“人生的目的是个人”与“人生的目的是社会”两种意见的调和意见。社会由个人组成，社会的目的在于使各个公民过上道德的与幸福的生活。

国家的宪法必须适应人民的性质与要求。国家的公道在于给同等的人民以同等的权利，给不同等的人民以不同等的权利。人民有才能、门第、教育、自由的差异，按照其等级而给以不同的待遇，即公道。

宪法有好的与坏的，君主政治、贵族政治、市民平等政治是好的政体；暴君专政、寡头专政、平民专政是坏的政体。亚里士多德所认为的当时最好的国家，是贵族政体的市府国家——由有门第、有教育的公民治理国家。他称赞奴隶制度，认为其是自然的制度；外国人应用作奴隶，因为其天然地逊于希腊人，不能与希腊人享受同等权利。

第十节　亚里士多德学派

亚里士多德的哲学，由其弟子详述之。其弟子中有独立思想者亦不少。他的高足提奥夫拉斯塔斯著有植物史及医学史；欧德摩斯以天文数学史而闻名于世；亚里士多塞诺斯以乐论之研究而著名；底夏卡斯以地理与政治学而为人所知：提奥夫拉斯塔斯的弟子斯特拉托专心致志于自然哲学的研究。自斯特拉托的弟子尼可之后，亚里士多德学派便日渐凋零了——老师的著述，慢慢被闲置了。到了公元1世纪，此派乃专注于注解老师的著作，历数百年而未止。全赖这个运动之力，亚里士多德的著作才得以保存流传下来。

第四讲

伦理的运动

据伊壁鸠鲁学派说，至善或理想，是快乐或幸福（快乐论）。快乐或幸福为唯一有价值的目标。其余的东西，若为得到幸福的手段则为有价值；而其价值，亦只因其有此手段。生当乱世，各人的聪明才能，应该用到使各人能得到利益上。但据斯多葛学派说，最可贵的东西，不是幸福，是品性、道德、克己、义务、重公、轻私。

第一章 伦理的运动之大观

苏格拉底的主要问题是实践的问题：他以“用道德与真理矫正当时之俗弊”为己任。他相信明白的思想是正当行为的根本；发现实践的原理，唯有理性的人才能为；他对于知识问题的兴趣，即由此种信念而起。苏格拉底的门徒虽然有麦加拉学派喜欢辩论术的讨论，但是其他的人亦多注重伦理的问题。柏拉图早年的著作，颇多带有他的老师的伦理色彩，就是在他后来发展的思想系统中，亦未舍弃至善之见地。他的全部哲学，就是为他的伦理的唯心论而建立的合理基础。亚里士多德在神的概念中虽然抬高了理论的行动，但也是以道德的人格为宇宙中最高贵的目的。柏拉图与亚里士多德死后，弟子们详述他们的学说，在思想上未尝有进步，只是靠着老师所留下的衣钵吃饭。快乐学派照常宣传其快乐说；犬儒学派照常宣传其节欲说；麦加拉学派斯提尔波受到了犬儒学派第欧根尼的影响，亦转而关注伦理的问题。

苏格拉底死后，使苏格拉底运动所发生的社会情境，依然未消灭。当时的道德无进步，利欲未减少，宗教信仰不坚定。希腊诸市府间的频年战争，使各市府先后遭到削弱而被马其顿所吞并。公元前431年与公元前404年间，伯罗奔尼撒之战，雅典丧失其政治的主权；公元前395年与公元前387年间的科林斯战争，使科林斯丧失其政治的主权；公元前370年与公元前362年间的底比斯战争，致使斯巴达败北。经过这种长期的纷争后，马其顿国王菲利普于公元前338年战胜雅典与底比斯的联军，而奄有希腊全土。及亚历山大攻占波斯而死后（公元前323年），诸将分离，各霸一方，奄有世界的大部分土地。之后罗马强盛，希腊遂于公元前142年经由马其顿之手，转而为罗马的领土。

在上述情形之下，伦理的问题自然不失为重要的问题。当时，旧制度败坏，公私生活颓废，人生意义的问题，自然不能消灭。到了国家失去其独立自主，人民政治的权利降而为曲意的顺从，有识之士不得不想及关于如何营救自己的问题。人民的疲惫，如何能免掉？心灵如何能安逸？这种问题是亘古常新的问题，因为每逢生活复杂困难之际，有识之士，必想及这种问题。这种问题是价值的问题，是至善的问题。宇宙间什么东西最贵重？人生应如何？人所努力追求者为何？对于这些问题的答案，当日与今日相仿，各说不能尽同。据伊壁鸠鲁学派说，至善或理想，是快乐或幸福（快乐论）。快乐或幸福为唯一有价值的目标。其余的东西，若为得到幸福的手段则为有价值，而其价值，亦只因其有此手段。生当乱世，各人的聪明才能，应该用到使各人能得到利益上。但据斯多葛学派说，最可贵的东西，不是幸福，是品性、道德、克己、义务、重公、轻私。

伊壁鸠鲁学派与斯多葛学派的学说，皆通行于当时，比柏拉图与亚里士多德的学说流传广泛。然而两学派皆看出有为其伦理问题建立合理的基础之必要。他们都相信若不知道万物之本质，绝得不到关于道德问题的满意答案；除知道宇宙的意义外，我们不能教人如何生存于宇宙中。人类的行为，是由其所生存的世界的种类来规定的；人生观是由宇宙观来规定的；伦理学是由玄学来规定的。两学派虽然注意于实际的问题，但并没有丧失希腊人好思辨的精神。

既然为了实现至善，就必须知道宇宙的意义，知道真理。于是发生了下列的问题：什么是真理？什么是真理的标准？什么是真理的起源？我们如何知道有真理？这些问题靠着逻辑来答复，逻辑供给我们以知识的标准，使我们区分真理与谬误。所以伊壁鸠鲁学派与斯多葛学派的人生哲学，皆根据于玄学与逻辑。

伊壁鸠鲁学派的善的概念，是建立于德谟克利特的机械观的唯物论上的。此论以为宇宙为无数物质的原子交互影响的结果，无目的或智慧指导之。人是拥挤、游移的原子结合的结果；其生存之日短，最后还要归于其所来的物质的原子。所以当其生存时，不要让其为当时与后来的种种迷信所累，应当让其享受其生存之时的快乐。斯多葛学派与之相反，以为宇宙有一个有智慧的本原或目的主宰之，美善而有秩序。他们认为宇宙是调和的、整齐的，是一个活神。人既然是这个大而合理的全体的一部分，自当尽其一部分的义务，听命于宇宙的调和，服从于理性与法律，以帮助实现神的意志。人之所以必须如此，不是为了其个人的狭隘的利益，也不是为了其个人的快乐，而是为了完成此全体。斯多葛学派以为除非服从宇宙的理性与法律，否则不能得到幸福。

第二章　伊壁鸠鲁主义

第一节　伊壁鸠鲁与他的问题

代表古代快乐说的伦理学者为伊壁鸠鲁。他的玄学完全依归于德谟克利特的学说。他的伦理学说的要旨，也是归于德谟克利特与快乐学派的学说的。

伊壁鸠鲁于公元前341年生于萨摩斯岛，父母为雅典人。从学于瑙西芬尼，从而得到德谟克利特与皮浪的学说。在希腊各城市教学后，乃于公元前307年在雅典建立学校，以教授生徒；弟子与朋友很多，其中妇女占很大比例。公元前270年去世。从古至今，恐怕没有比他更被冤枉与误解的了，他的名字竟然成为西洋文中骂人的一个词。

伊壁鸠鲁是一个著作丰富的人（一部《自然论》竟有三十七卷），但留传于今者，皆断简残篇而已。他撮他的学说之大要，整理成四十四条，是一种问答体；其精义见于第欧根尼·拉尔修的《意见》一书第十卷中。他的门人弟子们，对于他的学说少有变动，大半唯重述其思想而已。他的哲学自公元1世纪后，很多人剽窃之。罗马诗人卢克莱修（生于公元前99年，死

伊壁鸠鲁

于公元前55年）用他的诗集——《万物之本性》宣传唯物论的哲学，继而奥古斯丁时期的多数诗人与学者使之更加普遍。

据伊壁鸠鲁学派说，哲学的目的，在于使人得到快乐的生活。科学不能实现此种目的，而无实用的价值者——音乐、几何、数学与天文——皆是无用的。逻辑是必要的，因为其足以供给知识的标准。我们须知道物理学或宇宙论（玄学），因为借此可以了解万物的自然原因。这种知识是有用的，因为其可以使人不怕鬼神、死亡与自然现象。知道了人性，就知道什么东西应该取求，什么东西应该避免。然而重要的事情，在于了解万物是由自然的原因而生，不是由超自然的原因而生。所以我们可以把哲学划分为逻辑、玄学与伦理学。

第二节　逻辑

逻辑上的问题在于指示我们的立言（或译为命题）如何组织而后为真实。什么是真实的标准？一切立言（或说话）须根据感官和知觉；我们所见、所闻、所尝、所嗅、所感，皆属真实。我们若不信任感觉，便无知识。一切错觉，都不是感官之过，而是判断之过。感觉的错误原因甚多，如感官的差异，物象映入感官的途径、变化等，皆是如此。然而错误可由重复的观察与他人的经验来矫正。

普通的观念或影像的真确，与其所依据的感觉的真确相同。然而无抽象的性质与这种观念符合，无独立的本质（如柏拉图与亚里士多德所说的）与一个观念相合的唯一的实在，是同类中各个具体的物象；因此，普通观念，不过是一个符号而已。

感觉与观念之外，尚有意见与假设。欲使其真实，必须由感官和知觉证实之，至少不能与感官和知觉相抵牾。原子论是一个假设，从来无一人见过一个原子，将来能否看见原子，也还是疑问。但我们的原子观念，是由我们的普通经验类推而来，是把我们的感官所得自大的物体之性质加于其上的。

由此看来，在理论上，感觉便是真理的标准；我们知道我们所知觉的，我们能想象我们所未知觉的东西，与已知觉的东西相同。伊壁鸠鲁对于感觉真实可靠的全部证明，是根据于德谟克利特的感官知觉说。凡是我们所知觉的，皆非对象本身，不过是其模本而已，由对象射入我们的感官之影响而已。所以他的真理论，成败皆因于他的感觉论。在实用上，苦乐是真理的标准。发生快乐者，谓之善；发生痛苦者，谓之恶。错误原是生于这些感情之下的错误判断，依据这种标准，可以避免之。

第三节　玄学

我们感觉所昭示的，除物体以外，没有别的东西，所以唯有物体是真实的。但是如果只有物体，则物体之中，必不包含别的东西，必不能有别的东西在其中运动，所以必是真空，必有“非有”。既然没有什么东西能够绝对地创造与毁灭，则物体之发生、成长、变化、消灭，便只能以原子的聚散离合来解释。这些原子是非常小的物质的分子，不能知觉，不能做物理的分析，不毁亦不变。（但非无限的分析，亦非数学上的无限；如果是无限的分析，是数学上的无限小，则万物可以化为无。）据伊壁鸠鲁学说，各原子借自己的势力而存在，是绝对充实的，其中无真的空间；它们是绝对坚实的，无物可以透入的，不能破碎（所以名之曰原子）。原子除有这些性质外，还有形状、大小、重量，这是彼此不同的。原子是在运动不息的状态中。物体的不同，是由于原子的大小、形状、重量与关系的不同。然而据伊壁鸠鲁学说，形状的数目是有限的。既然原子数目无限，必有无限的空间——无限的宇宙，以容纳之。

各原子依其重量，以等速律做垂直线下降。但是原子若做垂直线下降，则恒为雨般的原子，不能产生世界。所以我们必须想象原子下降能够曲折，如卢克莱修所说的“一切生物，有力量往其意志所欲往之处所”。伊壁鸠鲁认为各原子有自由性；其所以如此者，一半是因为其欲解释现存的宇宙，一半是因为其想给人以自由意志。原子若无自由行动之力，人即不能有自由意志，因为无中不能生有。生物也可以用同样的原理来解释，它们是由地生的，开始产生的是怪物；因为其形状不适于环境，故不能生存。各种天体，也是自然产生的，不是神的创造品。它们无灵魂，因为灵魂不存于生物之外。

神是有的，但不如“愚民们”在他们的恐惧与无识中所认识的样子。神之存在，可由众人相信有神来证实之——神是一种自然的观念，因为有假定我们此种观念发生的原因来证实神的存在。但神不能创造世界。最快乐的神为何要创造世界呢？它们由何处产生这种世界的观念呢？这种完美的神如何造出不完美的世界呢？神具人形，唯比人更为美丽；它们的身体是光明之体；它们居于世界与世界之间；它们男女异性，也需饮食，甚至能说希腊话。它们与人世变迁没有关系，唯享受和平与幸福，脱离烦闷与苦海而已。

第四节 心理学

灵魂是物质的，与其他万物相同；不然，便不能有安排，亦不能有所感受。它是由极精细、圆满、敏捷的原子组成的；即由火、气、呼吸及更美妙而活动的物质构成的；这种原子是灵魂的灵魂。它散布于全体中；身体上凡有感觉之处，都由于那里有灵魂。居于胸中者为合理的或命令的部分，其余的部分顺从其意志与倾向。灵魂是有生死的，肉体解体时，灵魂亦分解为其原来的成分，而丧失其能力。人死则无意识、无恐惧，因为死后一切皆杳，绝不畏惧来世之事。卢克莱修说，“愚人顾及来生，不如其顾及今生”，况死人乎？

感官的知觉是感觉对象中喷出的细微物体，是对于感觉器官所影响的结果（此与德谟克利特的解释相同）。错觉、幻觉、梦及相同的心理状态，是由往日遇着的对象的影像产生的，或由与其他影像有密切关系的影像产生的。意志是心理（灵魂的合理部分）上发现的影像（如游行之影像）；心理有所欲（如游行），即激发灵魂的力量散布于全体；灵魂激发身体，身体就运行了。

第五节　伦理学

人生是趋向快乐的。其实一切动物，自出生之后，即依其自然本能，以求乐避苦。所以快乐是正鹄，是人所向往的目的，是人所应该向往的目的，而幸福实为至善。凡是乐，就是善；凡是苦，就是恶。但我们选择快乐时，须有审慎的训练。一种快乐如与其他快乐是同样地经久而强烈，则与其他快乐是同样的善。但是使放荡的人感觉快乐，感觉心里舒服的，并不一定是善。一切快乐，不是都足取的。一切痛苦，不是都可避的。有些快乐，须经过痛苦或失掉快乐后得之；有些痛苦随后有的快乐，所以比快乐还好些。再者，快乐有大小之异。精神的快乐，大于肉体的快乐；精神的痛苦，大于肉体的痛苦。因为肉体只感觉现时的苦乐，而灵魂则察觉过去、现在与未来；不仅精神的快乐大于肉体的快乐，而且离了精神，肉体的快乐亦不可能。所以伊壁鸠鲁学说选择理智生活的快乐，是智慧的职务，这是很明显的道理。我们惧怕天灾、神怒、死亡、身后；担心过去、现在、未来，所以得不到快乐。欲解脱恐惧，须试图了解万事万物的自然原因，须研究哲学。“人若不知道宇宙的本性，便不能免于恐惧；所以无自然界的知识，不能享受纯粹的快乐。”

满足欲望，或去除欲望，足以得到快乐。但是满足欲望而得到的快乐（与饥饿相仿），不是纯粹的快乐，而是杂有痛苦的快乐。纯粹的快乐，生于欲望满足或消灭时，生于不再有欲望时。脱离了痛苦，是最大的快乐，其大无以复加。想再超过此种快乐，便是无厌的贪求。

想解脱烦恼与恐惧，须知道事物的原因：晓得什么快乐可取，什么痛苦该避；换言之，就是应该格外审慎。人若谨慎，必有道德，必服从道德法则；因为不谨慎正直，生活必难舒服。所以道德是达到幸福或精神安慰的手段，其本身并不是目的。我们之所以夸奖之、实行之，是因为其有效用。

但是感觉的享受与放纵恣肆，都不能实现幸福。幸福是与“柏拉图、亚里士多德及斯多葛学派所说的智慧、勇敢、节制及正义”相关联的。

第六节　政治学

社会生活是建立在自利的原理之上的。各个人结合而成团体，目的在于自卫（契约说）。世上无所谓绝对的正义；所谓的自然法，是众人因其有益于己而赞同的行为之规则。一切法律与制度，皆为保全个人之安宁而设。有些法规，由经验上发现其为社会共同生活所必需，于是变成普遍的法律，但法律因为各国的情形不同，亦不能完全一致。

我们之所以必须公正，是因为公正对我们有益；不公正，就无所谓恶，只是到了裁判者之手中而惧怕责罚，方是恶。因为参与公共生活，不能有助于幸福，所以智者竭力避免之。

伊壁鸠鲁的快乐说，虽不是纵欲说，但其门徒则解为纵欲说。之所以如此，是因为这样可以契合他们的欲望，以图耳目口体之乐。如果快乐是各人的至善，则予人以快乐者，便是善。如果嗜好感觉的快乐而不嗜好高等的快乐，如果没有理智的生活，没有哲学的思想，就能脱离迷信的恐惧，得到精神的安慰，谁又能阻止呢？这可以借边沁的话来说明：“快乐的分量如果相等，则刺绣与诗是同等的善。”伊壁鸠鲁的哲学在根本上是开明的自利说。如果以探求个人的幸福为人生一切努力的目标，则此种人生观便易引人趋于自私自利，而不顾及他人的利害之途径。

第三章　斯多葛主义

第一节　芝诺及其学派

与唯物论的宇宙观及快乐论的唯我论的人生观相反的哲学，是苏格拉底、柏拉图与亚里士多德的哲学。这些大师死后，将其人生观的主要成分构成通俗的学说者，为斯多葛学派。此派始祖为芝诺，在希腊时代已有很多信徒，到了基督教时期，仍多信奉者。芝诺有受犬儒学派与麦加拉学派的影响，又有受柏拉图与亚里士多德的影响。他删除了犬儒学派的偏狭之处，而给以逻辑的与玄学的基础。他借用柏拉图与亚里士多德的许多概念，而变更其形式；但否认法相之不同，而复返于赫拉克利特之万物有生论。

芝诺于公元前336年生于希腊的塞浦路斯，该城有很多异族，或许是闪族人。他于公元前314年来到雅典，从学于犬儒学派的克拉泰斯、麦加拉学派的斯提尔波及柏拉图学派的波勒蒙。这些人对于他的学说皆有影响。公元前294年，他在斯多葛（有“彩色的庑廊”之意）建立学校。因此，他的学说就得了“斯多葛”之名。芝诺的品性高尚，生活朴素，感化力强，道德心厚。他死于公元前264年。

继芝诺而为斯多葛学派之领袖者，为其弟子克林斯，时在公元前264年与公元前232年之间。克林斯的品行似乎不免被伊壁鸠鲁学派与怀疑派所攻击。继克林斯之后的为索利的克利西波斯，时在公元前232年与公元前204年之间。

克利西波斯是具有大才之人，明白地立定了此派之学说，使此派思想统一，并辩驳怀疑派的攻击。他的著名弟子有塔苏斯的芝诺、巴比伦的第欧根尼与塔苏斯的安提帕特。斯多葛主义经由克利西波斯的发挥，在罗马共和时代风行于世。其第一个著名的信徒为班里夏（公元前180年—公元前110年）。到了罗马帝国时代，斯多葛主义分为两支：一支是通俗的，其代表有鲁弗斯（是公元1世纪之人）、塞内加（公元3年—公元65年）、爱比克泰德（公元1世纪之人）及奥勒留大帝。另一支是科学的，其唯一目的在于解释并完成旧说。科林苏与赫拉克勒斯的《伦理学》是最近发现的，其内容应属于此支。本章就希腊的斯多葛学派的哲学之重要方面来述之。

我们对于初期的斯多葛学派（自公元前304年至公元前205年）与中期的斯多葛学派（自公元前205年至罗马帝国时代），除《克莱安西斯语录》一书及后世著作援引的以外，没有别的原料。我们对于此派的哲学，全依赖于一些副料，其中最重要者，为第欧根尼·拉尔修、斯托布斯、西塞罗、普鲁塔克、辛普里丘及塞克斯都·恩披里克诸人的著述。我们从这些人的著述中，虽然不能确实地区别此派大师中每个人的贡献，但可以知道此派哲学的精神。后期罗马的斯多葛学派，有很多希腊文与罗马文的著作存世。

第二节　逻辑

斯多葛学派的哲学目的，在于为伦理学建立合理的基础。我们若无真理的标准与宇宙论，换言之，若不研究逻辑与玄学，便不能了解善的意义。斯多葛学派把哲学比作耕田，逻辑是犁耙，物理学是土壤，伦理学是收获。

研究哲学，须先从逻辑着手，它是思想的科学，讨论概念、判断、推论及其在语言上的表示。斯多葛学派把文法包入逻辑中，他们是西方传袭的文法学之祖宗。我们必须专心于辩论学（逻辑）的研究，因为其讨论知识论上的两个重要问题：（1）什么是知识的起源？或我们如何达到真理？（2）什么是知识的标准？

我们的知识来自知觉。无所谓先天的观念（如柏拉图的主张），灵魂初生如空白板，可以感受事物的印象，如同蜡版感受图章的印记一样。克利西波斯说，感觉为意识的变化。印象久存，而成为记忆印象，当记忆与印象结合起来时，就成为经验。普通的观念是由感觉与印象构成的；当其根据普通经验自然产生时，便叫作公共概念；公共概念对众人皆是一样的，毫无错误的。比如考试选拔的概念就是有意构成的，用方法构成的，是思想的结果。

感觉和知觉是我们知识的根本。人的心理有一种官能，可以构成普通观念，又能由多数的个别事例中依其类似之点构成概念，并以同类者为基础构成一般的判断。这种官能叫作理性，是思想与语言的官能。这种官能，就本质上言之，是与铸造世界上事物的普遍理性相同的。人之所以复生神的思想，因而认识世界，即赖此官能。但欲求概念的真实，必须与“表现于世界上诸性质中的神圣思想”相符合。斯多葛学派反对柏拉图的观念论，主张共相是主观的抽象品，唯个体是实有。

所以我们的知识是靠着知觉及由知觉产生的普通观念与概念

的。感觉影像，若其对象是确切的模板，便是真实。但知觉与概念，亦时有虚假；我们的观念很多是明明白白地不能发生真理，有些是虚幻的。我们如何能够区别真伪呢？什么是我们的标准呢？我们怎么能说有无什么东西与我们的观念相符合呢？我们又怎么知道观念不仅是我们的幻想之创造品呢？我们的一切知识，都是来自知觉；想求知识之真确，知觉必须与对象相符。知觉与对象之相符，具有三个条件：（一）感官处于常态的情形之下；（二）知觉是清晰而明白的；（三）自己与他人重复地观察两下，仍然证实得了第一次的印象。这种知觉，芝诺名之为“概念的印象”，有人译之为“理会的表现”。

故而知觉之标准，是印象或概念的自明；换言之，是概念与实体相符。我们有些概念，必有实体与之相符；有些概念则不然。仅仅主观的或想象的观念，无实体与之相符。这种观念，不要相信，不要依之做判断。不然，我们自己便要负错误的责任；因为这种判断是任意做的。但概念的印象或观念，我们不能否认。

真理的知识，不是科学或哲学的独占品。所有的人都可以由其普通观念来认识真理。只是此种普通概念不如真知识之可靠，因为真知识得自推理。科学是真判断的有组织的系统，其中的每个言论皆是由别的言论推演出来的；而其推演是根据伦理的必然性。所以正确的推论之官能，是得到真理的另一种手段，而辩论术是斯多葛学派的根本的修缮。斯多葛学派极其重视形式的逻辑，尤其重视三段论法；他们补充了亚里士多德的逻辑，修改了他的范畴表。

斯多葛学派的逻辑的主要目的，在于指出人心本身不能创造知识，知识的源泉是知觉；换言之，知觉供给知识的材料。然而斯多葛学派并不否认思想的活动；他们主张知识的进步，是由于经验上的反省，由于组织原来的材料为概念，由于由近及远、由个体到共相的推论。

第三节 玄学

斯多葛学派赞同亚里士多德的万事万物生于自动与被动这两种原理，也赞同他的这两种原理是不能分离的本质。纵然两者在思想上有区分，但在实质上是一体的。他们与亚里士多德的不同之处，在于其对此等原理的性质的概念。他们以为凡非自动的或被动的，俱非真实；既然物质皆是自动的与被动的，则物质与法式或势力便是有形体的。但我们可以说物质与法式或势力有形体上的差异：法式是由精细的质料构成的，物质是粗糙的、无法式的、不动的。法式与物质是离不开的：无法式便无物质；无物质便无法式；有物质之处，即有法式（或势力）的侵入。世界上的万事万物无不有形质，灵魂与鬼神亦不能例外。甚至一切性质也是有形体的性质，是由火与气相混而成的一种类似于气体的实质构成的；各个物象之所以成其为各个物象，即赖此类似于气体的实质。火与气是自动的本原，是生命与精神的原理；水与土是被动的本原，无生命，有惰性，为窑匠手中的泥土。类似于气体的实质，渗透于物质的各分子；它不仅填满了原子间的空间，而且存在于实体的毫末之中，弥漫宇宙，而与宇宙同样悠久。各个物体有其以别于其他物体的性质，物体的存在就是由于其体中渗透有此种物质的结果。

只有势力有因果性，而原因之作用唯及于物体之上。但结果常常是无形体的；一个原因产生一个状态（变化或运动）于别的物体中，这种状态，既不是一个物体，又不是物体的性质，而是物体的一种存在情况——运动或变化。原因与势力是同一的；原因只能作用于物体上，结果不过是物体的偶尔状态。如果结果是一个物体，则势力必会产生别种物体，这是不可能的事。各种关系也是无形体的。然而自动的原本是有生气的、有智慧的，这是须留意的；这一方面，斯多葛学派颇与亚里士多德的概念相近。由他们的感觉主义的观点来看，他们仅仅否认自动的原本为纯粹的法式或精灵。他们的玄学是由柏拉图与亚里士多德的哲学改变而成的万物有生论。

宇宙间的一切势力，组成一个无处不有的力或火（赫拉克利特的主张），而此原理为合理的，为宇宙的活动的灵魂。这种原理必定只有一个，因为宇宙是一个统一体，各部分皆协调；又必为火，因为热产生万事万物、运动万事万物，而为生命之主宰。它必是理性的，是有智慧的、有目的的、善的，因为宇宙是美观的、有秩序的、完善而无缺的（目的论）。它是一切生命与运动的本原，它是神灵。它与世界的关系，就如人类的灵魂与其肉体的关系；世界是神的肉体，是神的活的有机体。神又是宇宙的灵魂，含有一切生命的种子；宇宙是其中潜伏的势力，犹如种子中的植物。这就是泛神论。

普遍的理性或灵魂，弥漫于全宇宙中，正如人的灵魂，弥漫于人的全体中。人的灵魂的主管部分，既然居于中心，则世界灵魂的主管部分——神——必居于世界的辽远边际，以便散布于全世界。然而世界灵魂有两部分：一部分规定世界的法式，一部分保存世界的原形。为万物之主宰的神——完美而有福的东西——具有先见与意志，爱人惠物，赏善罚恶。就此等方面观之，斯多葛学派的神是泛神论的神。但是亦有差异，他们所说的神，毕竟不是一个整体、一个自由的人格、一个世界的创造者，不过是万事万物依自然之必然的程序所产生的实质。他们认为神有意志与先见，但是又把神与必然法则视同一体。实际上他们的思想未曾划分明白，泛神论与一神论混同在了一起。

第四节　宇宙论

斯多葛学派对于宇宙由原始的神圣的火进化而来的理论，说得很详细。气、水、土皆起于火，而且此神圣的火弥漫于低等的元素中。（低等元素如土、水，皆由火凝结而成，换言之，火丧失其势力后，而成水、土，物质是一种消费的余物。）神圣的火本身，分化为各种不相同的形式，其不同之处，在于其纯粹的程度之差异；其作用于无机界者，为盲目的因果律；其作用于植物界者，虽然也是盲目的，但为有目的的自然力；其作用于动物界者，为由观念指导的有目的的冲动；其作用于人类者，为合理的有意识的目的。自然物为四种元素（火、气、水、土）的结合；之所以千差万别，一半是因为元素混合的比例不同，一半是因为神圣的火的形式与动作不同。宇宙是一个完全的球体，飘浮于空中，由其灵魂维系之、长养之。宇宙生于火，将来复归于火，复归于纯粹的生命及理性；宇宙由大火而来，绕一大圈，复归于大火，循环不息，漫无止境。每个复生的世界，完全像其从前的世界，因为各个世界，皆是由同样的法则产生的。一切事物皆是绝对被决定的，就算是人类的意志，亦是如此；宇宙是一个不断的因果锁链，没有什么东西是偶然产生的。一切事物必然地生于第一原因或运动者。人之自由，在于其能听命于运数，但不管听从命运与否，必须服从。然而因为宇宙的法则与理性是来自神的意志，所以一切事物，皆听命于神的意志。换言之，凡由第一原理产生的，皆依据神圣的目的，皆是神之潜伏的目的的实现。就这个意思来说，命与神并不相抵牾，因为命运或法则，是神的意志。

如果一切事物是神的表现，则世界上的恶，又将如何解释呢？斯多葛学派有时否认世界上有恶，主张世界是完美的；所谓恶不过是相对的恶，世界上之有恶，犹如书中之有阴暗，乐中之有不谐，是用来使全体完美或者实现善的手段。有时他们认为恶是自然界必然的结果，是必然的恶。再者，自然的恶，不能影响人的性格，所以不是真实的恶。在道德上，没有恶，亦显不出善。善有恶相比，愈加显其为善。宇宙其实是一个美满而完善的全体，其中的各部分，有其固定的位置与目的。

第五节　心理学

人是由肉体与灵魂构成的。灵魂是一种物质的实质，是神圣的火之闪光，由血滋养之。灵魂之主宰的部分，居于心中，运用一切心理的机能：知觉、判断、推理、感情与意志；随时间的进行，变而为合理的，因而得到了概念的思想能力。人之自由，在于其有伦理的思想；人不像兽类，仅由影响与冲动来主宰，他们能熟虑选择，以听命于理性。所以人之自由，在于其行为依归理性，在于其听命于自然界的永久法则。聪明人所想做的，与自然所命令的，没有什么冲突。哲学家若具有各种完全的真理，其自由与神一样。

斯多葛学派关于灵魂不灭的主张不一致。有些学者主张灵魂与宇宙同样悠久，有些学者主张唯聪明有德者的灵魂能永久。但是到了宇宙复生之时，一切灵魂亦复生。人是自然界的目的，亦是神的目的。

第六节　伦理学

斯多葛学派的伦理学，是根据上述各种学说而来的。他们认为宇宙不是机械的、因果的锁链，而认为其是有机的合理的系统、美满而有秩序的全体，其中各部分各有机能、各司其职，以实现全体之善。宇宙是一个有生命、有智慧的神。人是宇宙的一部分，是一个小宇宙，其本性与全宇宙相同。所以人的行为须与宇宙的目的相调和，须实现宇宙的目的，须达到最高的可能的完美。想要如此，必须使其灵魂有秩序，必须依理性而行动，如宇宙之依理性而行动一样。人的意志，须服从于宇宙的意志，服从于宇宙的理性，认识到自己为宇宙的一员，尽其自己的本分。这就是斯多葛学派所谓的遵照自然而生活，因为遵照自然而生活，是遵照理性或天道而生活，是善的生活。所以道德是至善至乐，因为只有道德的生活，方能为快乐的生活。而且这样生活，是实现自我；因为实现自我，是实现普遍的理性之目的，是向往普遍的目的。这里面的意思含有具同等权利的、有理性的人类的大同社会，因为理性是众人共有的，而众人又是同一宇宙灵魂的各个部分。

从人的自然冲动来研究，亦可得到同样的结论；因为根据斯多葛学派的说法，天道表现于下等生物的本能中，不亚于表现于人类的理性中。众生皆力图保持其自身；所以快乐不是冲动的目标，而是冲动实现成功的附属物。自卫也不是目标，因为众生皆有保存其种类的本能。人类因理性的发达，乃认为其合理的本性是其真自我，进而以完成理性、促进合理的目的为满足。

在己者爱之，在人者亦不得不爱之。但斯多葛学派的这种说法，并非专以理论的思辨为目的。他们之所以尊重理性者，是因为其指示我们所有的义务。

所以道德是唯一的善，不道德是唯一的恶，其他皆无关轻重；健康、生命、荣誉、财富、爵位、权力、朋友、成功，本身皆无所谓善；死亡、疾病、侮辱、贫穷、门第卑下，本身皆无所谓恶。快乐也不是绝对的善，是行为的结果，切勿认之为目的。这些东西不在我们的权利范围之内，但我们的行为应该如何顾及这些东西，则在我们的权利之内。它们的价值，在于我们如何利用它们，在于它们对我们的品性的影响。其本身是没有什么价值的，只有道德能使我们快乐。

真道德的行为是有意识地趋向至善，是根据道德原理而行的。换言之，道德的行为，是完全确切地了解善，而有意地实现至善。无意识与知识的行为，不是道德。由此观之，道德是一个整体，因为诸事皆靠善意，皆靠心向；一个人若无那种心向，便是无那种心向，没有中立的余地；若非智者，便是愚昧。一端是道德，一切皆是道德。道德是同一心向的表示，所以彼此不能分开（克利西波斯不承认此说）。道德不是人的天赋，而是得自实行与教训。因为道德含有完备的知识，所以唯成人能有之。这种假定，是以人的行为依其自己的判断，是以人自然要努力实现其自以为善的，而避免其自以为恶的。所以坏行为是错误的判断或意见的结果。斯多葛学派有时认为错误的判断是不中正的情感的原因，有时认为是其结果。这样的情感有四种：快乐、欲望、恐惧、忧愁。误认现在的善而引起快乐（或者是由快乐引起的误认），误认将来的善而引起欲望，误认现在的恶而引起痛苦，误认将来的恶而引起恐惧。此等情感皆是不合理的情感、谬误的见解、心灵的疾病，必须斩除之。所以摆脱此等情感，是斯多葛学派的理想。想实现此事，必须有完备的知识，而这种知识是与意志的力量相关联的。故解脱情感的束缚，即勇敢与节制之意。然而人之顺从道德律与否，在于其个人意志，意志是自由的。由此看来，斯多葛学派在玄学上主张决定论，在伦理学上又主张意志自由论。

第七节　政治学

如上节所述，斯多葛学派的伦理观不是自利的。人不仅有自保的冲动，还有社会的冲动，使其依次发展其团体的生活。合理的思想，唤醒自然的本能：理性指示我们为合理的动物之大同社会的一分子，各人有其向往的义务（公正与仁慈）。这种社会是大同的国家，其中只有一种法律、一种权利，因为只有一种普遍的理性。在这种大同的国家中，道德是区分人民的唯一标准；神仙与圣人虽然是特别的个体，然而人人皆可与之自由往来。四海之内皆是兄弟，皆是同一的父亲之子，皆是同源同本，皆听命于同一的普遍理性，皆受同一的法律之支配，而为一国之民；纵然是我们的仇敌，亦应救援宽容。理性要我们把公共的利益、公共的幸福看得比个人的利益还重要；有必要时，我们须牺牲自己；因为实现了公共的幸福，就是完成了我们的真正使命，保存了我们的真我。这是斯多葛学派的大同主义。

伊壁鸠鲁学派不顾公共事业，斯多葛学派与之相反，主张参与政治生活。各人的义务，在于以世界公民的精神参与社会与政治的生活，以增进其同胞及国家的福利。如此而行，各人绝不至于流为狭义的爱国者，因为其国家主义已由其包含全世界的人道主义所扩充。各个国家的法律，须根据大同的法律与大同的国家主义。自然权利是积极的法律的基础。而且各人重视交友与结婚，以及所有个人能服从于公共意识的一切社会生活的形式。

第八节　宗教

斯多葛学派认为宗教与哲学是一样的东西。他们维护通俗的宗教，以为宗教在民众中所得到的普遍信仰，是宗教之真理的证据。他们又认为宗教是维持道德的必需品。然而他们反对宗教中迷信的与天人同体的成分，而给以寓意的解释——这是把宗教解读为寓意之初次的和有系统的尝试。

虔信是知神而敬之，是构成神的适当的概念而模仿其完全。顺从普遍的意志，是宗教的真实本质。

第九节　希腊伦理学之撮要

希腊的道德学说所共通的是：秩序与调和的理想；人须顺从理性，克制自己；万事万物须有秩序。唯物论者与唯心论者都承认智慧的重要性，都认可正当行为，依赖正确思想。达到好生活的行为，反正两派也无歧异：快乐论者认为聪明、克己、勇敢及公正是根本的道德，反快乐论者亦以为然。两派皆认为得到幸福、精神安宁、心里平和，皆赖聪明、节制、勇敢、公正。其不同者，快乐论者主张我们要勉行道德，以图得到幸福；而伦理的唯心论者，则认为有秩序的、美满的心灵本身中有善，纵使不能给我们幸福，但有追求的价值。各派皆提倡对同胞友爱、仁慈、亲密，而伊壁鸠鲁学派与斯多葛学派竟将同情心的范围，推广至一切人类。不过伊壁鸠鲁的根据在于自利，认为我们若与四周之人不和睦，绝得不到幸福。斯多葛学派以为爱邻这件事，本身就是善的——我们的邻人不仅是达到我们幸福的手段，而且是我们行为的目的。

斯多葛学派的伦理学认为人类的价值比柏拉图与亚里士多德的伦理学所认为的人类的价值高。柏拉图与亚里士多德皆受国家的偏见所影响，认为有奴隶是对的，而且外国人都是劣等民族，奴隶制度是天然的、公道的制度。他们无万人同胞、万人平等的理想。他们认为国内平等的市民可以享受公道与平等的权利，又认为国家是为和平而设，不是为战争而设。但是他们心目中所认为的平等的市民，是希腊有自由与知识的市民。之后，希腊失去其自主权。及亚历山大征服了所谓的蛮人，万众同胞及人类权利平等的观念，开始出现于一些学者的心目中：斯多葛学派遂提出此种理想。与人类休戚相关的思想，遂成为他们思想系统中的主要点。于是人类尊严的概念开始发展：万民皆一父之子、一国之民，有同等的权利与义务，俱隶属于同一法律、同一真理、同一理性之下。人的价值不在于富贵，全在于道德或善意。道德不歧视希腊人或野蛮人、男人或女人、穷人或富人、自由人或奴隶、聪明人或愚者、强健人或病人。品性为最高标准，无人能取之，无人能与之。

第四章　怀疑主义与折中主义

第一节　怀疑学派

前面所论述的各种哲学运动，其主要兴趣虽然在于伦理的问题，然而也想要组织概括的玄学系统，证实人类的理性能够得到真理。他们蹈袭苏格拉底以后诸大哲的故辙，为知识辩护，反对怀疑主义，尊崇思想本身的能力。但是与之相反的思想，此时亦渐成熟。在伊壁鸠鲁学派及斯多葛学派时，就已经出现一种新的怀疑哲学。这种怀疑哲学是皮浪所倡导的，又名皮浪主义。

皮浪生于公元前365年，死于公元前275年；幼年从学于德谟克利特的弟子，而研究其学说；并知埃利亚学派及麦加拉学派的学说；生平无著作，其学说由弗里乌斯的泰门传下来，但散佚不全。泰门死后，怀疑论侵入柏拉图学派中。

阿尔凯西劳（公元前315年—公元前241年）首先抛弃柏拉图学派的传统学说，而专注于批评伊壁鸠鲁学派与斯多葛学派的学说。他认为此二派的学说为冒名哲学。

他以辩证法教授学生，使学生知晓证实及驳倒各个理论的方法。他主张不要轻易对玄学的问题下判断。柏拉图学派中最大的怀疑论者是卡尼阿德斯（公元前213年—公元前120年）。他与皮浪相同，也无著作。继他而起者，有克来托马卡斯、拉里萨的斐洛及阿斯卡隆的安条克。

中期怀疑论的柏拉图学派凭借斐洛与安条克之力解脱怀疑主义，而怀疑主义又变成了独立的运动，其领袖为埃奈西德穆。时在基督教初期，即公元180年至210年间，怀疑主义最为兴盛，其代表为塞克斯都·恩披里克。埃奈西德穆著有怀疑论的书，文多散佚，赖塞克斯都保全些许。

第二节　怀疑论派的理论

这派共同的思想是认为人不能知道万物的本性。感觉只能指出万物的表象，不能指出其真象。如果感觉是我们的一切知识的源泉，除了感觉，不能有所知道，我们如何能知道物象是否与感觉符合呢？再者，我们的思想与我们的感觉冲突时，我们也无标准来区分真与假（皮浪的学说）。伊壁鸠鲁学派认为感觉是真理的标准，斯多葛学派认为具有信念的感觉是我们所应听从的，此皆不足以为安全的标准。感觉常常骗人，无对象与之符合的知觉，可以恰似真的知觉那样清楚、明白与真实（阿尔凯西劳的学说）。我们不能说一种感觉是否是真实对象的写照，因为我们绝无对象可以与之相比。再者，我们不能陈述一个观念，只能陈述一个判断，而判断已经是思想，仍需有一个标准（卡尼阿德斯的学说）。卡尼阿德斯又说，我们不能证实任何东西。想证实任何东西，须断定真理产生的前提，而此前提又须根据别的前提来证实。但如此进行，终无了时，因此结论终难达到真确之域。

我们若不能知道任何东西，切不要轻易下判断，换言之，绝不要下判断。我们所能说的是：我们有某种意识形态，某种对象好像是白的或黑的，不是某种对象是白的或黑的。这种意识形态，就足以运用于实际了（皮浪的主张）。这种主张，在道德上亦无问题，在道德上也勿轻易下判断。不轻易下判断，不努力达到种种理想，即足以免掉许多不幸之事，且可以使精神安静。然而卡尼阿德斯又说，虽然我们不知道万物之本性的标准，但有相当确切明了的知觉，足以指导实际的行为。有种种程度的或然性，所以不必下判断。聪明人可以依据一种观念的或然性程度来承认它，但须记住，或然性最高的程度，仍不能保证真理。卡尼阿德斯的这种意见，遂引起了折中主义或常识哲学。

卡尼阿德斯攻击斯多葛学派的思想，指摘其矛盾无用之处。他反驳斯多葛学派所主张的有神之目的论的证明；其所持的理由是：宇宙不是合理的、美的、善的，纵使是美的、善的、合理的，亦不足以证明神能创造世界。他批评他们的神的概念说，以为神若有感觉或感情，便是有变化的；有变化的神，不能永存。反之，神若无变化，便是死板无生命的东西。再者，神若有形质，便是有变化、可死灭的；若其无形质，便无感觉或感情。神若是善的，便是由道德律所规定的，所以不是至善；如果其非善，便不如人。神的观念充满矛盾，我们的理性琢磨不透它，所以不能知道它。

斐洛说，斯多葛学派的真理标准虽不适当，但知识终非不可能的。他不相信阿尔凯西劳或卡尼阿德斯所主张的知识之不可能。安条克遂舍弃怀疑论，而主张折中论。

第三节　后期的怀疑论者

后期的怀疑论者埃奈西德穆及塞克斯都把怀疑论发挥得更为

详细。埃奈西德穆对“知识之不确实”所举的重大理由是：同一物体，其状况因观察之人而异，因观察之感官而异。即使是同一人或同一感官，但在不同时间及不同的环境之下，其状况亦显然不同。各种感觉皆是由主观及客观的原因而定，故永无相同的。他又举出各种论证反驳证论的可能，反驳因果概念与神之存在的理论。

怀疑论在哲学史上不是无影响的。它缓和了许多学派的极端独断论，并使许多学者修改其主张。怀疑论者指出各派思想中的矛盾之处，使许多思想家放松其差异，而注重其一致，并从各种思想系统中选出常识所认为对的思想。因此，就发生了一种折中主义的哲学运动。

第四节 折中论

折中论又因希腊学者与罗马人之间发生了知识的往来所激发。罗马人无哲学的天才，他们缺乏思辨的能力，不大注意宇宙观及人生观的理论。到了公元前168年，罗马征服了马其顿，希腊变成了罗马的属地（公元前146年），罗马人开始对哲学的思想产生兴趣。希腊学者跑到罗马，罗马青年来到希腊的哲学书院游学，罗马人开始认为希腊哲学是高等文化不可缺少的东西。但罗马思想家从未形成一种独立的思想，他们都是一些折中派，只是摘取各派思想中自认为适当的部分，来组成思想系统而已。纵然全部采取了某种思想系统，亦必修改之来合于自己的胃口。他们不耐烦希腊人的深思细索，又不愿详细辩论。他们不是深沉的思想家，只注重常识。丹尼斯说罗马人研究哲学、爱好哲学，并非为别的，只是想寻求政治与道德的准绳而已。

折中论流行于柏拉图、吕克昂、斯多葛各学派，唯伊壁鸠鲁学派中无之。其重要代表为新柏拉图学派的安条克，中期斯多葛学派的班里夏（公元前180年—公元前110年）、波塞多尼乌斯、西塞罗、绥克斯图（生于公元前70年）。

第五讲

宗教运动

世界虽然出于神，但神不创造世界。因为创造，包含有意识、意志或限量，而神并未曾打算创造一个世界。世界也不是由神演化出来的，因为神是最完全的。宇宙是由神流露出来的东西，是神的无限权力中所不能不流露出来的东西。

第一章　犹太希腊哲学

第一节　哲学与宗教

我们已经叙述过柏拉图与亚里士多德诸大师后的各种哲学运动，现在且来叙述哲学逃避于宗教中的时代。伊壁鸠鲁学派认为宇宙是一个机械全体，专注于它的用处，竭力以图取得快乐。斯多葛学派认为宇宙是一个有理智、有目的的系统，把服从普遍的意志与帮助实现全体的目的作为聪明智慧的行为。怀疑派对于任何问题都不给出答案，抛弃一切了解宇宙的念头，而把顺从自然、风俗及或然作为实际行为的指南。折中派择取以往诸学说中的优点，来组成满意的宇宙观。

然而此诸说不足以满足各种人的心理。有些人认可机械论的宇宙观，或许只是迷惘于神为不可能的；有些人认为服从普遍的意志，从自己纯粹的心中讨取和平与权利，也是不可能的。怀疑论者亦未能根本地铲除理解神的欲望，并不顺从盲目的命运。他们不仅想知道神，而且想看见神。泽勒尔在其所著的《希腊哲学》中，叙述了这一时期的特色："疏远神的感情，希望最高的默示，为旧世界后几世纪的特色。此种感情表现出古典的人文衰落，新世纪的兴起，引起了基督教、异教及犹太亚历山大主义的发生。"

此种态度引发了一种满带着宗教神秘主义色彩的哲学，而长久的理智所掌控的希腊哲学，遂与其开端时相仿，没入宗教之中。此种宗教运动，产生于希腊思想与埃及的宗教，尤其是与犹太宗教的接触。当时埃及的首都亚历山大城是撮合这两种势力的最适当的媒介。在这种宗教哲学中，可以分出三种潮流：（一）想调和东方宗教（犹太教）与希腊哲学——犹太希腊哲学；（二）想根据毕达哥拉斯的学说，建立世界宗教——新毕达哥拉斯主义；（三）想把柏拉图的学说化为宗教哲学——新柏拉图主义。此三派的共同点，是超越的神之概念，神与世界之二元论，神之启示的观念，魔鬼与天使可为媒介的观念及遁世主义。这些成分多半是犹太教的特征。但这三派思潮无疑皆是表示希腊文化与犹太文化的混合。不过新柏拉图主义中，希腊文化的成分较重，而在犹太希腊哲学中，东方文化的成分较重而已。

第二节　犹太希腊哲学的发端

公元前333年，亚历山大所建立的亚历山大城，到了他的大将托勒密之子孙统治时（公元前323年至公元前181年），变为商业与知识的中心，亦为希腊文化与东方文化荟萃的渊薮。托勒密二世，建造了一座有名的科学博物馆，藏书七十万卷，引诱希腊各地的诗人、科学家及哲学家来到此地。其中著名的诗人，有卡利马科斯、忒俄克里托斯、罗得岛的阿波罗尼阿斯，著名的数学家欧几里得，天文学家佩加的阿波罗尼乌斯、亚里斯提挪斯、廷谟卡鲁斯及主张地球中心说的托勒玫，地理学家有埃拉托色尼。当托勒密二世在位时，犹太的经典被译为希腊文，来作为犹太人民中不识祖国文字者之用。然而希腊文化的影响对于犹太思想者，不限于亚历山大城一域，甚至延伸到巴勒斯坦。由安条克四世竭力用希腊文化来教化犹太人及耶路撒冷的知识阶层，以此颂扬安条克四世的功德即可知之。

最先调和犹太思想与希腊思想者，是亚里士多德派的犹太人阿里斯托布鲁斯（大约出生于公元前150年）。他曾注解《旧约》的首五卷，想指明《旧约》与希腊哲学家的学说有一致之处，从而断定希腊学者如俄耳甫斯、荷马、赫西奥德、毕达哥拉斯与柏拉图都剽窃过《犹太经典》。他为了证实这种主张，甚至在希腊诗人的诗中，摘引了许多词句来证明之；但那些引证后来俱被证明是伪作。他又想效法斯多葛学派，用比喻的解释，替换《犹太经典》中的拟人论，以图与希腊思想融合。他认为神是超越的东西，是不可见的；除纯粹的智慧能见它之外，无人能见之。斯多葛学派所说的世界灵魂，不是神本身，而是主宰万物的神圣权力。这里可以看出亚里士多德与斯多葛学派的影响是很显然的。

第三节 斐洛

前面几种思潮，在斐洛的思想系统中，算是登峰造极的了。斐洛是一个犹太教家庭的儿子，生于公元前30年，死于公元45年。他著了很多历史、政治、伦理及注解《圣经》的书，留存下来的，也还有不少。据他说，犹太教算是人类智慧的汇总。希腊哲学家如毕达哥拉斯、柏拉图、摩西及预言者皆有相同的思想。他为了证实这个主张，于是精读希腊哲学，尤其是柏拉图主义与斯多葛主义；读完后，乃用当时所通用的比喻法，来解释犹太教的《圣经》。他认为亚当代表精神或心，夏娃代表感觉，雅各代表禁欲主义，诸如此类。

斐洛思想中的根本观念，是神的观念。神是一个绝对的、超越的东西，不能了解，亦不能解释，高出知识及道德之上，而为至善。我们由我们的最高理性或纯粹智慧可知其为实有，但不知其是什么样的。其为实有，可以证明。神为万物的根源，万物俱包含于其中。神是绝对的权力，是完善、幸福，又是纯粹的心智或理性。它过于高超，不能与不纯洁的物质接触。斐洛为了解释神对于世界的作用，于是插入许多权力。这些权力，皆是借用犹太的天使、幽鬼及希腊的世界灵魂与观念等概念。有时候，他认为这些权力是神的属性，神的观念或思想理性，或普遍权力的部分；有时又认为其是神的奴仆；有时用希腊哲学上的术语来表示；有时用犹太宗教上的术语来表示。他把这些权力合而为一，称之为“逻各斯”，或称之为神圣的理性或智慧。（我们由我们本身中的“逻各斯”，来认识此“逻各斯”；我们本身中的“逻各斯”是第二等的知识官能，与纯粹智慧不同。）宇宙的“逻各斯”是一切观念的汇总（如建筑家的心灵，包含建筑城市的计划），包括诸神的权力、最高的天使、神的初生子、神的印象、第二神、神人等。

实际上，斐洛所谓的“逻各斯”，是斯多葛学派所谓的宇宙灵魂、宇宙的原型、柏拉图的观念世界、神与世界交通的媒介。有时候，他把这个原理认作神光的流露，隐然成为普罗提诺的放射论的先声。他是否把“逻各斯”认作人，尚不能确定。

“逻各斯”是神的“智慧、权力与完善”的实质化。为了说明神可以有所动作，于是说神是无性质的物质之根源。神以“逻各斯”为机关，由这杂乱无章的物质创造可感觉的万物的世界，而这些可感觉的万物，皆是观念的模本。我们由感官知觉来认识“逻各斯”的感觉印象或感觉世界。这感官知觉，即人类知识的第三种官能。这种感觉世界，在时间上是有始的，但无终止（这是犹太教的创造论）。宇宙创造成功了，就有了时间和空间。因为“逻各斯”是完美的，所以世上的缺陷与罪恶必发生于物质。

人体如同宇宙，是由灵魂与物质构成的。人可为一小宇宙，是万物中最重要的东西。但纯粹思想，则是其最重要的本质。其肉体灵魂之不合理的部分，是属于物质方面的；其主管的部分，则由欲望、勇敢与理性所构成。无形体的精神或纯粹的智慧，是由神加给灵魂的；由此而使人为神之影像。肉体为人的罪恶之源；灵魂与肉体结合即行堕落，而有发生罪恶之倾向。如果堕落了的灵魂不能脱离感官之束缚，便要沉沦于别界有情的动物中。据斐洛说，虽然人类的智慧常与神心相关联，但它靠近或者背离神是自由的，它沉沦于感觉性中或超越于其上，是自由的；不过这如何可能，则未明白言之。人须深思熟虑来脱离肉体的束缚，铲除情感与感觉（禁欲主义）。但人想要如此，力却单薄，必须得神之援助。神必定光照我们，透入我们的灵魂中。“觉悟之光必定降临”。此即所谓的驰心冥漠，而入于无我之状态中。在此状态中，我们能进入神中，而直接认识神（神秘主义）。

第二章　新柏拉图主义

第一节　新毕达哥拉斯主义

毕达哥拉斯生于公元前6世纪。他的学说重在伦理、政治与宗教。他的学说的目的，在于伦理与宗教的改革。他死之后，他的学说的实用方面尚存而未灭，尤其是在意大利最为风行，但他的讲授哲理的学校在公元前4世纪时便不存在了。柏拉图晚年，颇钻研他的数论与宗教里神秘的元素；柏拉图的亲近弟子亦曾注重之。及亚里士多德主义与希腊后期哲学兴起，柏拉图学院乃捐弃毕达哥拉斯主义而不讲。然而信奉其神秘说的人秘密结社，依然未断。直至公元前1世纪，罗马帝国时，宗教的要求兴盛，进而恢复其势力；更因为时代潮流的驱使，而恢复对其哲学的研究。但这种运动中的领袖，未尝回到初期的毕达哥拉斯主义，而是回归于柏拉图所赏识的部分，并且按当时折中的方式掺和了许多别的希腊哲学。他们竟把毕达哥拉斯认为神圣启示的知识渊源。新毕达哥拉斯派所承认的真理与他们在柏拉图、亚里士多德、斯多葛学派等的著作中所见到的，皆归宗于他们的老师。

新毕达哥拉斯派的重要人物，公元1世纪时，有尼吉底乌斯、塞克斯都的弟子梭巡、提亚娜的阿波罗尼乌斯、摩德拉图；2世纪时，有尼各马科及菲罗斯屈拉图斯。阿波罗尼乌斯说，毕达哥拉斯是救世主；菲罗斯屈拉图斯说，阿波罗尼乌斯本人是救世主。新毕达哥拉斯运动，甚至影响了柏拉图学派的学者。

第二节　新柏拉图主义

根据希腊思想来建立宗教的哲学的尝试，在新柏拉图主义中算是登峰造极了。这种宗教的哲学，以柏拉图的思想为骨干，又掺和别派尤其是亚里士多德派与斯多葛学派中他们认为对于他们的理论是有价值的一种独立形式的思辨。他们认为神是万事万物的根源与目的；万事万物由神发之，由神收之；神是万物的起点、中点与止点。与神交流，是我们一切努力的目的：宗教是宇宙的中心。

此派可分为三个阶段：（1）亚历山大——罗马派，其中代表人物有阿摩尼阿斯·萨克卡斯（175年—242年），为此学派的开创者，无著作流传于今；普罗提诺（204年—269年），功绩在于发挥此派学说；普罗提诺的弟子波菲利（232年—304年）。（2）叙利亚派，其代表人物为詹布里卡。（3）雅典派，小普鲁塔克及普罗克洛斯（411年—485年）为此派重要人物。

普罗提诺于204年出生于埃及的吕科波里，在亚历山大城从学于萨克卡斯研究哲学，凡十一年。243年，他赴罗马，在那里建立学校。但他在五十岁以前，无哲学著作出版。269年，他死后，弟子波菲利收集其遗稿，公布于世。

神为万物的根源，为精神与物质、法式与质料、反对与差异的根源，但其本身则无复杂、差异、反对的性质，而是绝对的浑一。它包含万物，而为浑一体，为第一因。万物由它而生；多之前须有一；一先于万物，超出万物。神是超越的，非我们所能度量；所以我们不能说神是美、善、有思想、有意志的，因为这些属性，皆是有所限定的，实际上，是使神不完美的。我们不能说它是什么，只能说它不是什么。我们不能说它是“有”，因为“有”是可想的；凡可想的，皆含有主体与客体，所以是有限度的。它高出于美、真、善、意识与意志之上，因为这皆依靠于它。我们亦不能认之为思想，因为思想包含一个思想者。纵使是一个自我意识的东西，当其思想时，便分为主体与客体了。说神有思想、有意志，便是以神所思、所欲者来限制神，所以反而是剥夺了神的独立自主。

世界虽然出于神，但神不创造世界。因为创造，包含有意识、意志或限量，而神并未曾打算创造一个世界。世界也不是由神演化出来的，因为神是最完全的。宇宙是由神流露出来的东西，是神的无限权力中所不能不流露出来的东西。普罗提诺为了说明此意，引用了许多例子。他说神是一个无限的源泉，水出其中，源源不断；神又如太阳，放射光芒，而于太阳毫无损伤。普罗提诺用这些例子来说明第一原理的绝对权力与独立。原因不消失于结果中，结果亦不限制原因。世界依赖神，神不依赖世界。如动物生子之后，仍不失其为动物。

我们离太阳愈远，距黑暗愈近（物质）。创造是由完全而流于不完全的坠落。人类离本原愈远，愈是不完全，愈是复杂而变化。后一阶段，皆是前一阶段必然的结果。但后一阶段皆力图达到较高的阶段，复归原始，以期达到原来阶段的目的。

第三节　本原的三阶段

神之流露万物的程序，共分为三个阶段：纯粹思想、灵魂与物质。在第一阶段中，神的本体，分为思想与观念。换言之，神探索纯粹理想的宇宙。但思想与观念、主体与客体在此阶段中，是同一的，其在时间或空间上，并不分离；在神圣的心理中，思想者与思想是一而非二。假若神的思想是完备的真理，这是势所必然的，因为真理之意，即思想及其对象是合一的。神思想它自己的思想，那是从它的本质中流露出来的。在神圣的心理中，思想的活动、思想者及思想是合而不分的。神的思想不是推理的，不是由这个观念到那个观念，由前提到结论，而是直觉的、静止的；其思索是与观念一脉相承的，是顷刻之间便看出全体的。神的心理中有许多观念——与现象世界的个体相等——彼此不同，但是相互关联，如柏拉图的主张。神之绝对的统一，是反映在此混杂的观念系统中的。

感觉世界中的每个个体，皆有一种观念在神的心中。所以纯粹思想是现象世界的模型，无时间性，亦无空间性，是一个永久完全而和谐的理智世界，但不只是一模型而已。诸观念皆有充足的原因，在神之流露万物的程序中，各阶段皆是其后一阶段的原因。

灵魂是神圣的流露之程序中的第二阶段，是由纯粹的思想流露出来的；其中有许多观念皆想实现其本身，而产生一些东西。灵魂是纯粹思想的结果、影像或模本，比纯粹思想略欠完美。它是超感觉的、有理智的，是自动的、有观念的、有推想能力的——虽然不如纯粹思想完备。灵魂又是自我意识的——虽然不需要知觉与记忆。灵魂有两方面：一方面趋向于纯粹思想，一方面趋向于感觉世界。前者的作用在于思想，探索纯粹的观念；后者的作用在于安排物质的秩序，显出它有欲望。普罗提诺称前者为宇宙灵魂，后者为自然：有时候他说似乎有两个这样的宇宙灵魂，第二个是由第一个流露出来的，构成有形质的、万物的、无意识的灵魂。前者因为有观念——趋向于纯粹思想，所以是不可分割的；后者因为有欲望——趋向于感觉世界，所以是可分割的。

然而灵魂若无别的东西可作为发生作用的对象，亦不能实现其能力。于是产生物质，来实现灵魂的能力。这是第三阶段。这种物质无法式、性质、能力，亦无统一性；它是绝对无能的，又是万恶之源。物质离神最远，其中毫无神的痕迹。我们不能描画它的影像，我们只能假定它是感觉世界中变化不停的现象背后必需的底子。灵魂作用于此物质上，乃形成感觉的影像或可了解的世界的模型。各灵魂作用于物质上，产生了时间和空间中各个感觉的对象之后，仍包含于不可分的世界灵魂中。诸灵魂与世界灵魂俱无空间性。物体空间的分布决定于灵魂中的物质。现象的宇宙之美、秩序与统一，则专靠宇宙灵魂。

普罗提诺认为宇宙是由宇宙灵魂流露出来的，是其本性的必然结果，不是意志的行为。这三个阶段：宇宙灵魂的流露，物质的创造，物质之形成物体——组成一种程序。这种程序，抽象的思想虽可分为三个阶段，其实是一个永久的、不可分的动作。所以普罗提诺主张宇宙的永久性，是与亚里士多德相同的。同时，他又主张物质是随时取得其形式的，宇宙灵魂为了显示其作用，乃创造了时间。他又承认斯多葛学派的时间循环说。这些意见如何能调和，他未曾说过；他以为世界过去曾经如何，将来仍将如何，感觉世界的各部分虽有变化，但其全体则是永久如一的。

第四节　人类的灵魂

人类的灵魂是宇宙灵魂的一部分，是超感觉的、自由的。当其未与肉体结合之前，依靠着神秘的直觉，探索永久，趋向于神一方面，知道善。当其着眼于俗尘及肉体方面时，就堕落了。这种堕落，一部分是宇宙灵魂想塑造物质的必然结果，一部分是各灵魂对物质生活不可抗的冲动结果。因此，灵魂遂失其原来的自由，因为原来的自由不受感觉性的束缚，而依归于其高尚的本性。灵魂如果不能依归于其高尚的本性，而沉溺于肉体的生活，则肉体死后，即可依其罪恶的程度，而降人于非人的、动物的或植物的身体中。但进入物体中的灵魂，不是真灵魂的本身，不过是灵魂的影子而已，是灵魂的不合理的、动物的部分，是感觉肉欲的府库、罪恶的根源。亦为德行的根源，灵魂的真的本身，由思想与“逻各斯”组合而成；它能脱离感觉生活，趋向于思想，而达于神，以实现其职务。但灵魂在俗尘的生活中，能返归于神，是少有的机会。

第五节　神秘主义

欲达此目的，哲学家寻常的道德还不足够。冲动的节制亦不足够，必须让灵魂涤除感觉生活，不受肉体的腐化。然而尚有比此清洁高级一等的，即观念的直觉或理论的探索之预备；理论高于实行，因为其足以使人到达距神较近的地方，以观察神。然而仅仅如此尚不足以与神合一，唯有入于一种无我的状态中，灵魂超越自己的思想，没入神的灵魂，而后与神合一。这是神秘的与神合一。

这种思想系统，是希腊思想与东方宗教的结合。就其主张一个超越的神言之，则是有神论的；就其主张万物——虽下等物质皆出自神言之，则是泛神论的。这种思想是宗教的唯心论；因为其主张灵魂的最后目的，在于求归依于神心，纵然不能达到目的，人亦须存心于神，脱离感觉桎梏，以为预备。

普罗提诺未曾驳斥多神论，他以为诸神是独一无二的神的表示。他又相信地面上有善恶的魔鬼，在距离较远的地方，能发挥精神作用，因为全宇宙是精神的。幽鬼彼此同情的互相影响是自然而然的。他的许多门人弟子赞成这些迷信，为通俗的多神教辩护，攻击基督教，而流连于魔法巫术中。

普罗提诺的弟子波菲利发刊了其师的著作，并为之作传记。他的目的，只在于解释其师的著作，而不在于发挥其师的学说。他比他的老师还注重禁欲主义与通俗宗教是清净的手段；他认可各种迷信是清净的手段。他对于毕达哥拉斯、柏拉图及亚里士多德的著作皆有注解。

卡尔基斯的哲姆布里卡斯（死于330年）是新柏拉图主义与新毕达哥拉斯主义之徒，极力利用哲学，来辩护和证明其多神教的宗教。他的学说中的迷信，比波菲利更甚。

第六节　雅典学院的倒闭

5世纪，普罗克洛斯为雅典柏拉图学院的院长，新柏拉图主义因之复兴。继其后者，为马里乌斯、伊西多拉斯与大马士革乌斯。到了529年，查士丁尼大帝以敕令关闭了雅典学院，希腊哲学史遂死于此敕令之手。此后虽然有辛普里丘、波伊提乌诸人刊发了柏拉图与亚里士多德的著作的注解，然而因为当时的哲学已经失其活性，这种刊发行为对于拥护多神教与维持旧文化仍是徒劳，不过是对于中世纪初期希腊哲学的认识有贡献而已。此后世界属于希腊哲学反对最强烈的新宗教的世界，而这种新宗教既霸占了知识界，又融合了希腊哲学。

第二部分

中古哲学

第六讲

基督教神学的兴起

依照这种基督教的说法，无论何人皆可被救济，一切人皆有希望，基督还要复临，建设其天国，先建设于地上，后建设于天上，但是无论在天上或在地上的，皆是正义与爱的国土。到了审判的那一日，恶人纵然富而有权，必要受惩罚的；纯洁的人无论是贫穷还是卑贱，都是要升天堂的。

第一章　基督教的开端

第一节　宗教的复兴

上面已经叙述了希腊哲学自神话时期至通神的思想与空想的崇拜时期的发展。从这发展史中，可见其后期转为伦理与神学两种思想，其所讨论的问题为：人的起源与归宿，人与神及世界的关系，人的堕落与救济。对这些问题的讨论，在罗马帝国时代，兴趣益增。此风不仅表现在哲学家的社会中，一般有学问的阶级中，也莫不如是。但希腊人的创造与勇敢，已经丧失了，不能吸收东方思想的精神来复兴其哲学的尸骸。

第二节　基督教

在希腊思想的末期，有一种适合潮流的新宗教，成为罗马帝国的时髦宗教。这种宗教发生于犹太，颂扬一个慈悲的、正直的、爱民如子的神父，并宣传由神父之子基督来拯救人类。依照这种基督教的说法，无论何人皆可被救济，一切人皆有希望，基督还要复临，建设其天国，先建设于地上，后建设于天上，但是无论在天上或在地上的，皆是正义与爱的国土。到了审判的那一日，恶人纵然富而有权，必要受惩罚的；纯洁的人无论是贫穷还是卑贱，都是要升天堂的。这种救济罪恶、降福来世的基督教，颇能满足当时的要求。救济的条件，不在于外在的、一时的善，而在于清心忏悔、爱神爱人。向来为犹太教中法利赛派的字面上的正义观念，现在被基督教的创设者改为神灵上的正义之说。依照基督教的教义来说，人之行事，不要出于恐惧的念头，须要出于敬爱神的念头。清心比祭仪、祭祀的外观更要紧些，内部的精神比外部样式的价值更大些。欲得救济，唯有一法，即断绝嫉妒、愤怒、憎恶、复仇等各种坏情绪；纵使是我恨之人，亦须宽宥之，因为受罪过强于犯罪过。舍弃恨与复仇的心理，而代之为爱与宽宥的心理；爱邻如爱己，众人皆可视为邻人。

第三节 基督教与古典文明

基督教携其唯心的一神教、来世生命说、爱之福音说及基督遭难的实例，渐次盛行于罗马帝国内。因为其在知识阶层中的人数增加，因此不得不顾及当时文化中的哲学思想。其实，基督教受当时文化的影响不小，因为犹太教绝对抵不住盛行于罗马的伦理的、宗教的、政治的、社会的、知识的种种势力的摧残。基督教即这些势力的产儿。“使基督教能够实现”的原因，有下列几种：世界帝国的存在，斯多葛学派所主张的大同说，当时哲学家所主张的心灵神祇说，希腊神秘主义与东方宗教所主张的灵魂不灭说，犹太教中有人格的神之理想。所以基督教是时代的产儿，是犹太教与希腊、罗马文化混合起来的产儿。当时的文化不只渗入当时的世界中——与当时的希腊人及罗马人相接触——并逐渐同化当时的世界，使之趋奉其潮流。假使此教中的犹太基督教派——该派专以犹太教来解释基督教——胜利，则所谓的基督教或许早已湮没于耶路撒冷之地了。

基督教为了达到其使命，不得不解决许多重要问题。它须证明其信仰合于理性，表示其教义合乎道理，辩驳反对者的攻击。基督教的领袖对付其对手，必须根据其所熟悉的哲学思想，必须用自己的哲学武器，因此护教者遂成为必要的人物。但另外须要规定信条，确定教义。于是又要研究哲学以便于对基督教的传统信仰给出合理的说明。在这种事业中，希腊思想又对基督教产生了重大的影响。基督教徒为了规定教条，于是开教会大会议来决定之；当共同一致的教条未决定之前，要经过许多激烈的辩论，取得最后的胜利者，就定为正统的教条；规定此教条最有力的思想家谓之“教父”。

第四节　经院哲学

基督教的根本教义确定了，又被采用为国教了，于是到了哲学的建立时期。其所建立的哲学，是基督教哲学，占据着中古时期哲学的最高地位。其目的在于注解、组织、论证基督教教义——依据基督教，来建立宇宙观与人生观。这派思想家叫作经院哲学家，这种哲学叫作经院哲学。经院哲学家解决前述种种事业中的问题，多有赖于希腊哲学的帮助。不过其心理的态度，则不像希腊哲学家。希腊哲学家的目的在于超脱通俗的宗教，为宇宙做合理的解释。他们多多少少有点科学家的精神，甚至于有反对流行教条的精神。经院哲学家则不同，认为基督教的真理是不可反驳的，并务求来证明之，而把此当作思想的出发点与根本原理。为了达此目的，经院哲学家就把希腊哲学认为无上的凭借；所以到了经院哲学家的手里，哲学简直成了宗教的奴婢。

最初，在基督教教义所规定的范围之内，人的心智是可以自由运用的。只要不抵触基督教确定的真理，无论你如何解释宇宙，都无妨。待到历时既久，人的心智更加自由，就超出神学划定的领域之外，以图满意地活动；及其证明了经院哲学的态度与方法不能合人心意，就依据独立的根基，另行建立思想系统。然而在另一方面，则对此理智的运动，大起反对的议论：批评教条与教规，竭力去改变以《圣经》及良心为人生指南的、人心内部的宗教的生活。这种改良基督教的理论与实行的两方面的趋势，到了文艺复兴与宗教改革的近代初期达于极点。

第二章 基督教神学的发展

第一节 早期的神学

如上所述，基督教不得不从速规定其教义，建立其神学，以与犹太及希腊的思想相对应。想达到这种目的，亦唯有借重犹太哲学与希腊哲学。泽勒尔说，《旧约》中比喻的解释，是调和新信仰与旧启示的必要方法；而融合了犹太基督教的斐洛的“逻各斯”说，成为后世基督教神学运动的中心点。

最初的基督教神学可于使徒保罗与其门人弟子的著作中见到。保罗是建立基督教神学或根据基督教来建立历史哲学的第一人。他的《使徒传》中透露出类似《所罗门之智慧》中所使用的各种概念及斐洛的哲学。他认为基督与上帝的权力、智慧、“逻各斯”相齐一，基督先于人的原型而有，而且是上帝所创造的。这种概念，也散见于别的《使徒传》及《第四福音》中。

第二节 基督教初期的宗教哲学家

因为有此等观念，就有一种正确的神学。基督教历史的要素借希腊的“逻各斯”说来加以说明；宗教与哲学结合在一起而偏重于宗教一方面，认为“逻各斯”是一种有人格的东西，一个活的父亲之子，不是一种冷酷的、哲学的、抽象的东西。然而另一些思想家倾向于思辨方面，想以其哲学的成见，来说明基督教而使之理性化，把信仰变为知识。这是2世纪宗教哲学家的工作。昔日，斐洛曾用希腊哲学来解释犹太教，并想调和希腊玄学家与犹太学者的思想。而今则一般宗教哲学家努力于此种工作；他们的思想是根据他们的信仰，来建立一种基督教的哲学，使信仰与知识、宗教与科学相互调和。

这种基督教哲学，不论其如何粗浅空虚，都不失为经院哲学的胚胎。基督教中的斐洛门徒说，他们的教义，是由耶稣传给他的能守秘密的门徒，再秘传得来的。他们说，基督教是崭新的神圣的教义，犹太教是腐败的宗教，异教是恶鬼所造的。犹太神——造物主是假神，与真神相反。基督——最高的一个神——钻入人体，意在解放造物主所拘入物质中的光明的神灵。能了解基督的真教义者，为宗教哲学家；他们能解脱物质的束缚，其方法是清心寡欲。不能解脱物质的束缚，则与物质共同朽灭；而能解脱者，便可升入天堂。现在的世界是堕落的结果；物质是罪恶的渊源；教义又有显明的与奥秘的：显明的教义，含在教条中；奥秘的教义，秘密地传授。

然而基督教初期的宗教哲学家，未曾完成其工作。他们未曾建立哲学的系统，不过贡献了一种半基督教的神话而已。而且，他们的教义与流行的基督教的种种概念相反；他们诋毁《旧约》，区分显明的教义与奥秘的教义，认定耶稣是神与天使以下的生物，信仰特种的自然，制作种种比喻的解释，都是护教者及基督教的保守者所反对的，并被指为异教徒。但这种宗教哲学的运动，对于基督教及其神学大有影响。它给信仰或神学的哲学研究以动力。其由希腊哲学获得的各种根本观念，乃插入初期基督教学者的著作中，并成为教理发达的主因。

第三节　护教者

护教者的普通目的在于使基督教易于了解，这是与当时的宗教哲学家无异的；他们也是依靠哲学，努力地辩护信仰，来抵御异教及宗教哲学家的荒诞解释。他们认为基督教是哲学，又是天启基督教的真理，是发生于超自然的，而且是绝对的确切；虽然只能由神圣的、灵通的心理来了解它，但却是合理的真理。夏励加在他的《教义史纲》中说："护教者共同的心理，可以综合如下：基督教是哲学，因为其内容是合理的，能给真正的哲学家所想解决的问题以满意的答案；但又不是哲学，与哲学处于相反的位置……因为其是天启的真理，有超自然的、神圣的根基作为其教义的唯一根据。"

护教者皆熟悉当时的哲学与文学，而且常与知识阶层相往来。当时教会的领袖，皆是执新宗教之牛耳与得民众欢心的人。他们的著作中，通常带有很重的哲学色彩，其骨子里含有纯粹的宗教色彩，即这个缘故。

护教派中的名人有殉道士游斯丁、塔蒂安、雅典那哥拉、西奥菲勒斯、奥利金诸人。此种运动至教义问答派而达于极点。此派起于亚历山大城，为斯多葛学派的哲学家潘提挪斯所建立。其目的不仅在于辩护新宗教，证明其道理，也在于组织教义，以便传教者拿去感化异教徒。亚历山大城学派的最大领袖奥利金建立了一种完备的基督教神学，其中受新柏拉图主义的影响最大。

第四节　护教者的学说

护教者的根本思想如下：世界虽然没有消灭变化，但露出了有理性与秩序的痕迹，并指出了一种永久不变的善与正的第一原因——一切生命与生物的源泉。这种第一原因，超脱于一切生命与万物，神的森严、权威、智慧、恩惠与善，皆是超脱于人类的一切概念、非人类所能描写的。然而第一原因必是合理的；理性潜伏于神中，而为神之内性的一部分。宇宙中的秩序与目的，全赖此理性或“逻各斯”的表现。换言之，理性与善，皆藏于宇宙的根底中，而神为一切变化之永久的、根本的原理。

神以自由意志的动作产生“逻各斯”，“逻各斯”由神产出，就像光线由太阳产出一样。光线由太阳产出，而不离开太阳；“逻各斯”或理性由神产出，亦不离开神；神虽然生出理性，而自己的理性未失；理性联合其根源，而与神共悠久。“逻各斯”是一个有人格的独立体——就数目上来说，虽然不同于神，但就本质上来说，是与神相同的——是与神共存的第二神。“逻各斯”变为人，即耶稣基督；基督是“逻各斯”的化身，是肉体化的“逻各斯”。圣灵也是由神产生的。

上述说法都是把神圣的理性人格化了，神圣的理性本来常见于希腊宗教哲学中；理性是宇宙得以形成的机关，神依靠它来直接影响宇宙。他们高唱神的超越性，同时，又想维持“逻各斯”的独立性；他们认为“逻各斯”与神共悠久，就其本性而言，是与神相同，而潜伏于神中。然而根据依勒内说，神是“逻各斯”的活动及本质的根源，所以“逻各斯”似乎是附属于神的。尤其是说“逻各斯”依神之意志变而为人，这无异于说有一个时间无“逻各斯”，而“逻各斯”是神创造的。奥利金为了解决这种困难，就将这两种观念结合了起来，认为“逻各斯”是永久的创造；所有创造的作用，不是某时间中的作用，而是永久的作用；神之子乃是永久的创造。

他们对于宇宙的创造，是按照希腊人的说法来说明的。神是万物的根本与目的；万物由神而生，并复返于神。然而“逻各斯”是一切被创造的万物的原型；万物皆是依理性的影像与权力创造而成的。换言之，造物主按其心中的合理的计划，由无形的物质来创造宇宙——由无造有。护教者认为造物主是一个有人格的实体，像自动的原因，造就万物，保持万物，并统治万物。

创造是神之爱与善的结果，是为了人的利益。根据多数护教者所说的，创造有时间性的作用；据奥利金说，神是永久的创造，其所创造的东西永存。他认为宇宙是永久的，与亚里士多德的说法相同，但现存的世界有始有终，来了这一个替代那一个。

世界是为人类而造的。然而人类的目的，不在于现时世界，而在于未来世界。灵魂摆脱感觉的世界，而来到神的世界，是为至善。护教者皆主张肉体与灵魂的复活；有时，虽然认为肉体与灵魂有死灭，但神依照灵魂的作用，恩赐肉体与灵魂以不灭性（游斯丁的主张）；有时，认为人具有肉体与灵魂之外，还具有一种不灭的高等灵魂，肉体与灵魂由此高等灵魂而得着不灭性（塔蒂安的主张）；有时，认为这种灵魂只赐给能控制其情绪之人。

护教者所共持的其他观点为：自由意志与人类堕落。神之创造灵魂，赋予人区别善恶、自由选择的能力。有些选择，违背神意，趋向肉体，因而堕入罪恶之中，过下等生活。如果人过基督教的生活，借神的恩惠与“逻各斯”所启示的真理，还可以矫正其过失。到了审判之日，公正者得永久的生活，不公正者即永被放逐。但奥利金相信众人皆有最后的救赎。他说最先的一个人或天上的幽鬼把罪恶带到世上来了，世人就受其害，而有犯罪之事；但人如摆脱感觉生活，而与神相近，即有最后赎罪的希望。

第五节　“逻各斯”教义

基督教最初期的基本信条为：人类之罪恶，由上帝之子——耶稣基督来赦免。换言之，耶稣基督来拯救人于罪恶之中。这种简单陈词，生出许多问题。基督教神学者辩论了几个世纪，后经长期的激烈争论，始有定论。这种主张中包含三大概念：上帝、耶稣与人。这三者彼此间的关系，到底如何呢？

初期基督教神学中有声有色的逻各斯教义并未渗入初期教会中。1世纪的基督教徒，因其头脑简单，生活于多神教的社会中，对于上帝、耶稣、圣灵的信仰，绝未做哲学的思考。他们认为耶稣这个人是上帝之子，圣灵是另一个超自然的东西，至于其彼此间的关系与本性，却未深思。教会中的知识阶层，为了竭力辩护其信仰，来反对初期的宗教哲学家及异教哲学家，于是精深地研究希腊哲学，使其犹太的福音被希腊思想同化。然而逻各斯教义受到了各方面的严重反对，遂不能不力图把信仰的基本，稍作哲学的说明，亦属自然的趋势。当时有许多宗教派别，对于基督教的教义做了浅显的解释，使那些不熟悉神学之人得以了解。130年至200年间，基督教的教义最盛行的是“三位一体说”，其在西罗马为“圣父受苦说”，在东罗马为“撒伯里乌主义”。根据前者的说法，上帝有了肉体，即变为人，而且受肉体之累；根据后者的说法，上帝自己继续地表现于上帝、耶稣、圣灵三段中。两种说法皆认为上帝、耶稣、圣灵三者为一体，是上帝的三种异形。

然而这些意见，尚未能与逻各斯教义相对抗。到了3世纪末期，哲学的神学竟大获全胜。如夏励加说“宗教哲学已订入信条中”，一般思想家皆受了奥利金的影响。他的门徒把信仰弄得哲学化，以至于一般俗人皆不能了解。救世的观念渐衰，而宇宙论及哲学的色彩乃大为伸张。其立说之中，甚至基督之名，亦不得见。奥利金的新柏拉图主义，竟有了颠覆基督教之势。

“逻各斯与上帝”或“耶稣与上帝”的关系问题，为325年尼西亚会议时，亚流派及反亚流派——亚他拿修为此派的领袖——争论最激烈的问题。据阿里乌说，基督是由上帝所创造的，具有自由的意志；上帝预知其把自由意志作为善，故创造时，给以上帝的尊严。据亚他拿修说，耶稣是上帝生的，子与父同实质、共永久，子秉其父的本性甚为充分，而父未因之有丝毫的损失。历史上的耶稣是“逻各斯”与神相结合的人体，完全是“逻各斯”与神的化身。圣灵是第三种东西。结局还是同一实质的三种样式。

尼西亚会议的结果是，反亚流派获胜，亚流派的教义被驳倒，阿里乌及其党徒亦被革除。“耶稣是上帝生的”成为信条，而名之曰“尼西亚信条”。[①]之后有人想调和阿里乌说与亚他拿修说，主张耶稣与上帝不是同一的本质，而是类似的本质，未能成功，由此而分为罗马教会与希腊教会。二者皆以奥利金的新柏拉图主义的哲学为护身符，皆以逻各斯教义为基础。

还有耶稣与逻各斯的关系问题，亦引起了争论。这种争论引出了各种解答，各有各的理论。到了451年，迦勒斯顿会议采取了一种说法，认为基督有两种本性，各种皆完善，彼此皆不同，

---

① 尼西亚信条订立之后，基督教哲学遂为亚历山大城中的奥利金学派所研究的课题。主要是采取正统派教义，而奥利金学派与正统派相抵牾之处悉予放弃。在此改革工作中的重要代表有里萨的格里高利、巴西略及那西安伦的格里高利。——译者注

唯完全结成一体的是上帝，同时又是人，此说遂成为正统派的教条。

第六节 自由意志与原始罪恶

还有待于共同解决的第三个问题：在救济说中，人类是一种什么情境？据一种流行的意见说，全体人类是被第一人或堕落的天使之罪恶所污秽的；人类欲图救济，非借神的帮助不可。耶稣由天上来到地面，以救济人类之说，似与此说最相契合。如果救济人类的罪恶是必不可少的，人便是罪恶的奴隶，其本性即罪人；人无论如何，不能自由。此说曾受波斯人摩尼及其门徒的拥护。摩尼曾将波斯之二元论与初期的宗教哲学家的学说纳入《圣经》中，来结合琐罗亚斯德的教义。摩尼派说，人类光明的原理，受制于物质——黑暗的原理若能清净，或摆脱酒肉、婚姻、财产、劳动，还能回复光明。然而另有一说，能与基督来救济人类罪恶的信仰相契合。其说为罪恶是犯罪，犯罪是归犯罪者负责的，唯有选择善恶的自由者，方能为一个罪恶人。所以人类若有罪恶，必有自由。此种结论也可由别种说法得到。神是万能的，所以人是无能而不自由的，不能解脱其自身的罪恶，唯奇迹能救济之。或者，神是绝对善的、正的，所以不能负罪恶之责，因而人必是自由的，是罪恶的创造者。

400年前，有一个僧侣名叫柏拉奇，所持论点与原始罪恶说相反。他说，神是善而正的，神所创造的万物皆是善的，所以人类的本性，不能是根本的坏。亚当犯罪与否是自由的；他的恶的感觉本性，使他犯罪。然而犯罪不能一代传一代，因为各人都有自由；犯罪含有自由之意。自由是神所赐的恩惠，所以人无需帮助，自能避恶而就善。但亚当犯罪之例甚为有害；人类模仿其恶例，养成一种习惯，难于制服，遂为人类犯罪之源。然而教会中人或许为难他们说：如果人为罪恶的奴隶，人有选择的自由，神的恩惠与基督教在人类的赎罪中，又有何用呢？柏拉奇派答之曰：经典中、耶稣的教范中与教会的教义中所启示的知识，使人类自由地选择善，便是神的恩惠之作用。洗礼与信仰耶稣基督即入天国之要途。上帝无所不知，确知人一生要选择些什么事情，而预先规定其应有的赏罚（命定论）。

第三章　奥古斯丁的宇宙观

第一节　奥古斯丁

奥古斯丁反对柏拉奇派之说。他是一个最伟大的建设性思想家，是初期基督教中最有力量的大师。在他的思想系统中，讨论了当时最重要的神学上与哲学上的问题，发挥了基督教的宇宙观，达到了护教者的思想之极点，成为后几个世纪基督教哲学的向导。中古时期、宗教改革时期、近古时期的哲学，皆受其影响。后面将在讨论其思想的各个方面时述之。

奥古斯丁于354年生于非洲北部的塔迦斯特。其父为异教徒，母为基督教徒，他受母亲的影响最大。他开始是乡城的修辞学教师，继而来到米兰，专注于神学与哲学问题的研究，由摩尼主义转而为怀疑主义，心神为之不安。到了386年，他开始读柏拉图与新柏拉图派的著作，给了思想以定心丸；又受米兰擅长言辞的主教安布罗斯的影响，被触动了心境。及至387年，改宗之后，他回到塔迦斯特，住了三年，过

奥古斯丁

独身生活，变成一个僧侣。396年，被举为努米底亚省希波教会的主教，专注于正统教的发挥与宣传，任职至430年而死。

第二节　知识论

据奥古斯丁的意见——即全部基督教时期的精神特色——有价值的知识，是关于神与自我的知识。其他学问如逻辑、玄学、伦理学的价值，均为了指示我们关于神的知识。我们的责任，在于了解我们所坚信的对象，明了我们所信仰的道理。“了解之以便信仰，信仰之以便了解。有些东西非了解之不足以发生信仰；另有些东西非信仰之，不能了解”。除了关于自然界的学问以外，信仰神的启示，是认识神的法门。智慧是了解所信仰者必需的条件；信仰是信任所了解者必需的条件。简而言之，理性必须首先决定天启曾否实现。若依信仰而理会了天启，则不能不依理性了解之、说明之。然而我们所信仰的，不能一一了解之，必须承认代表神的教会所主张的信仰的真理。

我们知道我们存在，我们的“思想与存在”是确定无疑的。我们也晓得有永久不变的真理，我们的怀疑证实了我们认识真理，我们说一个判断是真或假，便是指出了真理之存在。由这种意思看来，奥古斯丁确有柏拉图之风，认为真理是真实的存在，人心具有真理之本能的知识。有时他的话，似乎是说人能直悟神的观念，有时似乎是说上帝创造这些观念于人的心中。这两种说法皆认为真理是客观的，不是人心的主观制造品；真理是独立的，无论我们存在与否，它是永久存在的。“真理之永久不变的根本”是上帝；神心就是柏拉图所说的观念、法式、原型或本质，甚至各个事物的观念。

第三节　神学

奥古斯丁神学的根本意义，是上帝之绝对与尊严。上帝所创造的东西离开上帝，便无意义——这即新柏拉图派的思想。上帝是全能全智全德的永久超绝的实体，有绝对的统一与绝对的自由，换言之，是绝对的心灵。但意志虽然绝对地自由，可其抉择与其本性相同，是无从更改的；它是绝对的神圣，不能为恶。上帝之意志与行为是一而非二；其所欲者，即其所行者，中间不需要“逻各斯”或其他的帮助。万有的观念或法式，皆在上帝的心中；上帝创造世界，是合理的；万有的法式，皆得自上帝。奥古斯丁承认亚他拿修所主张的三位一体说，但其说明，则有着萨伯里教的色彩。

上帝从无中创造世界，世界不是上帝的本质中必然的产生品。上帝的创造是无间断的创造，不然，宇宙将归于破碎零落；宇宙是绝对地依靠上帝的。我们不能说宇宙是在某个时间或空间中被创造出来的，因为在上帝创造宇宙之前，既无时间，也无空间；空间与时间皆是上帝创造的；它自己无时间性，也无空间性。然而上帝所创造的，不是一个永久的创造品；宇宙是有始的，被创造的东西是有限的，是有变化和消亡的。上帝也创造物质，我们虽然可以在理论上假设物质为法式的根本，但物质不先于法式而有。因为上帝既然是无所不能的，那么各种可以设想的东西，甚至最无意义的东西，必皆呈现于宇宙中。

奥古斯丁为了证明上帝无所不能，乃主张上帝为万物的根源。为了证明其为善，乃将恶驱逐出世界之外。创造是上帝之善的一种启示：上帝创造宇宙，是由于它的无限的爱。（奥古斯丁恐怕剥夺了上帝的无限权力，遂加添一个意思，说：上帝的爱，不曾强迫上帝有所创造，其创造乃是出于自由意志的行为。）所以我们若真的不从人类的利用方面着想，则万物皆是善的。如果上帝是一个绝对善的东西，其所创造与所预定的万物，必皆为最好的，甚至恶亦必是相当的善。此犹如一幅图画中的阴影，亦为其整幅画中美的要素；恶虽非善，黑虽非白，但皆是好的，因为其能助长善。或者也可以说恶是本质的缺乏，即善的缺乏；这个意思便是说：若无善，即无恶。无恶，善是可能的；无善，则恶为不可能，因为万物皆是善的，至少其本质皆是善的。缺乏善，即谓之恶者，是因为其缺了自然所应有的东西。道德上的恶，亦不能摧残宇宙创造的美。道德上的恶，发生于人或堕落的天使的意志；恶是恶的意志之结果，不是积极的意志；所以道德上的恶，仅代表一个欠缺的意志，也是善之缺乏。极端的恶，是舍上帝或至善，而趋向于尘世。神之创造万事万物，未始不能免去恶；但它宁愿利用恶来作为保持善的工具。宇宙的光荣，是由恶的存在所增进的（乐天主义）。例如神预料着人将舍善而趋恶，它就允许其存在，而预定其惩罚。奥古斯丁想维持神的全能与至善，乃（1）否认有真实的恶，而认之为相对的恶；（2）主张恶为善的缺乏；（3）转移恶的责任于人的身上。

第四节　心理学

人——感觉世界中最高等的创造品——是肉体与灵魂的结合。这个结合，不是罪恶的结果，肉体也不是灵魂的牢狱。灵魂是单纯的、非物质的或精神的实质，本质上完全与肉体不同；它是肉体的生命，也是支配肉体的原理；但其如何作用于肉体上，尚是奥秘而未知的事情。感觉是一个精神的历程，而非物质的历程。感官知觉、想象与感觉的欲望，是感觉的或次等的灵魂之机能；记忆、智慧与意志，是理智的或上等的灵魂之机能。这个上等的灵魂，不能附于肉体上。但是这些机能是一个灵魂的机能，即一个灵魂的三样表现——三位一体的影像。因为意志为灵魂的一切作用，所以这些机能，不是别的，只是意志。

灵魂并非由上帝产生，各人皆有自己的灵魂。灵魂并不先于其与肉体的结合而存在。但灵魂如何发生，奥古斯丁则置而未论，这是他所不能解决的问题。当时对于灵魂有两种说法：一为创造说，一为传承说。持创造说者，谓上帝为各个将生之婴儿创造一个灵魂；持传承说者，谓婴儿的灵魂由其父母的灵魂产生，婴儿的肉体由其父母的肉体而生。奥古斯丁对此二说皆难以同意。

灵魂在时间上，虽然有产生之时，但无死亡之日。奥古斯丁之证明灵魂不死，是运用了柏拉图以及当时所通用的论证。如果由实现永久福利之意言之，灵魂本非必然地不死，然而若由灵魂继续存在之意言之，则其为不死的。神之灵魂的永久赐福是不能被证实的，我们对于这事的希望只是信仰的作用而已。

第五节　伦理学

人类最高的目的在于与神的结合，这是一个宗教的神秘的理想。这种结合不实现于不完全的世界，唯实现于将来的生命中——真正的生命中。我们在尘世的生活，只是一个通往神的旅程；若与永久的福利相比，不得为生，只得为死。在这里，关于感觉的宇宙，有初期基督教的悲观主义特色，关于未来世界则有快活的乐天主义：一方面是轻视神，一方面是爱神。然而奥古斯丁想用上面所述的无所谓绝对的恶的理论，来调和好上帝与恶世界的二元论。又想依据那个理论，来沟通至善与日常道德的伦理的二元论。

人类与上帝或至善相结合，是由于爱；所以爱就是至高的德性，为其他一切德性之源；节制或克己（爱上帝而不爱世界）、刚毅（由爱而克服痛苦与灾难）、正直（敬奉上帝）、智慧（正当选择的权利）——种种德性，皆由爱而生。爱神是真的爱己与爱人之根基。使异教的德性变而为光明的德性，唯有爱神；除非被这种爱所鼓动，否则异教的德性终究不过是“好看的不德”。

神之爱具有作用于心内之神恩的功用，是在神力支配下的教会的圣礼中所实现的神秘作用。信仰、希望、仁慈，是道德变更上的三个阶段，爱则为最高的。“凡爱正当的，决然无疑也相信并希望正当。”“无爱，则信仰无效；无希望，则无爱；无爱亦无希望；无信仰则希望与爱都不能有。”

这种学说能使人对于尘世生活与人文制度的态度，比原始基督教所主张的积极得多。初期的基督教徒，对于婚姻、国事、战争、司法、商业等人文制度，一概采取消极的态度。等到教会组织逐渐发达，基督教成了罗马帝国的国教，才不得不发生一种变动。这种变动所发生的直接结果，即犹豫于否定世界（即出世）与肯定世界（即入世）之间，而不能决定。奥古斯丁亦犹豫于出世的与入世的理想之间，而不能决定。他的态度就是中古世纪道德学者的特征。所以他承认财产的权利；否认前人所说的财富是可憎恶的掠夺品，财产起于不公平，众人对于财产有同等的权利诸说。他也认可富人与穷人有同样的救济之可能。然而他又认为私有财产的所有权是灵魂的障碍，贫穷对于灵魂的价值更高。所以他说，让我们制止私有财产的所有权；即使不如此，我们亦当制止对于此所有权的爱好。他对于结婚与独身的评价，亦有此同样的二元论；他说，婚姻是一种圣礼，然而独身的品格尤高。

他对于国家的观念，亦流露出同样的二元论。他说，世俗的国家之根基在于爱己，甚而轻神；神圣的国家之根基，在于爱神与轻己。然而暂时的世俗国家，是一个伦理的团体，其使命在于促进世俗的幸福，而用公道来支配之。但世俗国家的目标的价值，是相对的；而教会的目标的价值，则是绝对的；所以国家附属于教会；因为教会是神国的表现，其权威是不衰落的。

总之，奥古斯丁有两种理想。至善是超越的善，纵然属于基督教徒，也不能于其肉体中实现之，因为其受欲望的支配，所以人之至善在于爱神与善意。然而某种限度的善，可由外表的行动达到，如轻的罪恶，可由祈祷、断食、慈善来救赎。但至高的目标，毕竟是遁世脱俗，模仿基督。奥古斯丁认为僧侣生活是基督教理想的人生观。

这种伦理学说的特点，在于其是唯心论。宇宙间最重大的东西，不是物质，而是精神；人最重大的东西，不是肉体，不是感觉冲动的本性，也不是嗜好的满足，而是精神。

第六节　意志的自由

奥古斯丁反对柏拉奇的意志说。他说，在亚当时，对于犯罪与否，实属自由的；上帝造人，不仅赋予其自由，而且赋予其不死、神圣、公正以及不受悖逆的欲望之束缚的自由等超自然的天资。但亚当凭其自由，选择了违背上帝之路，因而丧失了其天资，毁坏了全体人类，使他们成为沉沦的群众。因为亚当是第一个人，代表着人类全体，遂将其犯罪的本性与被惩罚的倾向，传于其子孙。到后来，人不犯罪，就成为不可能的了；犯罪是自由的，不犯罪是不自由的。亚当的犯罪，不仅是先例，而且是遗传的犯罪。其结果是，使全体人类俱属有罪，除依赖于神的恩惠与慈悲外，不能赎之。神能改善堕落的人。神之给予恩惠，并非根据受之者的善行——实则就善的真义而言，罪人的行为，何得有善的可言——只是神所选择的作为其恩惠代表的人能做善事。“人类并非从自由的行为中来得到恩惠，而是由恩惠来得到自由”。这个意思，是说上帝能变化人类的灵魂，使其有亚当未堕落之前的爱善之心理。爱至善或上帝，认识至善或上帝，可以恢复人做善事的权利，使人舍感觉的生活而就上帝的生活；换言之，恢复人意志自由的权利，而解放肉体的束缚。自由之意，即爱善；换言之，唯善的意志是自由的。

这种学说的根本思想是：除非人有善的概念，除非人知道什么是真善而爱好之，否则是不能被救济的。有些人，有善的意志，有些人没有。奥古斯丁的问题即在于论述其原因，而委之于神的自由的恩赐。

上帝为何选一些人，使之有永久的幸福，另一些人则有永久的惩罚，这是不可思议的。但上帝的选择，绝非不公道，因为人没有要求救济的权利。然而预定论与命定论是相同的吗？预定之意，不是上帝预先规定谁可救济，谁不可救济，其选择纯粹是呆板的吗？预定是上帝依其恩惠，指导这个人或那个人永久生活的决心。预定含有上帝选择之前的预知。但奥古斯丁以为预定和人的自由无关；人有选择永久生活的自由，但不去选择；上帝知其不去选择，才决定谁应被救济。还有一件事，可以见得奥古斯丁对于上帝的绝对权力的概念：他不愿意限制上帝的自由；他认为上帝对人可以任意而为。在亚当时，人们有机会；他们滥用特权，神已知之；但神并未强迫他们去作恶，所以他们也无权利怨恨未被选择。但人们若真的爱神，若有神圣的意志，就可被赦免。

上帝所选择而被赦免的人，组成天上的国家；未被选择的人，组成地上的国家——罪恶的国家。人类的历史，代表这两国的竞争，直至其末期，基督出世，上帝的恩惠，由基督而传播于世。天国在基督教的教会中，达到其完成之域；教会是地上的天国。教会之内的人，虽然不是人人都可被救济，但是教会之外的人，无人可被救济。谁可被救济，无人知之。到了正义获胜之日，善恶势力之间的战争，即告终止；于是来到了大安息日；在这个时期，天国中的人，将享永久的福利；而罪恶的种子与恶魔，将被惩罚于永久的火坑中。

第七讲

经院哲学的开端

经院学者与希腊学者一样，目的在于求得万物之合理的解释，唯欲根据一定的目标之成见，达此目的而已。许多基本的真理，是已经晓得了的；救济方法已经成了普遍的事实；哲学的事务，只在于说明之，使之与别的学问相关联或使之容易了解。

第一章　黑暗时期

第一节　新民族

教父哲学到了奥古斯丁的思想系统中，算是达到了极点。这是古典的基督教文化中最后的大产品，也是正在消失的古人传给其蛮族的继承者的遗产。这时候，西罗马帝国已经灭亡了，北方少壮勇敢的民族开始兴起。西高斯族人占领了高卢与西班牙，汪达尔人征服了阿非利加，东高斯族人取得了恺撒的王位。现在的问题，在于融合罗马基督教与日耳曼人的思想及制度，这须经过一千年的时间方可成功。这个时期，叫作中古时期。融合了不同民族的人文制度，而政治上、社会上、知识上、宗教上皆产生了新面目，因而逐渐地发展出一种新文明。从许多新国家、新语言、新习惯、新法律、新宗教、新人生观的演进及旧文化的消灭来看，可知当时一切改革之彻底。这种改革的成功，开近世之端倪。

融合不同的人文制度，来产生新的人文制度，其进程甚为迟缓。对于那些陈训及旧制，除了逐渐消化外，没有别的法子。无论何人，都不能立即改变其人生，亦不能完全改变其人生。在北方蛮族服膺罗马基督教的文化之前，他们还有不少东西应该学习，他们必须用自己的感官来接触新文化，将新文化吸收于他们有长久历史的野蛮灵魂中。还有不须惊异的，即旧世界的高等文化现在无人重视，而旧哲学——基督教徒有一部分功劳在于其中的哲学——将沉沦数百年。其原因在于：（一）当时的人无暇建立玄学与神学的思想系统，他们只顾得注意人们一切活动范围内严重的实际问题；（二）哲学是成人的事业，而一班蛮族尚在少年学习时期，不能着手研究。蛮人想了解并欣赏高等民族的高等文化，必先得到知识的要素与工具。当时最紧要的问题，是教育问题。所以自奥古斯丁起，至9世纪止，教科书只限于七艺与基督教教义。

当时的哲学，是基督教神学的奴隶，其任务只在于维持陈训。在文化较高的东罗马帝国中，研究神学问题的兴趣虽然很普遍，然而皆是无用的教义的论争、百科全书的编纂与教义的搜集，如7世纪时大马士革的约翰之所为。在西罗马帝国中，则有马提诺斯·卡贝拉（死于430年）、波爱修（480年—525年）、卡西奥道路斯（477年—570年），著有科学、逻辑、哲学、教科书与注释。但是当时的学者多无创造能力，比如塞维利亚的以锡多及比德，在学术界虽然略有盛名，然而创造力甚少。在几百年间，文学界实际上有并驾齐驱的两派：一派为古典文学，一派为基督教文学。但后者的著作，常常为有学问的希腊人与罗马人所不齿。古典哲学仍是蹈袭斯多葛主义、新毕达哥拉斯主义与新柏拉图主义的线索，这在希腊哲学那一部分中已经说过了。

第二节　学问的开端

罗马帝国时代，因为知识阶层的改变与教会组织的发展，基督教的僧侣逐渐执往日哲学家所掌握的学问之牛耳。东、西罗马的大学者，几乎都是僧侣。然而中古时期的开始，是因为日耳曼人的兴起，知识的火焰于是就渐渐变弱，基督教僧侣大部分为蛮族子弟，感觉不到教授希腊哲学、文学与美术的快乐和声誉。7世纪和8世纪，恐怕是欧洲文明史上最黑暗的时期，多数人皆野蛮无知，古代文学美术的成就被摧残得零落殆尽。在此黑暗时期中，僧院不仅为被虐待与被压迫的人提供避难所，也为被轻视的文学美术提供藏身地。一班僧侣在其中保存并研究文学、科学、美术，抄写经典。而高尚精神的理想之爱好，亦在其中活跃着。僧院也开设学校，实行教育，只是简陋不完备而已。及至查理大帝奖励教育，招纳学者，建设学校，教授七艺（文法、修辞学、逻辑、算术、几何、天文与音乐），乃为较有希望的时期之开始。查理大帝所招纳的学者，有伦巴底历学家——保罗、艾因哈德、阿尔琴（735年—804年）等名人。其中最伟大的人为阿尔琴，他是约克地方经院学校的学生，是查理大帝的主要教育顾问，鼓励经院学校中哲学的研究。阿尔琴著有文法学、修辞学、辩论术、心理学的教科书。其心理学颇受柏拉图、奥古斯丁的影响。他的弟子夫雷德吉撒斯、拉巴努斯·毛鲁斯创办了日耳曼人学校，两人皆有著作。

然而在此时期，尚无重要的思想史上的著作。到了9世纪中叶，才有约翰·司各脱·厄里根纳的一本著作，可作为教父哲学的继承与基督教思想史上革新之开始。这个时期，叫作经院哲学时期，我们在讲经院哲学之前，先略述中古时期的普通特征。

第二章　中古世纪的精神与基督教哲学

第一节　教权

在中古时期，“教权”“服从”“附属”为人生日常字典中最重要的术语。在政治、宗教、道德、教育、哲学、科学、文学、美术等举凡人类的一切活动中，无不有教会极大的影响。教会是上帝在地上的代表，天示的真理之根源，所以是教育的指导者，道德的保护者，知识的精神事务之最后的法庭。简而言之，是文明的机关，升天堂的枢纽。教会既然直接由上帝那里得到真理，那么探求真理岂不是白费力气？而哲学除了供神学的驱使以外，又有何用呢？人类的真理，只限于把天给的真理或基督教的教义组织起来，而使其容易了解。就各人的宗教信仰与实际行为来说，个人是附属于教会的，而教会则处于个人与上帝之间，举凡生死大事，无不经过教会，而且有十字架的影子在其中。个人自生至死，皆有教会看守之，并给之以升天堂的阶梯。人若自处于教会之外，便无被救济之途。教育也是教会行政的一种机能，因为除了直接承受上帝真理的教会以外，谁能教授上帝的真理？除了掌握地上的正义公道之权力的教会以外，谁能指导人类的行为？教会又自认为其地位高于国家，教会之于国家，犹如太阳之于月亮，前者是大于后者的。此种理论用于实践上，则可以由教会与日耳曼诸帝王的冲突来证明。教皇英诺森三世（1198年—

1216年）时，教会的权力达到极点，颇有成为世界之王的野心。之后国家欲扩大其权威，对于人民也持与教会同样的态度，即所谓的君王依神圣的权力来统治国家，人民依神圣之命来服从之。政治团体中的每个人，无论社会上，还是经济上，皆处于被约束与训练之下，大多数民众以服从为生活的法则：服从统治者，服从君主，服从团体，服从主人，服从家长。权威与陈训高于公共意见与个人良心，信仰高于理性，团体高于个人，阶级高于人。

第二节　经院哲学的问题

当时哲学的思想，是时代精神的反映。陈训与教权为哲学思想的中心。学者皆依傍教会，依傍奥古斯丁、柏拉图或亚里士多德，依傍僧院或学校的命令。他们一方面认定教会所说之真理为是，另一方面又有哲学的思索之强烈的欲望，乃尽其力之所能，来调和信仰与哲学，或将基督教的信仰嵌入哲学中，或将哲学嵌入基督教的信仰中。但是他们研究的出发点与终止点俱在于信仰。故神学实为一切问题的主宰，实为统治的学问。宗教的真理，纵然有用知识与理性不能说明的地方，但也须信仰之。因为其玄妙，更须确信之。至于思辨的神学，不能认为徒劳无益而抛弃之，而认为其与信仰的真理并立，只不过分理性的真理与信仰的真理而已。

教父哲学已经发挥并建立了各种信条，而且已经把这些信条组成了理性的系统。经院哲学现在只来研究那些已确定的教义，至于发挥的作用，实际上已经终止。它又研究教会的行政，拥护教会的真理，以教会与国家为武器，来抵御反对者。它的问题在于构成符合教义的思想系统，以调和科学与信仰。经院学者与希腊学者一样，目的在于求得万物之合理的解释，唯欲根据一定的目标之成见，达此目的而已。许多基本的真理，是已经晓得了的；救济方法已经成了普遍的事实；哲学的事务，只在于说明之，使之与别的学问相关联或使之容易了解。

中古世纪的学者假设宗教的真理是合理的，理性与信仰是一致的，上帝的启示与人类思想之间是无冲突的；又假定宗教的真理纵然有些超越人类的理性，但须由信仰保证之，而为知识的另一本源。

在这种情形之下，很有选择的可能。学者可以基督教的宇宙观为起点，而借哲学的帮助来证明之；也可以发挥自己的与基督教的原理相符合的哲学系统；也可以注意研究与神学无直接关系的问题。但是在这里面，无论哪一种工作中，教义始终是统治的原理，而经院学者切不可明明白白地承认与根本的信条相抵触的言论为真实，至少亦不可发出与教义真理不相符合的言论。他们可以认为两种互相矛盾的言论是真实的来自解，但不可抛弃教义。

第三节　经院哲学的特质

经院哲学的目的，规定了经院哲学的方法。因为其目的在于证实已被承认的论断，故其方法就为演绎法。经院学者最有兴趣的对象，为超越的世界、神的世界、天使及圣人。他们对于现世界的思索，不如对于神世界的思索那么固定。这种情境表明他们认为神学是最重要的，自然科学与精神科学相对不重要。这也表明他们虽然对心理学与伦理学有兴趣，但因为不用经验的方法研究之，得不到好的结果。他们对心灵如何活动，不如对心灵的根本性质与定命那么注意；他们的意见认为心灵不能由分析其内容而知道；他们以为解决伦理学的问题，不能诉之于经验世界。至善是上帝赐福的生活，此乃天定；人们无经验的方法来寻求达到这种生活的途径。这种途径，是由上帝的恩惠赐于依照上帝的意志而行事的人的。服从上帝之意，是是非的标准；上帝的意志如何，不能由经验的分析而发现，只能由启示发现。总之，经院哲学的伦理学，逃不出神学的范围。经院学者所专注的世界，不是感觉的世界，他们唯靠他们的思想来求其所欲求得的知识。所以逻辑——尤其是演绎的或三段论式的逻辑，是他们最重要的研究，因为其可为他们探求真理的方法。他们对于这方面的研究，有很精细的功夫，不仅在分析逻辑的程序上，而且在发挥许多善恶概念上。这些概念，还有一部分为现今的知识遗产。知识论未被他们研究，知识的可能与限度，通常未成为他们的问题，他们所爱好的是教义的信仰。唯名论者本来提到知识的效力问题，但唯名论者不是真正的经院学者。

第四节　经院哲学的阶段

经院哲学可以分为几个阶段。经院哲学的运动由约翰·司各脱·厄里根纳来开端，虽然他的思想系统不能算作模范的经院哲学。这个时期起于9世纪，而止于12世纪，柏拉图的影响最大，柏拉图主义、新柏拉图主义与奥古斯丁主义为哲学界最兴盛的势力。观念或共相被认为万物之本质，先于万物而存在。这是柏拉图的实在论，安瑟伦为其代表。13世纪时，亚里士多德的哲学复兴，基督教依其为泰山之靠，虽然认为共相是真实的，但不认为其先于万物而存在，而认为其在万物之内。这是亚里士多德的实在论，大阿尔伯特与托马斯·阿奎那为此派的大师。此种运动，盛于13世纪，而衰于14世纪。到了14世纪，思想家就认为共相非万物的本质，不过是我们心中的概念或名字而已，唯有个体是实在的，这是唯名论。约翰·邓斯·司各脱与奥卡姆的威廉为此运动的领袖。这个运动的结果，打破了经院哲学的设想。经院哲学的实在论，犹如柏拉图与亚里士多德，以为宇宙是一个理想的宇宙——是种种观念或法式的系统，反映现象的世界，且为万物的本质。它是一个合理的、逻辑的世界，所以能够想到，表现于其中的理性与表现于人心中的理性是一样的。构成万物的法式与我们的思想或普遍的概念是一致的。如果普遍的观念仅仅是我们脑中的思想或名字，如果万事万物的内外无与之符合者，则我们不能由观念而得万物的知识，亦不能有宇宙与共相之合理的知识。因此，理性有得到真理的权力之信仰，便被削弱了，或完全被打破了。换言之，中古时期的哲学，已与经院哲学的真髓不符，而经院哲学在14世纪时已失其声势了。

这个意思是表示理性与信仰——哲学与宗教——之间难有一致。自此以后，理性与信仰一致的见解，逐渐改变。此后的学者，有些人说，某些教义可以解释或可以使之容易了解，某些是超越理性的；有些人说教义完全不能解释，完全非哲学的对象，宗教的真理在理性所能及的范围之外，非理性所能捉摸。后者的主张，是排斥经院哲学，解放哲学，使之不为神学的奴隶。

第三章　约翰·司各脱·厄里根纳

第一节　厄里根纳略传

5世纪末期，发现了一部论文集，很有新柏拉图主义的味道。这部文集颇令人注意，对于中古时期的思想大有影响。受其中神秘的泛神论影响最深者，为厄里根纳，他把那部文集译为拉丁文，而自己依据那种基础，建立其哲学系统。他生于爱尔兰，时在810年。他受教于爱尔兰学校，曾任巴黎巴拉蒂娜学校校长。其死期不明，有谓其活至877年的。他的哲学表现于他的著作《自然除法》中。

第二节　信仰与知识

厄里根纳以为神学与哲学、教权与理性是一致的，宗教的真理是合理的真理。真宗教与真哲学是一而非二。信仰不仅承认一种论断而信赖之，而且这种承认有理性来支撑；这便是合理的、可知的信仰。他以为教义是理性发现的，由教会的长老传下来。他想保持他的理性论的地位，所以当其解释经典与教会的著作时不得不用比喻。

第三节　泛神论

厄里根纳的神学，接近于新柏拉图主义与奥古斯丁主义。神是万物的起点、中点与止点，万物由神而来，由神而存在，并存在于神中，最终返归于神。神由无或自己——无缘由的第一原因——创造世界，神是一个不可被创造的创造者——不可被创造的创造本原。它依照它心（逻各斯）中的计划或典型，创造世界，这是它的本质之表现；它的智慧规定万物的法式与秩序，并继续不断地管理之。“逻各斯”是一个被创造的创造者，其所产生的万物，是被创造的，无能力创造别的东西。万物无论是物质的还是精神的，皆要返归于神，而以神为永恒的安息所，因为神是一切创造物的究竟和目的。根据这个意思，厄里根纳又谓神是非被创造者亦非有所创造。总之，神是父，“逻各斯”是子，生命是神灵。

宇宙是神的本质之表现或结果，万物——神的思想、逻各斯、现象世界——皆由神而生。但是万物并不与神分离；不过是神之活动的服装而已。神与它的创造物是一而非二；因为它在它的创造物里头，创造物也在它里头。它的不可见不可解的“浑一”，即它本身的可见可解；它的无法式、无性质，即它的法式与性质。宇宙，由人观之，虽然是可分的、复杂的，但在原理上，是一个不可分的宇宙，其中一切矛盾皆是可调和的。

所以神是含在世界之内的，但同时又超越于世界之上。这是厄里根纳不愿承认宇宙消耗或毁灭了神性的原因。他认为宇宙不过是神性一部分的表现，其未表现的地方当无可限量。一道光线与一个声音被许多人见了、听了，但无损于这道光与这个声音，故万物表现了神性的一部分，也无损于无限的神性。归根结底，神是不能用任何语言或术语形容的，远在思想的范畴之外。说神是什么东西，便是限制了神；确定了神的一种性质，便否定了其他的性质。神是超本质的，它超越善、神明、真理、永久与智慧之上。由此说来，神是不会失败的，不能了解的，不能限定的原理，不能用任何东西来说明。

这种泛神论的归结，必以为人也是此神圣的原理之表现，但厄里根纳未尝有此结论。他以为此种结论可以产生人类的命定论，而将罪恶委之于神了。人不只是他现象的身体的样子，也是一个小宇宙——一个活动的神灵，负有自己坠落的责任。神非罪恶之源，神心中无罪恶的观念。罪恶不过是善的缺乏（如奥古斯丁的思想）。由于逻各斯与人类本性相结合，帮助人赎罪，使有些人与神结合，有些人回复他们原来的爱神心。

第四节　神秘论

因为万物皆出于神，所以皆努力来求返于神，即神为万物的根源与目标。欲返于神，只能由神秘的超度，由默探神圣的本性，由超脱感觉与理性，来将神之不可了解的超绝性存放于心中。在这种神秘的无知状态中，我们可以没入神圣的幽冥界中，而忘却本性。

厄里根纳可以被称为经院哲学的先驱，因为其将基督教的概念纳入一个普通的系统中，而使之容易了解，也因为其哲学中含有中古时期的实在论之胚胎。但是他的思想太孤异，很少与正统派的意见相合，基督教徒也少有欢迎他的。当时人们所倾向的思想是奥古斯丁的思想，当时需要的是与他同时的拉得伯土的著作，因为其集中叙述了奥古斯丁的大概思想。

第四章 共相的问题——实在论与唯名论

第一节 初期的经院学者

厄里根纳的出现，为中古黑暗时期带来了一点光明。在其死后，知识的努力又长期地衰歇。一般教授七艺的教师，继续教授流行的教科书中因袭的辩证术，而无创造神学的努力。他们以奥古斯丁的思想为根本，而追随厄里根纳的泛神论。然而在他们的逻辑研究中，颇注意关于知识论与玄学的问题，之后成为经院哲学史上的重要争论。争论的问题是：共相（种与类）到底是真实的本体，还是仅存于心中；假若是实体，到底是有形质的呢，还是无形质的呢？到底是离具体的可感觉的物体而存在呢，还是存在于具体的可感觉的物体之中呢？这是柏拉图的观念与亚里士多德的法式之实体问题，是希腊大哲学家思想中一个最重大的问题。中古时期的学者对于这种问题有各种不同的答案。有的人主张柏拉图的实在论（共相是实体，先万物而有）；有的人主张亚里士多德的实在论（共相是实体，而在万物之中）；有的人主张唯名论，以为共相是个体的名称，不先于个体而有，不在个体之内，而在有了个体之后。波菲利是新实在论者，波伊提乌、墨高庇与卡尔塞丢斯处于中立的地位，马提诺斯·卡贝拉是明目张胆的唯名论者。厄里根纳是一个实在论者，他以为共相先个体而存在，但又存在于个体之中；现象世界是神的思想之表示，不能离共相而存在。这些意见在9世纪、10世纪时，已略为发展，只是不如10世纪以后的确定。

许多逻辑学者，未尝讲过亚里士多德的著作，而采取亚氏的概念，以为个体是真实的实在，但其解释是暧昧的唯名论的意义；他们不明了唯名论所包含的确切意义。

第二节　罗塞林的唯名论

实在论与唯名论之充分的意义，及对于神学与玄学的关系，至11世纪时始明了。罗塞林主张显明的唯名论，用之来解释三位一体说的基础。他的论断是：唯个体实在，共相或普通概念不过是我们借以规定个体之名称或文字而已。所以没有一个单独的实体与普通名称相符合：我们用来说明三位一体的“神”之概念，不过是一个名或字而已。宇宙间无一个实体的“神”，只有三个个别的实体，然而此三者的权力皆是同等的。

第三节　实在论的意义

罗塞林的这种见解，与传统的教义直接相反，遂引起很大的愤慨与反对。1092年，索逊斯会议推翻了这种意见，而且强迫罗塞林取消它。这种唯名论虽然未尝排斥尽净，然而其威权则已丧失，一直到了14世纪，方才死灰复燃。12世纪时，经院学者仍是采用柏拉图的实在论，虽然经过许多修正与发挥，但其本意则仍昌炽。这种实在论足以抵御罗塞林的唯名论，而给教会教义以合理的保障。如果共相是真实的实体，不是一团个体的名称，则三位一体的概念，便不是三个人格，或实体的总和，而有更深的意义了。共相问题的争论，不仅是逻辑的争论，而且含有玄学与神学的意义。因为我们若以为普遍概念、逻辑思想，不仅是心理中主观的观念，而且有其离开我们心理而存在的实体，则这种见解便含有宇宙是合理与可知的意义。此乃真理，不是主观的意见，而是客观的真理，有普遍确切性，哲学的任务即在于实现此客观的真理于概念的思想中。这也就是生生死死的个别现象之外，有永久的实体，绝不消灭。教会的学者在此学说中，找出一个巩固的基础，来建设其神学。神是这种普遍的观念，超出于现象之上；人类是一个普遍的实体，腐化于亚当之时，而基督又使之复原；教会是超出于组成教会的分子以上的实体分子，其组成分子虽然有生来死去，但不妨碍此理想的教会之实体。由此可以看出正统派的教会学者之所以排斥唯名论，而依归于柏拉图的实在论，乃是想选择一种可以供给基督教的宇宙观与人生观以意义的学说。

第八讲

经院哲学的实在论之发展

就广义言之，凡与所谓的“是”相反者，皆是犯罪；就狭义言之，唯明知故犯者为犯罪。为何明知故犯是真正的犯罪呢？因为其轻视神，反抗神意，不听神的命令，所以是罪大恶极。善意是由爱神激起的，是依据神的命令来行事的。神的命令是神自由地发出的，随时而异；但顺从神命，是道德，是必需。

第一章　坎特伯雷的安瑟伦

第一节　安瑟伦的哲学

安瑟伦（1033年—1109年），是坎特伯雷的大主教，根据柏拉图与奥古斯丁的主旨，反对罗塞林的唯名论。他是经院学者的真正代表，坚信基督教教义的真理，但又有强烈的哲学冲动，想把教会所承认的教权证明于理性之前。他大胆地想把神之存在、教会救济、三位一体、化身、人之赎罪等信仰，俱说明为合乎理性而毫无牵强的。我们必须信仰天主教的教义，我们还要力图了解所信仰的东西，并要了解其为何是真理。而且还要记住，凡理智所不及之处，必须虔诚地依靠信仰。

安瑟伦对于神之存在之有名的论证，是根据柏拉图的概念，共相离个体而独立。他在其1070年著的《独白》中，应用了宇宙论的论证，即奥古斯丁所用过的论证，这里无须赘述。他在其《宣讲》中应用了本体论的论证，根据的是柏拉图的实在论。这个论证使他的名字在思想史中占有一定地位。所谓本体论的论证，即由神之概念演绎出来神之存在，指出神之观念含有神之存在。神之观念是另一种观念，没有比其大者，是一种完备的本体之观念。如果神不存在，则此观念就不是最大的可以设想的东西的观念，必定还有更大的东西。有本体的东西的观念是表示比无本体的东西的观念更完备的东西的观念。所以最完全的本体——

神，必定存在。这就是安瑟伦所说的神之完全，含有神之存在的意思。

然而此结论并非出自安瑟伦的前提。安瑟伦的推论，不过是证明当我们想及存在的实在时，就是想及一个实在比非存在的实在更为完备。有存在的实在之性质比非存在的实在之性质多些。然而此并非证明神之存在，只是证明实际存在的神之观念比主观上的神之观念有更深的意义。由推论方面看来，这种证明是对的；但不一定由完全的本体之概念，产生神之存在的观念。然而这种本体论的论证可以使承认实在论的假定——共相有超心理的实在——的人信服，则是不可忘却的。

安瑟伦的论证之谬误，曾被高尼罗指摘出来。高尼罗说心理上的神与心理上别的东西，其存在皆是一样的，因为其皆是想当然尔。安瑟伦所用以证明神之存在的方法，别人也可用来证明一个完全的岛之存在。之后一百多年，托马斯·阿奎那对于此种论证，又做了精密的分析。然而本体论的论证依然是经院哲学中所惯用的——例如奥舍尔的威廉及阿勒的亚历山大皆是如此。

安瑟伦在赎罪论中，说赎罪是由公正与神之慈爱间的冲突而来的。亚当的堕落，使全体人类因之犯罪。神之公正必须圆满无缺。又因为其慈爱，不忍责罚人类使之公正。故洁白无瑕的基督来到世上，为人类牺牲，以满足公正之要求。

第二节　安瑟伦的同曹

罗塞林提倡唯名论，颇引起当时人士及后代人士对于共相问题的注意。安瑟伦根据实在论，批评唯名论，颇合于他的正统派的趣旨：共相是实在，个体是组成共相的实在单位。他说同种类中的多数人是一个人，三位中的三个人格——每个人格是一完全的神——是一个神。然而共相与个体之间就成了问题：共相和个体是什么关系？个体在共相中有什么作用？香浦（1070年—1121年），以为个体都属于共相，而共相表现于个体中。个体的差异，只起于其暂时的属性，但本质上是完全无差异的。阿伯拉尔反对其说。他说若果真如此，则同一的实体将有所不同，甚至于会有相反的属性，例如在同一的时间内，将有不同地位的实体。如果人类的本性，完全表现于苏格拉底的身子中，便不能表现于柏拉图的身子中；倘若也表现于柏拉图的身子中，则柏拉图必是苏格拉底，而苏格拉底的身子也就是柏拉图的身子。之后香浦见其破绽被人指出，乃改变其说；他再也不愿意否认个体在本质上的差异了，但他不曾发现其有实在论的逻辑上的困难。有一部著作，名叫《种与类》，出现于12世纪之初，不知其作者的姓名。据这部著作中所说，共相不依附于个体中，只依附于同类的个体中。同类的个体所共有的元素是质料，使同类的各个体分化的元素是法式。

第二章　阿伯拉尔与12世纪的经院哲学家

第一节　阿伯拉尔的学说

12世纪的经院哲学家中最令人注意者，是阿伯拉尔。阿伯拉尔生于1079年，死于1142年，平生与教会发生过很多的冲突。他是一个很有才干的人，为当时最著名的教书先生之一。他的教学方法是讨论各种重要的理论，再举出有权威的不同的意见，并暗示解决这些问题的原理，使人自己解决这些问题。他的学生伦巴底的彼得依据这种方法，著有神学教科书，成为他以后的中古时期的模范。

阿伯拉尔似乎处于罗塞林之唯名论与香浦之实在论的中间（二人皆为其老师），只是对于共相的问题，没有确定地解决。他反对共相是实在，除非在神心之中者。他说我们不能就一物以论定一物，只能说许多物的一个共相，所以一个共相不是一个物。共相也不仅仅是一个名词，其所以为名词者，因其为一团同类物体的称谓，所以不是一些名词，而是一些说法。也许他所说的共相是一群物体所共有的属性之普通观念，是心中的概念，表示这种概念所用的名词是说法。这可以称为阿伯拉尔的概念论，但是他似乎未曾构成之。他最爱说的是，共相不是离个体而独存的实体，个体间有本质上的差异。他自己对于这种正当的见解似乎又有点怀疑。他极为崇拜柏拉图与亚里士多德，因而觉得二人皆是对的。他所看重的是思想必须有物，语言的目的在于表示思想，但思想不可不与物相符合。

他著有《神学》一书，1140年森斯会议禁止其出版。他在这部著作中所注重的是：检点信仰是学者之急务，免得成为盲目的信仰。为了达到这种目的，他主张人要受逻辑的训练，神学中要运用逻辑的方法。理性必须先于信仰；我们应该了解信仰中的道理。然而他显然相信教义之严格的逻辑证据是不能有的，承认教义是自由意志的行为，由此行为得到基于信仰的知识是为了未来生命的报酬。由此可见，阿伯拉尔受经院哲学的方法之拘束是多么紧固，不管他的思想如何独立，如何注重理性，可其态度根本上还是经院哲学的。为何呢？他主张深沉地考究教义，不得到教义的道理，勿信任之；然而怀疑并考究了教义之后，还是不能明了理性时，依然要信服它。

他的神学之所以被禁止，是因为论三位一体的部分引起了反动。他说三位中，父是一或善；子是逻各斯或上帝之心，含有许多观念；圣灵是宇宙灵魂。他又认为这三位是神之权力、智慧及善意的特质。

阿伯拉尔在他的伦理学中，注重善意的重要性。行为之是非不在于行为之结果，而在于行为者之意志。神不管所做者如何，只管所做者的精神如何；行为者之可赞赏与否，不在于其结果而在于其意志。所谓罪恶是已知其为坏而仍为之——明知故犯，所以是自由意志的行为。换言之，道德是良心上的问题。行为者依据其良心来行事，依据其所认为对的来行事。他也许错了，但不是犯罪。他所认为是对的，果真是对的，他的主观认识恰合于客观的真理，他的行为，就真合于道德。阿伯拉尔的心中有主观的道德与客观的道德之别。就广义言之，凡与所谓的“是”相反者，皆是犯罪；就狭义言之，唯明知故犯者为犯罪。为何明知故犯是真正的犯罪呢？因为其轻视神，反抗神意，不听神的命令，所以是罪大恶极。善意是由爱神激起的，是依据神的命令来行事的。神的命令是神自由地发出的，随时而异；但顺从神命，是道德，是必需。由此，亦可见阿伯拉尔虽然有独立的思想之特征，但其经院哲学的精神依然流露出来了。

第二节　沙特尔学派

沙特尔学派的领袖是沙特尔的伯纳德及其弟弟蒂埃里。其他的名人，有图尔的伯纳德及孔切斯的威廉等辈。此派所欲研究而发挥的学说，为柏拉图的学说，间或及于亚里士多德的学说。1128年，亚里士多德的《分析篇》《论题篇》《辩谬篇》被译为拉丁文，始为经院学者所认识。沙特尔学派不仅对于辩论的研究有深切的兴趣，而且对于天文学、数学、医学、物理学、生理学及心理学亦皆有深切的兴趣。关于这些学问的书籍，皆由阿拉伯文翻译而来。他们对于逻辑上的问题，采用类似柏拉图的实在论，共相是纯洁地存在于神的心中。物质之有法式，即赖此共相。物体之存在于共相中，犹水之存在于河床中。物体隐约地表示法式或观念。智慧了解物体中的法式或共性，靠的是抽象的思想力。

第三节　集句派

上面我们曾说过阿伯拉尔的教授及著作中所用的方法——讨论一个题目时提出各种不同的意见。这个方法并不是新的方法，以前有些神学教科书中，就曾经用过，因之名为集句派。伦巴底的彼得是这派中最有名者。其他的人尚多，略而不述。

第四节　索尔兹伯里的约翰

英国人索尔兹伯里的约翰生于1115年，死于1180年。他批评当时的经院哲学为无用的争论，而主张改革逻辑。在教育上，主张实际的教育；在宗教上，主张教会离国家而绝对独立。他认为一切知识应该是实用的：凡是对我们的行为无所帮助的，皆是无用的。真善在虔敬的生活中；教会的主张纵然不能证实，亦须信仰之。

第三章　神秘论与泛神论

第一节　神秘论

上面所说的哲学的神学运动之目的，在于给正统派的基督教之宇宙观以合理的说明。其计划在于使神之目的、本性与作用，能够被理解，根据基督教的信条建立一个系统。这可称之为独断的合理论或主知论。然而完全理性化的基督教神学，并未完全长期霸占基督教的世界；当其运动最热闹的时候，忽而发生一种反对派的潮流，指责其太重信仰的理论化，而主张宗教生活的较实际的表现。这种运动不以信仰之理论化为满足，而以实际经验为满足；其主要的希望不在于证实神之存在，不在于规定神，而在于攒入神之中。这种神秘的思想，代表基督教中奥古斯丁的保守的成分。其首领为巴黎奥古斯丁僧院圣维克多中的僧侣。

据神秘论者说，神不是辩论术或逻辑所能达到的，只能由神秘的探索来求得；神学的功用，在于告诉我们如何实现这种状态。神秘论者注重人之内心的信仰，注重灵魂的经验，故对于灵魂之经验的研究，较之寻常习惯更为有兴趣。神秘主义是实用的神学，是指示神秘的探索方法之学。然而神秘论者亦有其理论的神学，只注重信仰之超理性的一方面而已。当此学风达到极点，神秘的冥索亦达于极度，甚至于过度。圣维克多的理查德认为神秘的冥索超出于知识之上；沃尔特则以为逻辑是一切异端之源，信仰不仅超越知识，而且与之相反。沃尔特所著的《反法兰西之四迷园》，其意即是说吉尔伯特、阿伯拉尔、伦巴底的彼得、普瓦捷的彼得，皆是异端。

神秘主义者的主要领袖，有克莱尔沃的伯纳德（1091年—1153年）、圣维克多的乌戈（1096年—1141年）、圣维克多的理查德与沃尔特。到了13世纪，有托马斯·加路斯与波拿文都拉（1221年—1274年）。14世纪的埃克哈德、约翰内斯·陶贝，则是泛神论的神秘论者，其学说被正统派的教会所罚禁而指为异端。

神秘论者的最高目的，在于灵魂之神秘地升入天上，离去地上的肉体，而返于精灵的境地，将自我没入神中。达到这种目的的道路，是抛弃感觉、知觉与概念的思想，而专门遵循冥想。在冥想中，理想的对象可直接地呈现于我们的灵魂之前。知识有三个阶段：（1）认识；（2）思索；（3）冥索。最高的一个阶段——冥索，是超理论的，能引人心至宗教的最深奥处。冥索达于极点时，个人的意识停止于冥索状况中。人唯有准备攒入无限的真理之大海，来等待真理，这是神之非常的赐福。

第二节　泛神论

12世纪正统派思想家的理想，在于把信仰弄成合理化。为了达此目的，他们就依归于逻辑与玄学。他们的事业在于想理解教会所主张的与他们所信仰的万事万物。传袭的神学立基于实在论的假设之上，将教会的主张与哲学的思想调和起来。然而往往有些推论虽从同样的前提开始，但结论常不一致，结果往往相左。此为基督教之教义制造时代常常发生的现象，到后来许多个世纪，仍是如此。厄里根纳、罗塞林及阿伯拉尔的思想，均不与正统派思想的要求相符合。在令人注意的异端中，泛神论尤其有势力。它的色彩呈现于撒伯里乌主义，而神秘论者亦与之相去不远。到了12世纪末期，泛神论又复出现，且有了进步。其主要代表为弗洛里斯的约阿希姆、贝纳的阿马尔里克诸人。这些泛神论者的结论很简单，只是演绎柏拉图的实在论之论理的结果。如果共相是实在的，则最高的共相——神——便是最实在的东西，其他物体皆其神性的本质之表现（正如逻辑中的最高种类包含一切类属与个体）。阿马尔里克似乎与厄里根纳相同，曾经主张过变化的现象世界出于神，最后仍返于神，而为一个不变化的个体。

这种泛神论很受欢迎，阿马尔里克一派盛行于瑞士及亚尔萨斯。然而教会禁止阿马尔里克之说，并在他死后掘了他的坟墓。1225年，教会又判决厄里根纳为异端。先前亚里士多德的《物理学》已由阿拉伯文译为拉丁文，盛行于西欧。1210年，巴黎会议的结果，亦禁止其发行。凡此皆独立精神增长的明证，而人类心智于是又渐张其翼。

第四章　不安之征候

第一节　经院哲学的反对论

12世纪末，除了显著的经院哲学之外，我们也看见一些反对经院哲学的思潮。有些比较保守的正统派的僧侣，反对传袭的过于注重辩证的神学思想。他们以为其思想特别不周密。有些比经院学者更独立的思想家也反对教会的主张，他们则以为其思想过于缜密。另外有些思想家则怀疑建设理论的神学之尝试，或许因为不相信理性与信仰可以调和，或许因为不相信哲学的讨论与教会的实际问题有关系。还有许多人特别想知道共相与个体的关系。这种欲望引起了对自然科学进行研究的兴趣，而阿拉伯文科学教科书的拉丁文译本恰好足以提供当时之需。

第二节　学问的组织

不安定的征候出现了，问题与困难都复杂了起来。于是许多人看出不仅教会中积极的教义不能被证实，而且神学上的通常言论，也很难被证实。经院学者所自夸的三段论法：如何能得到比世俗之人所拥有的更确切的知识，不过自己也觉得是非绝对合理的确切了。然而根本的信仰，依然是相信：宇宙是一个合理的宇宙，上帝的行为最灵敏、最好。但是寻求的目标已固定了；干犯教义是渎神的、有危险的；教会具有强有力的组织，握有精神与实际的武器，教训那些迷途不知返的众生。基督教理智的活动也逐渐有了形体与组织：僧院学校之外，建设了大学或学者结成一团，在其中研究哲学、神学、医学与法学；而僧侣之中，亦有结成的团体，研究其所爱研究的学说。巴黎大学是最大的国际大学，由诺特丹的神学学校与圣杰纳维夫的逻辑学校联合而成，于1208年受特许权。多明我会与方济各会为13世纪最大的教派，当时的著名学者不属于多明我会便属于方济各会。教会大学与会士共同维持传袭的基督教教义。各个思想家的任务，唯在于调和理性与信仰。这本来不是哲学，但是潮流所趋，不得不如此。

这个时期未尝抛弃教义，不配建设那离哲学与宗教的陈训而独立的思想；这个时期，对于经验事实之适当的知识，仍然缺乏。经验的科学与近代科学的方法，在这时期是不知道的；这时期是书本知识的时期，然而含有经验的知识之书很少。保尔森说，若有近代科学教科书忽然降临于希腊人之前，他们并不知道用来做什么。这种批评颇适用于中古时期。

第三节　亚里士多德的发现

当时西部基督教国家，开一新世界，给经院哲学的研究以新动力。希腊的数学、医学与天文学、亚里士多德的原著与希腊人的注释，以及有名的阿拉伯人与犹太人对于亚里士多德的著作皆由阿拉伯文译为拉丁文。当时学者研究这些书的风气甚盛，开始是依据阿拉伯人的学风，以新柏拉图主义的精神说明之。

然而教会怀疑新亚里士多德的著作，这多半是因为阿拉伯学者掺入了泛神论的臭味，毕竟在1215年，巴黎大学曾经禁止过研究亚里士多德的《物理学》与《玄学》；1231年，教皇格列高利九世又禁止应用亚里士多德的《物理学》。但这些举动并无大效，此等禁书不仅有人读之，而且有头等学者为之注释。早在1世纪，著名亚里士多德派的主要著作，直接由希腊文被译为拉丁文；因此暴露了亚里士多德的真相，剪除了阿拉伯人安上的新柏拉图主义的假面具。

第九讲

经院哲学的隆盛时期

哲学家的意图，在于以经验世界为其立论的出发点，由经验的分析，来达到事物的本质或原理。这种学问方是本体学。我们由各个物体抽绎出其共同的性质，故只有共相能成立，或个体有共同性质时，方有科学。我们对于神灵没有共相，故对神灵无明确的知识。

第一章 阿拉伯哲学

第一节 希腊原料

西欧之开始认识亚里士多德的著作，是由阿拉伯文翻译而来的，是由阿拉伯的哲学家以新柏拉图主义的精神对亚里士多德的注释与论述。穆罕默德的信徒，因为其强烈地反对不相信伊斯兰教之人，于632年征服了世界。711年，又把叙利亚、埃及、波斯、阿非利加与西班牙纳入掌管当中。在叙利亚地方，穆斯林认识了亚里士多德的哲学，这种哲学带有新柏拉图主义的色彩，在东方帝国，曾风行几百年，又由聂斯脱利派传于叙利亚。阿拉伯的学者不仅翻译了亚里士多德自己的著作，而且翻译了别人对他的著作的注释，开始是由叙利亚文译的，之后由希腊文译的。他们也翻译了柏拉图的《理想国》《法律篇》与其他书。阿拉伯的学者又研究由希腊文译出的数学、天文学、医学及其他自然科学，他们对于这些学问皆有有价值的贡献。阿拉伯的学者所研究的亚里士多德，是穿了新柏拉图主义的衣服的亚里士多德，那些衣服是他的后来的注释者给他穿上的；因为这种事实及新柏拉图主义假充的亚里士多德的著述，故以流露说说明亚里士多德的哲学，绝不感到困难。

第二节　各种学派

伊斯兰教的学者，借着希腊著作的帮助，将他们的宗教安放于哲学的基础之上，进而创造出一种不同于西欧的经院哲学。他们的中心问题与基督教徒的一样，是神之默示对于人类知识与行为的关系；他们研究学问的目的，在于调和《古兰经》与理性，使其信仰理性化。

穆斯林的学者，开始争论的问题是："神之预定"与"人之自由"的关系及"神之统一"与"神之属性"的关系。正统派承认《古兰经》的教义，不加更正。认定有一个全知全能的神，预定万事万物。自由思想家反对此派，把理性作为真理的标准。他们觉得有研究哲学的必要，所以根据希腊的各种思想，来维持其见解，然而未曾建立自己的系统。及至10世纪，理化论一派发生了一种反动，反对哲学，而同情正统派。亚里士多德的神及永久的宇宙说及新柏拉图派的流露说，皆被排斥，认为与伊斯兰教所主张的一个有人格的创造者的概念相抵触。阿舍利（873年—935年）所领导的反动派，极倾向于原子论，认为原子是神的不断创造。然而同时，他们否认自然的因果关系与一贯性质，其目的在于维持神之绝对的任意权力与奇异的干涉之可能性。

忠于哲学的理性论者的职务在于发挥了许多学说，其中有亚里士多德与新柏拉图主义的成分，有时还有新毕达哥拉斯主义的成分。他们中有些人注重新柏拉图主义的思想，以实用的、伦理的、宗教的问题为研究的主旨；另外有些人专注于亚里士多德的思想，以其逻辑为必需的准备，来建设他们所认为的根据自然科学而树立的玄学。

阿拉伯的新柏拉图主义的典型，是一部《科学百科全书》。

此书由51篇论文组成，出于10世纪的宗教哲学者团体——恳亲兄弟会之手；对伊斯兰教世界大有影响。这个团体与意大利的旧毕达哥拉斯派相同，其理想在于借哲学的研究，来完成人类的灵魂，以类于神。他们的伦理的、宗教的主张，是根据于新柏拉图派的流露说，以为万物皆由神之绝对的统一性中流露而出，之后又返入其中。人是宇宙的缩影——小宇宙，必须脱离物质的束缚，清洁自身，而返于其所出的地方。《科学百科全书》充满隐秘之说，其最后一部分对于占星术、巫术与炼金术讨论甚详。

米希克维希在《道德之精炼》一书中所论述的伦理学，杂有柏拉图、亚里士多德与新柏拉图派的思想。伊斯兰教的苏非主义，注重新柏拉图主义的神秘一面；现象界是幻象；物质是由神所流出的最下等的产品。到了禁欲与无我的境地，则灵魂可以脱离迷梦，而没入神之中。由苏非主义之绝对的灭绝个人之灵魂观可以看出，其显然是受了佛教的影响。

第三节　理性论

阿拉伯学派的另一派别的代表，有阿尔铿底（死于870年）、阿尔法拉比（死于950年）与阿维森纳（死于1037年）。此派注重逻辑，以逻辑为哲学研究的发端；又高唱玄学必须根植于自然研究之上。但是他们的自然科学观是很肤浅的，含有怪诞的概念、宗教的迷信、难解的理论。他们以梦妖术、炼金术、占星术、魔术之说明为自然科学的正当部分。他们相信天界的神灵；他们把它视同《古兰经》与《圣经》中的天使；他们几乎都是神秘论者。其未沾染迷信者，唯逻辑与数学而已。这些思想家皆未得到亚里士多德的真义，皆以新柏拉图派的有色眼镜来窥探亚里士多德的学说。他们依据新柏拉图主义者对于亚里士多德的注释与说明，来研究亚里士多德的学说，就不奇怪真的亚里士多德之湮没不彰了。

阿拉伯的哲学家对于逻辑的研究，大多表示出很好的判断与论辩。他们对于共相的问题，也很有兴趣。阿尔法拉比说，共相离了个体，不能存在，它就在万物中；但人人心中有个体的法式。阿维森纳也说，除了神心之外，共相不能如同一个独立的实体，先于万物而存在；在我们心中，它是后万物而存在的，是由个体抽绎出来的；它存在于万物之中，杂有万物的偶然性质。

阿尔法拉比与阿维森纳在玄学上的主张，是由他们宗教的要求而来的。他们在必然与潜势之间，设一区别，以图消磨亚里士多德之永久的宇宙观。他们对于永久的、原始的实在，与亚里士多德相仿，认之为智慧，是必然的、无因的；其他的东西皆依之而存在，受其制约，而且潜伏于神之中。世界由本源而进化是一种流露的程序。阿尔法拉比以为物质是此程序中的一种现象；阿维森纳则以为物质是永久的、非创造的。但是两人都认为创造是物质中潜伏性的实现；物质的法式是神给的，神给物质以法式（潜伏性），而后由其活动的智慧实现之。据阿尔法拉比说，这是时间中的一个程序；据阿维森纳说，低者由高者流露而出，是永久的程序，因为结果永远与原因同时被发现，所以宇宙是永久的。

由神流出者之中，有一种是活动的创造的思想，是月星之灵魂，给万物以法式。潜伏的智慧之实现或人之知识的产生，即来自此普遍的活动的智慧。据阿尔法拉比说，这样实现的人类智慧遂变成简单不灭的实体。

哲学的目标在于尽可能地要知神而像神。据阿维森纳说，这种目标可依教育与神明而达到，然而阿尔法拉比则说唯有灵魂与神之神秘相融合，而后方能达之。

第四节　东方哲学的衰落

11世纪末，阿拉伯哲学在东方到了末日。阿尔加惹尔（死于1110年）著《哲学的毁灭》，攻击哲学，谓哲学不配得到真理。他攻击伊斯兰教正统派所持的理论，如创造说、人格不灭说及神之绝对的预料之信仰——神能预知人生将来的精细情形而随时干涉之。阿尔加惹尔的著作出现之后，不仅打倒了一些哲学家，而且引起了当时政府焚烧那些哲学书籍。

第五节　西班牙学派

东方阿拉伯哲学虽然衰落，但西方阿拉伯哲学却仍存在，并兴盛于西班牙的穆尔西亚，尤其是科尔多瓦，这是一所有名的学校所在地，其中穆斯林、犹太教徒、基督教徒皆自由地研究学问，互不干涉。西方阿拉伯的思想家中重要人物有：阿泛柏斯（死于1138年）、阿布巴克尔（死于1185年）与阿威罗伊（1126年—1196年），这些人是物理学家兼哲学家。阿威罗伊的思想，是阿拉伯登峰造极的思想，而且影响了基督教的经院学者。

阿泛柏斯否认个人不死，只认为表现于各人心中的普遍智慧是不灭的。他又反对神秘论：人生理想在于超出灵魂的低级阶段，而入完全的自我意识，在自我意识中，思想与其对象浑一；然而这种目的并非由无我的境地达到，而是由我们的精神机能逐渐而自然地发展而达到。阿布巴克尔大半赞成此说；他在他的哲学小说中，描述了一个独居荒岛的人，其自然的心能逐渐发展，之后因为禁欲与无我的功夫，而得以与神结合。

阿威罗伊把亚里士多德抬举得很高，认为亚里士多德的智慧是人心的完善。他的主要心愿即指出真的亚里士多德，但这种心愿很难说已经实现过。他的心愿之所以不能实现，一半是因为其依据新柏拉图派的成见来观察希腊哲学，一半是因为中古时期的哲学家皆欲使哲学适应宗教的要求。无论如何，他接受了伊斯兰教中不纯粹的亚里士多德主义的基本教义：流露说与普遍智理说。

阿威罗伊说，法式含蓄于物质中，不是由外面加上的，是由较高等的法式之动作实现的、发展的，其最高等的法式为神圣的理智，寻常所谓的创造是不对的。有一种普遍的活动的心，影响个人而使之有智识。阿威罗伊解释如下：个人的灵魂自然地倾向于这种影响；这种灵魂依靠普遍活动的精神动作，而变为潜势的心，因而有含蓄的智慧。普遍活动的精神与灵魂相结合，能够接受智慧，产生个人化的灵魂；灵魂因为普遍精神攒入其中，而能接受智慧变成个人化的，恰如阳光普照物体，物体接受阳光，而阳光变成个体化的一样。含蓄于个人化的灵魂中的知识，因为普遍的精神通过个人化的灵魂的进一步作用而实现出来，升为最高的自我意识，与普遍的精神合而为一，或攒入其中（神秘主义）。这是人类心理方面所共有的现象。个人灵魂不死，就是这个意思；因为唯有普遍的精神是不灭的。阿威罗伊认为普遍的精神是由神流露出来的一种东西。

阿威罗伊说，普通人得不到全体的真理。宗教中所说的真理是征象，哲学家以比喻说明之，普通人就字面意思讲求之。所以一件事情在哲学中是真的，在宗教中则不是真的；在宗教中是真的，在哲学中则不是真的。因此他说必须用理性来推论智慧的一贯性，但他又主张信仰而且有与此相反的意见；到晚年有人揭发其主张有害于伊斯兰教的教义，他遂被逐出科尔多瓦教皇的教廷。

基督教教会之所以不信任阿拉伯哲学的原因，不是难以明了之事。因为教会既然已经与泛神论的异教徒开战，自然不愿意开门引入其他的异教学说。

第六节　犹太哲学

上述阿拉伯的各种思潮，对于中古时期的犹太思潮大有影响。11世纪生于西班牙的阿维斯布隆著有一书，统括了新柏拉图主义，为欧洲经院学者所共知。这时期最大的犹太哲学家为摩西·迈蒙尼德。他是一个亚里士多德的信徒，认为亚氏是地上的权威，但又承认犹太思想中神的启示知识，否认从无中创造及全知上帝之说。他又传授自由意志及灵魂不死之说。

第二章　亚里士多德的盛行

第一节　经院哲学与亚里士多德

亚里士多德的哲学之研究，给了经院哲学以新生面目，只是未立刻给当时哲学的思潮以大变动。当时之所以采取亚里士多德的学说，是因为其足以巩固流行的经院哲学之基础。经院学者的主要目的，在于调和宗教与哲学；而亚里士多德的哲学，为希腊最完备的哲学，足以用之来达其目的。亚里士多德的哲学，包含人类知识中的各门类，有确切的结论、固定的用语、明了的文词，可以化育经院学者及一般人。他是逻辑上的大师，足以满足经院学者的辩论要求，使其能够拥护或反对主要的论说。

经院学者插入亚氏理论中很多其所需要的理论。若遇不能调和之处，则经院学者亦不难加以轻易解释或更改以使之合于教会的观点。亚里士多德有一个纯粹精神的神，超乎宇宙之上，而与宇宙不同；然而又是宇宙的最终原因。这种有神论及二元论的意见，与基督教恰好相符合。他有一种透彻的目的论与自然观，与常识相符合，足以引起学者们开始研究自然时的注意；因此，他又成了自然研究中的权威。由此看来，经院学者根据他的哲学来维持基督教的宇宙观，就不足为奇了。然而亚里士多德的哲学与基督教哲学之间，有极为不相同的几点，也是实情。这可以由经院哲学的发展史上看出来。亚里士多德主张宇宙之无始无终；基督教则主张宇宙是由无中创造出来的；他不主张人格的不灭，而基督教则主张之；他的伦理学是自然主义的，基督教的伦理学则是超自然主义的。然而二者之间虽有差异，但经院学者则力图调和之、折中之、补充之，以合其要求。

第二节　奥古斯丁的神学

10世纪时传统的神学运动，未尝因亚里士多德的兴盛而归于消灭。教会的教义依然仗着柏拉图的势力而发展；奥古斯丁的神学——旧教思想与希腊哲学的最大综合，依然有重大的势力。10世纪初，经院的功能，在于尽量消化新的材料，以纳入自己的圈套中。然而有些基督教学者，仍未受新哲学的影响，阿勒的亚历山大与根特的亨利即其最著名者。如大阿尔伯特及托马斯·阿奎那，就欲综合亚里士多德派的哲学与传袭的经院哲学。

阿勒的亚历山大首先利用集句派神学书中的新学说来证明教义。他先问后答，其所答者是根据教会的主张，用三段论法来证实之。在信仰上，他依据于安布罗斯、奥古斯丁、杰罗姆等辈；在理性上，他依据于柏拉图、亚里士多德、阿尔法拉比、阿维森纳、阿尔加惹尔、西塞罗等辈。他的神学、玄学及心理学中暴露了他偏向于奥古斯丁的情形，又暴露出了他未尝透入新思潮中。

第三节　阿尔伯特

阿尔伯特于1200年生于符腾堡，在帕多瓦及博洛尼亚两所大学中研究哲学、数学、医学、神学，于1222年加入多明我会。他在巴黎教授哲学，获得极大声誉，时人呼之为大阿尔伯特。他死于1280年，著有《亚里士多德哲学的注释》。

教会中的学者，首先将经院哲学的基础安放于亚里士多德哲学之上者，为阿尔伯特。然而他的著作中受到了阿拉伯学者的影响，是显而易见的。他对于神学上的问题的讨论，依归于摩西·迈蒙尼德的著作。他对于自然科学的研究，有深沉的热心，人常称之为罗吉尔·培根的先行者。他对自然研究虽然注重经验，然而有经院学者的习惯，并戴着亚里士多德的眼镜，来观察自然。阿尔伯特之出名，不在于其学问之深厚，而在于其学问之广博。但关于批评的精细、理解的透彻，远不如其弟子托马斯·阿奎那。

阿尔伯特说，哲学方面的问题，应当就哲学来研究；神学方面的问题，应当就神学来研究。这种划分开来的研究，起于经院学者逐渐知道了许多教义，如三位一体及化身诸说，不能用逻辑来证实。例如没有什么东西能够产生于“无”的原理，在物理学上是真的，在神学上则不是真的。在信仰方面，他依据于奥古斯丁；在自然科学及理论的神学方面，则依据于亚里士多德。阿尔伯特的思想，由其弟子托马斯·阿奎那发挥而完成，成为13世纪经院哲学的表率。

第三章　托马斯·阿奎那

第一节　托马斯·阿奎那小传

托马斯·阿奎那于1225年或1227年生于那不勒斯附近，早年加入多明我会，继而肄业于巴黎大学及科隆大学，而为阿尔伯特的弟子。其毕业后，又在巴黎、波仑亚、科隆、罗马及那不勒斯等处教授哲学与神学，专心致志于旧教思想系统的建设。他死于1274年。同曹称之为天生的博士。他对许多古书著有注解，其中就有关于亚里士多德及许多哲学和神学的短篇论文。

第二节　哲学与神学

托马斯·阿奎那的思想，是当时思想运动的典型。他的根本目的，在于证实宇宙的合理性为神的启示。就大要言之，他的思想与奥古斯丁的玄学是一致的，采取教会的主张为基本原理。但其所采用的方法，是亚里士多德的方法。他采用亚里士多德的四种因果律、法式与物质、实现与潜伏及其他原理。他未尝想消磨教会教义的效力。原来亚里士多德的自然主义与基督教的超自然主义互不干涉，故难以反对托马斯·阿奎那的严密的正统教义。

据托马斯说，哲学是由事实而达于神，神学是由神而达于

托马斯·阿奎那

事实。他师从阿尔伯特，在理性与信仰之间划一鸿沟，教义中如三位一体、化身、原罪、世界之创造及圣餐等，皆不能由自然的理性来证实；它们不是哲学的对象，而是信仰的事实，是神示的真理——超越理性而不与之相反。我们虽不能证明之，亦不能反驳之；但能反驳其反对论。例如创造世界之说，我们绝不能拿出必要的证据，因为其是神示的事实；不然，我们焉能知道？然而其中并无不合理性之处。唯有我们信仰之，而后其合理处、或然处及似真处，乃可明了。如欲证明宗教的秘密，即伤害了信仰，因为仅就能证明其合于理性而信仰之，则将无信仰的可能。信仰是意志的事实，意志命令我们承认。托马斯解释这种命令为内在的本能（神请我们信仰），或者为外来的奇迹之结果。

原来神示的神学与“合理的神学及哲学”之分离，已由巴黎大学所公认。该校曾发有命令，说哲学教师不要讨论特别的神学问题。正统派的基督教，不管是旧教还是新教皆承认。托马斯对于哲学的贡献，在于其划分神学的问题于哲学范围之外。邓斯·司各脱及其门徒，则更进一步，将合理的或自然的神学，摒弃于理性的权力之外，将一切关于神的问题，一概置于信仰之上。

第三节　认识论

托马斯的认识论，大概取法于亚里士多德。真知识是概念的知识。然而概念的基础在于感觉知觉，换言之，知识来自感觉。灵魂有各种不同的心能，如感觉之心能、活动的智慧之心能、潜伏的智慧之心能。灵魂借这些权力而有种种作用，它由感觉来知悉各个物体的法式或模样。这种感觉的法式或模样，如欲为潜伏的智慧——完全独立于肉体而存在的智慧——所收受或知道，必须解除其中物质的或有形体的东西。解除感觉的模样中的物质的东西，是活动的智慧之职能，它把感觉的模样中适合智慧的成分抽绎出来，成为可知的模样，因为灵魂所能消化的，唯有与其本性相合的东西。故可知的模样，不是空间时间中各个物体的模样，也不全有各个物体的偶然属性，唯有其本质的属性。潜伏的智慧即由此可知的模样而知道事物的普遍概念。所以，若无感觉，人心便不能有所知；感觉中若无造成普遍概念的固有趋势，人心亦不能有所知。这是托马斯指出的我们知识的两方面：感觉的与概念的，单独的与普遍的。他又着重于思想的自动性质，并指出其先天的性质，认为人心有此种活动的倾向。知识含蓄于人心中；人被激发时，知识即表露出来。

外界物体作用于心灵之上，心灵便得着了知识的原料，再由较高的心能，提炼为概念的知识。所以真知识或科学的基础，在感觉知觉或经验之中；而我们能知道的，只有经验中的一切东西。哲学家的意图，在于以经验世界为其立论的出发点，由经验的分析，来达到事物的本质或原理。这种学问方是本体学。我们由各个物体抽绎出其共同的性质，故只有共相能成立，或个体有共同性质时，方有科学。我们对于神灵没有共相，故对神灵无明确的知识。

第四节　玄学

既然科学以共相为其对象，共相必是真实的，不然，将无真理可言。然而所谓共相的真实，并非说其离个体而独立。它不是一个具体的东西，也不是一个实体。共相原来存在于个体中，如“一”存在“多”中，如万物的本质，如万物之所以为万物的原因。托马斯与阿尔伯特相同，同意亚里士多德的主张，以为观念或共相内含于神心中，在人心中应作如是观，并以之为万物抽绎出来的东西。

所以法式或共相为玄学上立论的必要原理。然而仅有共相，不足以解释自然。托马斯与亚里士多德相同，引出一个第二原理——物质，以为自然是法式与物质的结合。形体的本质或本性，由此法式与物质组合而成。托马斯所谓的本质，是万物由它而成其为万物的东西，自然是由法式与物质结合而成的东西。托马斯依照这两种原理的帮助，不仅想解释自然界中的秩序与目的，而且欲解释万物的复杂与差异。有些实在论者以为法式是个体存在的原理，托马斯则以为物质是个体的原理。同类中个体的差异，是由于其体量构造的不同。定量的物质，与其适于该量的物质的偶然特性相结合，成为一特殊的个体。故各个体依物质的分量而成。人类中之所以有特别的人，是因为其灵魂与特别的有机体结合。苏格拉底之所以成其为苏格拉底而与别人有异，是因为其有特别的物质。

除了因物质而存在的法式外，尚有独自存在的法式，无须物质而真实。这种法式是纯粹的精神本质或天使与人类的灵魂。它的本质不是物质与法式的结合，而是单纯的法式。它的个性发生于它本身。

第五节　神学

神是纯粹的法式，纯粹的实现性。我们由信仰而认识神，但我们亦可由推论而认识神，不过此种认识是间接的认识。我们的推论是由已知到未知，由结果到原因，由有限定到无限定。我们由神的创造来推论神的存在，这只能用溯源的方法或后天法来证实。托马斯排斥安瑟伦的本体论的论证，而引用亚里士多德、奥古斯丁及一般阿拉伯哲学家所用的论证。他有四种论证：（子）凡运动的东西，必有使之运动者。一切结果必含有原因；然而运动中亦必有不运动的原理；不然，寻果追因，必至无限，而无所归宿。必有一种独自存在的东西，无须仰赖于别的东西而存在（亚里士多德之说）。（丑）自然的物体只是未定的或可能的；这个或那个个体的存在，不是必然的。所以必有某种东西是真实的，绝对必要的，而且为一切未定的可能的东西之基础（阿尔法拉比之说）。这两种论证，构成后来康德所谓的宇宙论的论证。（寅）万物构成一个完全的阶段，必有最完备的法式来完成各阶段中的物体。既然万物由第一因而发生，则此第一因必是宇宙中最完全之因（奥古斯丁之说）。（卯）自然界的万物，皆为了实现一个目的。这种行为由智慧来指导；这个有目的的宇宙，必有一个有智慧的神。这后面的两种论证，是目的论的论证，是希腊人与经院学者所共用的论证。

所以，神是宇宙之原始究竟（目的）的原因。它是纯粹的活动性或能力；如果它是潜伏的东西，必定需要别的东西使之活动或真实，它就不得不为第一因了。因为神是纯粹的实现性，所以神是绝对单纯的、绝对完全的；神又是绝对的智慧、绝对的意识、绝对的意志。

神由“无”创造世界。因其为万物之因，必为物质与法式之因。因其是纯粹的精神，不杂有物质，物质必不能由它流露出来，必定是它由“无”中创造出来的。然而“宇宙有始”之难证明，不亚于“宇宙无始”之难证明。此两种意见，皆是可能的。所谓神由无创造世界，是说世界之存在由于神，神为世界之必要的原因；那不是说其为暂时的创造或永久的创造。所以我们可由神示而信仰宇宙有始。时间的起点，是宇宙之创造的起点。神不仅创造世界，也是世界继续存在的原因：神之创造，是连续不断的创造。它选择这个世界，为一切可能的世界中最好的世界。它能选择最好的，因为它的意志是从于善的。它的创造的目的，是用各种可能的方法重现它自己，所以它创造各种各样的东西。

第六节　心理学

神创造自然、人类灵魂与天使。天使是纯粹非物质的心灵，有各种各样的。自然物体是有形质的，其法式内含于物质中；有植物的灵魂，有动物的灵魂，然而皆不能脱离物质而独存。人是纯粹的心灵与物质的结合，是一个人格，是完全的实体中的两种本原。然而灵魂是一个非物质的固有的法式，是肉体的命根。它是智慧的、感性的、有机的。它是身体之构成的或生命的本原，是感觉的本原，是主动的本原，又是智慧的本原。它是一个有各种心能的灵魂。胎儿具有感觉的与有机能的灵魂；出生后，方有智慧的灵魂。一到肉体准备接收灵魂时，神即为之创造灵魂。人类灵魂的本质，是由智慧与意志构造而成的；人类灵魂与别的灵魂之不同，即在此处。灵魂虽与有机的肉体紧密结合，然而其智慧的方面则是超有机的，完全不受肉体的束缚。换言之，人类的实质是灵魂与肉体的结合，二者虽然紧密结合在一起，然而不像自然物体中物质与法式之不可解的结合。灵魂是一个智慧的、感觉的、生命的本原。这样的一个三位一体形成身体，并使肉体有感觉、思想、选择等行动。

所以智慧的灵魂无需肉体而能运用其功能；它是不灭的；肉体解体后，依然能够活动。然而没有一个阿拉伯学者所说的普遍的灵魂。如果有，则人既不是合理的生物，也不是道德的生物，其思想与意志将与人所拥有的不同。各个灵魂，于其肉体死后，依然存在，重新构成肉体，与其旧的相仿。

托马斯所用的灵魂不死的论证，是柏拉图的旧论证，是基督教学者与阿拉伯学者所共有的产业。人类灵魂认识共相，是非物质的，因而与肉体分离后，无所毁伤；又因为其是现实的法式（活的原理），所以不能消灭，现实（生命）之意，即继续存在。再者，灵魂希望不死，又是其不灭的另一理由；凡自然的欲望，必要图满足的。

人有感觉的欲望与理性的欲望或意志，以与感觉的知识与理性的知识相呼应。人之欲望与行为不像禽兽，绝对地由外面的感觉印象来规定，他有自决的心能，何去何从，自有权柄。然而在意志有所决定之前，必须有善的观念。所以意志的运动，是由知识做主的。知识运动意志，并非强迫之，而是将其所向往的目的放置于所向往的面前。同时，意志又是灵魂界的运动者，因为其使智慧与感觉发生作用；然而意志对于有机生活无统治力。所以依托马斯之意，知识与意志是互相规定的，不过知识占意志的上风而已。意志由智慧所认为对的或合理的目的来规定，然而并非强迫的。所谓强迫，不是别的，而是外界的原因使之不得不然。人是有理性的，所以是自由的，未经其承认，外界的原因不能强迫其活动；他能择取方法，以实现其理性所认为对的目的或善。

第七节　伦理学

托马斯的伦理学，是亚里士多德与基督教徒伦理思想的汇集。其基本思想，在于神为了实现其善于创造中，而创造万物。万物的本性皆趋向于这个目的。万物实现其本性，以图实现神的观念，并实现神之善。所以至善，由客观方面言之，是神；由主观方面言之，则是万物自己的最大可能的完善，或与神相似。托马斯同意于亚里士多德所谓的人之至善（赐福），在于实现真自我。无理性的生物，由神所赋予的自然的或感觉的冲动来规定，以实现其目的；有理性的生物实现其目的，则是自愿的、有意的。最高尚的行为是思辨与探索，而思辨之最高的目的物，是神。所以人实现其真自我——完全于最大赐福——在于认识神。但是认识神的方法甚多。（甲）我们有一种自然的、直接的、不假思索的认识神的方法；然而这不能给我们以完全的幸福，因为其非完全的活动。（乙）我们可以由推论来认识神；然而此非一切人类所能做到的，而且也不够用。（丙）我们可以由信仰来认识神；然而信仰依赖于意志，而缺乏自证。（丁）认识神最高的方法是直觉，这是过后的与经久的认识，可以给我们以最大幸福，是人类的最大目标。这样认识神，极类似神，犹如神认识它自己。

这是基督教的完备的亚里士多德的观念。依亚里士多德之说，至善是思辨的知识，是哲学，是纯粹地探索神。他的理想是哲学家、聪明人。依托马斯之说，也是以认识神为至善，只能由直觉认识之，这是来世生活中赐福的认识。由此言之，至善是超自然的善，即神赐的福祉。既然福祉不过是得到至善，若无快乐随于其中，便不得谓之福祉。爱也是福祉的伴侣，我们若不爱神，便不能认识神。

托马斯的伦理学，未尝局限于至善的讨论，他进一步精细地分析道德的行为。行为之所以被称为合乎道德者，是审慎与选择的结果，即自由的、有理性的人之行为。行为的善恶，由行为者的目的与意志之如何来决定。行为的善恶须以理性为准绳，因为理性是人类行为的原理，道德行为的最高标准，是神的理性，是永久的神圣的法则，是《新约》与《旧约》中的法则。《旧约》中的法则是世俗的目标，要求公正的行为，其动机是恐惧；《新约》中的法则是天界的目标，要求意志的神圣，其动机是爱好。然而神之法则不是一种呆板的法则；神除了善之外，不愿择取别的什么。除了永久的法则之外，还有自然的或人类的法则，刻印于我们心上。所以行为欲图合乎善，必须由神圣的法则或自然的法则来激发，以适合于理性。

托马斯之解释良心，是中古时期的时髦解释。理智是思辨的兼实用的，换言之，理性具有理论的与实用的原理。因为理性是道德的原理，故称之为良心。良心贡献一种三段论式的大前提：一切恶须避免之；《圣经》上说奸淫是恶，所以良心就下一结论：奸淫须避免之。

我们须记住：外表的行为之不道德的性质，完全在于人的意志；外表的行为可以合乎善，但是可以趋于不道德的目的，所以是恶的。然而这种恶的外表行为绝不能由意志引导其向善而为善的行为。所以托马斯并未宣传“目的与手段相应”之论。至于灵魂的情绪、感觉的嗜好，皆不是道德上所谓的完全的恶；唯其不与理性的法规相符时，始得谓之为恶。

托马斯的德性分类，是取法于亚里士多德，而以基督教的思想补充之。道德不是生来就有的，可以由实行道德的行为来得之。这种后天的道德，可以得到现实生活中可能的不完全的幸福。欲实现永久的福祉，必须有神在灵魂上加上赐福之超自然的原理。神给人有三种超自然之德。这三种德是：信仰、希望与慈爱。若无这三种德，便不能达到超自然的目标。自然的伦理的德，如帮助幸福的生活之实现，亦必须由神赋予之；若单靠后天的德，便难有所为了。爱是最高等的德。

如上所说，沉思的生活，便是至高至福至乐的生活了。沉思的状态，在现实世界中可以达到。由神之明光满照，可以达到至乐的妙境。在此至乐妙境中，灵魂不受感觉与器官的束缚，而有纯净的行动（神秘主义）。沉思的生活不仅高于实际生活，而且是更可嘉赏的生活。沉思的生活之根基是建筑在神之爱上的，而实际生活的根基，是建筑在人之爱上的。因为实际生活的目的在于外表的行动，所以是沉思的生活之障碍；因为其是被用来制裁感觉的，所以又有助于沉思的生活。

求得福祉最安全、最快捷的方法，是完全舍弃世俗的善，而寻求永久的生活。这种事情，不是命令所能奏效的，只有劝解能奏效。依据福音的劝导，如独身、贫苦、服从，可以得到较高尚的完善。托马斯与奥古斯丁一样，以出世或僧院生活为理想生活（其实一切教会中的僧侣，皆如此主张）；然而此只限于少数人；生存于现实世界中的大多数民众，只能保持限度较低的生活。

中古时期的伦理学与希腊伦理学之间的冲突，早已叙述过。这个冲突，在托马斯道德哲学中显示得明明白白的。希腊学者以为至善是人类世俗生活中的事情，通过道德的作用及理性的帮助，可以得之。中世的神学学者，则以为至善不在现实世界的生活中——现实世俗生活是达到神的路径——而在来世生活的永久福祉中。求得至善，不必一定要实现道德的行为，只须仰仗神之超自然的恩惠。理想的善人，不是智慧人或哲学家，而是神佑的人。这种人由敬爱神的心理所激发，完全依照神的意志来行事。超脱世俗生活，依归僧院生活，而后能到达这种神圣之域。

托马斯与奥古斯丁相同，认为罪恶是善之缺乏。万物依其固有的善性而行动，便生不出来恶。恶生于物质方面或法式方面不完备的行为。道德上的恶，其缺乏在于意志，缺少理性的法规与神圣的法则之指导。万物的目的皆在于善，所以如发生恶，便是逾出其意志范围。这对于自由的理性的人类来说，尤其真实。他们所企图的，皆是他们所认为善的。他们所企图的，也许是恶的，但他们不是有意为恶，只是因为误认为善。

托马斯效法于奥古斯丁与正统派的神学，以救济说完成其伦理学。亚里士多德的玄学中，认为低级的万物是较高级的万物之质料，而较高级的万物是较低级的万物之法式，如此渐进，以至究竟。托马斯借用此种思想，谓自然的人为精神的人之质料，为成就精神的人之预备。精神的人享受神之恩惠，能达到比自然人更完全之域。从亚当犯罪起，人的本性就被腐化了，其罪恶之传于子孙，端赖于神之恩惠救济之。教会的圣餐，是神用来赐恩惠的机关或工具。神赐恩惠于应该救济之人。然而据托马斯的意见，这并不消灭意志的自由，因为神的赐福，只是与人的意志合作。人不能返归于神，神不负其责。神预先看见有些人将要破坏自由，而制造罪恶。神容许其破坏自由，而为之预先规定惩罚。然而一切伦理的与宗教的向上的目标，在于精神与肉体的复苏。

第八节　政治学

托马斯的政治学，是融合亚里士多德的政治思想与奥古斯丁的《神国》中基督教的政治思想于一体的结果。人是政治的生物，在社会中讨生活。一切政府的目的，在于共同的福利。若想得到共同福利，必须社会上的人，内能团结一致，以图和平，外能抵抗强敌，以保安宁。想达到此种目的，最好是有中央集权的政府或专制政府。专制政府必须避免暴君；若真如此，纵然受极端的压迫，但弑君与革命的举动，也绝非正当。救济之方，唯有求助于合法的手段，不与宪法相违背；因为政治的秩序，即神的秩序。如果这样的举动不能成功，唯有听候神来解决了。

君王须谨记神的目的而使其人民实现至善。但人类的至善既然在于永久的赐福，教会与教皇（地面上神的代理人）当然要在君王之上。在精神的事务上，君王官吏须臣属于僧侣。僧侣是教会的传达者，如果君王被教会罢黜，则人民对之无尽忠的必要。由此国家不再被认为是人类恶性根本的结果（如奥古斯丁的《神国》中的国家观），而被认为是神所建立的制度。

1286年，多明我会推举托马斯为博士。耶稣会采用其主张为根本，不过到后来又分离了。教皇利奥十三世敕令托马斯的哲学为旧教教会所公认的哲学，并敕令重新刊发其著作。托马斯哲学至今仍是旧教哲学中的主要体系；旧教中的教师与著作家，皆是根据托马斯而来的。

第四章 反经院哲学的思潮：神秘论、泛神论与自然科学

第一节 神秘论

13世纪，除了以上阿尔伯特及托马斯等大的经院哲学系统之外，尚有反对的思想运动。这些反动的思潮有：神秘论、泛神论、逻辑的及科学的研究。在论述12世纪的思潮时，业已提及这些思潮，到了13世纪，仍有许多经院学者爱好之。阿勒的亚历山大的弟子约翰·费坦扎（1221年—1274年）——世人称之为波拿文都拉，属于方济各会，该会带有的奥古斯丁的色彩极浓厚。波拿文都拉虽然著有《圣经集语》及教义训诂诸书，却是一个显著的神秘论者。他的思想倾向于奥古斯丁、柏拉图的思想之形态，他的神秘论根本上无异于圣维克多派。他的主要神秘论著作是《心向上帝的旅程》。

据波拿文都拉说，抵神之路是：起于认识，中经默思，而到沉思。沉思又有几个阶段：先由物质的世界沉思神，次由内心生活沉思神，最后就起而直接认识神。在这最后的最高阶段中，灵魂超越其本身，进入神圣无知之域，而与神合一。欲达此无我之域，须用礼拜祈祷来作准备。想完成基督教的最高法式，须立誓守贫、慈惠、服从，而过僧院中的隐遁生活。

第二节　逻辑

当时专心致志于逻辑及文法的研究者，有希雷斯伍德的威廉、奥舍尔的兰伯特及希思帕尼斯。希思帕尼斯著逻辑教科书，大旨取法于亚里士多德与波伊提乌，为数百年间逻辑上的权威。

第三节　自然科学

如前面所说，与中古世纪的经院学者并辔而行的，有自然科学研究的运动。13世纪时，此种运动的领袖罗吉尔·培根虽然抱怨牛津大学以外很少有人注意于科学的研究，然而此种研究，未尝停滞。除前面所说的对于自然注意的人以外，还有巴斯的阿德拉德及大阿尔伯特。在英国，有数学与物理学的研究。阿尔伯特、博韦的文森特及罗吉尔·培根皆专注于地理学的研究。当时科学家皆相信地球是圆球形的，但这种见解为教会所排斥。当时的学者假定地中海为地球的中心，由海道向西行，可抵印度。哥伦布发现印度的西部，故至死相信地圆之说。

当时科学家有下列诸人：亚历山大·内卡姆、阿尔弗雷德·萨泽尔、约翰·佩克汉姆、罗吉尔·培根、威特罗、弗莱堡的迪特里希。威特罗与迪特里希的自然科学研究中，杂有新柏拉图派的色彩。

此派人中最有创造性的独立见解者，为罗吉尔·培根。他是中古世纪的学者，而兼近世学者。他是一名方济各会人士，曾肄业于牛津大学及巴黎大学。他专攻数学（数学中包含算术、几何、天文与物理学）。他以数学为科学的研究基础，以天文学、炼丹术、农业（包含动植物）、医学、占星术、巫术为合法的有效的学术。他认为文字——希腊文、希伯来文、阿拉伯文、迦勒底文——的研究，是研究神学与哲学所不可少的。他以为玄学是研究第一原理之学。他的思想详见于其所著的类乎百科全书的《大著作》。

关于知识上的两种方法，如实证与经验，他最注重于后者。他说，若无经验，则无论何事，皆不能充分地知之。然而经验有两种：（一）人类的或哲学的，其来源于外表的感觉；（二）内心的明照或神圣的激发，我们由此不仅能得到心灵上的知识，而且能得到物质上的知识。由内心的经验，可以经过七个阶段，而达到无我的境地，可以知道精神的事情及一切人间的学问，并可以论道世人所不许论道的事情。由此观之，罗吉尔·培根的态度，与近世科学的态度相去太远。他在近世科学中混杂一些荒诞与迷信，混占星术于天文学中，混巫术于机械术中，混炼丹术于化学中；然而两种经验说，又打开了阻碍近世科学发展之可能的门径。不过其重点，则在于注重自然与观察的必要。

第四节　异端

除了神秘主义与自然科学两种不能与经院哲学妥协的思潮以外，13世纪还有完全与教会哲学相反的异端。有一班思想家，受了阿威罗伊主义的影响，区别真理为哲学的与宗教的两种。这两种真理虽然彼此相反，但在其各自的范围内，则是真的。这样发展的几种异端学说被巴黎主教于1247年排斥了。1247年，布雷西亚发展了异于神学的言论，而自谓其为哲学，非神学。1270年又被巴黎主教否认了，并禁止巴黎大学文科教授否认三位一体、肉体复活以及无我诸说。然而尽管教会竭力禁止异端，却还是有布拉班特的西格尔出来主张反对的言论，如无所谓神，无所谓道德的负责者，重的东西如不支撑之，并不向下坠落，这都是在表示神学上的话是不能证明的。

第五节　莱蒙特·吕黎

当时反对异端最激烈者为莱蒙特·吕黎。他生于1235年，死于1315年。据他的意见，由理性所得的结论，不仅不与基督教的信仰相反，而且能够证实基督教之确实。他发明了他所称谓的一种大术。他以为用这种大术，无须学问，无须思索，即可得到知识。这种大术的方法，是放九种概念与问题于七个回转奇异的盘中，旋转此盘，即可以求得所欲求之答案。这种方法虽然荒诞不经，但有很多人热心地信仰之，一直到17世纪，还有人信仰。

第十讲

经院哲学者的衰落

因为神是无所不能的，所以它的命令最终一定要完成。神的命令是赏善罚恶。但是谁该赏，谁该罚，不是已经决定了的。神是绝对自由的，它能变更它的意志，而为其所欲为。神的意志是绝对公正的，因为神所欲者，皆是绝对公正的。

第一章　邓斯·司各脱

第一节　邓斯·司各脱略传

邓斯·司各脱的思想中，有反对托马斯哲学的精神。他是英国人，为方济各会中的一员。不知道他精确的出生时间和出生地点。大概生于1265年，不是英格兰人，便是爱尔兰人。他肄业于牛津大学，喜欢研究数学，后来执教于牛津大学、巴黎大学及科隆大学。1308年，死于科隆大学。他以辩论灵敏、批评精细而出名。他的头衔为精细博士。他受到了罗吉尔·培根与阿勒的亚历山大的影响，而以奥古斯丁及安瑟伦为最高的权威。方济各会推举他为该会的博士。

第二节　对托马斯的进攻

托马斯哲学虽然被多明我会认为是官家的哲学，也招致了许多信徒，但其尊严未尝无人轻视之。方济各会中开始的大师如阿勒的亚历山大与波拿文都拉，虽然不反对亚里士多德主义，也详细介绍了奥古斯丁与柏拉图的陈训，但对于新系统的哲学却多加反对。因此基督教的经院学者，遂分为敌对的两派。方济各会专重于宗教之实用的、情感的、神秘的、人格的、虔敬的方面。他们认为理智不如意志重要，信仰之理论的建设，不如教义之伦理的、宗教的内容重要。此派对于新经院哲学，发出批评与非难之论，是自然而然的，不足为怪。他们所循的步骤：第一，攻击新经院哲学的原理；第二，不认为基督教能与亚里士多德的哲学结合；第三，否认信仰可以证实；第四，否认经院哲学的一切可能。邓斯·司各脱采取头三个步骤，以进至第四个步骤，因之来推翻经院哲学。

第三节　信仰与知识

邓斯·司各脱的思想基础，在于下列诸言论：教义无可争论之处；信仰是最高的真理之基础；爱是基本的道德；信仰与爱皆以意志为基础，它们是直接认识神的条件，所以意志高于理智。他与托马斯一样，认为信仰的真理与理性的真理之间无冲突；他也利用哲学的知识来支撑自己的主张，反驳反对者的主张。根据他的意见，理性不能解释宗教之秘，须辅之以信仰。但是他缩小了理性的范围，比托马斯还甚；他研究过数学，使他知道什么是真实的证实之意义；他不讨论关于神圣的本性、神圣的目的、神圣的预定以及灵魂不死等类的言论，而认为理性的探讨对此等问题有效。其所以认之为真实的，是由于信仰使之如此，信仰虽然未完全排除疑难，但明显的疑难却被排除了。神学的目的不在于理论的说明，而在于实际的应用。若无神学所研究的启示的道理，我们不能知道神对于人的意旨；这种事情，绝非任何学问所能指示的。神学有其固有的原理与最高的对象（神），所以高出一切学问之上。哲学亦有其固有的学问，而为一种独立的学问，不附属于神学之下。这种主张，显然是划分了神学与哲学，因此就引起哲学的解放，哲学不愿为神学的奴仆了。邓斯·司各脱如是区分，原是偏重于信仰，不过这样的区分，就引起了哲学的解放。他完全地信任启示的神学之真理，以至于不怕由思想而引发的结果所加的危险。他以为理性若运用得当，必与宗教相调和；纵然不能证实教义，至少亦不至于破坏教义。但是不如邓斯·司各脱坚持信仰的思想家，其所得的结论必不一定如此了；理性所得的结果与教义相冲突时，不是承认理性与信仰相并而行，便是放弃教义，信任理性，二者必居其一。

第四节　共相论

在共相论上，邓斯·司各脱与托马斯一样，采取以前的共相论：以共相为神心中的法式，先万物而存在，在万物之中，为万物的本质或通性；在人心中，为抽象的概念，后万物而存在。共相不仅仅是一种观念；概念的知识是真实的，或有真实的对象；不然一切学问只是空虚的逻辑罢了。邓斯·司各脱所遵从的原理是思想与实体是一致的，逻辑的概念与区别，不仅是思想的作用，而且有实物与之相符合。然而所谓的知识与对象相符合，不一定是说它们二者是一样的，也不是说前者必是后者的影本。我们若不以个体为起点，便不能思想；然而既然以之为起点，则思想时必须用共相。我们由逻辑方面来区分种与类；种必包含类，类必包含个体。各个体与其同类中的个体不同；各个体间有差异，犹如各类间有差异。各个体不能再分，因为其是一个不可再分的个体，是终极的实体，其小无以复加。个体的差异，构成特别的个体。个体是类之上加了个性的差异，正如类是种之上加了特别类的差异一样。个体是由普遍的本质，加上个体的本质。由动物进化出来的人，是加了人类的特性于动物性上；苏格拉底是一般的人性上，加了他的特殊的个性。邓斯·司各脱说这种个别的差异是个性的本原，不是托马斯所说的物质是个性的本原。各个体之所以成其为各个体，不是因为各个体中的物质，而是因为各个体的个性；若是因为各个体中的物质，则同类中的各个体皆是相同的，而无差异了。各个体的差异不在于外表的物质，而在于内潜的性质或法式。

我们从分析共相，最后可达到个体；反之，我们综合个体，一直前进，可以达到最普遍的概念，即最高的本质，超越一切。除此以外，还有其他超越的概念；我们常用之来论述万物，如统一、真理、善、齐一与差异、偶然与必然、实现与潜伏等。

第五节　神学

邓斯·司各脱和托马斯一样，主张我们推论神之存在，只能由神创造的工作——其证据潜伏于创造的精神中，理性可以使之实现——然而神之万能，或神之由无创有，则不能证实。神是纯粹的法式、能力或实现；神之中，一切东西皆是明显的，不是潜伏的，不然，它便不是完全的，更不是绝对的精神。神的知识是一切真实可能的事物的活的直观。我们由世界上的事实来推论第一因，思想必定表现它有意识的知识及目的。然而我们不能由神的本性或本质演绎先天的神之智识。根据经验推论而来的论证，方有合理的确实性；当时经院学者所遵循的其他一切思想法式，邓斯·司各脱皆排斥之。由于同样的理由，我们能认为神有意志；神的意志无限，有绝对的自由。这不是人类理性所能解释的，而是基督教所能解释的。神的意志注于世界，必是永久地注于世界，不然，若有某个时间断了，则是神之中发生了变动与不完备。

一切创造物，皆是法式与物质、实现与潜伏的结合；一切创造的心灵——天使与人魂——皆有物质与法式。（这是邓斯·司各脱派与托马斯派之间的争论点。）据邓斯·司各脱说，潜伏性含有某种物质性，唯有实现的心灵（神）方是纯粹的。物质为万物的共同性质，这是我们所想象得到的。

第六节　心理学

邓斯·司各脱的心理学与托马斯的心理学有很多相同之处。然而他主张法式与物质——灵魂与肉体——是人的实体存在。前节已说过，灵魂是法式与物质的结合，而肉体亦有其法式；他又说，灵魂有种种能力，彼此实质上虽然无差异，但形式上却有差异；换言之，灵魂有各种能力或机能。托马斯与邓斯·司各脱之间，还有一点根本不同之处。托马斯虽然认为意志重要，但在他的思想系统中，以智慧居首席；智慧是最抽象的、最单纯的作用，是最高等的心能，为合理的动物之特质，使意志趋向于至善。至于邓斯·司各脱，则以为意志超出于智慧之上。他以为如果意志必须由智慧来规定，则意志便不成其为意志。意志有取舍之权。想象与知识虽然为意志作用之必需的预先条件，却非决定的原因。意志是感觉与道德原理的裁判官。意志是自由的。

果真如此，则意志无需神恩的帮助，即能依照自然道德的要求而行动。邓斯·司各脱虽然承认此种结论，但他又说若无信仰、希望与爱，则不能得到永久的生命，因为这三种东西是神的恩赐，能使意志执行神的要求。依托马斯所说，永久的赐福，在于沉思神；依邓斯·司各脱所说，永久的赐福是由意志行为所引发的，因为那是与神合一，而与神合一是由于爱，爱是意志的行为。认识神是赐福的根本条件。知识的目的是意志，而意志或爱就是其本身的目的。如果在意志与知识之间有选择的权利，托马斯宁愿选择知识，而邓斯·司各脱则宁愿选择意志。他以为意志是灵魂最高贵、最有价值的心能，其行动有绝对的自由，其选择善是自由的，并非为善的概念所规定的。

第七节　神与道德律

邓斯·司各脱应用此种思想，以说明神。他说，在神这一方面，也是意志高于知识的：它不受制于它的理性。所以我们不能由理论的演绎来认识神的目的，了解神的动作。创造世界并非神之必要；如果神有意志创造世界，必能创造与此不同的世界。它也不受它所建立的秩序的束缚；它可以任意变更之，而不触犯罪过。神所抉择的与所建立的，皆是对的。所以宇宙不是合理的思想之必然结果，如其不然，我们便能自己推论出来宇宙万物，而想及神所有的思想。

同样的理由，支配我们在此世界上的生活与我们彼此间的关系的神圣命令，亦非必然的命令；换言之，神之命令我们遵循某种途径而行，并非由于行为的规律有理性的根据或必需者，不过是因为神要人如此行动而已。神未尝不可制造谋杀与夺妻以及侵夺人财产的权利，但此皆非认为是罪过的社会。我们不能由绝对的道德律上来推演出这些法则，亦不能由爱的命令上来推演出这些法则，因为它们不一定是由爱的命令产生出来的，而且爱之法则并不是自然之法则：我们不能证实神之爱是自然之法则。然而邓斯·司各脱认为“十诫”中头四道命令为必然。在原理上，这自然要与其自由意志论发生冲突，因为如果神受必然法则的支配，则不是绝对自由的了。邓斯·司各脱于是辩证如下：人须崇拜神，无须崇拜此外的诸神，也不可渎神之名——这是自明的法则；这些法则出于神之自爱，不是出于固执的意志之命令。

因为神是无所不能的，所以它的命令最终一定要完成。神的命令是赏善罚恶，但是谁该赏，谁该罚，不是已经决定了的。神是绝对自由的，它能变更它的意志，而为其所欲为。神的意志是绝对公正的，因为神所欲者，皆是绝对公正的。

第二章　唯名论

第一节　合理的神学与共相

托马斯与邓斯·司各脱皆限制或然的真理之范围。他们以前的经院学者所证实的言论，他们皆纳入教权与信仰之域。然而邓斯·司各脱比托马斯更进一步，他不仅划分哲学的范围，也考察批评那些曾经支持了基督教教义及自然神学的论据。他严格地检定经院学者的智力活动，精密地分析他们的推论中何者真实，何者不真实，并保持思想于他所认为的正当范围内。他对于人类理性并不缺少信任，而且应用逻辑上的方法于哲学及神学上。然而信条虽可由天启给以合理的说明，但若无自然的理性之助就不能取得之、证实之，又是他所显然知道的。有些思想家受了这种思想的暗示，于是做更进一步的设想。他们把或然的神学上的真理驱逐出经院哲学的范围。他们以为神学中没有什么可以被证实的了；神学完全不是一种学问，教义不仅不能被证实，且不能被理解。故我们不要使之理性化，只要服从之、信仰之即可。教条虽然与理性不符合，但是真理。信仰那不能被证实的教义，是可嘉赏的。

托马斯与邓斯·司各脱的实在论所暗示的，还有一种思想。如果个体如邓斯·司各脱所说，是终极的实体，如果个体不是偶然的特质，而是共相最后的实现，那么个体是最真实的实体，是科学研究的唯一对象。共相非真实，而是心理中的抽象品，是表示个体所共有的性质之方法。这是经院哲学初期的唯名论（罗塞林的唯名论）之复活，也是唯名论之告终。

第二节　奥卡姆的威廉

据奥卡姆的威廉（1285年—1349年）说，唯有个体存在，而我们的一切知识，皆以个体为起点。所以直觉是很重要的，我们由之而认识事物，并加以判断。我们由个体抽绎出其所共有的性质，进而造成共相。这不是我们有这样的特别心能，而是两相同的个体呈现于我们面前时，我们自然而然地抽绎出来的共相。然而这种共相不过是我们心中的观念或思想，用语言或符号来表示。所以学问完全是讨论这些符号或术语。然而此非谓我们的判断仅是对付观念的，实则是对付万物的。

归结起来，共相不在我们的心外，共相不在万物中；如果以为共相就像实在论者的主张，在万物之中，便是把抽象物实体化了，将要引入荒诞之中。神心中亦无如同实体的共相；它的心中，如我们的心中，只有个体，只有个体是实在。

直觉的知识中所包含的，除了感官知觉之外，还有我们内心状态的知识；所谓内心的状态，是智慧、意志、喜悦与怨仇；直觉的知识比感觉的知识确实多了。感觉的知识不能知道心灵之本性，只能察觉其活动。直觉的知识之外，我们尚有威廉所谓的抽象知识。抽象知识是由演绎法或三段论式而得到的知识，是必然的真理。

然而构成我们论证的原理，是由经验中归纳出来的。所以经验是我们一切知识的源泉；一切超越经验的知识皆是信仰的事实。神之存在，既不能由本体论上来证实，亦不能由经验上来证实。神之存在于合理的根基上是或然的，然而信条则非理性所能了解。欲使基督教教义理性化，是不可能的，我们只有信仰之。所以无所谓神学的学问；我们完全仰赖默示，以信任宗教真理的确实。哲学与神学，彼此不相干涉。神是无所不能的，不受任何规律的支配；其思想、意志、行为完全自由。它能建立未曾建立过的道德规律，使我们遵循之。它的意志高于它的理智。

第三节　唯名论与实在论的对抗

以上诸意见中，舍弃了经院哲学所由来的基本原理。经院哲学的目的，原在于把基督教的信仰理性化，换言之，在于结合哲学与神学。现在则以为此种目的不仅是一种假定的计划，而且是徒劳无益的。经院学者的神学是冒名的学问，其信仰的内容，非理性所能承认。虔敬的方济各会宣扬此等见解，固守他们的信仰，然而具有其他脾性的人则依然不愿抛弃把宇宙理性化的念头。开始是托马斯派及邓斯·司各脱派之间的争论，现在转而为实在论与唯名论之间的争论了。二者各走极端，争论激烈。1339年，巴黎大学禁止用奥卡姆的威廉的书籍；1340年大辟唯名论；之后一百多年，巴黎大学的教师必须立誓教授实在论。然而在其他地方又建了四所新大学，以讲授唯名论。如1348年所建的布拉格大学，1365年所建的维也纳大学，1386年所建的海德堡大学，及1348年所建的科隆大学，皆教授唯名论。两者对垒，历时一百余年。

威廉的弟子中出色者，有约翰·布里丹，讨论意志自由；艾伯特·萨克生著《逻辑与物理学》；此外还有很多人，波耳额尼

（1350年—1425年）以为内心知觉比感官知觉确切些，承认演绎推论的科学的确切性。

罗伯特·侯卡特专注于哲学思想的发展，不顾其对于教义的结果如何。尼古拉斯批评因果概念，并反对亚里士多德，采取原子论及宇宙永久复活论。约翰·格尔松（1363年—1429年）根据唯名论，以主张神秘论，力言启示、忏悔与信仰的重要。萨宾德·雷蒙德想调和自然与启示，借神对于自然的启示，来证实基督教教义。

第三章　神秘论

第一节　正统派与异端的神秘论

当我们讨论中古时期的各种思潮时，常见经院哲学后随有神秘论的影子。许多学者以不能接近于神的研究为满足；如果不能使他们与神直接交流，而有亲身的经验，他们就以为神学无意义。14世纪神学思想的潮流偏向于神秘论的宗教运动。

14世纪时，有两派神秘论：（一）拉丁神秘论；（二）日耳曼神秘论。前者服从于教会，步波拿文都拉之后尘；后者对教会采取独立的态度。波耳额尼、约翰·格尔松、萨宾德·雷蒙德属于前一派；埃克哈特（1260年—1327年）、亨利希（1300年—1366年）、约翰内斯·托列斯（1300年—1361年）及荷兰的神秘论者，皆属于后一派。

第二节　埃克哈特

埃克哈特为神秘论运动的大师。他的神秘论虽然以托马斯的思想为基本，然而其中的新柏拉图主义的成分甚为显著。他在拉丁文的著作中，表现他的意见是很工整的，与经院哲学的遗风有关联。他在日耳曼著作中发表的意见是个人的、感情的与通俗的，其道德与心理的最大影响亦由其中表现出来。他的影响在于民众方面，而不在于僧侣方面。然而他的兴趣则常在思辨上；他不像14世纪时大多数神秘论者专注于“与神之神秘的融合”；他把基督教的人生观给以合理的解释。他的神秘论是主智的神秘论。

埃克哈特与新柏拉图派一样，以为神祇是不可知的、无限量的精神实体，是无限地潜伏万物而统一于其中的。神祇的起始终了，是神祇本身所不知的。因为神祇是如此的超越，故不能默示本身；神祇的表现，唯在三位一体中。在此三位一体中，三种东西永久地出于神，而复返于神。神祇唯有由思索其本身而后能变成神。神欲思索其本身，必须靠三位一体与世界。神必须自知、自相沟通而择取善者。凡此等程序，埃克哈特皆认为是无时间性的、无变化性的。他将人类的范畴应用于绝对之神上——之后又认为其不适宜于超越的实体，给取消了。

这绝对之神是世界的根基；一切永久的观念俱在其中，犹如美术工作存在于美术家的心中。世界是一个永久的创造。万物在神中，神在万物中。有限的心只认得复杂多端；无时间与空间的心便认识万物的全体：在神心中，万物皆是永久的现在。埃克哈特为了免除泛神论，于是划分了统一的理想世界与暂时的世界。世界由神的本质流出，然而包含于神的本质中；世界虽然在神中，然而非与神同一。无万物，则无由认识神。神无万物不彰，万物无神不显。神之真实所在处，是人类的灵魂。

认识是灵魂的最高机能；认识的最高阶段是超越自然的。所谓超自然的沉思，是超越时间与空间；超自然的沉思为了与其对象——神合一，乃超出于杂多、暂时及外表之上。灵魂之所以能如此，是借助于神圣的火光。灵魂与神心合一，不是由于我们自己的活动，而是由于存在于我们本身中的神的活动。知识的全部程序，是由复杂而至统一，不达到超过一切反对、差异之至高不动的境界不停止。

所谓道德，是在于使灵魂回归于神。欲实现此目的，各人必须弃其个性。凡欲认识神的人，必须灭绝自己，而攒入神中，回复其原状。最高的自身解脱是贫乏。贫乏的人，无知无欲，一无所有。人若不依照神的意志行事，或渴慕与神永久，便非十分贫乏，亦非十分完全。为行动之目的而行动，为爱之目的而爱；纵然无天堂或地狱，亦要为神之善而爱神。道德不由行为表现出来，而由本质表现出来。爱是一切道德的原理，目的在于趋归于善、趋归于神。救济不照外表的行为——如斋戒、节欲。唯有做事的精神是善，方是善；所以道德是一，而无等级。正当的行为，将由正当的道理而出。若做事与神的意志相反，便无神之爱。沉思固然是要紧的，但仅仅的沉思是自利。如果一个人处于无我之状态中，知道一个穷人需要救济，他最好是停止其无我的状态，而去救济之。

人依赖神之恩赐，复与神合一。人成为个人后，即将神之善表现给神。神若无人的灵魂，便不能自知；人包含于神的本质中，神由人而表现其工作。它的事业之对象，即是人。人返于神，即与神复合为一。神之变为人者，盖以便于人之变为神也。

埃克哈特的门徒忽略了他的神秘论之思索的方面，而专注于实用的宗教的方面。他的神秘论的本质，记载于一部著作中，之后由路德发现了，名之为《日耳曼神学》而发刊之。在宗教改革运动中，这部著作很有影响。

第四章　自由思想的进步

第一节　中世纪的理性论

中世纪的使命，在于准备让新兴的人民接受并保存基督教的文化。这种使命由教会来执行；教会就是新兴的民族之精神的培植者。然而此等如同婴儿时期的需待培植的新兴民族长大了，到了成人时期，培植时期就要告终，这是自然而然的。到了这个时期，哲学史上遂开一种新局面，不是忽然呈现的——这是历史上所罕有的——而是逐渐累积过去时代的特质，是长久进化的结果。经院哲学原是渴慕理性的内识之结果，原是想找出其所信仰者的理由。它原本类同于希腊思想史上黄金时代建设伟大的玄学系统的研究精神。诚然，它的研究之目的，是由信仰规定的，因此就把哲学变成了其奴仆；然而在其划定的范围之内，人类理性大有自由之余地。中世纪时寻求合理的知识之态度，自然不同于初期基督教时代的态度。初期基督教未尝荣显其人类理智的成功，未尝想由思索的理性之门径而入天堂。圣保罗曾问过："哪里有聪明人？哪里有法律家？哪里有辩论之人？上帝竟然使此世界上的智慧愚笨了吗？为何除了上帝之外的世界，没有由智慧认识上帝而以信者得救的愚昧宣传来取悦上帝？"中古时期的经院哲学并不是这种精神。一般神甫及教会的博士皆热烈地希图了解其信仰，皆欲使其信仰理性化。他们想由智慧认识上帝。但他们研究世界，不如我们现今之研究世界；其找寻真理之态度，亦无希腊的独立态度。这完全受了他们所信仰的绝对真理之拘束。他们运用他们的理智，全在于弥补他们的系统。他们的兴趣在于超越的世界，在于我们地上的生活与天堂的关系。自然界所发生的现象，他们漠不关心，除非他们发现与神的计划有关系，他们才会理会它。教会不反对这种科学研究，但如果有不能证实教会之基本真理的事实，就弃而不论。

第二节　国家主义的兴起

我们要知道，反对教权的独立精神，虽然有长期的沉闷时期，但未尝完全灭迹。这种精神表现于国家与教会的政治范围的争论中。这种政治的斗争，为时甚早，两方面均极激烈。忽而教会得胜，忽而君王得胜。格列高利七世（1077年）时，是教会得胜，日耳曼皇帝亨利四世竟赴卡诺撒朝拜教皇。英诺森三世（1198年—1216年）时，教会的权力达于极点。然而自此以后，便衰落了。法兰西皇帝腓力四世（1285年—1314年）战胜了教皇卜尼法八世，夺取了教皇之政权。在这个时期中，唯名论与日耳曼神秘论两种独立的运动，为冲锋陷阵之先驱。自1378年至1415年间，教皇之管辖权一分为二，有两个教皇做主。有一段时期，竟然有三个教皇做主。这种分崩离析的情形，更足以令教会不能保持尊严。不幸的是，巴黎大学又产生了国家教会的观念，以为如果世界上可以有两个教皇，何以各国不能有其自己的最高主权呢？教会内部亦发生了对于教皇之专制主义的反抗，盖以为教会既然高于教皇，教皇就应该服从于教会会议。这就是国家主义与教会主义间的冲突，亦即民主主义与专制主义间的冲突。其实这冲突发生得甚早，12世纪时就已经有了。当时布雷西亚的阿诺德反对教会的政治权力，而建设一个共和国于罗马；但时间很短，阿诺德亦被绞死。开始教会的学者尚偏袒教会，继而便渐渐地反对罗马教皇的政权。

看重教会的权威者，一般都是旧经院学者；到了14世纪时，亦不乏其人。但丁（1265年—1321年）则以为世事归于皇帝管理之下，神事归于教皇管辖之下。弗洛里斯的约阿希姆、奥卡姆的威廉、威克里夫（1330年—1384年）、帕多瓦的马西略皆反对教会的政权。马西略主张帝国主义主权论及契约论。

第三节　异教的思潮

我们要记着，与基督教对垒的异教思潮，从来未曾消失。我们若追究教义的进化，就可以发现许多宗派与正统派的主张不同。极端服从于保罗的马吉安，为新教运动之祖；其信徒自5世纪以后，满布于小亚细亚地方。11世纪时，卡特里派被发现于南法兰西。教会残酷地反对“反教皇党”约数百年，借宗教裁判的恐怖，来镇压住反对党。12世纪时，北意大利发现一种沃尔多教派，此派建立于沃尔多。

14世纪与15世纪时，发生了大的宗教改革运动，创其始者为英格兰的威克里夫。继其后者，是波希米亚的约翰·胡司（1369年—1415年）。威克里夫反对教会组织、圣徒崇拜、牧师独身、僧侣生活、弥撒、化身、教会政治、教皇主权，要求回复原始的会议组织及教皇与国家的独立。因为宗教改革的要求发生了，政治与社会改革的要求亦随之而发生。英格兰的瓦特·泰勒、德国的托马斯·芒泽为社会革命的领袖。

第四节 自由研究的精神

这样的独立思想之征象，在反对正统派的哲学之哲学家身上，亦可见之。如前面所说的，厄里根纳、约西姆、图尔奈的西蒙、贝纳的阿马尔里克、狄南的大卫诸人所主张的咒骂教会的泛神论，皆是显明的独立思想。圣维克多之虔敬的神秘论者动摇了经院哲学所建立的基础，否认理性与信仰——科学与宗教之调和。12世纪时，正式的经院学者之中，亦有各种自由的思潮。他们常常不顾正统派的思想而独立地发出议论，纵然与固定的教义有冲突，亦在所不惜。安瑟伦的唯一目的，本在于把信仰理性化，亦常常与其前辈奥古斯丁及厄里根纳相同，但有趋于违反教会的教义之危险。罗塞林的共相论，亦完全是异端。阿伯拉尔的一生，完全是消磨于理智的研究与教会的忠义之冲突中。教会中的主教如沙特尔的伯纳德、孔切斯的威廉及其他诸人的著作中，亦有自由思想的火花。当时学者所讨论的问题，由现今之人观之，虽然愚笨可笑，但这是由于今人的人生观变了；若就中古时期的宗教文化来看，他们是有研究精神的思想家之代表。

13世纪时，学者的兴趣由柏拉图的实在论转入亚里士多德的实在论中了。学者的兴趣，转入亚里士多德的研究，亦是一种思想自由的代表。亚里士多德的著作是从不信基督教的阿拉伯人手中转到西欧来的。他的哲学要被教会禁止，自然是不足为奇的，但不久却发现其哲学足以迎合教会的需要，遂采之为教会的哲学。因为理性与信仰的结合从13世纪初就已经松散，而这种新宇宙观足以巩固之。亚里士多德的哲学一方面固然阻碍了当时自由思想的潮流，然而另一方面则证实了经院哲学的危机，进一步促进了独立思想的精神。为何呢？教会既然把一个不信基督教的哲学家抬举得那样高，便把一班人的理智活动范围扩大了，并增强了他们对于古代学问的注意。再者，亚里士多德的思想足以引起自然研究的兴趣，这也足以证明其是自由思想的兴奋剂。亚里士斯多德的哲学所引发的自然研究，构成了由柏拉图的实在论到唯名论的桥梁，进而开了近世科学之先河。原来，亚里士多德的哲学是自然主义的，基督教的思想是超自然主义的。托马斯虽然有心想用超自然主义补充亚里士多德的自然主义，然而两者之间终究有冲突。早晚这种冲突会显现出来，不过亚里士多德的学说仍然占了上风。

亚里士多德毕竟是希腊的天才哲学家，他的哲学使经院哲学解体了。托马斯根据亚里士多德的学说建立了一种思想系统，虽然足以满足教会之要求，但邓斯·司各脱相信自己所发挥的是亚里士多德的思想，是反对托马斯的理性论与命定论的。邓斯·司各脱力主个体之真实，因而坚决地肯定个人之重要与个人良心之价值。而且他的学说开了经验论与唯名论的先河。如果神不是由其理性之决定来创造世界，则自然法则亦非自然的了，也不能根据理性之法则从神之理性来演绎了。万物之所以成其为万物，是由神使之然；如果神欲成其为别的样子，亦可成为别的样子。所以要想知道自然是什么与自然如何活动，必须观察自然；经验就是知识的源泉。再者，如果个体是终极的实体，不来自经验，如何来认识它呢?

奥卡姆的威廉大胆地发挥了邓斯·司各脱学说的含义，攻击经院学者的根本思想。他以为共相如果非真实，便仅仅是文字了；如果神学是空虚无物的学问，教会就该抛弃它。教会须要与理性及世界绝缘，还是回复到简单的信仰与原始的民主的教会组织。

神秘主义通常是厌恶合理的神学的。它虽然有反理性主义的趋势，然而12世纪与13世纪的神秘论者仍然以为教会之固定的教义是真实的。到了14世纪与15世纪，则不然了，神秘论者变成了泛神论者与唯名论者。他们的学说虽然仍有宗教的味道，可实际上，却大大地削弱了经院哲学及教会的势力。

第十一讲

文艺复兴时期的哲学

沉沦了好久的批评与反省的精神，遂应时而起打倒教权及一切传说或陈训。国家起而打倒教会，理性起而打倒已定的真理，个人起而反抗教会的压迫。国家打倒了教会，然而国家与教会本身皆希望政治的、经济的、宗教的、知识的自由；在文艺复兴及宗教改革时期，这种希望实现了一部分，后又表现于近世哲学中，皆是争取人类的自由与光明。

第一章　新启蒙时期

第一节　理性与教权

上面所论述的各种思潮——国家主义的发展、异端思想的潮流、神秘主义以及对于神学与哲学相结合的反对论——皆是文艺复兴与宗教改革两种运动的先锋队。这时候看出了旧有的传说、言语、文学、美术、神学、宗教、政治等的缺点。沉沦了好久的批评与反省的精神，遂应时而起打倒教权及一切传说或陈训。国家起而打倒教会，理性起而打倒已定的真理，个人起而反抗教会的压迫。国家打倒了教会，然而国家与教会本身皆希望政治的、经济的、宗教的、知识的自由；在文艺复兴及宗教改革时期，这种希望实现了一部分，后又表现于近世哲学中，皆是争取人类的自由与光明。

教会的权威逐渐在人心中消失了。个人宣告其独立的理智活动。理性排除了哲学中的教权，哲学脱离了神学的保护。当时流行的意见，以为真理是由独立的与自由的研究而得的，不是由教权规定的。中古时期思想家的兴趣，大多集中在超越自然的东西上：神学为一切科学的最高法庭。到了这个新时期，学者的视线，由天上转到地上，自然科学逐渐变成头条战线。在宗教中，亦发生了同样的独立精神。个人舍弃了教会的卵翼，而以《圣经》及良心为其准绳。他们否认自己与神之间的媒介，而欲亲身与神交流。

第二节　人本主义或古典主义

当时既然转其视线于古代，并羡慕新的东西，便有了两条路径：不是创造新的人生观、新美术、新思想，便是复古。二者必择其一。后一条路径是首先被采取的。这是因为中古时期，人心局限于教权及传说，不能自己打开一条新路。知识界的改革家，既然以复古运动为目标，希腊与罗马的文化就复兴了（文艺复兴），而人文（人生）也就再次被发现了（人本主义）。

15世纪时，西欧人士觉悟起来了，于是欣赏久被忽视的古代文化之遗产。在一百年前，意大利诗人但丁、薄伽丘（死于1375年）及彼特拉克（死于1374年）皆有古典文学之嗜好，而用其国语著而为文。罗伦息阿斯·伐拉（1406年—1457年）订正教会的拉丁语，且把西塞罗及昆体良的作品作为拉丁语范文。曼纽尔·克立索罗拉（死于1415年）是在意大利首先教授希腊语及文学之人。他的弟子阿雷丁诺（死于1444年）翻译了柏拉图与亚里士多德的著作，引发了意大利人趋于希腊文的研究。1453年，君士坦丁堡陷落后，希腊学者群集于意大利，东罗马帝国的文学美术之宝库，一概移置于西欧。人本主义流行于教会及僧院中，待其势力插入各大学中，更是大行其道。一般教皇多受新文化的影响，尼古拉五世（1447年—1545年）建立了梵蒂冈图书馆，尤利乌斯二世（1503年—1573年）重建了圣彼得的教堂。据说利奥十世（1475年—1521年），喜欢研究古文经典胜似研究基督教神学。1世纪的注意力，都在人事上了。人成为尊荣的东西，天才成为珍宝，再不被认为是无足轻重的了。于是诗人、演说家、史学家，皆受宠了；美术及建筑皆人本化了，成为人生之自然的享乐品了；而中古时期出世的美术与建筑的精神都销声匿迹了。

第二章 新哲学

第一节 柏拉图主义

文艺复兴时期，哲学中有几点令人注意。最先者，是研究古代希腊思想而效仿之。当时的学者，皆攻击经院哲学的方法，说其只在文学上翻来覆去，毫无实用。他们力图建立新逻辑。他们也创造了一些学说，但大半皆粗浅，且不免于受旧思想的熏染。然而经院哲学的色彩，是逐渐消失了。古典旧型再不被当作惯例了，思想逐渐变得独立了、有创造性了，一直发展而为近代哲学。

当时最重要的事业，为古代哲学家的研究。有一个希腊人名叫卜列东，于1438年来到意大利，参与佛罗伦萨会议，讨论东欧与西欧的教会之结合问题。他接受美第奇的劝告，居于意大利，于1444年建立佛罗伦萨学园，以图教授并辩护柏拉图的哲学。因此柏拉图的全书，方为西欧学者所知道；而且反对教会哲学家的改革者，才能有所凭借。但是他们解释柏拉图的唯心论，还是带有新柏拉图派的风味。卜列东的犹太思想很浓重，他用新柏拉图派化的法式重兴希腊文化。他著有一本书，比较柏拉图与亚里士多德的学说。

继卜列东之后者，为贝萨里翁，他著有《反对诬告柏拉图者》一书，拥护柏拉图，反对亚里士多德的信徒。他的弟子马栖略·费希那斯（1433年—1499年），认为柏拉图的哲学是智慧的真髓、基督教的关键。他编纂并翻译了柏拉图及新柏拉图派的著作，对于他们的著作，而且有所注释。此等思想家皆是反对教会哲学之人。

第二节　库萨的尼古拉斯

15世纪时，未曾蹈袭人们所攻击的经院哲学，而且算得上一位有创造性的思想者为库萨的尼古拉斯（1401年—1464年）。他在德文特受教于兄弟共同生活会的神秘论者，在海德堡及帕多瓦两所大学中研究数学、法学及神学后，成为教会的主教。他的宇宙观类似于文艺复兴时期许多哲学家的思想，是中世思想与近世思想的混合体。他受到德国神秘主义、新柏拉图主义及毕达哥拉斯之数论的影响，且游移于泛神论及基督教之神与世界的二元论之间。

尼古拉斯有唯名论的意见，以为理性不能认识神。然而他又持神秘论者的见解，以为我们对于神有直接的认识。直接地认识神，可由无我的状态做到。这种状态是无知的状态，超越伦理的思想。神是万物中实体的无限本质。神之中，本质与存在、潜伏与实现，是一而非二。神是纯粹无限的活动、无限的潜伏、绝对的知识、绝对的意志、绝对的善。神之中无矛盾，它是一切反对的调和，所以不能由概念的思想模拟之。其实，在神学上，唯否定是真的，肯定则不十分妥当了。尼古拉斯不愿用任何方法形容神。他只说无限的神，唯不自知者能认识之。

世界是神的表现，是一分化而为多的。世界是神的模样，是一个有生气的浑一体；神在各部分中表现它的全力。就神之无所不包言之，则是极大；就其无微不入言之，则是极小。由此言之，各个物皆万物的缩影；而神则潜伏于万物之中。这便是彻底的泛神论了。若不辅之以其他学说，便成了异端。尼古拉斯于是设法把他的学说加上正统派的二元论，认为世界与神有别。他说万物的本质不类于神的本质；万物是有限的，未尝完全实现神的诸观念；万物是不定的，并不必然地由神的本体中产生出来。

还有些思想家知道了真的亚里士多德，而开始区分真亚里士多德与经院哲学家所讲的亚里士多德的不同之处。他们认出经院学者所讲的亚里士多德是受了阿拉伯人新柏拉图派所讲的亚里士多德的影响。亚里士多德派分成两党，一党承继阿威罗伊，另一党详述阿宿罗底希阿斯，二者皆反对教会所讲的亚里士多德。前一党在北意大利（帕多瓦大学），大都是些物理学家与自然科学家。他们依照阿威罗伊的学说，解释亚里士多德而承认一个普遍智慧说，否认灵魂不死说。到了真亚里士多德为人所知之后，后一党就取代了前一党之地位。又有些思想家站在柏拉图方面或者亚里士多德方面，想调和柏拉图哲学与亚里士多德哲学。还有些思想家想重兴伊壁鸠鲁哲学与斯多葛哲学。重兴斯多葛哲学者，带有罗马风味，知识阶级多趋向之。

第三节 科学与哲学的改革

西班牙人鲁多维科·维渥斯（1492年—1540年），不仅反对经院哲学，而且以经验为权威。这是由唯名论的哲学而来。他严厉地批评经院哲学的怀疑论者及其他各种学问。他让人不要局限于亚里士多德的自然科学之研究，要自己独立地去研究自然；不要沉湎于玄学思辨，而要观察现象、思考现象。他又主张用经验的方法研究心灵。他说我们不要去研究心灵的本质，而要去研究心灵的动作。他也有一种玄学，是与经院哲学相同的，以为神的概念是其思想的中心点。然而他受了唯名论的影响，对终极问题的解决，持批评态度，对于神之信仰及灵魂不死，则认为是很有价值的。

第四节　逻辑的改造

彼得吕斯·拉米斯（1515年—1572年），受到维渥斯的影响，也攻击亚里士多德的逻辑，而且指斥其是毁坏了人心之自然的逻辑；并说各大学中所流行的无用的辩论术，应由亚里士多德来负责。他也贡献了一种新逻辑。这种新逻辑，也是一种辩论术：先寻求一个原理，再为之证明。他又批评经院学者的教授法，促进教育的改革。就这一方面言之，他确实是近世哲学家培根、笛卡尔及洛克的先驱。他在教育方面所表现的人本主义，比当时的任何人都要多一些。

第三章　自然哲学及自然科学

第一节　玄秘论

前面所说的自然研究之兴趣，是启蒙时期的开端，其解释外界之秘，往往不免于荒诞虚伪。他们不用实验法与观察法，单凭超感官知觉的内心启示与玄秘之法，直探自然之秘。此派学者有米拉多拉的约翰·皮科、弗朗西斯及罗赫林。

还有不以这样的探讨自然之秘为满足，更想要支配自然的人。他们相信与神灵交流可以支配自然。想达到这种目的，必须使用秘术、征象等各种神秘的方法，或者用毕达哥拉斯派中隐数之发现。这就是魔术。因为诸行星是神灵之佼佼者，故占星术是他们的重要秘术。他们又深好炼金术。他们把炼金术用作医学之臂膀，以极荒诞的方法，混合各种物质，来医治疾病。这种运动的目的，完全在于求得仙丹，借这种仙丹之助，可得以领会自然之最深的秘密，并能够完全地支配自然。

这种运动的代表人物是纳特海姆的亚基帕（1480年—1535年）与蒲柏（1493年—1540年）。

蒲柏的自然论之基础，是柏拉图主义。据他所说，人是一个小宇宙，所以通过研究人，可以知道宇宙，通过研究宇宙，可以知道人。人具有三样东西：一是地上可见的肉体；二是天上不可见的身体（心灵）——来自天界；三是灵魂，来自神。因此，就有三种学问：一为哲学，二为占星术，三为神学。这三种学问与炼金术，是医学的基础，医生必须知道。所谓地、水、火、风之四种本原，构成固体、液体、燃烧体三种基本实体。四种本原各受其神灵的统治：地受治于地神，水受治于水神，火受治于火神，风受治于风神。各个神亦皆有其支配者，阻碍了支配者的生机力，就产生疾病。医学的神秘，在于用炼金术及巫术维持人的生机力，以抵御其仇敌。

这种糅合超自然主义与自然主义、神秘主义与科学的自然论，最后表现于歌德的《浮士德》一书中。在《浮士德》中，文艺复兴的精神形成了一个人；凡渴慕知识的欲望，中古时期的成见与迷信，深沉的怀疑论以及渴慕人生之丰富——都是生活在这个过渡时期的人之特征。

这种自然论，虽然荒诞不经，但这种运动，是一种进步的标志。其欲研究自然、统治自然的念头，实为近世科学的先驱。魔术家的心理，虽然仍然迷醉于魔术的理论及实用，然而其追求已经改变方向了。随着时代的发展，荒诞不经的成分逐渐被去除。炼金术进化为化学，占星术进化为天文学，魔术进化为实验，神秘的毕达哥拉斯的数论进化为数学的研究。哥白尼研究天体之数学的秩序，即由占星术的动机引出来的。最迂阔的路，有时会变为捷径——就是这个意思。

第二节　自然哲学

意大利的自然哲学家虽然未完全解脱旧的迷信，如炼金术与占星术的束缚，却有着真正的科学精神。卡尔达诺（1501年—1576年）是一个著名的物理学家、数学家、科学家。他把万物做了自然的解释。据他所说，宇宙间并无四种本原，只有三种：地、风、水。火完全不是本原，是由热产生的偶然品；热是由运动产生的。世界有一个同于光及热的灵魂。

波纳蒂特·特勒肖（1508年—1588年）有志于改革自然科学，独立于亚里士多德及其他古人的科学观之外，而以观察为基础。他的哲学在文艺复兴时期的自然论中，本是最崭露头角的，然而未脱离希腊思想的影响；其中颇多苏格拉底以前的自然学者及斯多葛学派玄学家的色彩。他用物质及冷热相反的两种力来说明原理。物质是神创造的，其分量始终不变。热使物质膨胀，使物质稀薄，为一切生命及运动之源；冷使物质收缩凝结，而为固定与静止之源。宇宙的生存及变化，即是由于这两种原理的不断冲突。甚至对于心灵，他也作了机械的物质的解释。据他所说，心灵是由热的很精细的质料构成的，在脑中，借神经的作用，散布于周身。机体各部分的联结及其发生运动，皆赖此心灵。除此物质的心灵之外，还有不死的心灵，是神赐给的。他在他的伦理学中，说自卫是人所趋向的唯一目的。他在那不勒斯建立了一个自然科学院。

第三节　科学运动

中古时期，常常发生观察自然界的兴趣，从而引起了科学的运动。科学运动的主要代表，有达·芬奇（1452年—1519年）、哥白尼（1473年—1543年）、伽利略（1564年—1641年）、开普勒（1571年—1630年）及牛顿（1643年—1727年）。科学运动完全排除了玄秘魔术的成分，而以完全自然的方法解释自然现象。亚里士多德之旧的说明原理——法式为了实现其目的，乃作用于物质之上——完全被排除了，而代之以机械的解释。自然界一切现象皆是物体的运动引起的，皆依照一定的法则。行星运动的秘密，由数学来说明。开普勒发现了行星的轨道，占星术变成了天文学。罗伯特·波义耳（1627年—1691年）虽然是一个炼金术士，但他把原子论引入了化学中，炼金术就销声匿迹了。这种反目的论的思想，到了19世纪达尔文学说中，达于极点。这种思想，以机械的因果法则来解释有机体，而不以万物之内或万物之外的生机力或目的来解释有机体。

伽利略深知德谟克利特的学说，以为德谟克利特在哲学上的成就高于亚里士多德。他以为一切变化不过是物体中各部分的关系之变动，严格来说，无生无灭；万物皆是原子运动的结果。一切感觉的性质都是主观的，都是根据于数量关系的。凡是性质，俱可由数量来解释。所以研究数量关系的数学，是最高的学问；宇宙就好像一本大画册，都是用数学的文字著作而成的。凡我能测量的，皆可知之；其不可测量的，则不能知之。运动的关系，可由数学公式来表示；所以自然界所发生的事实，可由运动及运动法则来说明。这些运动法则——是机械学的基础——是由达·芬奇、开普勒、伽利略诸人发现的、构成的。伽利略及开普勒的著作，构成了哥白尼学说的或太阳中心说的天文学。据这种天文学说，地球不是宇宙的不动的中心，而是与一切行星相同，依其轨道围绕太阳而行。太阳中心说，开始尚为教会所欢迎，之后又以其有悖于教会的真理而加以禁止。1633年，强迫伽利略取消其太阳中心说，后来又把他监禁起来，到了1642年，执行死刑。1682年，牛顿发现万有引力定律，证实了太阳中心说，而开普勒所发现的种种法则，亦被证明是万有引力定律的必然结果。

伽利略依据科学，排斥教权及神秘的思想，而主张我们关于宇宙的立论，应当根据观察与实验。然而他又说经验必需悟性补充之，归纳法是超出经验之上的，故而是重要的方法。我们归纳许多事实而成法则，并抽绎其偶然情形而化为简单必然的原因，这都是思想的作用。研究学问的方法，是根据于经验、观察与思想的论证。

皮埃尔·伽桑狄（1592年—1655年），重兴伊壁鸠鲁与卢克莱修之学说，而反对笛卡尔之微分说。同时，他又用目的论补充了他的机械论，以神为运动之祖师。麦散勒（生于1588年—1648年）及波义耳想把伽桑狄之原子论与笛卡尔之微分说调和起来。波义耳虽把原子论纳入化学中，但只是认原子论为研究之方法，并非认之为宇宙之哲学的理论。世界表示出来的是一个发生运动的创造者及设计者。牛顿亦有此有神论的见解。

第四章 布鲁诺与康帕内拉

第一节 布鲁诺

布鲁诺（1548年—1600年），初属于多明我会，继而离之，而游历各城市。他周游不倦，一直到1592年，返居于意大利，而被投入牢狱中。教会要他取消他的学说，他拒绝了，遂入牢，后七年，在罗马被处火刑而死。

布鲁诺深受新天文学宇宙观的影响。他的行星系统与我们现在所讲的行星系统是相同的。神内含于无限的宇宙中，为活动的本原。神表现于现世界中；现世界由神而出，有内在必然性。布鲁诺与尼古拉斯一样，认为神是一切相反之统一，统一而无冲突，有限的心不能捉摸之。

然而布鲁诺的思想中，仍未排除亚里士多德的旧法式。法式或灵魂使各星体运动。万物中皆有灵魂与生命。法式无物质则不能存在；二者相合而为一，乃构成统一。然而法式由物质而生，又泯灭于物质之内。一切个体皆有变化；但宇宙是永久的、绝对的完善。

布鲁诺

布鲁诺又有一种单子论，与斯多葛学派的胚胎说相仿。单子不生不灭，是心理的，同时又是物理的，万物由之构成。灵魂是一种不死的单子，神是众单子之单子。

第二节　康帕内拉

康帕内拉（1568年—1639年），也是一个多明我会士。他的政治理想并未曾想尝试之，却仍受到了宗教的审判，入狱二十七年，最终被置于死地。他也是时代的产儿。他的思想上溯远古，下开来世。他叫人直接去研究自然，不要由书本子上研究自然。一切哲学的知识，根据于感觉；一切知识的最高法式，不过是感觉的各种法式而已。然而同时他又说，自然是神学之启示，信仰是知识之一种法式，神学即由信仰而来。

我们依着感觉，可以知道我们的存在，知道我们的意识状态，知道万物如何感触我们，然而不知道万物之本身如何。康帕内拉与其以前的奥古斯丁及以后的笛卡尔一样，发现了意识中确实之枢纽。我们对于任何东西，都可怀疑，但不可怀疑我们的意识及我们的存在。内省指出心灵的三种根本属性：权力、认识与意志。此三者之完全的法式，同于神之无所不能、无所不知及绝对的善——三种属性。康帕内拉说，既然神是万物之根本，人是小世界，则神圣的性质必有若干加于人类之心灵上。一切万物亦必有神性；无神性之下等物，即表现为无能、无知、可恶。换言之，世界是由神流露出来的。此与新柏拉图主义的思想相同。神产生天使、观念、幽灵、不死的人类灵魂、时间及空间。我们对于神有直接的认识，神也自表示于《圣经》中，然而我们也能由我们的无穷观念来证实神之存在。这种思想对于后期笛卡尔的思想，有很大的影响。

康帕内拉在他的《太阳城》中，论述了一种社会主义国家，与柏拉图的理想国相仿。他说，在光明的国家中，权力受知识之支配；在这种国家中，一切人民都是平等的，绝无阶级可言，唯有知识高下之分。哲学家是主治者，国家励行普及教育及强迫教育。教育之基础建立于数学及自然科学之上。学生所受之教育，是按其各人自己的职业而定的。他主张通过游戏来学习，露天学校及实物教学也是他的教育主张。

第五章　新国家论、宗教哲学及怀疑主义

第一节　经院哲学的国家论

当时学者也想独立于神学及亚里士多德之外，建立新国家论。这种新国家论，也带着时代思潮的精神，反对教权与陈训。原来，正统派的经院学者拥护教会的政权，而主张国家应该附属于教会之下。其中，如托马斯即根据于基督教的与亚里士多德的前提，极力辩护此说。这班学者说，人类政府的目的在于幸福；政府如不能达到这种目的，便是坏的政府，应该推翻。因为人民至高的幸福是精神的幸福，所以主治者若不承认基督教教义，或反对基督教，便对于其人民的真善有危险了，必要引起其人民的革命。教会是神圣的原始，是神在地上的代表，是信仰之最后的法庭，其职能在于宣传基督教。所以归根结底，国家是附属于教会的，政治学类似于哲学，是神学的奴隶。

第二节　马基雅弗利

这种政治学说虽然力求实行，但最终遭到政府权力的反对，而逐渐被削弱。到了文艺复兴、宗教改革之时，反对旧教的思想逐渐扩大，政治学的基础才得以成立，成为近世史上令人注意之点。当时反对旧政治学说的最有力者，为意大利外交家马基雅弗

利（1469年—1527年）。他的理想在于建立独立自主、绝对不受教会束缚的统一的意大利国家。他认为基督教有碍于市民的政治活动而使市民被动，故激发市民爱国心的罗马旧教，远胜于基督教。他以为最好的政体是斯巴达、罗马、威尼斯所实行的共和政体。然而这种政体只能实行于人民有共和精神的场合——人人有纯粹的自由。如果像当时意大利之腐败的情形，必需绝对的专制，才能实现强盛而独立的国家之理想；在这种情形中，人民的政治自由，必须牺牲。当时意大利政治上恐怖的情形，可通过研究意大利文艺复兴史上无数的专制君主而知道。君主无论用什么方法，只要能达到国家主义的目的，都是对的；强力、权术、暴戾，只要能够强国，都是可用的；无论如何，总要好过现今之无政府的腐败状况。马基雅弗利的政治思想之基础，全在于：（1）厌恶当时教会的政权；（2）对于人性的悲观——他以为唯有饥饿，可以驱使人勤敏而守法；（3）希望建立合理的国家。他认为铲除当时之腐败与扰乱，没有别的法子，唯有以强力对付强力，以诡计对付诡计，以恶政府对付恶鬼。

第三节　新政治学

由此建立独立于神学及教会之外，而与君主国家的新理想国相调和的政治学，遂成为必要而不可少的图谋。这种问题不仅仅是理论的问题，而且是教会对于国家及君主之关系的问题，主权者之本原与意义的实际问题。在建立新政治学说时，前面所说的中古时期思想家的许多政治学说，如契约论、民主权、君主权、自然法及自然权利诸学说，俱被利用而发挥之。此等思想之归结，一方面引起了霍布斯的绝对君主专制说，另一方面引起了洛克与卢梭的民治主义说。

博丹（1530年—1596年）以为国家是建立于社会契约上的，此契约势必将民权转寄于君主身上。阿尔色修斯（1557年—1638年）以为，契约是求君主守本分而设立的条件；民权是不可转移的，君权是可转移的；君主败坏了契约，可以将其推翻和废除。这种思想之成立，一半因宗教的压迫，即国家不能干涉人民的宗教信仰，一半因革命权之被人拥护。此外，还有真泰尔（1551年—1611年），讨论战争之法律；托马斯·莫尔在其《乌托邦》中，讨论社会主义国家。

荷兰贵族政治党胡果·格劳秀斯（1583年—1645年）及普芬道夫（1632年—1694年），采取绝对专制主义。格劳秀斯在其所著的《战争与和平法》中讨论了斯多葛哲学及罗马法所遗留下来的自然权利之学说。据他说，自然法或不成文法之根基，在人之合理的本性中；这种法是不能改变的，神亦不能改变之；人为法起于历史，是有意制定的，其根基在实用之原理中。社会发生于人类之社会的本性。社会的本性是爱邻及其他义务之根源。在社会上，个人之自然权利因谋社会之福利起见，须有所限制。凡使社会生活生存者，亦是自然权利。所以国家建筑于理性与人性之上：国家不是神之创造品，而是一种自然制度。国家之生存，仰赖其人民之自由契约，故个人权利绝不能被侵犯。人民本有主权，然而常受制于一人或一阶级。国家之间若因侵犯了自然权利而起战争，不失为正当，但不可有伤于人道。

普芬道夫是格罗特与霍布斯的弟子，他把自然法的观念引入了德国。据他说，主权含有意志统一之意，故君主有绝对的权力。

正统派的学者，如新教之路德及梅兰希顿认为国家发生于神，而耶稣教派的柏拉民（1542年—1621年）及玛丽安（1537年—1624年）则拥护契约说与民权论。

第四节　近世国家之进化

这些政治学说，皆是中古时期以后政治思想及政治组织之进化的表示。在中古时期，国家不曾有现代国家所拥有的主权。中古时期，皇帝本有其有限的权力，封建的公侯亦有其权力，然而皇帝、公侯、臣民之间常常发生冲突，而君主之权力唯在臣民之善意与军队之力量。在德国与意大利，当封建制度遭到破坏后，中央集权的国家逐渐变成团结但不固定的联邦。在法国则不同，由诸州县之不固定的团结，进而为统一的国家，有专制的君主。英国虽然仍是统一的国家，但君权渐衰，民权渐长。然而无论如何，国家主权的观念，逐渐发达了。国家变成了主权者，其职能扩充了，这是历史进化的结果。近世时期开始的思潮，趋向于绝对专制主义。17世纪后半期与18世纪前半期，专制主义达于极点，君主的权力是无限定的，君主就是国家的化身；路易十四竟说朕即国家。然而物极必反，专制主义达于极点，才有洛克、卢梭辈反对专制主义之民治主义的兴起。

第五节　新宗教哲学

上面说过了，新哲学贡献了万物之自然的说明，以代替万物之超自然的说明。这种新哲学的方法，不仅应用于玄学的思想上，而且应用于政治学及宗教学上了。舍伯里的赫伯特（1583年—1648年）所主张的宗教哲学，即是根据于认识论，而独立于历史的宗教之外。他认为宇宙间只有一个神，人应该崇拜之。所谓崇拜，即慈善与道德，人必须忏悔其罪过，才有现在的及将来的赏罚。此皆自然的真理，为一切宗教所共有；换言之，这些信仰，人只要顺从自己的理性，而不局限于成见，都可以获取承诺的。这些信仰是天生的真理。这些信仰属于一些普遍的概念，皆发生于神，有优先、独立、普遍、确实、必然、直接诸特征。据赫伯特说，这种原始自然的宗教，腐败于一般僧侣之手，而由基督教恢复其原状。这种宗教本来也可以用启示补充之，但启示必须是合理的。赫伯特是一个超时代的自然宗教家，是18世纪的自然宗教的拥护者。

第六节　怀疑论

文艺复兴时期的法国思想家中，有受了希腊怀疑论者的影响，而倡导类似于唯名论及神秘论中的怀疑论者。例如蒙田（1533年—1592年）怀疑确切知识的可能，颇似希腊的怀疑论。他轻视理性论，而叫人归本于未被秽污的本性与启示。果能如此，即使不能有知识，也能尽吾人之义务，而服从神命。据沙隆（1541年—1603年）说，怀疑的态度可以使研究之精神活泼，而引人信仰基督教。他力言基督教的实用伦理之重要。弗朗西斯·桑切斯亦否认绝对知识之可能，其意以为有限的人不能领会万物之内在的本质，或了解整个宇宙的意义。然而他主张人能通过观察与实验而知道第二等原因。

第六章　宗教改革

第一节　宗教改革的精神

意大利文艺复兴是教权与经院哲学之反动，激发了古典文艺美术的生气。这是理智对于理智的压迫之反抗。德国的宗教改革是宗教的觉悟，是感情对信仰之压迫的反抗。换言之，古文复兴依赖于古代的哲学、文学与美术；宗教改革依赖于《圣经》与早期的神父之信仰，尤其是奥古斯丁的信仰。宗教改革是捐弃经院哲学的神学之穿凿附会及外表的祭祀形式，而专注于心内的宗教及心理的崇拜，注重信心，轻视做作。宗教改革轻视空虚的经院哲学，反对教会的教权及政权，崇尚人类的良心，此与文艺复兴有关联之处。然而宗教改革未曾尊崇理智，亦未有乐观的人生观，此是与文艺复兴的不同之处。路德受了唯名论的神秘论者之影响，怀疑理性。他以为理性对于救济心灵一节，是无用的；一件事物在哲学中可以是假的，在神学中可以是真的，因为神学根据于信仰。他轻视哲学家所讲的亚里士多德，不亚于其轻视真的亚里士多德。

宗教改革的领袖虽有反理性主义的态度，但新宗教运动终究培养了不弱于文艺复兴之批评的反省、独立思想的精神；当其否认教会为信仰的裁判，而直接诉之于《圣经》与良心时，就给了理性判断教义的权力，而鼓动了理性主义与个人主义。这本来不是路德所抱定的目的，但这是他反抗有权威的教会与神学的必然结果，是新教主义之定而不移的结果。

宗教改革家对于基督教教义的解释，彼此亦不相同。于是新宗教分为数派：路德承认圣餐中基督之神秘的显神；茨温利——改革家中最自由解放者，以为圣餐是一种象征；开尔文倡导命定论。

第二节 新教的经院哲学

路德虽然排斥空虚无用的经院哲学，但新教派即刻又感觉信仰之理性化的必要。换言之，他们又要求建设他们自己的经院哲学系统。他们诉诸《圣经》及原始基督教教义、再洗礼派（此派以为儿童时虽然受过洗礼，到了成年时还须受洗礼）及圣像破坏者，即是其例。因新教会之成立，其宗教的纲领，遂成为实际的需要，开始发生神秘论而反对信仰之压迫的运动，到了现在，忘其神秘的起源，而组成教义。在德国建设新教哲学的神学家，为梅兰希顿（1497年—1560年）。他以为亚里士多德的哲学为建设新教哲学最适当的材料，又以为伊壁鸠鲁哲学太无神性，斯多葛哲学太命定论了，柏拉图哲学及新柏拉图派哲学太空虚而离奇了，中古时期的柏拉图派哲学太怀疑论了。于是，路德也发现了宗教改革必须哲学之帮助。梅兰希顿把亚里士多德当作其导师，著新教教科书。整个17世纪，在德国都用这本教科书。尼古拉斯（1547年—1606年）的哲学，是新教徒想根据奥古斯丁哲学建立的一种经院哲学。其反对亚里士多德主义，即是其拥护新教之奥古斯丁的神秘论方面而反对官府的教义之表示。他以为宇宙受自然法则之支配，不受神之干涉，是受了自然科学的影响之表示。

开尔文亦归本于奥古斯丁，不过茨温利则归本于新柏拉图主义。

第三节 雅各·伯麦的神秘论

然而神秘主义仍然流行于普通人民之间，其主要代表有阿西安得、士汾克斐特、塞巴斯蒂安·弗兰克及韦格尔。他们反对宗教改革的经院哲学与形式主义，犹如路德之反对罗马旧教。17世纪之始，神秘主义论又有了完全的组织，建立者为德国没接受过教育的笨拙工人雅各·伯麦。伯麦为世界上罪恶之事实所困，而认为罪恶是神圣的表现之程序中必然的现象。他认为无论何处皆有相反与矛盾，无恶则无善，无暗则无光，无差异则无等级。因为万物皆生于神，故神必是一切相反之本源；在神里面，自然界的一切矛盾皆是融合的。由神是万物之本源言之，神无差异、无性质、无运动。然而神为了实现其本身，必须变为有差异的，必须有对象来表现其本身，犹如光明需有黑暗，而后能表现其本身。

柏麦的宇宙观中重要之点为：宇宙是一切矛盾之融合，生命与进步含有相反之两面，一切实体之根本在精神的原理中（泛神论），这种原理不是有根本的智慧（如埃克哈特所想的一样），而是无根本的意志（唯意论）。宇宙中之万物是由黑暗到光明的一种程序。伯麦想追迹这种程序的进化，结合基督教之目的论的观念（如三位一体、天使、人之堕落、救济之计划）与由蒲柏之巫术的自然哲学所生的各种荒唐观念。这种荒唐观念流行于德国新教的神秘主义中。

西方哲学二十一讲

A HISTORY OF PHILOSOPHY

·下·

Frank Thilly

[美]
弗兰克·梯利

著

陈正谟

译

新世界出版社
NEW WORLD PRESS

第三部分

近世哲学

近世哲学的精神

第一节　近世哲学的特征

近世哲学的特征是：反省的觉悟，批评的锐进，反对权威及沿袭，抵抗专制主义与集权主义，要求思想行动与感情之自由。这种精神起于宗教改革及文艺复兴的过渡时代，其后历数世仍继续活动。政治纠纷的解决利于国家方面，使国家代教会而成为文化之机关；而教会的权威因此而衰落。国家本身逐渐趋向于立宪政治、民主政治——这种精神，到现在依然存在——到处都要求权利的平等、社会的正义。反对当时教权所起的独立精神，转而攻击国家之君主权，而政治不干涉主义成为个人主义者的理想。在经济方面，也发生了同样的精神，奴隶、农仆和旧式行会制度次第被消灭，个人脱离其羁绊，要求解放以从事其经济的出路。

在知识方面，也是一样的，反对拘束，要求自由。科学和哲学皆以理性为凭借。如前所说，真理不是权威传下来的或教皇的敕令指定的，而是由自由的精神研究出来的。于是一些人的注意力，都由超自然的沉思，转到自然——上自天，下至地——的研究上。科学和哲学遂代替了神学之至尊。精神界、物质界、社会、人类制度以及宗教本身，统统用自然原因来加以说明。所以当时的特征其实是：确信人类理性的力量，竭力研究自然的事物，希望文化进步的热心。然而其重视知识，渴求知识，并不仅是因为知识的目的而求知识，而且是因为知识的价值而求知识，故有知识即权力之说法。自培根以后，近世思想界所有的大思想家，都致力于科学研究之实际应用，并且抱着一种乐观态度，以为将来之工业、医术、政治、机械的艺术，社会的改造，会有伟大的成功。

在个人方面亦如此，在宗教上、道德上，都脱离了教会的羁绊；属于知识方面的理性之申诉与属于信仰与行为方面的信心及良心之申诉相并而行；不承认人神之间有何媒介。路德固然有异于文艺复兴诸领袖，但宗教改革总体上助长了宗教的、道德的、学问的独立精神，并从外界的权威中解放了对人类的束缚。

近世哲学发端时，吸取了现代的精神，我们已经说过。其考求真理，全取独立的态度，和古代希腊哲学家相似。其求知识以人类理性为最大的凭借，由此而言，则是理性派的。其研究内外的本性，离开超自然的假定，由此而言，则是自然主义的。所以近世哲学是科学的，与新科学相辅相成，尤其依附于自然科学。

近世哲学虽然反对旧的经院哲学，却还不能完全脱离旧有的范围，这是必须要记着的。经院哲学的痕迹，直到如今，还存有一点在哲学的血统之中。近世初期的哲学家，虽然常常批评经院哲学的方法，但多半还是采用旧有的观念，进而影响他们的问题及其解决。神学的偏见未曾完全除去：培根、笛卡尔、洛克、柏克勒、莱布尼茨，无一不承认基督教的基本教义。他们的主张是否坚定我们暂且不论，纵使他们的态度并不执着，也可以证明其受了神学的影响。

第二节　经验论派与理性论派

近世哲学有理性论与经验论之别；理性论以理性为知识的根源和法则；经验论以经验为知识的根源和法则。为免除误会起见，下列三点必须注意：（一）所谓理性论，是以理性为知识之标准，而不以启示或教义为标准。由此意义言之，近世哲学俱可说是理性论的；实际上我们区分近世哲学，就是依据此种特征。本来，不于理智中求真理之源，而于感情、信仰或直觉中求之者，亦有之。然而此感情或信仰之哲学，也无力构成学说，以证实其求真理之方法，与其信仰之对象合于理性。（二）理性论以为真知识由普遍必然的判断构成，思想之目标是许多真理之系统，在此系统中各种言论彼此都有逻辑的关系。这是知识之数学的概念，几乎为一切新思想家所共同承认的理想；不论这种理想能否实现，但他们认定只有这种真正的知识才与数学的准绳相适合。（三）这里发生了知识之起源的问题，近世哲学中对于这个问题的答案便各不相同了。（甲）以为真知识不能来自感官知觉与经验，必须来自思想与理性。真理原为理性所固有，所谓与生俱有或先天的真理者是也。凡来自本心的真理，即确实的真理。这种见解，虽然有人称之为直觉论或先天论，但也有人称之为理性论。（乙）以为真理不是与生俱来的；一切知识来自感官知觉或经验，所以一切所谓的必然的知识，都不是绝对确实的，而是或然的。这种见解叫作经验论或感觉论。

经验论者承认第一种及第二种意义的理性论。他们承认唯有那种真正的知识给人以绝对的确实，但同时也否认除了在数学中以外，有得到真知识之可能。如果经验论的意义在于：我们的经验世界是哲学的对象，哲学须解释经验世界，则近世一切哲学都是经验论的。如果经验论的意义在于：我们离了经验不能有知识，纯粹的思想或离感官知觉而绝对独立的思想，是不可能的，则近世哲学中，也有一大部分是经验论的。

我们要记着，经验论与理性论的分别，全在于他们如何解答知识起源的问题。他们的答案常常又回到知识之确实性的问题上。在近世初期，这两派都不以为感觉的知识是绝对确实的。理性论派只认定理性的先天的真理——判然明了的真理——为绝对确实的；经验论派通常不承认有先天的真理，并且以为判然明了的真理也不一定是确实的。理性论派有笛卡尔、斯宾诺莎、梅尔布朗斯、莱布尼茨、沃尔夫；经验论派有培根、霍布斯、洛克、柏克勒、休谟。经验论派是唯名论的遗传；理性论派是柏拉图、亚里士多德和经院哲学的余绪。然而必须记着：这些哲学家的学说常常并不是一致的；这种粗糙的分类，是依据他们对于知识起源问题之大概的态度，并不是精细的分类。

除了上述的各种思潮之外，还有附带而生的怀疑论与神秘论。这两派，本来早已出现于中古哲学中；这都是由理性论或经验论的范围中发展出来的。休谟的怀疑论可以认为是洛克的经验论之结果，贝尔的怀疑论可以认为是笛卡尔的理性论之理想的应用。神秘论是由这两派中滋生出来的；中古的唯名论中许多是神秘论派，近世的神秘论多建立于理性论的基础之上。这些思潮之外，还有论述旧经院哲学的正统学者。

第十二讲

英国经院论

知识的起源在感觉的印象中。然则感觉是什么东西呢？它如何发生呢？我们的各种感觉如味觉、嗅觉、触觉都是由感觉器官而来。外界的事物作用于感觉器官之上，即发生感觉。感觉器官发生了运动，由神经达于脑再传于心，于是心中起一种反应，显出外界的事物。

第一章　培根

第一节　学问的改革

由各方面的考察来看，培根算是一个革新运动的模范代表。他反对古代的权威，且反对亚里士多德及希腊的哲学，以为这些哲学之空虚，不亚于经院哲学。他说我们研究学问的眼光，绝不要离开事物的本身，而须认识其真实形象。往日的学问未有所成就；其方法、根基和结果，都是错误的；我们必须重新着手，免除沿袭的偏见与意见，到事物的本身上去考察，而不专注于意见或文字的研究，简而言之，要运用我们自己的思想。学问的基础要放在自然科学上，方法要用归纳法，目的要在于发明。2500年来，学术上进步迟缓，都是由于未曾得到正当的求知识的方法。其间虽然有些人用论证法，但其所根据的原理是仓促而成的，并不确实。虽然有些人根据于感觉，但感觉未加整理，终不免于错误。另有一些人对于知识失望，这种态度又太武断，难以令人满意。所以我们必须重新打下坚固的基础，改建科学、艺术以及人类一切的知识。这是学问的大革新。

培根

这些思想都是近代的，也是培根最大的自信及乐观。过去的失败，激发了培根的希望与信心。他以为灿烂的成功时期，即在眼前，并且以为放弃了以前无用的学问，地球表面及社会状况都要改变。他常注重于实用的目的，他曾说过，研究学问的目的，在于应用所得的真理于人类之福利上。

培根虽然有这种精神，但未曾以他自己的实验促进自然科学的发展，他又无数学的能力，来了解近世天文学家的工作。他的方法论曾否影响了实验的科学，本难言定，因为当时科学已超过其所想。英国的吉波特（1540年—1603年）著有《论磁》一书，在培根未曾发表他的著作之前，就已经用过归纳法。然而他足以享受革新运动之模范代表的荣誉，是因为他对于新科学的精神有明白的表示。他晓得自然科学中有系统有方法的观察及实验的重要性；他指出数学是最重要的，不过未曾运用数学于他的学说中，这是因为他不知道怎样应用数学的缘故。

培根生于1561年，死于1626年。他专心研究哲学，也曾致力于法律政治之研究。他在伊丽莎白女王及詹姆斯一世时，曾受高官显爵，始而为男爵，继而为子爵，最后为公爵。1621年，有人控告他任裁判官时受贿，他自己也承认曾受贿，最终免官下狱，幸而后来英国女王下诏，才赦为庶人。

他的先人迪格比是剑桥大学的伦理学教授，也是当时英国致力于哲学的研究者。他融合了新柏拉图学说与犹太神秘哲学，但是遭到了威廉·坦普尔的反对。坦普尔承继雷默斯的伦理学，而反对亚里士多德的伦理学。

培根有名的《论文集》在1597年出版，1625年又增刊之，其他著作有：

《学术的进展》，1605年；

《培根随笔》，1612年；

《新工具论》，1620年。这是新方法论，反对亚里士多德的伦理学而欲另建新伦理学；是用格言体写出来的，但书未完成。

第二节　归纳法

培根觉得以往的科学与哲学之所以无好的结果，都是由于没有得到正当的方法。现在我们必须采用取得知识的新方法及新逻辑。旧逻辑对于科学发明是无用的，只是根据鄙俗的思想，把习惯的错误弄稳固些，并不能发现真理，所以必须废弃之。

培根在说明方法之前，主张要铲除心中的四种偶像，即错误的意见或偏见。在这四种偶像中，（一）是族类偶像，这种偶像是人心之本性所遗传的，在这些偶像之中，是根本的原因之概念（目的论）以及以人类的欲望为自然物之习惯。（二）是洞穴偶像，这是个人所特有的，产生于个人之特别的教育、气质、地位及其所崇拜的人物。（三）是市场偶像，这种偶像是最讨厌的，产生于语言与名称的联想。语言常用作不存在的事物之名称，或者实际存在的事物之名称，但混淆不清，定义不明，而骤然由事物抽绎出来。（四）是戏院偶像，这是错误的学说或哲学之结果，并且是论证法之错误的法则。

人的心中必须把这四种偶像铲除尽净；如此，方可得到纯粹无伪的知识。求学的目的在于发现原理，其所发现的原理，不在于用文字战胜反对者，而在于用功夫战胜自然。我们若不知道自然，就不能实现这种目的；想发生结果，必须知道原因。现在的三段论法没有什么用处：现在的学问不过是对于已知的事物特别地安顿一番而已。三段论法是由命题组织而成的，命题是由文字组织而成的，文字是概念的符号。若概念是混乱的，并且是潦草地由事物中抽绎出来的——概念原来即如此——那么，全体的结构都靠不住了。三段论法中所用的概念、原理、公理，虽然都是根据于经验，但是那些经验都是混淆的、错误的；那些概念原理都是由经验草率地概括而成的。我们的希望是真正的归纳法。我们必须遵循有秩序的方法，陆续地举出实例，最后得到极普通、极稳固的公理。换言之，我们必须联合实验与理性的能力。

归纳法不是列举例子，若仅列举例子，便是儿戏。人类知识的目的在于发现某种本性或性质之法式，或真实的差异，或出发的根源。培根所说的法式，不是实在论者所说的法式，也不是抽象的法式或观念。他说，我们注意实质应当甚于注意法式；自然界中，除了依一定的法则而活动的个体以外，没有别的东西存在。这种法则的研究、发明、解释，就是哲学的根本。这种法则他名之为“法式”，之后就成了普通用法。培根说，特莱西奥曾说冷热就是自然的活动的法式。热之法式就是热之法则，无论何处的热，都受这种法则的规定，这种法则是热的基础。凡是知道法式的人，就知道自然界的单元在实体上极不相同；他也知道自然中什么是永久的普遍的常住的，且为人类的权利开了一条宽广的大道，是人类的思想所预料不及的。培根说热的法式是运动，是物体的分子之运动。研究这种永久不变的法式，是玄学的任务；研究这种有效的原因与物质以及神秘的状态与神秘的程序，是物理学的任务。自然之法式或根本法则的应用，足以产生最高的发明。培根说，这是应用的玄学，而称之为魔术，例如点金术即一种应用的玄学。而物质的与原因的知识之应用是机械学或应用物理学。

所以科学所要发现的最重要的原因或法则，就是法式，而这些法式是依归纳法来发现的。（一）性质的法式（例如热）即这种法式。一有法式，必有性质。所以有了性质必有法式，普遍如此，永久如此，本来就如此。（二）法式若不存在，性质亦会消灭。所以没有性质，也没有法式。（三）真正的法式是由许多性质所固有的本体之源泉及事物的本来秩序中所熟知的本体之源泉演绎出来的某种性质。此三种法式，可作为我们研究方法之指导。（一）有了某一种性质，我们须先考察一切已知的符合这种性质的事件，不问其实体如何不同（所谓积极的事件）。培根称之为本质表，米尔名之曰契合法。（二）其次考察缺乏某种性质的事件（所谓消极的事件）。然后将缺乏某种性质的事件中与具有此性质的事件最相类似者加以比较，培根名之为缺乏表，米尔名之为差异法。（三）比较我们研究的对象所在事件中的大小等级，其方法为比较其在同一对象中的增减或不同对象中的等级。培根名之为等级表或比较表，米尔名之为共变法。此外，培根还举出帮助人心发现法式的十一种方法，如拒绝、第一期收获、特权事例……但详加说明者，唯此三种而已。

第三节　哲学的纲领

培根说，我们须得重新做学问的功夫。但在他所处的情形之下，他当然未曾贡献一种完全的宇宙论。他的任务在于建立新事业的根基，开启新事业的途径。他为了达到他的目的，就计划写一部大书，这部书共分六篇，仅完成了《学术的进展》与《新工具论》两篇。他根据人的记忆、想象、理性三种心能，分学问为历史、诗文、哲学三类，这三类之中，又分许多专门科目。

哲学是理性的工作；它研究由感觉的印象而生的抽象的概念；它依自然之法则及事实，来区分这些概念，组织这些概念。

哲学中包含有原始哲学、默示神学、自然神学、玄学、物理学、机械学、魔术、数学、心理学及伦理学。原始哲学研究某几种学问所共同的公理，即思想之法则及范畴。玄学有两种功用：（甲）发现物体中之永久不变的法式；（乙）讨论目的或根本的原因。根本的原因不在物理学中讨论。培根说德谟克利特未曾多费时间研究根本的原因，所以他研究自然之深邃，远过于柏拉图及亚里士多德。根本的原因之学说，毫无实用价值，不过是供上帝驱使的一个贞女而已。数学是玄学的一部分，是研究分量的学问。数学与逻辑本应供物理学使用，却超越了物理学。总而言之，数学对于玄学、机械学、魔术都很重要。

第四节　人之哲学

人之哲学包括人类哲学与政治哲学。前者研究单独的个人，后者研究由人类结合的社会。人类哲学研究肉体、灵魂及其关系。所有的细目是：人类的痛苦及特点、梦之解释、骨相、身体对于精神之影响（如癫狂、疯魔）、精神对于身体之影响、心之官能在身体中的正当位置及其机关，并研究医药、运动等种种问题。

人类的灵魂有两部分：神圣的或理性的部分及非理性的部分。凡关于神圣的问题都让给宗教神学去研究。感觉的心灵是物质的，遇热则稀薄，以至于不可见；在完备的动物身上，常住于头脑中，沿神经行走，赖动脉的血液之流动，而解除其疲劳。心灵的官能是：悟性、推理、想象、记忆、嗜欲、意志以及伦理学、逻辑学所研究的东西。这些官能的根源都是属于生理方面的。有意的动作及感觉的问题是有趣的。精细的心灵何以能使粗笨的身体运动呢？知觉与感觉之间有何差别呢？培根发现了许多物体中有明显的知觉之能力，有取同去异之嗜好（例如磁石吸铁，水点相连之类）。一个物体可以感觉到别的物体之冲动，且知觉到别的物体之移动；自然界中无处不有知觉。然而没有感觉（意识），何以有知觉呢？培根也曾研究之。于此可以看出他免除中古时期之有生气的自然观是不容易的了。

逻辑讨论悟性与理性，伦理学讨论意志、嗜欲与爱情。前者产生结论，后者指示行动。逻辑的技术有：研究或发明，考察或判断，演讲或辩论。归纳法属于判断之技术。伦理学的目的在于记述善之性质，并规定合于善之规则。人受自利的与社会的冲动之激发，个人的利益、个人的自卫虽然有时与社会的利益或自卫是一致的，但终究是不相同的。社会的利益叫作义务。政治学的任务在于发现正义与公利之本源。

第五节　玄学与神学

广义的哲学是知识的顶点。这种哲学的基础，建设于上面所说的各种学问之正当的、纯粹的、严密的研究结果上。培根的目的不在于贡献一种普遍的系统，而在于建设比较巩固的基础，发展人之权利及伟大。他觉得构建宇宙观，时候还未到；其实，他很怀疑得到这种知识之可能。

神学分自然的与默示的两种。自然神学是关于神的知识，这种知识可以依自然的光明与人类的沉思来得到。这样知识的范围，若研究得真确，足以驳倒无神论，并足以明白自然之法则，然而不能建立宗教。

培根说："稍微有点哲学知识的人，就主张无神论；但研究哲学深入的人，又要转到宗教方面来，这是很容易由经验得到的事。”然而这种研究不能供给关于神之健全的知识，天上的神秘，也非理性所能认识。由感觉而生的知识，以及科学所产生的知识，对于神学都不能有所帮助。“感觉如同太阳光线，太阳光线照在地面上，反而遮蔽了天体。”关于天上的神秘，我们必须诉之于默示的神学，“舍去人类理性的小技能，借重教会的大渡轮，以期达于彼岸。在这种场合，哲学的光辉，不能再为我们的烛光。我们的意志虽然反对天定的法则，然而不能不服从它；我们的理性虽然不以神话为然，终究不能不信仰它。神圣的秘密愈荒唐而不可信，我们对于神之信仰与尊崇愈心切。毕竟，信仰之价值高于知识之价值。因为知识由感觉产生，而感觉由物质方面得来；至于信仰则由精神得来，是较有价值的东西。所以启示的神学必须依归于神之指令，不能遵循理性之命令”。这种理论不仅适用于神秘的事情上，而且适用于道德法则的解释上，因为有一大部分道德法则不是自然的光明所能说明其高深的。所以培根反对经院学者通过哲学家之原理演绎基督教之真理，而且认定科学与信仰的结合是不合理的。但宗教的原理及信条如果假定了，我们就可以由它们演绎推论。如果承认了假设，就要承认结论。“恰如各种游戏一样，其游戏之法则既然先行规定，游戏的时候，就要完全遵照；不过游戏的技巧是艺术与理性的事情。”

培根对于神学及哲学的划分，是承袭中古时期的；把教义纳入另一个范围，而不归入哲学之中。他对于神学的态度其实是冷淡的。但令人讶异的地方在于，他对于占星术、占梦术以及占卜术极为注意，不过当时信仰这些事情的人有很多，而且对于这些事情还被认为是科学的研究。

第六节　经验论者的培根

培根的经验主义虽不透彻，但可以列入经验论派。他以为人类所有的知识，除默示以外，都是由人的感觉产生的，并且只有个体存在。心灵或理性作用于感觉所提供的材料上；知识是合理的，而且是实验的，但理性无固有的真理。同时，他又把精神的官能，说成天赋的才具。灵魂是物质的，但是还有理性的灵魂，不属于知识的范围，而属于宗教的范围。神学被逐出物理学之外，而为玄学之一部分。

第二章　霍布斯

第一节　目的与方法

霍布斯

霍布斯是近代革新运动中最勇敢最结实的人。他反对古代，与一般革新家一样；他以为希腊哲学是幻想并以排斥因袭的意见为急务。他与培根相同，注重科学与哲学的实用性，而以为知识的目的在于权力。他完全否认神学之科学的性质，不承认有科学的神学。他排斥唯心论的灵魂论，这种灵魂论是与他同时代的笛卡尔的根本思想，培根也将之纳入他的学说中，当作一种附录。他采用哥白尼、伽利略、哈维的新自然科学。他认为他们是科学的建设者；他大胆地演绎机械论的结论于他的唯物论的哲学之中。霍布斯是一个数学家，以为几何学的方法是能给我们确实普遍的知识的唯一方法；至于自然史、政治史，都不过是一些经验而已，不能称之为科学。他的理性论的知识论与伽利略、笛卡尔相同，但关于知识起源的问题，则与培根相同，是属于经验派的。然而他难以将他的理性论和经验论调合；而这两种论调若同时存在于一个思想系统中，就会暴露出许多矛盾之处。他觉得自己对于思想界的贡献是政治学。他曾自夸道：政治哲学不得先于他的

《原治》。

霍布斯生于1588年，死于1679年，享年91岁。他先在牛津大学研究经院哲学及亚里士多德派的哲学，之后为英国某青年贵族的指导者，广游大陆，得以在巴黎结交笛卡尔、伽桑狄、梅森。1640年10月，因国会之乱，逃往法国。1651年回国，与克伦威尔合作。

第二节　知识论

据霍布斯说，哲学是由原因知结果、由结果知原因之学；所以哲学的方法一部分是综合的，一部分是分析的。换句话说，哲学家可以由感官的知觉或经验来达于原理（分析），或者由普遍的命题或者极显明的原理来达于结论（综合）。欲求真正的学问或确切的论证，推论必须从真正的原理开始，单纯的经验，不是科学。霍布斯是一个唯名论者，把推论解释为一种计算，他说推论不过是一种计算，加减普通的名称之结果，以显示我们的思想罢了。

所以知识问题在于寻出第一原理，以作为推论的出发点。这是霍布斯在运动中考求出来的。我们所能认识的一切原因与结果，都是哲学的主要对象。物体有自然的与人为的，所以我们有自然哲学与政治哲学。自然哲学包含物理学、心理学；政治哲学包含政治学与伦理学。第一哲学是根本原理之学，是一切科学之定义；它是研究空间、时间、物体、原因、结果、同一、差别、关系、分量等各种科学的开端。如果分析一些个别的事物，最后可以得到它们的极普遍的性质，而且即刻知道它们的原因。开始的事情若不十分透彻，最后的事情就难以证实了。所以哲学是研究自然的物体及人为的物体之运动的学问，而且一切事情如人性、精神世界、国家以及自然界的变化，无不可以运动或机械的道理来解释。

这些原本从何而起，我们的知识从何而生？我们的思想之起源是感官。感觉留存于记忆之中。积累许多事物的记忆，便是经验。各种思想及影像先后存于心中，成为一连串的思想，由志愿与目的调整之。语言的目的在于传达我们心理的东西于一串文字中，以便帮助我们的思想来保存及传播。言语之用，首在定名；我们在科学中用普遍的名词，然而万事万物本身不是普遍的，并没有普遍的人（唯名论）。所以不论是事实之知识，或结果之知识，都不是绝对的，只是相对的、假定的。

培根虽然注重经验与归纳法，但霍布斯还是以为论证法与演绎是必要的。他以为我们所用来推论的原理，是由感觉来的，因此不相信能够有求得绝对的知识之方法。之后，洛克指出我们不能有完全的物体的学问，更加强了这种疑问。

知识的起源在感觉的印象中。然而感觉是什么东西呢？它如何发生的呢？我们的各种感觉如味觉、嗅觉、触觉都是由感觉机关而来的。外界的事物作用于感觉机关之上，即发生感觉。感觉机关发生了运动，由神经达于脑再传于心，于是心中起一种反应，显出外界的事物。所以感觉、影像或色彩不过是外界的事物作用于我们脑中所起的一种运动或骚扰。感觉并不是事物本身的性质，而是事物对于我们的感觉机关的运动。既然只有运动发生运动，所以除了运动之外，没有别的东西。一切感觉皆是空虚的，唯其原因是真实的。感觉的原因与感觉之间并无相同之处。外界的实体是运动的实体，我们认之为声或色。所以我们由感官所得的外界的形象不是真实的。果真如此，我们如何知道外界的本性呢？霍布斯未曾解答这个问题，这个问题也未曾激发他。他同当时的科学家一样，武断地认为世界是运动中之有形质的世界，后面我们可以看到，笛卡尔想通过自我意识的确实，演绎地证明一种有体积的能运动的实在之存在。

第三节　玄学

空间中有物体的真实世界，这是成立的。想象的空间之外，还有真实的空间，或由物体而产生的空间概念；物体的真形状产生空间的观念于我们的心中；由这种意思看来，想象的空间乃是心理的一种变状。无论何人都不能离体积与形状之变状而有所想象；如静止、运动、颜色、硬度之变状，虽然新陈代谢，彼此相承，但物体是永久不消灭的。运动的意义，是不断地舍弃这一个地方而得着那一个地方，即由此处转于彼处。运动除了运动之外，不能有别的原因。当一个运动产生别的运动时，其意不是这一个变动变成那一个变动，而是这一个变动消灭，那一个变动发生。当某物体发生或消灭一种变动于别的物体中时，就是前者有作用于后者。这便是因果关系。凡变化及运动之有效力的原因，是运动。权力不是异于一切动作的事态，之所以称其为权力者，因为别的动作由它产生。关于运动的起源问题，非哲学家所能解答，唯宗教家才能解答。宗教家说，上帝创造天地时，把它所认为良善的自然与特别的运动赋予一切事物。

物体之外，无经院哲学家所说的无形的实体或精神。实体与物体是同一个东西，若说有无形的实体，就等于说有无形的物体，这是不通之论。而且若有精神或灵魂，也非我们所能知的，因为我们的知识起于感觉，而精神或灵魂不作用于感官上。《圣经》也未曾说有无形质的非物质的灵魂。霍布斯认为上帝本身也是有形质的。上帝之存在是我们所知的，且能用因果法证明之，但上帝之本质如何，则非我们所知的了。

第四节　心理学

霍布斯贡献了几种心的论说。心理是脑中之运动，或是脑之内部的实体，精细的物体。想象或观念是心或脑中的运动，是一种物质的实体之运动。这种主张，是彻底的唯物论。但当他谈论到精神的程序为运动的现象、心理的变动，而非运动时，他又修改了他的唯物论的主张。他说，意识的状态不是运动，而是运动之结果。近世学者称这种意见为附随的现象论：以为意识是一种余形。知识之官能或权力以外，还有动机的权力，使心发生动物的运动于其身体上。运动由脑而达于心。当其有助于活力的运动时，便觉快乐；当其有阻于活力的运动时，便觉痛苦。快乐与痛苦激起嗜欲及厌恶；嗜欲是力图得到某种东西，厌恶是力图避免某种东西。有些嗜欲（如食欲之类）及厌恶，是与生俱有的，有些是由经验得来的。

凡人对于其所喜的，便谓之为善；对于其所恶的，便谓之为恶。人之性质各有不同，因而对于善恶的分别也不一致。善是相对的，不是绝对的；纵是上帝之善，亦不过对于吾人是善而已。快乐是人所嗜好的，因而没有满足之心，只有无餍之求。连续的幸福不是已经兴盛了的，而是正在兴盛的。

想象是有意的运动之起点。继续选择嗜好与厌恶，谓之考虑。考虑之中，最后选择的嗜好及厌恶，谓之决定或意志：做与不做。其余的好恶是意向，不是意志。人的意志与其他动物的意志并无分别。所以好恶的根源，也就是意志的根源。我们的意志是感觉、记忆、悟性与意见的结果。意志与意向，都在考虑之中时，必需并且依赖于一个充分的原因。所以意志是有因果的，不是自由的。说一个人自由，其意是说经过考虑而决定一个目的，一个自由的人，是能做他所愿做的，不做他所不愿做的；如有外界的阻碍，就无自由可言。人之行为是自由的，人之意志是不自由的，人不能不经考虑而决定其意志。若说我能决定我的意志，便是谬妄了。

第五节　政治学

我们既知人之性质，就可以进而研究国家及法律之意义。我们可以综合地研究政治哲学及道德哲学，先研究本原（人心之动机），再由本原演绎建设国家及权利义务之必需的东西。然而我们也可以用归纳法或用观察个人自身的动机的方法，得到本原。一个人以种种方法做保卫他的身体所必需之事，那是正当的、合理的。所以人生来就有权利为其所喜为，享其所能享，安其所能安，乐其所能乐。自然界把各种东西给所有的人享受，所以权利与利益也应当为所有的人来拥有。但在自然状态下，人人都想得到这种权利，都想拥有侵夺别人的权利，抵抗别人的侵略的权利，于是演变成连续不断的混战状态。在这种战争状态之中，没有什么是不正当的。是非正邪之观念，绝然没有。凡无共同权力的处所，就无法律可言；凡无法律的处所，就无正义可言。在混战的时代，欺诈与势利是主要的德性；正义与不正义是人在社会中的要件，不是孤立状态中的要件。亚里士多德说人是社会的动物，社会的本能使人组织社会。霍布斯否认这种主张；他说人类是凶恶的动物；富贵权势之竞争引起仇恨、战争之倾向，因为杀戮他人是为其私欲的出路。在这种战争状态中，无论何人，不能希望有充分的权力来保其随时的平安。于是权力之欲望，遭遇失败，而产生一种任何目的都不能达到的状态。所以不义变得无意义了，开始愿意做的事情，现在都有意废弃了。不义虽然是不合理的，但霍布斯不信人会受理性之支配；人之所以信守其言，大概是害怕发生其他结果吧。

理性要求和平的状态，并且要各个人须求和平。理性的第一种命令或自然的法则，叫人保卫自己；第二种命令，叫人若为了保持和平的必要，纵然抛弃其自然的权利，牺牲其自由，也不要吝惜。如果自然权利已经抛弃，行为就要是有意的。但人之所以将权利让与他人，是因为有彼此交互相让的报酬，或得到别的利益的报酬。所以有些权利（如自卫的权利），无论何人，是不能让与的。人之所以让与权利，目的在于保持生命。权利之互相让与是为契约，所以理性的第三种命令，叫人实行其所缔结的契约。在契约未结之前，权利不让，公道无有，及契约缔结之后，正义就发生了。但是如果这一方面猜疑那一方面不履行契约，那一方面也猜疑这一方面不履行契约，彼此互相猜疑，契约就不能生效力了，正义就不能实现了。所以当正义与不义之意义未明以前，必须有一些强力或惩罚强制彼此一律地执行契约。在国家未建立之前，就没有这种权力；所以无国家，就无正义。此外，还有许多命令或法律大概都如此：己所不欲，勿施于人。

自然法律是永久不变的；一切忘恩、负义、傲慢、邪僻、不公……绝不是合法的。战争绝不能保存生命，和平绝不得伤害生命。这些法律的原理是真正唯一的道德哲学。因为道德哲学是研究人类社会中善恶之学问。这些法律之所以被称为自然的法律，是因为其是理性的命令，其之所以被称为道德的法则，因为其是关于人类彼此的行为；再由其来源说之，也可以被称为神圣的法律。

建设国家，图谋治安的唯一途径，在于委托众人之权力于一人或一团人，使他们用投票的方法，把多数人的意志转化为一个人的意志，这比各个人之间立契约的意义更深。这样地把多数人结合成一个人，就叫作国家；这个国家是一个大人。它是一个主权，握有统治力。

人民不能变更政体；统治权不可侵蚀；多数人所宣布的统治机关任何人都不能反对。拥有统治权者对内有立法司法之全权，对外有宣战及媾和之权，有奖赏惩罚之权，有选任官吏及顾问之权，也有决定适当学说以教育其人民之权。这些权力都是不能让与的，不可分割的。至于其余的权力如铸造货币权，还可以分让与人。这种绝对的主权所引发的流弊非无政府的时代可怕的内讧所能比拟的。

统治权可以握于一人或一团人之手。握于一人之手者，为君主专制；握于一团人之手者，为贵族政治或民主政治。君主专制为最好的政体；因为在国王之前，公私利益关系最为密切，国王的行为，也能较一团人的行为巩固些。统治权本应是绝对的，但有些事人民也可以拒绝。例如不能由契约让与其权利的东西，各个人应该有他的自由；又如不毁伤自己，不杀害他人，不承认罪犯……都是他的自由。霍布斯未将信仰自由的权利包括在这些权利内。他说人民的宗教，应该由国家规定，并且人民必须信仰之。君主代表上帝，发号施令，统辖万物。专门诉之于私人的良心，不免发生纠纷，所以我们不想求和平则已，若想求和平，必须有一个公共的法庭，来决定行动之范围。霍布斯的国家论，可以认为是对英国斯图亚特王朝的一种哲学的辩护。君王是我们的代表，所以绝不会做出不义的事情。他的统治权是我们给他的。他纵使犯了罪，也不能算真正的罪。君主有保护人民的权利，人民就有服从君主的义务。君主的义务在于为人民谋政；如果君主的行为趋向于伤害人民，那就是破坏自然法或神圣法了。

第十三讲

大陆理性派

笛卡尔曾说过："我恐怕我所见的万事万物，都是错的。我觉得我的好欺骗的记忆所贡献的东西，恐怕都不是真的；我恐怕我并无感觉；我恐怕我所相信的物体、形状、体积、运动、位置都不过是心理中的虚构。然则什么东西可以认为真呢？天地之间，也许没有什么东西可以认为是确实的。"

第一章　笛卡尔

第一节　问题

笛卡尔同培根一样，坚决地反对旧权威，极力地主张哲学的实用性质。他说："哲学是人所能知的最完备的知识，是生活之指导、健康之保障，以及一切文艺之发明。"然而他与培根有不相同的地方，他以为数学是哲学之模范的方法：他常叫人研究逻辑，并且利用数学的研究来练习逻辑的规则。他不仅提出人类知识的纲领，而且想建设一种确切如数学的思想系统。他对于自然界的见解与最近的自然科学家相同，自然界的各个事物，纵然是生理的作用及情绪，都须作机械的解释，不必假借于法式或本质。他又采用当时所尊崇的唯心论之根本，来应付新科学之要求。他的问题在于调和机械论与自由、上帝及灵魂之说。

笛卡尔

笛卡尔生于1569年，死于1650年，是都兰人。他是一个贵族家的子弟，受天主教学校的教育，学古文、经院哲学与数学。他觉得唯有数学的道理是确实的，其余的学问一概不能令他满意，一概被丢弃。1612年离校之后，他就想由自己在这大千世界中发明这种学问。于是出门游历，并且加入莫锐斯的军队中，把人情世故好好地考察了一番。当此之时，他的求知之念，一点不衰。即使在司令部中，一遇闲暇，仍然沉思默想。因为他总想求得如数学一样的真理，所以在洛雷托的圣殿中祈祷神帮助他解决这种问题。1621年，退伍之后，至1625年止，他专心致志于游历及研究。自1625年之后，在巴黎与一班科学家结为朋友，因为后来觉得有独居的必要，乃跑到荷兰，潜心准备其著作，凡二十年。1649年，应瑞典极有哲学兴趣的克里斯蒂娜之招，至斯德哥尔摩游历，因气候之不宜，死于旅次。

第二节　科学的分类

据笛卡尔说，哲学的第一部分是玄学。玄学包括知识的原理：如神之主要的性质，灵魂之非物质及我们本身中简单明了的观念之定义。哲学的第二部分是物理学。物理学考求物质事物的原理；既得原理之后，乃概括地研究全体宇宙之如何构造；其次，则分别地研究地球之性质及地上万物之性质——如气、水、磁石、火及别的矿物之性质——再其次，则研究动植物及人类之性质，以便发明对于我们有益的别种学问。所以哲学如同一棵树，玄学是根，物理学是干，其余的学问都是由这干生出来的枝，大体上可分为医学、机械学、伦理学三种学问。

伦理学是最高等、最完备的学问；它包括其他一切学问的全部知识，而且为智慧的最高一级。[①]笛卡尔的《哲学原理》的第

---

① 笛卡尔与古代希腊哲学家及他以后的哲学家一样，注重哲学之实用的及伦理学的意义。他说，哲学是规定吾人之行为的，指导吾人之生活的，它比眼睁睁地指导吾人之步行更为重要。——译者注

一部分，就是玄学，其他三部分，都是物理学的概要。

第三节 知识的标准及方法

笛卡尔的目的在于发现确切自明的真理。这种真理是为具有常识及推论力的人所共同承认的。这种知识非经院学者所能贡献的；他们对于每一种对象有许多不同的意见，在这种场合不能寻出确实性。其他科学，依据经院哲学的原理也不能建立坚固的基础。我们若向经院哲学中寻求明确的知识，其结果不过是得些悖谬的意见与疑难。哲学中无一问题不待讨论。所以欲在学问之中得一些真实可靠的知识，必须扫除这些谬见，而且须从根本上加以改造。

我们为了免于传袭意见，必须研究这个大千世界。“一个人纵然读完了柏拉图、亚里士多德的著作，但是如果不能对于各种问题做出健全的判断，终究不能成为一个哲学家。”仅知他人之意见，不是学问，而是历史，我们须要自己思索。然而我们寻求明确的知识，其程序如何呢？到底应该用什么方法呢？数学是我们推理的最好的模范；因为只有数学家才能寻求确切自明的命题。例如二乘二等于四；三角形之内角和等于二直角；这种说法，我们绝不能有所异议。我们若能于哲学之中发现这种真理，那些无数的争端，皆可解决了。上帝之存在，灵魂之不灭，外界之真实，统统可以迎刃而解，而学问之基础，也可以立定了。

我们如何运用数学方法呢？其方法是什么呢？这种方法是以自明的原理为出发点，这种原理，是听着它、懂得它的人，所共同承认的。由此原理来演绎其他逻辑上必然的命题，如果推论不错，这演绎的命题也是自明的命题。换言之，由简单的自明的命题，至于复杂的明确的命题。这是综合的或演绎的方法。

这种方法必须应用于哲学中。在哲学上，我们须先以绝对确实的第一原理——自明的命题——为起点，以至于同等确实的新真理。这种真理在陈旧的经院哲学中是得不到的，因为由陈旧的经院哲学中只能得到一些不同的见解。而且我们不要依据他人的权威承认任何真理；我们必须要自己去探求真理，切不要把自己未曾显然、明白地认为是真的东西当作真的。在这种地方，必须依靠自己。我们有许多成见，都是当小孩子的时候，由父母师长传授的。这些成见之中，有许多可以由经验证明其为谬误的；也许全部是谬误的。感觉常欺骗我们，因而不能信任它吗？我们如何知道有真的实在与它们相当呢？我们的身体与行动也不是真的实在吗？不，这些问题我们都是不能确定的；我们在梦中总觉得梦中的情况是真的，但其实呢，不过是幻象而已。现在我们也许是做梦，因为我们没有标准确切地区分梦寐与觉醒。我们现在所见的世界，未必不是一个恶鬼使我们在幻想中看到的；也许心理之外，没有这个世界。纵使是数学之论证，也还有可疑之点，因为我们看见有些人对于数学往往不免推演错误，而且把错误信以为绝对的确实。再者，全能的神，也许在创造我们的时候，就使我们常常受我们自认为最熟悉的东西的欺骗。

所以任何观念，似乎都不是真的。笛卡尔曾说过："我恐怕我所见的万事万物，都是错的。我觉得我的好欺骗的记忆所贡献的东西，恐怕都不是真的；我恐怕我并无感觉；我恐怕我所相信的物体、形状、体积、运动、位置都不过是心理中的虚构。然则什么东西可以认为真呢？天地之间，也许没有什么东西可以认为是确实的。"

但有一件确实的事情，就是我的思想或怀疑；这件事是可信的，不容怀疑的。若思想的时候，说思想不存在，那是矛盾的，讲不过去。笛卡尔未曾根据经验的心理事实推定：我思，故我在；但他所持的理由是：怀疑必有一个怀疑者，思想必有一个思想者、思想之物或精神的实质；由此得到他所认为合理的自明的道理。怀疑之意即思想，思想之意便是存在；所以我思想，故我存在，“凡穷究哲理的人，必认之为最确切的知识”。这就是我们所寻求的自明的原理、玄学的起点。这种言论又贡献了一种真理的标准。它是绝对确实的，判然明了的。所以我们可以建立一种普通的标准：凡属判然明了的，都是真的。

第四节　神之存在的论证

现在我们有了基本的本原和知识的标准。然而此外还有什么是我们所能知道的呢？如果我们有神好欺骗人的观念，则任何事物是否真确，尚属疑问；我们尚不知道神是否存在，也不知道它是不是一个骗子。这种难关须得克服。我们的观念有些似乎是生成的，有些似乎是造成的，其中多半似乎是由外界得来的。有一些观念我们当作外界的结果或影本，然而这些东西也许是虚幻的。神为这些观念中之一种。无论什么东西都不能生于无，凡存在的东西，都有其存在的原因，这也是自明的道理。而且，结果与原因，其大小必相同，其真实亦必相同。如最完全的东西绝不能由比较不完全的东西里头生出来。我们必不能是神的观念的原因，因为我们是有限的、不完全的，而神的观念是无限的、完全的。所以神的观念必是神给我们的，而神必是存在的。这种神之存在的论证，不是安瑟伦之本体的论证，而是因果的论证，根据一种完全的实体之概念而来的。这不是因为我们有了神之概念，就说神存在，而是因为若有知道神的人，必有比知道神的人更伟大的东西。但是也可以说无限的观念，仅是消极的概念——完全之否定。据笛卡尔说，有限的观念包含无限的观念或神之观念，是不可能的；假设我们心中没有比我们本身更完全的东西的观念，我们又如何能够怀疑，如何能够希望呢？怀疑之中，便含有真理之标准；不完全之中，便含有完全之标准。

再者，我们不能是我们自己的存在之原因，因为我们有一个完全的观念；假如我们创造自己，必定已将自己创造得很完全，而且必能保护自己，可事实上却不是这样的。假如我们的父母创造了我们，父母必能保全我们，可事实上也是不能的。归根结底，免不了完全而存在的神之观念。我们并无能力认识神之不存在。这是安瑟伦与奥古斯丁所用的本体论的论证。

有的人以为神圣的完全必不只有一个原因，此其实是未加深思之论，因为若有许多原因，便非完全了；所谓完全，必只一个本原，一个神。神必是自为的原因，如果神还有别的原因，别的原因必还有别的原因，以此类推，以至无限，永远不能得其究竟了，我们就有无限的退步，而无归宿了。

我们的神的观念得自神，所以是与生俱有的。神不仅是原因，也是我们存在的原型，神是依据它的影像，创造人类。神创造人时，把神之观念放在人之心中，并不足为奇；好比工人把他的记号，印在他的制造品之上。假使神不存在，人亦不能成其为人，并且神之观念亦不得有。我们知道神及人之心灵，比知道有形的物体还熟悉些。我们对于神之观念加以深思，就知道神是永久的，无所不能的，无所不知的，并且是至善与真理的本源，万事万物的创造者。神无形质，不能以感官感觉之。神有智慧与意志，不过与我们的意志和智慧不同。它不愿意犯罪或作恶，因为罪恶是存在之否定。这是寻常的有神论的见解，常见于经院哲学之中。邓斯·司各脱主张理性不与默示冲突时，我们方能承认理性，笛卡尔对于这是赞同的。又如司各脱说神可以安排一个与现在不同的世界；事物之所以是善的，是因为神将它铸成这样；并非因其为善，神乃铸之。这也是笛卡尔赞同的。

第五节　真理与错误

如此，我们可以得到下列几条自明的真理：我存在，凡判然明了可辨的，皆是真的；任何事物都有原因，原因与结果必有同等的实在与完全；神是存在的，神是完全的，不欺骗人的。但我们常有错误，常被欺骗，是什么道理呢？首先，由于神所赋予我们分辨是非的能力是有限的。其次，错误之发生，是由于认识力与选择力、悟性与意志两种原因同时发生作用。我们若仅靠悟性，则既不能肯定任何事物，也不能否定任何事物，仅能了解可以构成判断的观念，其中没有错误。意志是非常完全的，其本身也不是错误之根源。故错误生于我们观察事物尚未十分明了时，意志遽下判断；把假的当作真的，坏的当作好的，这是意志之错误与罪过。

第六节　外界

还有一个问题，不得不加以讨论，这个问题就是外界。我们想到我们以外，还有物体，然而我们如何能知其真有呢？我们凭本能，把所有的痛苦、喜悦的情感以及一切的欲望与感觉，推论到与物体的原因有关系。但感觉既然是靠不住的，我们就不能以这些经验之存在，来证明物体之存在。然而此等状态，既然不是我们自己产生的，它们必定产生于神，或产生于外界的事物。如果它们产生于神，我们便是受了欺骗——因为我们不知道神是它们的原因——神就是一个骗子了。可神不是一个骗子，这是我们知道的，所以感觉必定产生于实在的物体。

然而物体到底是什么呢？物体是离我们的思想而独立存在的，不因我们的存在而存在，这种独立的东西叫作实体。所谓实体，不过是不因别的东西的存在而存在。其实，也只有一个实体是绝对的，那就是神。所以严格来说，我们只有一个绝对的实体和两个相对的实体——精神与物体。精神与物体彼此独立，不相依靠，但都依靠于神。它们有根本不相同的地方，我们只由它们的属性就能认识它们。属性是什么呢？就是实体之固有的重要的性质。没有属性，实体就不能设想，也不能存在。但属性能以各种不同的形状，来显露自己。实体与属性离了形状，还可以认得，但形状离了实体与属性，就不能设想了。离了体积，就不能想象形状；没有宽广的空间，就不能想象运动；没有思维，就不能有感觉、想象或意志。然而舍了形状或运动，还可以想象体积；舍了想象或感觉，还可以有思维。实体不能变其属性，但能变其形状。物体常有伸张，形体不必一定有伸张。神是无变化的，所以神无形状。

然而事物是什么呢？我们在物体中知觉到最明了的，就是物体的根本属性。声、色、嗅、味、寒、热，皆非物体之属性；因为这些东西是混乱的，不能显然明了地知觉之。我们所感觉到的东西，都不是物体之真的实在。物体的属性是体积，不是别的东西。物体与体积是一种东西。体积是长宽厚，所以体积与空间又是一样的东西。每一个物体都是一个占有一定空间的度量，所以没有空虚的空间：凡有空间之处，便有物体。空间是可以无限分割的，所以空间无最后的部分，因而无原子。物体之最小的部分可以继续分割：分割之结果不是原子，而是微点。体积也不是有限的，有形的世界是无限的。

外界之一切作用是体积之变状。体积可以分至无穷，它的各部分或离或合，成为种种的物质之形式。物质之变化，或形式之差异，都是起于运动的。运动就是物体由此处转至彼处的动作。运动是活动的东西的模型，不是一种实体。一切变动，都是由这个空间转至那个空间的运动转移。“运动是物体或物体的一部分自其密接的物体之邻近转移开，而我们所谓的静止，即转向于其密接的物体之邻近之意”。物理界可以机械学解释之，一切变动皆起于冲突与压迫，并无离开了的动作。所以天文学上的事实，必是因为有了一种普遍的以太而生的。认为有体积的物体是被动的，不是自动的；所以我们说神是运动的第一原因。“神最先创造物质时，就赋予其运动和静止，到了现在，仅能由其聚合的能力保持原先所赋予的运动之量于全体物质中。”这种原始推动力的见解是笛卡尔当时及其以后的科学家所共有的，伽利略与牛顿也都承认。这是亚里士多德的思想。苟欲免于神之干涉世界，势必将抛弃机械论而转入经院哲学，笛卡尔乃说神曾给世界以一定量的运动：运动是永恒的，这是能量守恒定律的胚胎。物体不能自发运动，也不能停止运动；因而物体不能增减运动，而运动与静止的分量始终如一。

因为神是不变的，所以物体界的变化，必是依据有恒的规则——自然法则。一切自然法则，都是运动的法则。物体中的一切差别，都可以认为是各部分之不同的关系。固定的物体，是各部分连结而为静止状态的物体；流动的物体，是各部分运动不息的物体。

第七节　精神与物体

精神与物体是相对的。物体的属性是体积，是被动的；精神是主动的、自由的，它的属性是思维；精神与物体是绝对的不同：精神是绝对的无体积，物体是绝对的无思维。我们不能想象心理或心灵无思维。心灵是有认识能力的东西；我们有判然明了的自我观念，就是因为我们是能思维的。所以精神的我与肉体的我完全不同，而且精神的我可以离肉体的我而独立。离了想象与知觉之能力，我们仍能判然明了地认识自我为完整的，但是离了有认识力的自我，就不能认识知觉及想象之能力。所以想象与知觉之不同于自我，犹如形状之不同于物体。[①]我们清清楚楚地知道，凡是物体的属性如体积、形状、局部运动，以及别的类似的属性，都不属于我们的本性，而属于我们的本性的独有思维。所以精神的观念先于物质的观念而有，且较物质的观念确实些。物体是否存在，当还是疑问之时，我们的思想之存在，就已经确定了。

笛卡尔在这种极端的二元论中，最注意的是：使自然界不受自然科学的机械的解释。精神离开自然而有其独立的领域。物理学遵循自己的路径前进；一切目的或根本原因都放逐于物理学之外。精神和物体的分别恰如经院哲学时代神学和哲学的分别。笛卡尔把这样的学说运用到全体的有机界，甚至于用到人之身

① 然而笛卡尔把意志包含于思维之中，而且把一些高等情绪，也包含于其中，这些高等情绪，并不是精神与物体联合的结果。他在《方法论》中说，思维是一个有怀疑、理解、认识、肯定、否定、意志、想象、感觉等力量的东西。——作者注

体上。他把人体当作一个机械，与动物的肉体相同。人体中的运动原理就是心中之热；运动的机关就是筋肉；感觉的机关就是神经。动物的心灵散布于心脏的血液之中，由动脉入于脑髓，由脑髓传到筋肉和神经。所以身体的机能在这个机械中，自然由其机关的部位，发生作用，恰如钟表或其他自动装置的运动遵循其轮子与摇摆一样。身体中除了血液和动物的灵魂之外，无须假定有感觉的心灵或其他有生机的运动原理。笛卡尔否认亚里士多德和经院哲学派的生机论，贡献了一种有机的自然透彻的机械观。

倘若精神和物体是互相排斥的，其间必无交互的作用。精神不能生变化于身体之中，身体亦不能生变化于精神之中。但笛卡尔未曾由他的前提推演出这种结论。有些事实指出人类的身体和精神有亲密的关系，如饥渴之嗜欲、情绪、心性、色、光、音之感觉皆是其例。这些事情之发生都不能说是仅有赖于身体，或仅有赖于精神，必须以身体与精神之结合解释之。这种结合不能认为是领港人与船舶之结合。精神和身体结成一种联合的实体。上面所说的各种感觉，都是这种联合的结果，是意识的混合形状。换句话说，人不是一个纯粹的精灵。动物的运动及我们常有的运动之发生，与性理无干涉；感官受了外物的刺激，只反应于动物的心灵中，而且这种反应是机械的——动物原来不过是一个机械而已——但人类的感觉就不如此了。倘若人只是一个思想的东西，我们的灵魂与肉体没有什么关联，则我们虽然知道我们饥饿，但并不觉得饥饿。我们就没有这些意识之混合的状态了。

然而这种亲密的联合到底如何，尚未十分明了。笛卡尔曾劝人不要把身体和精神彼此混合起来。他说思想和体积在人类中，虽然可以联合为一体，但本性不一致，不要认为是两个物体之混合。心灵与身体在结构上可以合拢，但在性质上不能合拢，这种合拢不能认为是两个物体之混合。据他说，思想虽能由感觉激发，但不是感官之结果，感觉、感情、欲望是心灵与肉体联合而被激发所产生的。然而身体和精神虽可联合，终究还是有区别的；把它们聚集一起，神也不能把它们分开。笛卡尔的这种思想，似乎以为精神与物质间的关系，不是物质的状态产生或变成精神的状态，也不是精神的状态产生或变成物质的状态；精神只受有机体的作用。笛卡尔之所以有这种游移不定、暧昧不明之论，是因为他想以纯粹机械的原理来说明物质界，同时又想为精神的原理之作用留有地位。但经验之事实指出精神与物质之间有密切的关系，这使笛卡尔对于二者间的明显划分成为不可能。

然而有时候他又毫不迟疑地承认二者之间有因果的交互作用。心灵虽然和全部身体相联合，但其功用较为特殊，它的主要位置在脑髓的松果体中。感觉的对象激起运动于动物的心灵中，再传到松果体中，即生出感觉来。心灵又能以种种方法运动松果体；这种运动传于动物的心灵中，经神经达于筋肉。这显然是认为精神和身体的关系是因果的关系，由松果体作为媒介，生出二者间的交互关系。

第八节　情绪

据笛卡尔说，心灵并非由各种心灵或心能组织而成，而是由一个单一的原理组织而成，这个单一的心灵有智、情、意三种作用。笛卡尔又分心灵为自动的与被动的两方面。前者为我们的抉择或意志之动作，这依赖于心灵本身；我们或爱神，或想及纯粹的思想，或创造想象的景致，或运动我们的身体，完全属于自由意志。后者为感觉及感觉之影本，我们的嗜欲、痛苦、热及其他肉体的感觉，都与外物或身体有关系。自动的状态绝对地在心灵之权力中，身体只能间接地变动之；而被动的状态，则绝对地依靠其生理的原因，除了心灵本身是它们的原因外，心能仅能间接地变动之。然而还有别种状态或知觉，我们觉得它们是心灵本身的影响。这些状态是喜怒等情感，严格来说，都是情绪，它们都是心灵之知觉或情感，都通过动物的心灵之运动而发生，而支撑，而加强。然而这些情绪的主要用处，在于鼓舞并支配心灵，使其对于身体有益之事物发生意志，如恐怖激起逃避之意志，勇敢激起战争之意志，诸如此类。各种正当的情绪之直接原因，是为了刺激松果体中各种动物的灵魂之运动，然而有时也由心灵之作用而生；所以分析情境，也可以激发我们的勇敢的情感。

本来的嗜欲与意志间的冲突，是两种相反的运动之冲突；这两种相反的运动：一种是身体想用其精神激发其松果体之运动，一种是心灵想用其意志激发其松果体之运动。各人可以由这种冲突之结果，认识其心灵之强弱。无论心灵如何软弱，但如果指导适当，无不能绝对地支配其情绪。然而心灵若无真理的知识，依然无充分的权力。

笛卡尔列举了六种原始的情绪，分别为惊、爱、憎、欲、乐、忧，而其他的情绪概属于其中之种类。这些情绪都与身体有关系；它们的自然用处，在于鼓舞心灵发生动作以保护身体，或者使身体较为完美。乐与忧——这两种情绪，是首先要应用的。因为心灵逃避祸害，是直接起于痛苦之感情，而痛苦之感情产生忧之情绪，随后又生憎恨痛苦之心，而希图避免痛苦。

人之善恶全靠心灵本身所激起的内在情绪。因为心灵内部有些东西能满足自己，所以外来的扰乱不能伤害它。要得到这种满足，最要紧的是遵循道德。这是笛卡尔的伦理学受斯多葛学派的影响之结果。斯多葛主义是文艺复兴时期流行的伦理学说，到了近世仍甚为风行。

培根曾经提出精神状态之机械论，霍布斯曾以机械论为其全部宇宙观的基础。笛卡尔欲把机械论应用于大部分心理活动上，但是他未曾以机械论解释一切精神程序。精神本身是一个特别的实体，有理解力和意志力。而且笛卡尔所说的心之知觉如感觉、嗜欲、情绪之类，都是精神之状态，不是一些运动。有些情绪纯粹是精神的，完全不是有机体的活动所产生的。意志是离身体状态而独立的，并且因其意向而产生这些状态。意志是自由的，心灵之道德的理想是使其自身不受外界的束缚，而自为原因。

第九节　生来的观念

笛卡尔的目的在于寻求明白确实的知识。这种必然确实的知识我们在数学中有之，如果遵循正当的方法，在哲学中也可以有之。这些真理是判然明了的，纵然对众人不是一样的。然而这些知识不能产生自感觉：感觉不能捉摸万物之本来面目，仅能表示万物如何影响我们。声、色、嗅、味不属于物体。物体之真相，是去掉感觉所赋予的性质，这种真相，唯判然明了的思维才能认识之。如果真知识不是由感觉经验得来，而是通过根本的原理与概念推论出来的结果，那些原理必是心理本体所固有的，是先天的。心有其自己的标准来作为寻求真理的指南。知识之本原在经验的过程中，即在思维时心之作用中得以显明；但这些原理自初就有几分显明。笛卡尔的根本观念是理性有其自然的规范。然而这些自然规范如何表现，笛卡尔尚未确定，这又是他的游移不定之处。生来的知识，笛卡尔有时谓之为表现于心上的观念，是心灵在其本身中所发现的原理，有时谓之为心灵固有的能力在人类经验过程中所产生的知识。洛克对于先天论的反对，遂使此问题愈加判然明了，并使理性论者如莱布尼茨及康德以别种形式提出其理性论。

笛卡尔的理性论和先天论未曾阻止他注意于经验。他未曾构成一种有系统的知识论，他对于发现真理之方法的兴趣，比对于详细讨论认识之问题的兴趣浓厚些。他虽然似乎是一个怀疑论者，但其相信理性可以得到真知，又是独断论者了。他承认外界之存在，其本性只能由理性来认识，就这一点来说，他又是一个实在论者了。

第二章　笛卡尔的继承者

第一节　问题

笛卡尔的哲学引出了许多难题，使其后几百年的哲学家忙于讨论。神与自然若是两个判然独立的实在，二者当然没有关系。神既然不能将其观念印于人心之中，人也无从知道神是什么。而且神怎样使物质运动，也难以晓得了。笛卡尔有时想避免此种复杂的难题，就区分神之实体及灵魂与身体之实体为两种东西，把神认为唯一的实体，其他的万事万物皆依赖于神，而且为其原因之结果，为其创造品。笛卡尔抛弃了他的思想系统中所固有的二元论，而为斯宾诺莎的泛神论辟了一个途径。他还于人神之间创立了一种二元论，因为他说人秉有自由意志，但依他的学说，不能解释这个大谜。还有人与自然或精神与物体间的二元论，如果精神与物体是完全不同的，二者之间如何能产生关系呢？按照假定，二者之间不能有交互作用，然而事实上有交互作用。所以这个地方有二重的矛盾：灵魂与物体是独立的实体，然而是神所创造的，唯神是真正的实体。物体和灵魂是独立的实体，然而彼此能相互作用。再者，动物的身体是机械，为什么人类的身体又不是机械呢？

新的哲学目的在于调和不可忽略的近世科学的机械论与由基督教而来的唯心论的神学和玄学。笛卡尔的困难几乎尽是由这种调和的功夫而起的。继他而起者的功夫，有的在指出这些困难，有的在找出逃避这些困难的方法。能够逃避二元论的方法有三种：（一）不认为自然是独立的实在，主张绝对的唯心论，如梅尔布朗斯就是这一派；（二）不认为精神是独立的实在，而采取唯物论，如霍布斯、拉·梅特里及法国的唯物派；（三）认为精神和物体是绝对的实体之表示，如斯宾诺莎就是这一派。如欲维持二元论，则须显然地排斥交互作用，而承认平行论。这些玄学问题之外，如知识之起源、性质以及方法诸问题，都需要注意。对这些问题下功夫的，当以英国的经验论派与法国的感觉论派为最多。

笛卡尔的哲学曾在荷兰遭到耶稣会及开尔文派的激烈反对，而且德国与法国的诸大学也曾禁止过。然而荷兰各新的大学中的神学派及法国耶稣教会中的演说家深好之。他们这些人对于笛卡尔的玄学问题，如精神与身体的关系问题，尤好之。雷吉斯（1632年—1707年）、德拉福尔、科迪默、克劳伯、柏克及格令克斯都是这种人。柏克想以笛卡尔的哲学证明妖术、巫术、魔法学以及别的迷信之不可能。克劳伯说灵魂不能使身体发生运动，然而能指导这些运动，犹如御者之御马。《思想之技术》的作者安托尼·阿尔诺亦承认笛卡尔的哲学。

第二节　机会论（偶然论）

笛卡尔派多半反对交互作用说，而借助于神之意志来解释身心的关系。身体与精神有区别，意志不能左右身体。外界发生了身心间的变动，乃是一种机会，是神使之然。自然的变动也不能产生观念于我们的心中，那不过是神产生于我们心中的偶然之因。

这种见解叫作机会论，也就是平行论，以为精神与物质两种作用不是因果的关系，而是彼此平行的。这是批评因果概念的发端，到了休谟的怀疑论中，而达于极点。这种批评就是：精神的原因何以能产生物理的结果，物理的原因何以能产生精神的结果？

第三节　格令克斯

格令克斯解释物质稍有不同。他说，我们不能作用于物理界，物理界亦不能作用于我们，这本来是确实的。然而我们的意志不是借神的特别行动创造运动之机会，运动也不是借神的特别行动创造观念之机会。神也未曾预先规定身体及心灵间的调和。我们的意志虽然是自由的，但神知道我们的意志之向往；全体宇宙都是根据神的知识安排的。“神依它的无限智慧制定了运动之法则，而使独立于我们的意志及权力之外的运动，与我们的自由意志相符合。”格令克斯的知识论也与笛卡尔的哲学不同。他说，我们不能知道事物之真相；唯有神知道它们，我们只知道自我。

第四节　梅尔布朗斯的唯心论

梅尔布朗斯（1638年—1715年）由另一方面观察笛卡尔所提出来的问题。他是耶稣教会中的一个演说家。耶稣教会中盛行奥古斯丁的学说，而梅尔布朗斯又很嗜好笛卡尔的学说。他读了笛卡尔的《论人》之后，遂专心致志于读笛卡尔的全部著作。他的目的在于调和宗教与哲学——调和奥古斯丁与笛卡尔的学说。

梅尔布朗斯说，如果思想与运动是完全有别的，运动怎样能产生感觉，心理如何认识真的体积。这似乎是不可能的事。心理的东西，唯心理能认识之，因为相同的东西唯相同的东西能认识之。我们所见的，不是真世界或真体积，而是观念之世界，理智之世界，或理智之空间。观念在神之心中，只有神具有精神的属性。实在的物体或创造的空间不能影响精神；除了精神的物体——观念之物体——外，其他均不能影响精神。我们所见的万事万物都是观念，不是有体积的物象本身。照这样看来，梅尔布朗斯的学说乃是唯心论的泛神论，若他的学说到此为止，哲学史上批评他为基督教的斯宾诺莎，确有一部分的道理。然而他未曾主张只有一种普遍的实体，只有一种最高的理性，包含一切可能的事物观念。物质的世界是属于不可知之数；其存在与否，不得而知。物质的世界之观念，是我们心理之直接的对象，不是物质本身。若不由自然的或超自然的启示，我们不能认识物质本身之存在。如果神毁坏了这个创造的世界并且依然像现在一样影响我们，我们将继续见着现在所见的东西；我们将相信这个创造的世界存在，因为触动我们心理的世界并不是现在的世界。我们之所以相信这种世界，是因为启示告诉我们有这种世界。如果梅尔布朗斯反对这种不可知的世界，他的学说就是泛神论，但只是唯心论的泛神论，并不是斯宾诺莎的泛神论。梅尔布朗斯对于因果问题的讨论，与后世休谟对于因果问题的批评相似。他说我们不能由内外的经验引出因果间的必然关系，假定有此必然关系的是理性，必然的因果概念是包含在普遍的实体之概念中的。

第五节　帕斯卡的神秘论

布莱士・帕斯卡是一个天才的数学家、物理学家。他的神秘论掺和有一部分的怀疑论。他赞同詹森教派的旧教改革运动，而采用笛卡尔的二元论之机械论的自然观。他又承认空间、时间、运动、数目、物质等第一原理之确实性。他说事物之根本及目的，皆非人所能知；最终的知识也不是我们所能得到的。人不能证实神之存在，也不能证实灵魂之不灭，哲学的论证也许可以使我们得到真理之神，然而永远不能得到爱情之神。所以理性终于怀疑，一到我们寻至最深之处时，便发生困难。然而在宗教的感情中，我们直接经验着神而认识和平："心有其自己的理性，为理性所不知。"但自然的事物——人类的本性与人类的社会——既然是罪恶的，其能救济我们的，只有神圣的思想、默示与教会的权力了。

波伊列（1646年—1719年）采取雅各布·伯麦的神秘主义。赫尔蒙特（1618年—1619年）主张原子论，为莱布尼茨之先驱，受有柏拉图及旧犹太教的陈训之影响。

培尔（1647年—1706年）采取笛卡尔判然明了的知识之标准，来作为他锐利的批评哲学上的独断论之标准。他以精密的辩证法指出宗教中事实与理性之矛盾，而注意于理性和默示——科学与宗教之冲突。宗教只限于默示，而默示必须服从于理性；默示所根据的历史事实，必须加以批评的审查。然而宗教与玄学都不能影响人类的道德。

莱布尼茨与休谟都受有培尔的影响，有一个与戈特舍特齐名的人曾把他的《辞典》译成德文。他的破坏的批评主义，对于18世纪法国启蒙时代的哲学家颇有影响。据近代某一个学者说，那时的哲学家所讲的学说，有许多是取自戈特舍特的，不过未曾指明而已。1717年，腓特烈大帝给伏尔泰的一封信中说："培尔首先发此论战，许多英国人闻风响应，你是应该来结束这场论战的。"

第三章 斯宾诺莎

第一节 理性论

笛卡尔是一个独断论者，又是一个理性论者。他相信人类的理性有得到确切普遍的知识之能力；他想借助于心中所有之自明的概念与本原，创造出如几何命题一样的合理的宇宙论。斯宾诺莎也有这种信仰；他也以为哲学的目的在于通晓万事万物，而且想通晓万事万物，必须依靠判然明白的思维。如果我们由自明的本原为起点，逐步证实论辩中的各步骤，我们就能构成如几何学一样的确实而普遍的真理。笛卡尔曾在他的《杂感录》的附录中举出了一个应用几何学的方法的例子。斯宾诺莎在他早年的著作，如《笛卡尔的〈哲学原理〉》及他的主要著作《人生哲学》中，都秉承了这个方法。先以定义与公理为起点，再进于命题，恰如几何学中的次序。各个命题在论证中占其应当的位置。所有的命题都加以必然的推论之后，再加以注释。在注释中，命题的讨论较为详细，而形式则较为简略。这种模仿的数学方法，对斯宾诺莎的思想影响甚大，后面可以看出来。

斯宾诺莎

斯宾诺莎的方法和目的，取法于笛卡尔的标准。笛卡尔所注意的问题，他也极为留意，只是解释这些问题的方法，较为坚固而有系统而已。笛卡尔对于神和自然——精神与物体——之间，定下了严格的区分，说精神的属性是思维，物体的属性是体积。然而他说神是唯一的独立实体，其余的所谓实体，都依赖于神，而且只有相对的独立性。这种观念，斯宾诺莎奉之唯谨，并以伦理学检验之。如果实体除了自己以外无需别的东西，如果神是实体，别的事物都依附于它，则神之外就无别的实体，当然是显然明了的事情。所以思维与体积不是两种实体的属性，而是唯一独立的实体（神）之属性。宇宙之间，各个事物皆依靠此唯一独立的实体；神为一切性质事变之本源，万事万物皆依之而存在。神是一个能思想、有体积的实体。有了这种主张，实体之二元论因之而消灭，而属性之二元论则仍存在。两种属性——精神的作用和物理的作用——之间，不能有交互作用；二者彼此平行，永不相交。凡有精神作用的地方，必有物理作用；反之，凡有物理作用的地方，必有精神作用。物理界之秩序和关联与精神界之秩序和关联相同。一神论遂转为泛神论，二元论遂转为一元论，交互作用论遂转为平行论。

斯宾诺莎生于1632年，死于1677年。他生于荷兰，是一个葡萄牙的犹太富商的儿子。他初学希伯来文学，想成为一个犹太教师。然而其不满意于犹太教，犹如笛卡尔与培根等不满意于基督教一样。因其好怀疑，遂治笛卡尔之学，而摒弃犹太教。1656年他被逐出犹太教会，并被迫离开阿姆斯特丹，遂辗转于荷兰诸城市，最后定居于海牙（1669年），以磨灵视镜为业。因其深爱真理，至公无私，生活简朴，显其哲学家之风度。然而他的泛神论，颇招一般人的愤怒，历经数百年，还被人骂为无神论者。他在世时，用自己的名字发表的唯一著作是《笛卡尔的〈哲学原理〉》，又名《玄学的认识》，出版于1663年。他的《神学政治论》的出版未用著者的真名。这部书里头批评了《摩西五经》所讲的摩西之由来，而赞成思想自由与教会和国之分离。

斯宾诺莎哲学的根源，经各学者之考查，是来自各方面：阿维罗伊哲学，中世纪的犹太教及泛神论的文学，犹太学者布鲁诺的思辨哲学之类，皆对他有影响。至于构成他哲学的基础，还是笛卡尔的哲学。他所注意及欲解释的问题，就是笛卡尔之理性论所产生的问题。他的泛神论就是对于笛卡尔以神为绝对的实体的概念之解决。然而中古世纪犹太思想家的新柏拉图主义，可以使他相信笛卡尔哲学之泛神论的可能性。

第二节　方法

世界在斯宾诺莎的哲学中，恰如几何学中的一个问题。各个事物必然由第一原理或宇宙的根本而来，犹如几何学中的命题必然由其逻辑的前提而来一样。在数学的演绎法中，结论不是暂时的，而是与原理本身一样永久的。所以事物由第一原因而来，不是时间中的进化，而是永不变的。时间是思想的仪式，无先后的分别，有永久的性质。原因等于结果，根由等于理性。理性的根本或伦理的根本与真实的根本之间，无明显的区别。思想与实在是一样的东西。在实在中，事物彼此相关联或相生。宇宙是一个因果的锁链，必与其前段相关联，犹如推论的程序一样，各结论必根据于前提。在数学的论证中，一个命题必是别的命题之结果，所以在自然界中，各个事物也必是别的事物之结果：全体是一个内部相关联的系统，各部分都有其必然的位置。如此看来，斯宾诺莎的学说是严格的命定论的。而且数学中无目的、无计划，所以自然界中也无目的、无计划。由这看来，斯宾诺莎的学说又是反对目的论的。神如何能有计划或目的呢？思想是隐藏的实体之属性，是与体积一样的，所以不能先于体积而为其根本的原因。然而赋予神以目的便是给思想以前因，而思想为神之表示（或属性），当然与体积同列。

第三节 普遍的实体

斯宾诺莎的哲学系统，完全表现于他的《人生哲学》之中。这部书共分为五部分：（一）神；（二）心之本性与起源；（三）情绪之本性与起源；（四）人类之束缚及情绪之力量；（五）理智的权力或人类的自由。思想之起点是实体的定义。实体就是自己存在，孑然独立，无须借助于别的事物之概念而后可以被认识的东西。若不假定有实体，无论什么东西都不能被认识。然而不假定别的东西，实体是仍然可以设想的。实体是绝对独立的本原。

由这种实体的定义，必得其次的结论。如果实体是绝对的东西，必定是无限的，如其不然，就不能是独立的。而且实体是唯一的，不然必受别的东西的限制，而非独立的东西。实体又必是自为原因的，如为别的东西所产生，则必依赖于别的东西。所以实体是自由的，不受外界的东西的限定；它又是自决的，它的一切德性、行动，必由它的本性而来，恰如三角形的性质，必由三角形的本性而来一样。个人不能被认为是实体，因为其有所限定：一切限定皆属于消极的，所以不能为实体。无论智慧或意志都不属于实体，实体不思想、不计划、不判决，实体未依照有意识的目的而行动：这种目的论完全非其本性。

斯宾诺莎说："以万事万物为神之任意的造就之见解，比较以神所做之事，是出于为善之目的的见解，近于真理。因为这种见解，似乎以为神之外有别的东西离神而独立。其实这种见解不过是给神以一种命运，并且诬蔑了万事万物之存在及本质所依赖的第一原因（神）。"

万事万物之单独的、永久的、无限的、必然的、自然的、自为原因的本原，叫作神或大自然。神非离开世界，如笛卡尔所主张的样子，由外界超自然的原因作用于世界上（有神论），而是在世界之内，为宇宙之内存的本原。神在宇宙之内，世界也在神之内，神为万事万物之源（这就是泛神论）。世界和神是一而非二。原因与结果无显然的区别；神未曾由它创造出来什么东西，离它而独立；神是存在于万事万物中之永久的实体或本质。关于自动的本原或实在之本源，斯宾诺莎用经院哲学的术语，称之为能造的自然；关于原理之结果，称之为所造的自然。

第四节　神之属性

自然或神的定义到底如何呢？换言之，神之属性到底是什么呢？斯宾诺莎所说的属性，是理智所知觉的构成实体的本质的东西。有些人，如黑格尔、埃德曼以为属性是知识的形式，实际上不属于神，而是由人类的思想给予神的。有些人，如斐雪，认为属性是神的本性之真实表示，不仅是人类思想的形式，而且是神之实在的性质。后者之说或许是正当的。斯宾诺莎原是一个理性论者，承认思想之必然的形式有客观的确实性。然而因为一切决定的东西都是消极的东西，所以他对于应用有限的性质于无限的基础上，还踌躇不定。但他想免除此种困难，遂附加无限的属性于无限实体之上；而且无论何种属性，其本质都是无限的、永久的。神为无限大，它有无限等级的无限性质。

无限的属性之中，人心所能知道的，仅有思想与体积两样。自然以无限的方法表示自己，而人仅知道其有体积与思想，因为人是有形质、有精神的东西，所以神或自然也是心物兼有的东西。凡有空间或物质的地方，便有心灵或精神；反之，凡有精神或心灵的地方，便有物质或空间。这两种属性既然是实体的本性之要素，必定有实体的地方，便有属性，而且任何地方都有。体积与思维，在其各自的种类之中，是无限的，但非绝对的无限；换句话说，无论体积或思维，皆不能为唯一之属性。即便神有许多别的属性，都不能谓之为绝对无限的。这些属性都是绝对独立的，不能互相影响，心理不能发生变动于物体中，物体亦不能发生变动于心理中。如果两种东西之间没有共同之处，这一种东西就不能为那一种东西的因；因为所认为其果者并未含有其因中的东西，否则那种结果便是无中生有了。这是斯宾诺莎采取机会论及梅尔布朗斯的学说，主张唯同类乃能产生同类，精神不能产生运动，运动也不能产生精神。

我们不能像唯物论者以物质说明精神，也不能像唯心论者以精神说明物质。精神界与物质界——思维界与运动界——是一个普遍实在之表示，有平等的等级。此非彼之因或果，彼亦非此之因或果，都是一种原因之结果，同是由一种实体中出来。一个不可分的自然或神，由一方面来看，是具有空间与运动的东西；由另一方面来看，是一个理想的世界。这叫作心物平行论。精神界之秩序和关系，与物理界之秩序和关系相同。自然界中也有一个真实的圆与我们的概念的圆相当。

第五节　状态说

各种属性以种种特殊的状态表现于外。状态是实体的性质或变动，或者说是用来认识实体的另一种的东西。状态是事物之变动，舍去事物之状态，无由认识事物之变动。体积的属性自现于有形质的个别的物体中，思想自现于个别的观念及意志之行动中。我们从来没有抽象的思想与抽象的体积，但常有个别的观念和个别的物体。然而离了属性便不能设想个别的观念或物体，例如没有体积，便不能设想运动或静止，没有心理，便不能设想智慧或意识。

由一种意义言之，状态是无限的、必然的，然而由另一种意义言之，则为有限的、暂时的。例如种类是永久的，而个体则有消灭；换言之，个体消灭，种类永存。人类是长存的，理智与意志也是长存的，而个人则有生死。永久的无限的实体，常以一定的方法表现其自身，常表现于永恒必然的物理与精神的形式之系统中，表现于观念的系统与物理的系统中。这些无限必然的观念系统中——观念之全体，斯宾诺莎叫作绝对无限的理智。这些体积状态之系统，斯宾诺莎叫作运动或静止。[①]合此二者，创造出全宇宙之表面。宇宙之表面，虽然其各部分时有变化，然而其全体则始终不变。全体自然可以比作一个有机体，其分子固有来去，其形式（表面）则始终如一。

个别的有限的物体与精神，都不是神的实体之直接的结果；

---

① 运动和静止是体积的状态。斯宾诺莎说，既然没有体积，便没有运动，体积必定是运动的根据。如果体积是运动的根据，运动便是体积的状态了。——译者注

每个有限的事物，都有其充分的原因在其他有限的事物中，其他有限的事物，又有其充分的原因在另一其他有限的事物中，如是递进，以至无穷。各个物体构成各分子内部相关联之锁链，成为一个严密的因果锁链，各个观念，也构成一个同样的锁链。我们心理中的各个观念，都由其他观念而来，其他观念又由另一其他观念而来。我们面前的物体，其存在也是有赖于别的物体；若它的存在不赖于别的物体，别的物体也不能存在。然而普遍的实体不是这个个体或那个个体互相依赖，也不是必然地出自神之本性。但是若无万事万物所依赖之永久的潜伏的实在，便不能有个别的思想或物体。斯宾诺莎深知我们不能由实体的概念，用逻辑的方法，引申出来这个或那个个体——有限的状态；我们永远不能由概念演绎个体。若有一个无限的具有体积与思想的实体之概念，我们不能指出必有某种个体随之而生。但是我们可以说（斯宾诺莎相信）有了某种实体，种种思想与物体必定随之而生。宇宙之一切德性，必由其实体而来，恰如三角形的一切德性，必由三角形之定义而来。然而我们不能由三角形的概念演绎别种不同的三角形之存在、数目、大小及形状。同样的道理，我们也不能由神或实体的概念演绎世间的各种有限的物体之存在、数目及诸种德性，不能演绎实体表现于其中之状态，不能演绎动物、植物、矿物及其他具体的个体。这些东西，不是必由实体的观念而来，它们是恍惚不定之事。斯宾诺莎似乎以为它们互为结果。这是以普通的科学解释为限，未尝做深的解释，至于从理性方面来解释更是不可能了。

由永久的形式观之，神为它的无限之属性；由时间的形式观之，则神为世界。由感觉及想象来看，自然界是孤立的现象之形式，但这是纯粹抽象的浅薄的见解。若由悟性来看，自然是一个普遍的实体，而个别的现象仅是自然之有限的形式。所以离了实体的状态，便没有什么状态能存在。实体是永远的本原，状态是暂时的本原。所以个别的状态，不是永久的，而是实体之暂时的表现。

斯宾诺莎的状态说，是由他的理性论的假定来决定的。在逻辑上，我们不能由神的概念演绎个别的状态。所以它们无真的实在，都不是本质的。然而事物之本质——经院哲学中之共相——是神心中之必然的观念；而且依经验的指示，个体虽不能持久，其所属之种类则能持久。所以由宇宙之表面不变动之意义言之，一切状态都是必然的、无限的、永久的。但个别的状态既然根据于实体，那么万事万物必来自实体，何以个别的状态不是实体之必然的结果，这实在难懂。斯宾诺莎的困难在于想把宇宙解释为合乎逻辑的。他受了几何学的方法的影响，遂以为万事万物常由第一原理而来，这种见解，使变化、进化成为不可能的；然而经验要使他相信有变迁。斯宾诺莎为了迁就逻辑与事物，遂提出了必然状态与偶然状态之说。

第六节　人类的心理

据笛卡尔说，有物质的实体与精神的实体，彼此互相作用。据斯宾诺莎说，只有一种实体或本原，一切作用——精神的作用及物质的作用皆依赖之，而为其作用。所以无心灵或自我，无具有思想、感觉、意志之精神的实体；心灵自有其思想、感觉、意志。这些精神的状态，不是物体或物体的作用之结果。观念或精神的状态，与身体的作用相当，二者平行。然而此二者同为一种东西之作用，是同一种东西所表现的两种状态。它们不互相影响，其中没有交互作用。

所以一切事物是物质与心理之状态或形式：一切物体都有精神，一切心灵皆有物体。凡有物体之处，便有观念或精神的现象；凡有精神的作用之处，便有物体。所以斯宾诺莎称人类的心理为人身之观念：物体或运动是空间中与观念相当的对象或作用。人体极复杂，由多部分组成。人心也是由许多观念组成的。身体愈杂，心理愈能得到精细的知识。人心不仅是物体的观念，而且是认识其行动或自我的意识；所以斯宾诺莎名之为物体观念之观念或精神之观念。然而心之认识自己，唯在其知觉物体状态的观念之时。

各种观念的秩序和关联，与事物的秩序和关联相同。身体之动作及情绪之秩序和关联，与心理之动作及情绪之秩序和关联相符合。万物皆有精神与身体。宇宙中一切观念或思想形成统一的精神系统，相当于自然系统。各个心灵是无限的智慧之一部分，而无限的智慧是由无限的心灵及观念组成的，而且是神之思想之永久的状态。若果真如此，物质的秩序是有因果关系的，则精神系统也必是因果来决定的。

凡心理所不知觉的东西不能发现于身体中，换言之，身体中没有不与精神状态相当的。由此言之，人心必知觉人体中所发现的任何东西。然而若无相当于身体状态的观念，便无从知道物体的本身与物体的存在。人心知道别的物体之性质及存在，也是这个道理，因为他的身体受别的物体之感触。然而这些感觉的知识，不是判然明了的，而是混淆的；依靠这些观念，得不到身外身内之一切精密的知识。因为心依机遇的符合而由外界来决定，所以它的知识不免于混淆；唯由内部来决定时，其知识方是判然明了的：一次可以认清几件事物，并且了解它们的异同。

第七节　知识论

斯宾诺莎的知识论，见于他的《人生哲学》及《理智改进论》中。（1）暧昧不明的观念，生于想象；它们依赖于感官知觉，而感觉以物体的状态为对象。未经批评的经验及意见，不是真正的知识。（2）我们也有充足的知识，判然明了的观念，合理的知识。理性探求事物之真相，认识它们的必然的关系，确定它们的永久的形式。理性又于万事万物所共有的性质中认识它们的普遍的本质，又于它们对于神的关系中认识这些必然的永久的本质。这种知识是自明的，自己具有证据。由此言之，真理是其自己的标准。真理之表示其本身与错误，犹如蜡烛照亮黑暗一样。（3）斯宾诺莎称直觉的知识为最高的知识。直觉的知识与理性的知识之分别殊难辨别。依据直觉，一切事物都可以认为必然地起于神之本体，由神产生直觉，由神之属性的客观本质之适当的观念进而达于万事万物之适当的本质。想象不能认识全体事物；它只在现象之细节处起作用，不能把握其一体，不能了解其意义。想象为偏见、迷妄、错误之源；并由之而相信：所谓独立个体以外的通常观念，相信自然界的根本原因或目的，相信具有人类形式及情绪之神，相信自由意志及其他别的错误。理性与直觉都否认想象所产生的这些结果。唯有理性及直觉能使我们辨别真伪。具有真实观念的人，就能知道真理。

斯宾诺莎说，谬误是知识的欠缺。观念无所谓真伪，使其为真或伪者，是某种对象之存在的假定，而对象并非存在者。观念只是一种观念、一种虚幻，在这种时候，就是知识的欠缺。我们之所以会形成不适当的观念，盖由于我们是思想司命的一部分，构成我们的心灵之本质者，有的是思想司命的思虑之全部，有的是其思虑之部分。

第八节　理智与意志

就心灵认识观念言之，心灵是理智；就其判断真伪言之，它又是意志。无论理智或意志，皆非心灵的才能；没有什么心灵的才能，只有心灵中的观念。心灵化为观念，它是身体的一个观念，它反照生理的作用。斯宾诺莎未曾区分知识、感觉、意志。意志也不过是事物的观念而已，意志的个别动作与个别观念是相同的，故理智与意志是相同的。意志是肯定或否定自己的观念，这种肯定或否定（判断）之动作，不是笛卡尔所说的自由选择的动作，而是由观念本身所规定的。自由意志是没有的，自然界的事物都是被决定的，万事万物必由普遍的实体而生。人之心灵只是神圣之思想的状态；而且意志的个别动作，皆由别的状态所规定，这是前面已经说过的。再者，精神与物体之间，无因果的关系，意志不能运动身体。凡物理一方面的事物，皆遵循机械法。意志欲望的决定及物体之因果的规定，都是一样的。由思想的属性言之，则谓之决定；由体积的属性言之，则谓之规定。人想到自己是自由的，因为其不知道因果。向下坠的石头，若是自觉，也要觉得自己是自由的。因为人自以为是自由的，遂构成赏善罚恶之观念。斯宾诺莎把自由与任意看作是一样的东西；然而在神一方面，自由是与它的本性相合的动作。

所以意志与理性是一样的东西。理智有感觉或想象的阶段，意志有与之相当的情绪及意志之阶段。情绪是混淆不适当的观念，与生理状态相当——与人心之被动的方面相当。人之无知及糊涂，起于爱恶、希望及恐怕之情绪。如果心有判然明了的观念，又有理解力、认识力，则心是自动的，不是被动的，而且是合理的意志。由这个想法看起来，人明明是自由的；人不受机械律的支配，而受目的的支配。在斯宾诺莎的学说中，这是另一个问题。他说："若以为人的动作受了强制，就是做那与他的意志相反的事，为不自由的，我可以说在某些事态之中，尤其当具有自由意志之时，我们绝没有被强迫之事。"斯宾诺莎的主要辩论在于反对绝对的自由，或无根据的意志。但心灵若理解事物之意义，或有了适当的观念，就无情绪，并不受羁绊。凡人之知识愈混乱，则愈为情绪的奴隶，愈受限制，愈软弱无能。反之，知识愈清晰，则愈为合理的，愈能理解宇宙之一切关系，愈能脱离情绪之羁绊，而自由独立。知道的意思，是脱离一切恨、怒、惧、妒，甚而至于爱、欲、怜、悔等情绪之羁绊。凡知道事物必然的原因，或看出它们与神的必然关系，就晓得爱神；这种理智地爱神，是为自己而爱神，因为人是神的变状。又因为神爱自己，也就爱人，因为人即神的一部分。

情绪不是人类本性的错，而为人性之必然的德性，所以不得不认其为线、面、体以研究之。喜、忧、欲为三种根本的性情。一切情绪之根本是自保之欲望。万物皆力图维持其存在，人想维持其物质与精神的生命，无有不极其努力的。凡人性所努力的，皆人心所知道的；此等有意志的努力，当其仅与心灵有关时，是为意志；当其有关于心灵及身体时，是为有意识之欲望。凡增进我们的欲望的，谓之善；不然，则谓之恶。所以人的目的，都在于增进其生存；如果增进了，便觉得喜悦；如其不然，便觉得忧愁。喜悦是由不完全进而至于完全；忧愁是由完全退而至于不完全。喜悦非本来的完全，如果某人生而完全，便无喜悦之感情了。凡人皆欲维持其喜悦的感情，免去其忧愁的感情。我们都爱使我们喜悦的原因，而讨厌损伤我们的原因。苦乐之原因，为将来设想则是希望或恐怖。人各相信自己为其自己动作之原因，所以当其喜悦时，觉得自足，当其痛苦时，便觉得悔恨。喜悦的感情愈甚，行动愈活泼，我们愈活泼，愈觉得有能力。所以嫉妒、怜悯这些情绪，对于我们是坏的，它们足以减少我们的能力及生机。斯宾诺莎如笛卡尔一样，为近世生理学的心理学之先驱。

第九节　伦理学与政治学

斯宾诺莎的哲学之基本动机是伦理的及宗教的。他说："人之至善是认识神，心之至德是知神。"想达到这个目的，唯有借重于哲学；伦理学必须根据于玄学。伦理学是他的学说的极点；其主要著作，也就名为《伦理学》（即《人生哲学》）。斯宾诺莎与霍布斯有点相似，同以自利的前提为出发点，不过曾加以修改，削弱其功效。他说，万物皆力图自卫其生存，这样的努力，便是德性。所以德性就是权力。凡减损身心的权力的东西，皆谓之恶；怜悯与忧愁是恶，喜悦是善。自然之所要求者，是不悖于自然之事物，所以自然要各人自爱、自利，并且力图得到使其达于完全之域的事物。自然之权力是神自己的权力，所以各个体对于其所认为于己有利之事物皆有最高的权力。而运用这种权力的方法，或以武力，或以策略，或以请求，无所不可。例如大鱼有正当的权力占据水，并且可以吃小鱼。照这样看来，斯宾诺莎的学说，是大胆的自利主义：强力即正义。然而他的学说并不止于此。他以为道德的行为是合理的行为：道德的行为只在心灵有适当的观念时。情绪不是权力，而是软弱与奴隶之源。各人皆须寻求真正于他有益之事物，并且理性昭示我们说，除非可以得到知识者，否则不会有益于心灵。人生中最有益之事，是完成悟性或理性；唯有如此，乃能构建最高的幸福。其实，最高的幸福不过是心灵的满足，而心灵的满足则起于直觉地认识神。完成悟性，就是领会神与神的属性，以及由神之本性所产生的必然行动。

人欲完成其存在，或图有益于己，莫如统一人类的目的；想统一人类的目的，莫如把众人之精神与身体形成一个精神与一个身体。有助于人保持其真实的生存者，莫如其他自求其真实利益的有理性之人；所以，如果各人都自求其真善，或依理性之指导来行事，则各人都大有利益。因此，凡受理性支配的人不希望于己于人无益之事物，而他们的行为都公正、诚实、值得尊敬。凡于他人为好者，也于自己有好处。所以以德报怨是善行；憎恶、愤怒、复仇、嫉妒、轻蔑都是恶行。谦逊、克己、悔恨、希望虽然可以使意志薄弱之人趋向于更合理的生涯，却不是善行。

在自然状态之中，人各有为其所能为之权利；那个时候，强力便是权利。在这种状态中，因为人玩弄权术，就引发争端，于是不得不舍其自然之权利，以求和平（即社会的契约）。国家因而成立，以限制个人的自然权利及其任意行动，以图公众的幸福。正邪、是非，在此种有组织的社会中，始有意义，换言之，道德之实现，唯在能构成社会生活之时也。

斯宾诺莎的伦理学，就其个人的根本动机在于谋得个人的完全或幸福言之，是个人主义的。他以为人不可不自求其幸福，其最高的幸福，是神之知识或宇宙之知识，因为这足以得到精神的和平；想达此目的，须顾及他人的福利。就其以精神最高的善为神之知识、精神最高的德为知神言之，又是普遍主义的，至善为神之爱，能充分知神，则是至善。

我们的至善，成于合乎理智的爱神。这种善，是永久的。人类的精神不能绝对地与身体共腐朽，必有一些东西永久存在，恰如身体有些部分永久存在一样。我们的经验知道并且觉得我们是永久存在的，而且精神之存在，不受时间限制，也不能用恒久来表明。

第十节　神的概念

神这个词，在斯宾诺莎的哲学中，有种种用法：或以为神与宇宙是同样的，或以为神与其属性是同样的，或以神为具有无限属性之绝对统一的实体，或以神为高于其他属性之统一的实体。然而其真正的意义，是以为神是一个宇宙，是一个永久必然的统一体的宇宙，是有机的全体，复杂中的统一体。

斯宾诺莎显然否认神有人格与意识，认定神无感情，无理智，又无意志。它不遵循目的而动，然而万事万物必须遵循由其本性出来的法则。它的行动是因果的，不是有目的的。它的思想由世界上的观念汇总而成。它有思想的能力或属性，表现于绝对无限的理智中，或思想之永久必然的状态中。而此等状态又依次表现于人类的精神中。然而斯宾诺莎说神自知其本质，又知由其本质所生出的一切东西。

第十四讲

经验论之发达

物体产生广袤、坚固、运动、颜色、声音、嗅味、感触诸感觉于我们心中。这些感觉中，有些是事物的模样或原始性质，有些是事物对于我们的影响，不是事物之恰当的表现。感觉供给我们的心理以材料，为知识之基本。

第一章 洛克

第一节 问题

如前所说，就霍布斯对于知识之理想言之，他是一个理性论者。他与笛卡尔一样，以为单纯的经验不能给我们以确实性。同时，他又同意于培根以感觉为我们之知识的源泉。这两条思想线索，似乎不能在一个系统内相调和。为何呢？若以为知识起源于感觉，必会破坏了知识之确实性。霍布斯自己也感觉到了这种难关，所以对物理学往往流为怀疑的结论。洛克认为这个问题，比任何问题都重要。他以为哲学是认识论，而且以考查知识之性质、起源、效力为哲学之所有事。他的《人类悟性论》即为此而作。

洛克（1632年—1704年）在牛津大学学习哲学、自然科学及医学。他反对当时大学中所流行的经院教授法，而爱读笛卡尔的著作。他自1666年至1683年，为沙夫茨伯里伯爵的秘书，并为他儿子与孙子的老师。沙夫茨伯里被放逐于荷兰，他又随之到荷兰。詹姆斯二世被废，威廉嗣位之后，他又回到了英国（1689年），做过几次大官。之后在马沙姆公爵家里度其余生。

洛克

第二节　知识论的起源

据洛克说，哲学是万物的真知识，研究下列三件事：（一）万物之本性（物理学）；（二）有合理的意志之人所应奉行的知识（伦理学）；（三）取得及运用这种知识的方法与手段（逻辑或批评学）。洛克以为这三件事中最重要者，为知识问题。当我们从事研究之前，须得检查我们自己的能力，查看我们的悟性是否宜于研究之。洛克的主要著作《人类悟性论》即为此而作。据他所说，当我们说什么是确实的知识，什么不是确实的知识，什么是我们知识的限度之前，我们须先研究我们的观念之起源。一切原理欲得到先天的知识，多赖于知识起源的发现。此固笛卡尔及其他许多哲学家的主张，没有怀疑的理由。所以先天的观念之问题，就成了洛克《人类悟性论》之第一卷讨论的问题了。

如果有先天的真理，我们之心必认识之，因为心上所有的事物，绝无不认识之者。洛克由此假说进而否认先天真理说。他说，我们心中原无固定的思辨真理或实用真理，纵或有之，也是与获得其他后天的真理的方法一样获得的。如果一种原理可以于不知不觉间感印于心灵中，则心灵中的事物何为先天、何为后天殊难区别。所以我们不能说当我们开始运用我们的理性时，我们马上就觉得有先天的真理。因为没有受过教育的人、儿童及野蛮人都有其理性，却不知有这种真理。道德律亦不能叫作先天的，因为其非自明的，非普天之下所共认的，不能涵盖所有人类的行动。例如某种行为在有些人看来，是罪恶，在另一些人看来，则是义务。比如说先天的观念是因为成见、教育及风俗所遮蔽，逐渐看不明了，那便是否认先天的观念。再如说先天的观念不能消灭，它就应该明白表现于一切的成人、无知识的人及儿童中。笛卡尔所力倡的神之观念，亦非先天的，因为在各民族中，有些民族无神之明显的观念与知识，有的民族竟然毫无神之观念与知识。纵或普天之下，所有的人类都有神的观念，亦不能说神之观念即是与生俱有的。为何呢？譬如火、热、太阳及数目之观念，不能因其为所有的人类所共知共认，即足以证明其为与生俱有的。原来神之观念，不过是有理性的人在宇宙创造中显出其智慧与权力的时候而发现的，不能说其为先天的观念。

总之，观念与本原非先天的，如同艺术与科学非先天的一样。人心开始如黑牌、胶板、暗室、空房、白纸，其中未着任何痕迹，未写任何文字，未蕴藏任何观念，然则其如何得到种种装饰的呢？一切理性与知识之材料由何而来呢？洛克对于这种问题，用经验二字为其答案。他说，我们所有的知识，俱可由经验中找出来。我们观念的来源有二：（1）为感觉；（2）为反省或内心的感觉。感觉供给人心以可感觉的性质。反省供给人心以心灵的动作，如知觉、思想、怀疑、信仰、推论、认识、选择等动作。人类理智的最初心能，是能够接收由感官所得自外界物体的印象或由人心自己思索于其上而得的印象。洛克所说的观念，就是人心本身中所知觉的东西或知觉、思想或悟性之直接的对象。

如此而得的观念，是简单的观念，人心可以反复之、比较之、结合之，成为无限的样式，且可以任意产生新的复杂的观念。然而悟性不能发明或构造一个新的简单观念，亦不能消灭心中所有的简单观念。有些简单观念来到人心中，只经过一个感官，如色、声、臭、冷、热、硬之观念，即属于此类。有些简单观念来到人心中，须经过一个以上的感官，如空间、长宽、形象、静止、运动之观念，即属于此类，因为其须经过视觉与触觉。又有些专由反省而来的观念，这种观念即人心观察其心中的观念而得的各种观念，如注意心中的知觉、记忆、区分、比较、糅合、命名、抽绎之作用，即属于此类。此外，有些观念是来自感官与反省两方面，如快乐、痛苦、权力、存在、统一、绵延，即属于此类。

感觉观念大多数不像外界物体，不是外界物体中所固有的恰当的影像与形相。外界物体有权力产生物体的观念于我们心中；这种权力我们可名之为性质。这些性质有属于物体本身，绝对不能与物体分离者，洛克名之为原始性质，如坚固、体积、形相、动静、数目之类，即此种性质。有些性质不属于物体本身，而是由其原始性质所产生的各种感觉，这种性质，洛克名之为二等性质，如声、色、臭等等，即属于此一类。

我们所有的简单观念，概是来自上述的各种门径。我们的一切知识，概是此等观念构造而成的，恰如英国文字概由其26个字母构造而成的一样。人身内外的感觉，是接受光线于悟性之暗室中的窗户。然而人心能够依其自身的能力，将其心中所有的观念综合起来，产生新的复杂的观念，而为其从未有之连贯。人心能把两个观念互相连贯起来，而得着一种意见，由此得到关系之观念；人心又能分析各种观念，这就叫抽象作用。人心接收简单的观念时是被动的，当其行抽象作用时，是自动的。复杂观念无数，综合其大体，可得三种：状态、实体、关系是也。

状态观念是复杂观念，不能自存，只能附属于实体，如三角形、感谢、杀害即是其例。单纯的状态是无别种观念掺杂其中。混杂的状态是由各种单纯观念混合起来，而成一种复杂观念。例如美观，即颜色与形相之混合，而使观者发生快感者。将空间之简单观念结合起来，而得广大、形相、地位等简单的状态。时、日、年、永久、继续，即绵延之简单状态。此外，还有心理作用或思想之简单状态。

实体观念亦是由心综合简单观念而成的复杂观念。实体的复杂观念由代表特别个体之性质的观念结合而成，又是此等性质之主宰者的混杂观念。例如铅的实体观念即综合淡白色及重量、硬度、柔韧、融合等观念的混同观念。我们常觉得有些简单观念出自感觉，又有思想掺杂其中，我们认为它们属于一件东西，遂以一个名字称之。我们不能想象这些性质（观念）如何能够自立，而惯于假定有底盘支撑之、产生之，故名之为实体。我们所有的实体观念可分为三种：一为物质的实体，二为心理的实体，三为神。

关系观念，是由比较事物而来的。所有事物概有关系，所有关系之观念，概由简单观念构造而成。因果观念是关系观念中最概括者。因果观念产生于感觉与思想。我们的感官告诉我们说，万物有变化，实体与性质是有的，它们之所以存在，是赖于别的东西的作用。产生简单或复杂观念者我们名之为因，其所生者名之为果。例如热为蜡之融化之因，蜡之融化为热之果。因是使别的东西发生者，果是由别的东西而来者。因果有创造、发生、制造、变更之各种样式。想得到因果观念，只要想一想简单的观念或实体必须赖于别的东西的作用而后有之，即已足了，不需要知其作用之状态。此外，还有其他无数的关系，如时间、空间、宽广之关系，齐一、差异之关系，道德之关系……

第三节　知识的本性与确度

由上所述，可知我们心中知识的材料是感觉与思想供给的。人心作用于这些材料之上，而构成复杂的观念。然而这些观念，有什么知识的价值呢？它们须具备何等条件，而后为知识呢？观念必须判然明了，因为混乱不清的观念，将使语言之用处不真确。真实的观念，是根据于本性上的，是与事物之真相或原型相符合的。我们的一切简单观念，概是真实的，这不是因其为物体之影像或代表，而是因其为外界的能力之结果。复杂的状态与关系，除了我们心中所有的以外，没有别的实体，它们无意符合于外界真实存在的万物之真相；它们之所以真实，是因为它们是这样构成的，好比有与它们的内容相符合的可能的东西存在一样。它们自己就是原型，所以若无矛盾的观念混杂其中，便不致为虚假的。然而实体的复杂观念，是我们想让其代表外界的实体，而且是实际存在的；所以实体的复杂观念，只有是外界真正的事物中简单观念的结合时，方是真实的。确实的观念充实地代表事物的原型，而不确实的观念是原型部分的或不完备的代表。简单观念与简单状态概是确实的；实体的观念概是不确实的，因其为真实存在的东西的模仿。当心想把某种观念加于非其固有的事物上时，其所得之结果，可以说是真的，亦可以说是假的，因为心暗中假定它们是与事物相符的，而此事物也许是真的，也许是假的。

既然我们所有的知识是关于观念的知识，所以知识不过是我们对于许多观念联结一致与不一致的知觉而已。我们知道白的不是黑的，即白之观念与黑之观念不一致。知识之分明有各种程度。有时候，我们的心知道两个观念的一致与不一致，是直接由两种观念本身而知道的，无须别的观念作媒介。这就是直觉的知识。例如我们不假思索而知道白的不是黑的，圆形不是三角形，两个少于三个。这是很明白确实的知识；无须证明，亦不能证明，它是自明的真理，我们的一切知识之确实与证明，皆依赖之。有时候，我们不能直接知道两个观念间的一致与不一致，必须与其他的一个或一个以上的观念相比较，而后能发现其一致与不一致。这是推论，是间接的知识，是论证的知识。这种需要媒介的知识，本来也是确实的，然而其明白与确实，则不如直接的知识；其一致亦不如直接的知识之容易认识。但这种知识的各个步骤，必须皆是直觉的确实，以使其结论达于确实之域。数学中有这种论证，并且我们亦常借着间接观念的帮助来认识观念间一致与否。直觉的知识与论证的知识都是确实的；如缺少确实性，则是信仰或意见，不得为知识。

然则关于外界的知识将如何说明呢？我们心中有外界事物的观念：这件事之确实，如任何确实事物一样。然而观念之外还有别的东西吗？我们能确实推定外界有东西与此观念相合吗？外界真实存在吗？有时我们的观念并无实在的东西与之符合，如梦中的观念。有一个证据使我们怀疑起来，也就是说，我们对于身外事物之存在的知识超越了明显的可能性而未到达完全直觉的论证知识之境地。洛克叫这种知识为感性的知识。我们除了我们自身与神之外，无其他真实存在的自明的知识。我们由直觉而知我们本身之存在，由理性而知神之存在。然而我们依感官的注意而知外界物体之存在，虽然不如直觉的知识或推理的知识之确切，可是也配得上称为知识。除了感觉本身所给的明证之外，我们还可由别的相关联的理性证实之。外界物体的知识得之于感官。它们与记忆印象有异，它们常伴随有辛劳，它们彼此间互相证明。

第四节　知识的限度

然则我们知识的范围如何呢？我们的知识能达到什么地步

呢？既然知识是我们观念间一致与不一致的知觉，则知识的范围不能出于我们的观念之外了。凡无观念之处，便无知识；我们的知识就止于由少数并不十分正确的知觉所报告的范围了。然而我们的知识甚至比我们所有的观念还要狭小：我们不仅不能越过所经验的东西，而且不能有我们所想有的观念的知识。我们未曾完全经验过我们所能经验的，又未曾理解我们所有实际知觉的。我们的无知识，第一是因为观念之缺乏。比我们完善的生物，也许比我们多有一些简单的观念，并且它们的感官比我们所有的感官精确些。有些东西，在我们看来是辽远的（如行星），另有些东西是细微的（如原子）。因此，我们不能发现我们的许多观念中必然的关联；我们看不出来物体之隐微部分的形状、大小、运动与物体的色彩、臭味、声音之间有何关联；我们不了解金子的黄色、重量、延展性、硬度及融合性之间的关系，因为我们只知道这些性质中的一部分，也知道在那儿必定还有其他的性质。例如下一个三角形的定义，必定说三角形内角之和等于两直角；这是自明的命题，对于任何三角形俱是真理。然而我们不能由我们具有的黄色与某重量的金属的观念，确切地推演出来它是有延展性的事实。又比如我们的观察只对我们说金子是有延展性的，然而一切金子俱有延展性，便不是自明的真理了。我们所要的是普遍自明的真理；知识由这种真理成立，然而我们不能由我们自己所有的一切经验而有这种知识。

还有必须记住的事情就是，欲使知识真实，我们的观察必须与事物之真相符合。这又使我们的知识有所限制了。所有简单的观念都是外界事物的代表，因为其是作用于我们心上的事物之必然的结果。

外界物体有使我们产生白色感觉的；我们虽然不知道让我们

产生此感觉的是什么，虽然不知道其如何作用，但知道必有什么东西。我们的复杂观念，虽然大半会给我们以知识，但是我们的知识的产生，也还有别的理由。它们不是事物之抄本，亦不是事物之原型，它们是我们心中自造之原型。我们的心本其自由选择之力，未曾考究各观念的本性所可有的关联，而是将各观念结合起来。我们若记住这种事情，就可得到确实的知识。这种知识，数学中有之。数学家形成三角形或圆形的观念；这观念即他们心中自作的。他们由圆或三角形的定义，按照逻辑推演出来的命题，是真实而确切的。若真有一个三角形，无论其在何处，必合乎三角形之定义的真理。

然而我们的实体之复杂观念与此不同。实体观念是假定其代表外界物体的原型。如果实体观念中的诸性质并存于自然界中（如果自然界中有什么东西是黄的、可熔化的、有延展性的……），则实体之观念，便是真知识之对象。凡简单观念，如果并存于某种实体中，还可以求得其相互关系。然而此处有须注意者，我们对于实体不能做普遍的判断，因为看不出来相互的观念中必然的联系。经验告诉我们说，有些性质并存于实体中，然而我们不能发现何种性质依赖于何种性质，而且我们不能由我们所观察到的并行的诸性质来推断其他的性质亦必与之并行。没有一种关于金子的简单普遍的判断，使我们知其为确实的真理，为绝对自明的真理。如果我们能发现金子的延展性与重量间必然的关系，则我们可以做一普遍的论断，说：所有的金子都是可延展的；这种论断的真理，与三角形之内角和等于二直角的真理同样确实。

关于实体方面，还有别的困难问题。自然中的实体不是独立无依的东西；它们的性质大半依赖于自然中许多不可见的情形。

种种自然之流，来自何处而使一切奇怪的机械运转不息，其表意及形容如何，皆非我们所能注意与赏识的。所以要了解这些事情，须得了解整个宇宙。然而我们竟然不能发现它们精细的及活动的部分之形状、大小及组织，更难发现外界物体加于其上的运动及刺激。所以我们不能知道一个物体的原始性质经常发生什么变化于别的物体的原始性质中，亦不知其如何发生，更不知道什么样的原始性质给我们以观念或感觉。我们不能知道此等原始性质与其结果间必然的关系。所以我们所得的普遍确实性甚少，只能以或然性为满足。因为这种理由，我们就不能有完备的自然科学。关于神灵方面，更无从知晓了。“对于自然物体（非指精神事物）的完备科学，我们并不是愉快的胜任者，我们对其追求的辛劳终归白费而已。”

故普遍确实性只能于我们观念间一致与否中求得。其能供给我们的普遍知识，只有我们自己的抽象观念而已。我们关于真实的万有（除了我们自身与神以外），不能有自明的言论，亦不能在其上建立学问。

我们所思想的、推论的、讨论的、依赖而行的言论，其中有许多并非确实无疑的真理。然而有些是很近乎确实无疑的。那些言论符合我们自己的经验及他人的经验之证据，只是其或然的程度颇有差别而已。但洛克以神的启示之证据为最高的确实，我们对于这种证据的信任叫作信仰。信仰是一种已经确定的信任之原理，其中无可怀疑的余地。唯此种信仰，我们须确定其为神圣的启示。所以我们的信任最多不过是神圣的启示之佐证。如果有言论与我们的直觉知识发生冲突，不得谓之为启示之言论。信仰绝不使我们信任与我们的知识相矛盾的事情。如果说任何相传的神之启示来自神，殊为无稽之论。此所谓的神，我们就其字面意思理解，的的确确是与理性原理相同的。然而有我们的心能发现不了且超出于理性的事情，如果为启示，则是信仰之正当的事情。所以人死而复活，纯粹是信仰的事情，理性无须过问。

第五节　玄学

上面已经叙述了洛克对于知识之起源、准确度与界限等各种问题的主张。兹进而叙述其思想所根据的普通的宇宙观。洛克未曾在其任何著作中叙述过他的完全的实体论，但他的思想根据的是哲学的先立条件，可于其《人类悟性论》中发现。虽然他对知识加上了限制，而且常常迷惘于怀疑论，但他采取了笛卡尔所主张的玄学且稍加以变通。

据洛克说，世界是由实体构成的。实体是一切权力、性质、活动的根源。实体有物体与心灵两种。物体这种实体，有体积、坚固、运动诸属性。这些属性是其原始的性质，我们由感觉得之。所以无物体的场所，便是空间，是真空间；有运动即有空间的明证。物质的实体之外，还有精神的实体——心灵。心灵是一个真实的东西，我们对它有判然明了的观念。它的性质是思想、意志（使身体运动的权力）。这些性质我们可由反省得知。然而思想并非心灵的本质，而是心灵的运动。心灵是一种非物质的实体。精神的实体之观念与物质的实体之观念是同样判然明了的。我们将物质的性质集合起来，假定有一个主宰者掌管之，就构成了物质的实体之观念。我们反省自己内心里的各种作用——思想、悟性、抉择、认识、主持——假定有一个主宰者掌管之，就构成了精神的实体之观念。无判然明了的物质的实体之观念，就说无物质；无判然明了的精神的实体之观念，就说无精神。二者皆是合乎理性的。

“我们想到物体在心中便有那样判然明了的观念，我们又为何不能承认不具有物体之思想也如同那不具有思想的物体一样是存在的呢？况且想象无体积的思想，并不比想象无思想的物体更难。”归根结底，我们知道我们体内有一个精神的东西能视能听，比我们知道我们外界有一个物质的东西还要确实些。而且无认识能力的物质与运动，绝不能产生思想。想象一下原有的物质，竟然产生了感觉、知觉与知识，实为难能可贵。

纯粹的精神（神）是主动的，物质是被动的，然而人之心灵是主动的兼被动的。据经验所示，心灵有运用物体之力，外界的物体亦产生变化于心灵之上。我们所有的观念，都是物体对心灵发生作用的结果，这就是“交互作用说”。我们不知道交互作用如何，也不知道一个物体如何运动另一个物体，这是实情。然而我们对于精神中有主动能力的观念比对于物体中有主动能力的观念要明了些，也是实情。所以想象一个有体积的东西并不比想象一个有思想的东西更容易。

精神与物质俱是实在的东西，它们有交互作用。物体作用于精神上，产生颜色、声音、触觉、坚固、广袤等感觉。这些感觉皆是第二等的性质，未曾忠实地代表外界的实体。外界的物体，未曾有颜色、声音、气味。这些性质都是外界固定的东西作用于心理上所产生的结果。广袤、运动、坚固之观念，确实是真实的物体之抄本。物体是固定的，可以运动。然而就我们所想象的来说，物体只能影响物体，运动只能产生运动。所以我们若说物体产生苦乐或声色之观念，那是抛弃了理性，超出了观念，而完全归之于神之善恶了。

洛克在这种地方遇着了难关，机械论与显然的经验事实有冲突。如果运动只能产生运动，它怎么能够产生意识状态于我们心中呢？据洛克说，这些意识状态是神附加于运动上的，我们不能知其为运动产生的。这又流于机会论了。心理如何能引起运动，意志如何能产生作用，这是同样难以想象的。

洛克为了解决这些困难，乃说运动如何产生运动之难以了解，恰如运动如何产生感觉及感觉如何产生运动之难以了解一样。然而根据经验的教训，这是经验上时时刻刻都会有的事情。洛克对于这几点，常迷惘于机会论，犹如他对于心灵之非物质的问题一样。他大概的思想是以为精神作用不是单纯的、不可感觉的物质之作用，若无非物质的思想，就不能有感觉。我们的身体中有精神的东西，能听能看。同时，他又怀疑这个东西的本性。他以为这个东西也许是物质的，也许是一个能思想的物质的东西。我们既然不知道实体的真实本性，又如何能知道有体积的东西无思想，有思想的东西无体积呢？我们绝不知道：单纯的物质到底能否思想。我们不知道思想是由何物构成的，也不知道神给予何物以思想的权力。此种权力只有神恩方能允许，而非一切创造品所有的。神把种种结果附于运动上，这是我们不能想象的；神为何不给它的某一系属的创造品以感觉、知觉和思想呢？

这都是洛克的思想系统中的一些矛盾与难关。然而他的学说大半仍是二元论的。他以为实体有两种：物质的和精神的——无认识力的和有认识力的。这是他同笛卡尔的一致之处，不过他在物体上加了一种坚固不可入的属性。他还有与笛卡尔的一致之处，即他也采用了微分子说的假设，来作为事实之最好的解释。他说宇宙间有极端微小的物体——原子，有分量、形状及运动之力。这种不可见的微分子，是物质活动的部分，是自然的大工具，不仅物质的第二性质依赖之，而且物质的自然作用亦大半依赖之。但我们对于它们的原始性质，无精细明了的观念。没有人认识它们的精细的分量、形状或运动，也没有人了解那维系它们的线索。如果我们发现了两个物体之精细的构成部分之运动、组织、形状、大小，我们就能知道它们的交互作用，犹如我们知道正方形或三角形的性质一样。然而我们未曾知道这一个物体如何运动那一个物体。因此，微分子说的假设，最终没有增加我们对于物质的实体的认识。因为我们未曾看出物体的性质与权力间的必然关系，所以我们的知识不充分，我们对于物体无真实的学问。无论如何，原子论或微分子论，不能算作宇宙观。

除了精神与物质之外，还有一种精神的实体，就是神。我们本来无神的先天观念，但是我们若依我们的自然能力之正当的运用，就可以认识神。神之存在，与两直线相交的对角相等，是同样确实的。我们是把由存在、绵延、知识、权力、幸福等经验而来的观念加以扩大，而至于无限，再综合起来，才构成神之复杂的观念的。然而我们未曾知道神的真实本性。

洛克证明了神之存在是因果的、目的论的。他说人都确确实实地知道他自己的存在，也知道无不能产生真实的有。所以如果有真实的有，必有其产生者。而且有既然由其有而生，必有其他的有所具有的一切东西。万物之永久的根源必是万能之根源，所以这个永久的根源，必是无所不能的，同时又必是无所不知的。无思想的物质不能产生有思想的东西。如果神曾经创造了有思想的东西，它必定也创造了次于宇宙的精美的东西，宇宙才得以证明其无所不能。可是我们虽然可以想象神，却不可以想象神为物质的。即或它是物质的，它毕竟还是一个神。物质也不能与永久的精神共悠久。如果有人问神如何能由无造有，洛克就说，我们虽然不能想象思想如何发生运动，但是我们不能否认这件事。

第六节　伦理学

洛克的伦理学是与普通的见解一致的。他的伦理学是经验的伦理学，其目的在于个人的快乐。他说无所谓先天的道德真理，各人所做的道德的判断，未尝以心中所固有的规则为凭借。人之知道道德的规则，人之认识其道德的义务，与其知道其他的事情所用的是一样的方法。他们知道道德的规则，是通过他们的教育环境及国家的风俗。成人将其认可的道义灌输于儿童的心中，儿童长大了，见其呈露于他们的良心中，即认为是神所赋予的，而不知其为别人所灌输的。所谓良心，不过是我们依据后天所得的道德知识，来观察之、模仿之，最终形成的是非观念。所谓道德，就是行为与规则的关系，是有意的行为与法规的一致与不一致。

然而道德的法则是怎样构成的呢？是非的知识是怎样得来的呢？据洛克说，快乐与痛苦为道德之大的指导者。人天生希望幸福，厌恶忧愁。所以这种心理是自然的趋势，影响人所有的行为。然而这种心理是意向，并非悟性的真理。所谓善，足以引起我们的快乐；所谓恶，足以引起我们的痛苦。个人时常寻求幸福，希望发生幸福的事情。充分的幸福是最大的快乐，充分的不幸是最大的痛苦。有些行为产生公共幸福，促进社会和谐，而且有益于个人。神把公共幸福与道德合而为一，使道德的实行成为社会的必需。人发现了这样的行为，而将之作为实行的规则。人通过遵循道德的法规，得到个人的利益，故特别尊重之。

通过立法来规定人类的行为，若无权力来奖赏其服从者、惩罚其不服从者，则其所立之法必徒劳而无功。如果行为的自然结果有充分的动机力量，便无法律之必要。法律为了规定人的意志，特依立法者的意志与权力，对于人之行为给以赏罚。法律有三种：一、神法；二、民法；三、舆论法。神法是神依自然之光明或启示之力量，对于人类行为所规定之法。神能用来世之赏罚，强制实行其所立之法。义务及犯罪即由神法而来。民法是国家所规定的，含有法律上的赏罚。犯罪与无罪即由此法而来。然而大多数人是受舆论法支配的。赞赏与责备，是使其行为符合社会上的意见与法规的强有力的动机。人若违背了社会上的风尚与意见，就逃不了社会的厌恶与指责的惩罚。社会上奖赏和尊重的便是道德。人将其行为与这些法则相比较，若是一致的，便称之为善；若不一致，便称之为恶。然而道德的真髓，是神之意志与法律，是道德的基础。

大体上来说，道德与不道德，无论在何处都是不变的，而且与神法所规定的善恶之不变的法则相符合。服从神法可以得到并增进人类之公共的善。所以有理性的人类，若顾及自己的利益，亦不至误于颂恶而责善。这是古代希腊之快乐论的道德说，再加上狭隘的基督教神学之意见。道德不是别的，而是有益于己或人的行为。人生中最长久的快乐是健康、名誉、知识、行善及来世之永久的不易了解的幸福之期望。

洛克虽然说了我们的道德知识如何产生于经验，但他又说道德的知识可由某种第一原理推论而得，可由论证而得。道德如同数学，可以论证。具有无限权力、智慧与善的至神之观念与有理性、悟性的人之观念，如果以正当的研究来讨论之，必定可以发现义务与行为法则的基本，而使道德成为可以论证的学问。“无所有权即公道，这种言论与几何学上的任何论证是同样确切的。”“政府不许有绝对自由，因为政府是要求人服从法规的；绝对自由，是主张人可以为所欲为的。这种言论的真实确切，绝不亚于几何学上任何言论的真实确切。”

总而言之，我们有是非之经验的知识、论证的知识与启示的知识，三者并不冲突。神给人以幸福的欲望，使其发挥道德法则。神给人以理性，理性依据论证而得到道德的真理。神在《圣经》中又启示经验与理性可以得到相同的道德法规。

第七节　自由意志

据洛克说，自由之意不在于意志或选择方面，而在于人之依其心中所抉择的去做或不去做的权利方面。我们不能说人之意志是自由的，若问人之意志是否自由，与问人之睡眠是否迅速、人之道德是否方正，是无意义的。意志是一种权利或能力，是一个人思想其行为、抉择其行为的权利。自由是另一种权利或能力，是依其心所抉择的去做或不去做的权利。所以如果问意志是自由的吗？便等同于问一种权利是另一种权利吗？这种问题是荒唐无意义的。意志是一个实体或一个主动者吗？这样问便对了。意志绝不是一个实体或心能。人之所以自由，在于其有权利按其心所抉择的来思或不思、做或不做。人若无权利按其心所抉择的去做或不做，纵使其行为是有意的，也不得谓之自由。意志常受支配，行为出于不得已，便觉得有被强迫的不适意。这种不适意，是希望得到所缺少者的表示。神给人以饥渴及其他自然的欲望，是希望人支配其意志、保卫其身体、绵延种族的。含有压迫性的不适意，是自然而然地规定意志。然而鼓动欲望的是什么呢？那唯有幸福了。

第八节　政治学

洛克的国家论体现在其两篇《政府论》中。第一篇是反驳菲尔麦的专制政治[①]；第二篇是讨论政府之真起源、范围与目的。他反对政府之绝对的专制，君王有绝对的神圣权力，人类无自然的自由与平等的权利。据他说，人在法律许可的范围内，不管个人的意志如何，都有支配其所认为正当的行为之完全的自由权。人本来就是在自然的平等状态中的，没有这个人的权利多于那个人的事情。自然法则或理性告诉我们，因为人都是平等独立的，所以无论何人都不能伤害别人的生命、自由与所有权。[②]每个人必须保护自己，在不与自卫相冲突的范围内，还要保护别人。在自然状态中，每个人都有权惩罚违反自然法者，保护无罪者，抑制犯罪者，报复侵犯者。处罚犯罪者，不嫌过分，不可宽容，并使其有悔过之心，以作为他人之警戒。

自然状态不是如霍布斯所说的一种战争状态，而是和平、善意、互助的状态。神使人加入社会是为了便利，而且是有意加入社会，又给人以悟性及语言，使其能继续加入社会，但是自然状态中缺少很多东西，如既定的法律、公平的裁判者，以及维护执行正当判决的权力。到了一些人结合成社会，拿出自己行使自然

① 菲尔麦的专制政治，以为族长权是由亚当遗传下来的，是神圣不可侵犯的权力。锡德尼（1622年—1683年）在其《政府论》中反驳菲尔麦在《圣经》上的论证。诗人弥尔顿（1608年—1674年）要求有家族的、教会的与政治的自由。巴克利为强烈的绝对专制之主张者。洛克的主张，大半基于呼克尔的《教会政治之法律》。——译者注

② 洛克于1669年为查理二世所赐给一般贵族之最早的宪法起草，即根据此意。——译者注

法则的权力而委之于政府时，到了人结合为一个团体而受治于最高政府时（契约论），就有了民治的社会。

所以绝对的专制是与民治的社会不相容的。因为如果君王有立法兼执行的权力，便无公正无私的公共裁判官，也无标准的法规可循；人民皆是君主一人的奴隶。其实，无论何人，若非自己的同意，不能受别人之政治权力的支配。但是如果一些人自己同意，而组成一个社会，如同一体，则此一体依据内部大多数人的意志所规定的来行事，俨如个人依其意志所规定的来行事一样。到了这种时候，每个人就要献身于社会，而服从大多数人所决定的法规。不然，听其自由，无所拘束，仍如处在自然状态之中，便无法团结了。共同的意愿，便成为不可能的了。所以和平治理国家的政府是依照人民的同意而行事的。

人若不限制其自由与权力，社会将难以安定，而有彼此互相侵犯之虞；因为人若尽是君王，尽是平等的，而无裁判官处其间，则人之所有权将有不安全之虞。若无这种可虞之处，则无须有社会，只有自然状态即可。人之结成国家的最大目的，即在于互相保护生命、自由与财产的安全。所以社会的权力，绝不能超出于公共福利之上。

原始的基本的自然法，甚至支配的立法本身（因须与公众利益相符合），是保护社会及社会上每个人的基本法。共和国家之原始的基本的人为法是立法权的设立。立法权不仅是至高的权力，而且一经公众给予把握者即为神圣不可侵犯且不可变更的；任何个人的命令未经公众选择指定的立法权的批准，皆无法律的效力。然而立法权不能任意地专断人民的生命与财产，它局限于社会的公益。自然法在社会上未曾失去其力量，自然法永久地为立法者及其他一般人的法规。故我们无权来奴役他人，摧残他人，剥削他人。立法权亦不能赋予其本身有临时专断命令的权力。一定的条文是必需的。更有甚者，此至高的权力若不得到人民的同意，不得攫取人民的财产。征税须取得大多数人的同意。它也不能把制定法律之权任意委之于别人。

有立法权者不可以有执法权。同盟的权力是同共和国以外的人民及团体宣战、媾和、同盟、协约及交易等的权力。同盟权与执行权常常联系在一起，最好委之于一人之手。执行权有法律之最高的执行权，不应该附属于别的权力之下。然而执行者如果执法时有不妥当之处，立法者可以将其所委托的行政权力与同盟权力取消。立法权虽然是最高权，但它是用来达到一定目的之权。如果其立法有违于其所受托的目的，人民有剥夺、改善之权。但是如果有政府存在，则立法者是最高的。选择立法者之权在于人民。霍布斯不以为君主是国家的灵魂，而以为国家的灵魂是代表人民的立法者。无论君主或立法者，如果违背了人民的委托，人民就可以裁判之。

第九节 教育

洛克与近世诸大哲学家一样，指责由经院哲学遗留下来的教授法不当，而主张一种根据于经验的心理学与伦理学的教育方法。他说，人初生时，心中未受任何原理之熏陶，唯有取得快乐之欲望，感受印象之能力，所以教育问题，必须通过经验来学习与实现幸福。为了达到这种目的，健康的身体，健全的感官，是必要的。想要身体强壮，必须操练，所以体操是儿童训练所必需的。儿童的个性必须遵循自然程序来发展，所以单独教授是可贵的。洛克又力言实物教授的重要性，从游戏中学习，来激发儿童的精神活动。学习必须感觉有趣。最要紧的是，教育之社会的目的不要忘掉，青年人必须被训练成为对社会有用的一分子。

第二章　洛克的继承者

第一节　洛克的影响

洛克的学说是许多思想途径的出发点。他的影响与笛卡尔一样，不仅蔓延于其所生存的时代之外，而且扩展至各国。席勒说，伟人的真髓历数百年而不灭，颇适用于洛克身上。他的《人类悟性论》是近世哲学史上第一部概括的知识论之著作，启发了休谟与贝克莱的学问，而且促成了康德之集大成的学说。他的经验的心理学为英国联想派心理学——布朗与哈特利的心理学之本源，而法国的感觉派的心理学——孔狄亚克、爱尔维修的思想亦由其中滋生而来。他的道德哲学，由沙夫茨伯里、哈奇森、弗格森、休谟、亚当·斯密诸人介绍之，修改之。他的教育学说大有影响于卢梭，经卢梭之手，而影响全世界。他的政治学说由伏尔泰、孟德斯鸠发挥之。卢梭的《社会契约论》，完全是修改了他的学说。他全部的思想精神，是英国与法国自然神教运动的主动力。他对于启蒙运动的影响，比他以前的任何思想家的影响还大。他代表近代独立批评、个人主义、民主主义的精神。这种精神表现于16世纪、17世纪中的宗教改革中，而且极盛于18世纪的启蒙运动中。哲学家的思想，深印于人心中及制度上，从来无一人赶得上洛克。

第二节　自然神教

自然神教产生于洛克在1695年所著的《基督教的合理论》中。洛克以为理性是启示的最后标准。他说，启示的真理本来是绝对确实的，这无须怀疑；但人类的理性亦即启示本身的标准。他与切伯里的赫伯特一样，以为自然神学的言论是可靠的，但不认为其是与生俱来的。自然神教论者，即运用洛克的观念，将启示纳于理性的标准之下，而于自然法则中寻求神之真的启示。在这种基础上，基督教铸成了合理的宗教，不再是神秘的了，而是与创造者同时而生的。约翰·托兰德根据此理论，于1696年著了一部《基督教不是神秘不可思议的宗教》，不幸为英国圣公会所排斥。他的《瑟琳娜的信札》与《泛神论》，都是关于自然宗教的著作。柯林斯在1713年所著的《自由思想论》就是反对教会干涉《圣经》之批评的研究。其他依据自然宗教来著书的人，应当不止一两个。但是科尼比尔及巴特拥护启示的神学，反对自然宗教。

第三节　心理学

当洛克谈论道德知识的起源时，他划分了感觉与思想的界限。他又以为人心有一些权力或心能，能作用于感觉材料上。他的很多继承者想解释一切精神作用，如思想与心能，都是变形的感觉。而且他们想把反省及悟性皆化为感觉。彼得·布朗在1728年所著的《悟性的次等范围与限度》，即代表此种见解，之后法国学者孔狄亚克在1754年所著的《感觉论》中，即详细地阐明了此旨。孔狄亚克想指出具有单独一种感觉（例如嗅觉）的人，是如何依次发展其注意、记忆、比较、苦乐、情绪、欲望、意志的。比较是感觉之汇集，由比较而生的判断、反省、推论、抽绎，即悟性。反省是我们现在所有的与以前所有的感觉之总和。为了得到一个外面世界的印象——广袤、形式、坚固、物体的观念，触觉是一种必需的感觉。这种说法给我们以客观的实体知识——我们以外还有物体——不过这个客观的实体之本性如何，我们尚不知道。

感觉主义以种种形式流行于英、法两国，其重要人物有：哈特利、普里斯特利、伊拉斯玛斯·达尔文、詹姆斯·米勒、边沁、爱尔维修、孔多塞、博内及百科全书家与唯物论者。博内（1720年—1793年）虽然主张一种温柔的感觉主义，但他认为一切精神作用——无论高等的还是低等的——都依赖于脑子的振动，这种振动使非物质的心灵发生反应。爱尔维修进一步将感觉主义运用于伦理学上了。

观念联合之法则（观念依一定的秩序而集合于人心中）最先为亚里士多德与霍布斯所注意，其次又经洛克与盖伊的讨论，而穷究极研以构成一个哲学的系统者，则为哈特利（1705年—1757年）。他在1749年著的《对人之身体、职责及期望的观察》即为此目的而作。结合观念联合律与观念为感觉之影本说，以为解释精神生活的主要原理者，是经验论者的休谟、孔狄亚克、普里斯特利、米勒、边沁及许多近代心理学者。他们在伦理学上来解释道德的感情。他们说人一想到快乐，就会联想到使其快乐者；道德感情使人得到了其所爱的利益，人的感情就渐趋向于获得此等利益之事物，因此就引起了爱好道德的趋向。

第四节　伦理学

英国经验论者以为是非出自经验，道德基于自卫的冲动或幸福的欲望。其实，培根未曾轻视社会本能，不过到了霍布斯与洛克，方才以为人性在根本上是唯我的，道德就是开明的自利。理性论者如卡德沃思、克拉克、沃拉斯顿则否认这种经验论的唯我主义的思想。据克拉克说，我所欲人加诸我者，应转而加诸人，这是当然的道理；如果否认这种道理，便是只以二加三等于五为满足，而不以为二加三等于二加三了。英国功利论的祖师坎伯兰（1632年—1719年）否认这种理性论者之先天的道德知识说，但他亦不以自利说为然；他以为人有同情与自利的感情。社会生活或共同福利是至善，人可通过社会的感情或理性达到至善。

英国继承洛克的道德学说者，以为道德知识的主要基础在于感情或冲动，而不在于理性或先天的是非观念，但他们认为道德感情是人性所固有的。沙夫茨伯里在其1711年所著的《人之特性》中说，人有自利与社会的感情；道德是二者之正当的均衡；通过道德感觉而知道它们是否调和。哈奇森在他于1725年所著的《美及道德之观念的研究》与他1755年所著的《道德哲学的系统》中，把这种思想做了一种有系统的论述，而且在这些著作中首先用了最大多数的最大幸福说。属于此派的著作，还有休谟在1751年所著的《道德原理的研究》；弗格森在1763年所著的《道德哲学的研究》；亚当·斯密在1759年所著的《道德感情论》及在1776年所著的《国富论》，他以为同情是道德律的本源与标准。这些学者均注重人性之感情冲动的方面，以为人之道德的判断与行为，并非凭借于理性，而是凭借于情感。他们多数是直觉论者。他们有的以为固有的良心能区别动机与行为的价值，有的以为道德判断是凭借于同情的。他们都以为公共福利是至善，坎伯兰与沙夫茨伯里以为至善是完美，还有些人以为至善是幸福，但完美与幸福之间，未尝有明了的区别。

巴特勒（1692年—1752年）在1726年所著的《人性论》，以及在1736年所著的《道德论》，大体上都是追随上述学派的，但他极端注重良心。他以为良心不是道德的感情，而是反省的本原。他说："每个人皆有一种高尚的反省或良心的本原，以区别心内的本原与外表的行为。其断定某者为善、公正，某者为恶、不公正，不假借于他人的劝告或商议。"这种高尚的本原若有力量，就可以绝对地管理世界。他又以为个人的幸福是最终的、合理的标准。我们若了解我们的真幸福，则良心（或本分）与自爱（或利益）完全是一致的。我们的幸福与痛苦的观念，对于我们来说最恳切、最重要。若秩序与美观、调和与均匀的观念彼此间不一致（其实并非不能不一致），都一定在其中渗透有幸福的观念。当我们寂静无情时，不能区别秩序与美观、调和与均匀等是善的或恶的，要等到认为其是幸福或不幸福后才开始追逐之。

威廉·佩利在其1785年所著的《道德及政治哲学的原理》中，排斥了道德感情之说，而主张应该依行为的意向来估定行为的价值。凡最有价值者为正当。"道德是向人类行善，服从神之意志，延长幸福"。

与沙夫茨伯里相反的曼德维尔（1670年—1733年）想指出自利比仁爱所贡献于公共福利的东西更多。法国人爱尔维修效法霍布斯与曼德维尔，以为利己主义是人类行为的唯一动机，而开明的自私为道德之标准。使人有道德，唯有使其自公共福利中看到自己的福利，这只有靠具有赏罚性质的法律，方能奏效。道德学即法律学。这种学说毕竟剥去了洛克学说中神学意味的学说。

第五节　政治经济学

洛克与佩利的个人主义，影响了法国的重农主义者魁奈（1694年—1774年）与杜尔哥（1727年—1781年）的经济学说，以及亚当·斯密的《国富论》。这些学者皆反对风行于中古末期的重商制度。他们的新经济学的基本观念，是每个人都有其自然的权利，可以自由运用其能力于经济范围内，社会无权来干涉。他们假定废除不自然的约束（专卖权或特许权），听其自由竞争、自由贸易，保护契约与财产的安全。这样开明的自利，不仅足以实现个人的福利，而且足以实现公共的福利。放任主义的思想是自然权利说的发展，而且要求一个公开的路径，使个人循之以求得其生活、自由与幸福。他们以为若实行放任的政策，必能有社会的公道。亚当·斯密说自然的自由之简单明了的组织，是依据自由之原因而构成的。这种学说有助于推翻旧制度，解除有害的束缚。

第三章　贝克莱

第一节　问题

据洛克说，物体产生广袤、坚固、运动、颜色、声音、嗅味、感触诸感觉于我们心中。这些感觉中，有些是事物的模样或原始性质，有些是事物对于我们的影响，不是事物之恰当的表现。感觉供给我们的心理以材料，为知识之基本。心理作用于其上，安排之、结合之、分离之、关联之，并反省其作用。所以我们所有的知识，只限于经验之事实；我们只有我们的观念之直接的知识。我们也知道有一个外界的世界，但这种知识不像我们自己的观念之知识那么自明。

贝克莱利用洛克的基本学说，来反驳唯物论与无神论。他说如果我们的知识之根基在于感觉与反省，我们只知道观念，又如何能知道外界的物体或物质世界呢？关于物质，我们以我们的意识状态为限；我们不能比较我们的观念与物质，我们不知道物质的实体如何。若有物质，若洛克的学说为真，我们就不能知道物质，我们就要流于怀疑论。而且如果有独立的实体，如果有物质与纯粹空间的世界，那么就有一个无限的、永久不变的实体与神共存，那就限制了神，甚至于暗示了无神。故信仰有物质，则流为无神论与唯物论了。怀疑论与无神论的根基，即在于有物质世界的意见上。排除了有物质的见解，就可以免于无神论。其实，无物质存在的前提，我们也能明了宇宙。所以贝克莱的先决问题，是心以外是否有一个世界，是否有一个独立的物质世界。

贝克莱于1685年生于爱尔兰，死于1753年。他毕业于三位一体学院之后，各处游历，到了1734年，当了克洛因地方的主教。

第二节　知识的对象

贝克莱说，以为人之无知是由于人之心能有限制，这是错误的见解。造物主曾赋予人种种手段以适应人之嗜好，若善用之，就能满足之。所以人若善用其心，就能满足其知识的欲望。若由演绎法所保证的真原理来演绎知识，必能满足知识的欲望。所以我们若能不辞劳苦地严格研究人类知识原理的各方面，必能收到相当不错的效果。

以为外界的物象（房屋、山川）有自然的或真实的实在，不同于我们所见者——这种意见产生于人心能构成抽象的观念之学说。其实，这种学说是不对的。我们虽然能想象我们所见到的各个物体之观念，能将它们划分成各种各样的种类，能混合它们，但我们不能在思想中寻找到一个与三角形的普遍观念相适合，同时既非直角、钝角、锐角，又非等边、等腰、不等边的另一种三角形的观念。人本来也可以无须留意角的特别性质或边的关系，而想到三角形的形状。这虽然似乎是人之抽象的功夫，但不能证明人能构成一个三角形之抽象的普遍观念。同样的道理，我们不能构成一个特别的运动——不快、不慢，既非曲线形，又非直线形——的观念，而与物体运动有异。本来按下面的意思来说也有普遍的观念，例如一个观念本身是特别的观念，之后用它来代表与它同一种类的一切的特别观念，就变成了普遍的观念。我们用一个名字或符号，代表同样的一切特别观念，用之既久，就相信有一个普遍的或抽象的观念与此名字或符号相符合。然而这种假定的抽象的观念，不是我们交换知识所必需的，亦不是增加知识所必需的。贝克莱的这种唯名论的学说，后来在其著作中修改了。

心以外之世界的观念——物质之真世界的观念——是这种抽象的观念。我们把感觉的对象与感觉分开，想象物质为未曾感觉到的实在，这是不可能的。我们若无事物之实际的感觉，不能看见或感觉到任何事物，就不能想象任何感觉的对象与我们对它们所得到的感觉或知觉不同。

贝克莱与洛克一样，也认为人类知识的对象是感觉与心理作用，或者借记忆与想象的帮助而构成的观念。我们混合这些观念，划分这些观念，表现这些观念。除了观念之外，还有别的东西，知道或感觉到观念，发生种种作用——选择、想象、记忆——于观念上。这种别的东西，就是心、精神或自我。它完全与观念不同，因为观念由它而生，且由它而认识。

第三节　物体界

因为上述理由，无论何人，必定要承认我们的思想、感情与想象并不存在于心外；它们都在心中，它们的存在是由于心能感觉到它们，知道它们，感觉也与此相同。存在之意，就是被知觉之意。当我说我的书桌存在时，其意即我能看见它，且感觉到它。当我走出了书房，我说书桌还存在，其意就是说，我若在书房里，我可以感觉到书桌，或者说别人的心可以实实在在地感觉到它。若说没有被任何人感觉到的东西存在，那便完全无意识了。所谓存在，意即被感觉到了，是在心中。所以无心，便无物。物体的存在，是被感觉到的，被知道的。若它们未被我们知道，或者不在我们心中，或者不在其他创造的精神的心中，它们就完全乌有，或者只在神之心中。所以说，物体存在于心外，就是自相矛盾的话。

这种说法当然是由洛克的物体观念论产生出来的。据洛克说，物体是一个有坚固性、体积与形状的实体，有运动力，有色彩、重量、嗅味、声音。然而其性质也有些不是其固有的，例如色彩、声音、嗅味，都是物体对于我们心理的影响；它们不是物体本身的性质，而是我们的心感受到的物体的影响，我们名之为二等性质。广袤、坚固、运动、静止是实体固有的性质，我们名之为原始性质。但据贝克莱说，所谓原始性质，也是与二等性质一样的。广袤、坚固的观念，得自触觉，也是我们心中的感觉。我们不能把广袤的观念与色彩的观念及其他的二等性质分开；我们绝不能看见一个有体积的东西无色彩及其他性质。原始性质绝不能与二等性质分开；无广袤、坚固的体积，不能抽绎出二等性质。我们心中没有这种实体的抽象观念。

然而据说必有另外一个实体主宰这些性质。贝克莱说这不过是单纯的抽象的东西，物质的实体这几个字，无任何意义。纵然在心外能有一个固定的、有形状的、能运动的实体，我们又如何知道它呢？而且我们所有的观念或感觉，都不是动的，无力发生什么；所以体积、形状、运动都是观念，不能作为感觉的原因。

第四节　精神界

如果说我们心中的观念或感觉必有什么原因，那么，这原因必定是一个自动的实体。然而这个实体必定不是一个物质的实体，因为没有这样的东西，所以必定是一个非物质的自动的实体，必是一个心灵。心灵是一个不可分的自动的实体，因为其能感知种种观念，就名之为悟性；因为其作用于观念上，就名之为意志。观念不是由心灵构成的，因为所有的观念都是被动的，所以我们不能有能动的观念或影响。我们只能感知心灵所产生的结果，不能感知心灵本身。我们只有心灵的概念及心的作用，如爱、恶、欲等。

有些观念，我们能随意构成，随意取消。就这一方面来说，我们的心是自动的，我们有力量支配我们的思想，但是我们无力量支配我们的感觉。我们张开双眼，凡在视野之内者，都要呈现于我们眼中，我们无力选择我们所愿见的或不愿见的，我们无力要求某种特别的物体呈现于我们的眼中，也无力要求某种特别的物体不呈现于我们的眼中。所有呈现于我们眼中的观念，都不是我们意志的创造物。所以有另外的意志或心灵产生之。感觉的观念比想象的观念强健些、活泼些、明白些；它们有秩序地连贯，不如人之意志所想象的结果之无秩序。这种有规定的秩序，足以证明其主宰者的智慧与仁慈。我们所依赖的神心，引起感觉观念于我们心中，它有一定的方法，叫作自然法则。我们通过经验而知道这些法则，这些法则告诉我们某某观念，在一定情形中伴随有某某观念。换言之，神暗示我们某种观念有一定的秩序，把食物的观念与滋养的观念联系在一起，把睡眠的观念与休养的观念联系在一起，把火的视觉的观念与身体温度的观念联系在一起。我们的感觉中若无这种有规定的秩序，我们就会茫然无所知，而且不能有所作为。因为感觉中有了这种规定的秩序，我们就能整理我们的行动，以图生活之便利。我们发现了我们的观念中有这种秩序的关联，于是误认为这种观念产生那种观念，例如火产生热，睡眠产生休养，身体的操练产生健康。由神印入感觉中的观念，可以名之为真实的事物；由感觉所引起的较不正规的、不明显的、不固定的观念，可以名之为事物的观念或影响；它们是事物的代表者。然而我们的感觉毕竟是观念，它们存在于我们心中；但它们是比我们的想象明显些、固定些、有秩序些、连贯些的观念。它们较少依赖于思想的实体者，因为它们是由较有力的神心之意志引起的。

第五节　对反对论的解答

如果依照上面的假设，日、月、星、山、川、石、树木、房屋到底是什么东西呢？它们都是想象之错觉吗？我们的唯心论者——贝克莱说，绝对不然。它们是如上面所说的神依规定的连贯的秩序而给我们的感觉，这样来说，它们便算是真实的东西了。如果我们说物质的实体不过是广袤、坚固、重量……诸感觉的性质之结合，那么所谓物质的实体也算是真实的东西了。如果以为物质的实体是人心以外的诸性质的主宰者，那么，纵使在我们的想象中，也寻不出来这种物质的实体。然而这不是说我们吃的、喝的、穿的都是观念吗？贝克莱说，我们吃的、喝的、穿的是感觉的直接对象，若无我们的心知觉之，则不能存在。所以我们宁可说它们是物，也不说它们是观念。可是我们看见外面某种距离中的东西，这又将如何解释呢？贝克莱讨论这种难题，就著成了他的《视觉新论》。他在这部著作中说，距离不是我们的眼睛直接看来的，也不是通过光线与角判定出来的。视觉暗示我们以触觉观念与运动观念。如果物体不清晰而且微小，经验就对我们说，那是在远的距离的东西，走近一点，就能看得清晰些、大些。

如果我们的眼睛闭了，各种物体不就化为乌有了吗？万物不被我们看见的时候，当然不能存在了。贝克莱说，是的，但这种困难，持反对论者，也是要遇到的。当我们的耳目闭起来的时候，颜色与声音都化为乌有了吗？我们所见的物体，都是有颜色、声音、形状、大小的。如果这些东西都化为乌有，世上还能留下什么东西呢？而且我们还可以说，当我们的眼睛闭上的时候，万物还可以被其他的心所看见。

再者，这种唯心论不就消灭了微分子说的哲学吗？贝克莱说，没有一种现象必须通过微分子说的假设才可以解释。没有什么人真知道物质如何作用于心中，或如何产生观念于心中。而且自然学者未曾用物质的实体来解释万物，只是用形状、运动及其他性质来解释之，而运动、形状及其他性质，其实不过是观念而已，所以不能为万物之本源。

更有进者，照这种视觉新论来说，说精神的热不是火的热，岂不是荒谬吗？贝克莱答之曰，在这种事情中我们应当像学者一样思想，像俗人一样说话。例如承认哥白尼天文学说的人，还说太阳从地球的东方升起来了。依照常人所说，大家都信仰物质，全世界不就都错了吗？果真全世界都信仰物质吗？若真信仰之，便是矛盾了。盖以为人们对于物质，并无确实的意见。而且大众的同意，算不了证据，只可算作成见。一般人都认为他们的感觉离心而独立，因为他们自己不是感觉的创造者。他们未曾做过梦，这个梦字里面含有矛盾。他们假定诸种性质是在心外，故必须假定有一个无思想的实体。于是，他们又假定二等性质不是心理以外的东西。那么，原始性质也不是心外存在的东西了，实体也非必需的了。如果有人说，也许有一个实体，其性质非我们所能知道，恰如颜色非盲人所能知道一样。果真如此，我们就要问：辩论性质不可知的实体——辩论不知其为什么的东西——对于我们有何裨益呢？而且我们若有新的感觉，知道这些不可知的性质，必定还会遇到更多的困难。如果把物质解释为一种不可知的东西，既非实体，又非属性；既非精神，又非观念；是惰性的、无思虑的、不可分的、不能动的、无体积的存在，那就不是什么东西了。如果说它是什么东西，而给之存在、本质、实体等名称，那就是我们不能了解的一堆文字了。

第六节　观念心灵及关系的知识

心灵是自动的、不可分的实体；观念是惰性的、漂浮的、有所依赖的东西，它本身不能自存，须依赖于心而存在，或存于心中。我们通过反省或向内的感觉而知自己的存在，通过理性而知别的精神的存在。也可以说我们对于自己的心理及其他的精神与活动的东西，有几分知识或概念。然而严格地说来，我们对于心理这种东西没有观念。同样的道理，我们也知道有各种事物或观念间的关系，这种关系与观念或相关的事物不同，因为我们未知觉到关系，也能知觉到观念或事物。贝克莱说，观念、心灵、关系皆是人类知识的对象、议论的题目；而观念的含义则要更加扩张，来代表我们所知道的一切东西。印入感觉中的观念，本来是真的事物或实际的存在，但我们若没有认识它们的心灵，它们就不能存在；它们不是存在于我们心理之外的原型之代表。就其不能产生于我们的心中来说，观念也可以被称为是外界的，但它是另一种精神将它印入的，这种精神与认识它的心灵不同。感觉的对象，我们闭上眼睛时，只要别的心灵可以看见，它就依然存在。若就此意来说，感觉的对象也可以说存在于我们心之外。

第七节　二元论、无神论、怀疑论的驳义

贝克莱说，这种唯心论可以解决哲学上种种暧昧的困难问题。这些困难问题，如物质的实体能思想吗？物质可以无限分割吗？物质怎样作用于心灵上？这种学说，把人类的知识转化为观念的知识、心灵的知识。它排除了心内的物体与心外的真实物体之二元论。这种二元论是怀疑论的根源，这种怀疑论是：我们如何能知道，我们所看见的东西与我们未看见的东西是一样的？如果颜色、形状、运动、体积等都是属于心外的物体，我们就只是看见了物体的表象，未见其真相，其结果必流为怀疑论，而不信任感觉。然而我们这种唯心论，可以把一切怀疑排除尽净。

物质论又是无神论的根源；唯心论可以推翻之。如果自存的、呆板的、无思想的实体是万物之根源，则是将自由、智慧与计划这些东西排除于万物形成之外了。所以取消了物质，则伊壁鸠鲁派、霍布斯派及其他唯物论者，就可以不带一点虚伪的影子了。偶像崇拜也应该与物质一样被打倒，因为如果感觉的对象不过是心中的许多感觉而已，那么人不至于崇拜自己的观念。物质的实体也要放弃了，而且以为物体是寻常人所说的物体，是直接见到的与直接感觉到的东西，是观念或性质的结合，如此，则复活的反对论就化为乌有了。

错误的另一根源是抽象观念说。就具体的例子来说，时间、空间、运动，无论何人都了解之；但是一经玄学家之手，便太抽象了，太细微了，非常人所能了解了。时间不过是由我们心中观

念的继续抽绎出来的，所以是有限的心灵之绵延，必须由其心灵中继起的观念之数目来估计。所以心灵常常思想，是显然明了的。再者，凡有体积者，皆有颜色，是指在心中而言的；它们的原型只能在别的心灵中存在，而感官的目的不过是感觉的结合，感觉没有不被感觉到而能存在的。若无一切物体，我们就不能构造一个纯粹的空间之观念。所谓纯粹的空间，是说我们的臂膀在空中各处运动，遇不到阻拦。

怀疑论者在自然哲学中奏凯旋之歌。他们说我们不知道万物的本质、内性及构造。一滴水、一粒沙，皆有非我们的悟性所能了解的。这样丧气话太无理由了。万物无内在的本质，来作为其外在的性质之来源及依靠。用形状、运动、重量以及其他不可感觉的性质，来解释诸现象与性质，如声音之产生，是徒劳无益的。心灵之外，没有其他的主动者或充足的原因，运动与其他观念皆不是自动的。

当今最伟大的原理是万有引力定律。引力所指的不过是引力本身的结果，并未指出引力的状态及其原因。据说引力是普遍的，彼此相互吸引，是万物所固有的根本性质。这种事情中并无什么根本的东西，不过完全依赖于主宰者的心灵之意志而已。主宰者的心灵之意志，使某某物体按照各种法则相互吸引。想探究异于心或心灵的自然原因，是无益的。万物是聪明善良的造物主的创造品，所以哲学家须用其心思才力来研究万物之最后的原因。一种好的方法是指出万物所适应的各种目的及原来为了创造万物而定的各种目的。观察与实验是必需的方法。观察与实验是对人有用的方法，可以使人得到概括的结论。这不是万物间必然不变的关系之结果，而是神支配世界的善意及其对人类的深仁厚泽。我们尽力观察现象，可以发现自然的普遍法则，由所得的普遍法则，可以推演别种现象。这不是一种演绎的方法，因为一切演绎都假设自然界的主宰作用始终如一，且遵循着我们不明了的原理。然而贝克莱认为道德的法规必能增进人类的幸福，这是可以推演论证的，其有永久不变的真理，与几何命题相同。

第四章　休谟

第一节　问题

洛克主张我们有观念的确实的知识，有神及道德的论证的知识，有外界物体的实际确实的知识。贝克莱否认物质世界之存在，而以为我们的知识只限于观念、关系与精神的东西。休谟采用经验论的知识起源论及贝克莱的一切存在即知觉之学说，而推论出他所认为的这些前提之结论。如果我们所能知的只限于我们自己的印象，我们就无权来肯定物质的实体或精神的实体之实在。我们寻求不出任何印象，足以证明我们的任何实体之假设。我们的经验中发现不了什么东西，足以证明我们的必然关系或因果关系之必要的概念；因与果之意，不过是观念之有规则的继续。哲学、神学与自然科学产生不出普遍必然的知识；神学、宇宙学、心灵学与合理的科学——洛克所说的物体之学——都是一样不可能的。我们所能知道的，只限于我们的经验；我们所能达到的，只限于我们的经验范围内的或然性。休谟同意笛卡尔、霍布斯、洛克，以为真知识必是自明的，然而他以为除了数学之外，任何地方都找不出这种知识，因为数学是分析其本身的概念。

休谟

休谟的意见是经验论的，因为其以为我们的知识来自经验；又是实证论的，因为其以为我们的知识只限于现象界；也是存疑论的，因为其以为我们不知道根本、实体、原因、灵魂、自我、外界、宇宙是什么；亦是人本主义的，因为其以为人类精神的世界是我们研究的唯一的真实对象。

休谟于1711年生于爱丁堡，长大后学习法学，曾为王公的秘书，时在1763年至1766年间，到了1767年，为国家副秘书，供职凡三年。他的主要著作是《人性论》，共三卷。这是他初次游历法国（1734年—1737年）时著的。但这部著作不太通俗，发行不广。之后修订为通俗版的，三卷陆续出版。然而他在当时是以历史学家出名的，并非以哲学家出名。他第二次到巴黎，为英国大使馆的官员，结识了卢梭、狄德罗、霍尔巴赫、杜尔哥、达兰贝尔，并介绍卢梭游历英国。他死于1776年。

第二节　人性学

休谟说，所有的学问皆与人性有关系。逻辑的唯一目的，在于解释我们推理的心能之原理与作用及观念之性质。道德学与批评学在于研究我们的嗜好及情感。政治学考察人在社会上的团结及彼此的相依。就算是数学、自然哲学、自然宗教，也是由人类的心能与能力来裁判的。所以我们应该研究人性本身，以便求得我们的悟性、激发我们的情感，驱使我们赞赏或责备某种事物行为的原理。我们区别真假、善恶、美丑所凭借的是什么？人学——休谟所称的道德哲学——是其他一切学问的坚固基础，必须依赖于经验与观察。实验的推论法，必须引入哲学中。休谟竭力把这种工作纳入他的《人性论》中，这部著作的第一卷是论悟性，第二卷是论感情，第三卷是论道德。他的《人类悟性论》《情感论》《道德原理论》亦是讨论同样的题目。

最要紧的事情是研究人类悟性的本质，分析其权能，指出那传统的哲学所研究的虚远的题目之不能研究的原因。换言之，我们必须开拓真的玄学——悟性学，来破除理智所不能了解的虚假之论。虽然不过是贡献一种较好的心理图而已，但在显示人心之各部分及权力方面，至少应该得到与天文学研究之同样的认同。然而为什么不能发现心理作用之秘密的原理呢？为什么在心理学上不能得到如同牛顿在宇宙中所发现的普遍真理呢？

第三节　知识的起源

休谟所研究的主要问题，是知识的起源与本性的问题。什么是知识的起源？什么是知识的确度、范围及界限？知识的法式或范畴，如实体与因果，有什么价值呢？休谟关于这些问题的答案，都是根据他对知识起源问题的答案。他说，我们的思想所拥有的材料都产生于内外的印象。印象是当我们有所见、有所闻、有所觉、有所爱、有所恨、有所欲、有所择时的最活泼的知觉；换言之，是最初发现于我们心灵上的感觉与感情。我们的思想或观念，是这些印象的抄本；它们是比较不活泼的知觉、不清楚的印象，我们思索感觉或运动时就可以认识之。外界的印象或感觉通过未曾知道的原因产生于我们的心中，而内界的印象多半由观念而生。例如印象刺激了我们的感官，我们就觉得热或冷、乐或苦。一个事物的影本仍然是一个印象，是一个观念。这个苦或乐的观念另生新的印象：欲望与厌恶、希望与恐惧是反省之印象。这些印象又是记忆与想象的影本。知识都是由这些印象构成的，其构成的方法，是把经验与感觉所提供的材料混合、变更、增大或缩小。印象的混合与构造，是属于心理与意志之事。如分析之，则可以看出我们所研究的各个观念是由相似的印象影印出来的。而且无印象就无观念；盲人无色彩的观念，耳聋者无声音的观念，即是其例。所以当我们研究哲学术语的意义时，须得问假定的观念是由什么印象产生出来的。

然而我们的思想或观念不是完全散漫、毫无关联的，不是偶然联系起来的；它们引起其他的观念，有一定的规则与方法。它们中间有连贯的关系，这一个观念必引起那一个观念。看见一张图画，自然会使我们想到其原型（类似）；指出一座房屋内的一间屋，就暗示有其邻近的一间屋（接近）；想到伤处，就会引起痛苦的观念（因果）。这种现象，叫作观念的联想。联想的法则或原理，是类似、接近与因果。换言之，思想的趋势，是联想到其类似的东西，是联想到其在时间与空间上接近的东西，是联想到其有因果关系的东西。我们的复杂观念之成立，即赖于此观念的联想律。

我们关于事实的推论，是根据因果关系的，换言之，我们常在现有的事实与其他的事实之间寻求关系。例如一个人在荒岛上，拾得一表，他就由这结果，推论其原因，他推论到必定有人到过这个荒岛上。我们研究因与果时，全靠我们的思索与推理。所以对这个关系的研究，是最重要的事情。然而我们怎样得到因果的知识呢？这种知识的确实性如何呢？其明证的性质如何呢？

我们不能由先天的推理，得到这种关系的知识。亚当不能事前由火之热与光，推论到火将毁灭他。人心不能由假定的原因，推演出来结果。任何推论法，不能使我们由因推果地发现火药的爆炸、磁石的吸力。因为结果完全与原因不同，绝不能由原因中求出结果。我们不能证明某种原因必产生某种结果，或者某种原因必定永久地有同样的结果。我们不能如同证明数学命题似的证明食物有营养、火有热。食物的性质与营养之间无必然的关系，不能有“有此必有彼”的意义。如果有，那么我们无须经验，就能由这些性质的第一次发现，而推论得到其结果，正如由三角形的概念，而推论出来三角形的内角和等于两直角。我们若假定火不热、食物无营养、火药不爆炸，并无逻辑上的矛盾。

我们因果关系的知识，是根据经验与观察而来的。我们观察到了某些对象前后相关联，相似的对象常常可以联系到一起：热从火而来，冷从雪而来，一个台球的运动引起别的台球的运动。我们如果在许多事例中发现了两个对象常有关联，我们就能推论出这两个对象是有关系的，这一个对象为那一个对象之因。换言之，我们通过这一个发现，就可以期待那一个发现；我们的心理会养成一种习惯，相信所研究的两个对象有关系。我们见到了热与火、重量与坚固，两件事情常有关联，我们的习惯就驱使我们期待这一件事发生，随之那一件事也会发生。换言之，我们有了一些对象常相关联的经验，就使我们相信它们有关系。这种信仰是心理的一种作用，是一种自然的本能，恰如我们受了某种东西的好处，我们就爱好这种东西一样。信仰不过是一种情感，这种情感是人人都能感觉到的，故人人都了解其意义。（休谟在其《人性论》中尚未确定这种信仰的心理学。他把信仰视同想象，但他对这件事似乎还不甚明了，不大满意。）所以自然未将由相似之因而推相似之果，或由相似之果而推相似之因的心理作用推脱于理性之荒谬的演绎，而置之于本能的机械的趋势之下。

所以若为原因下一个定义，只可说原因是一个跟随有别的东西的一个东西，原因被发现了，常使人想着还有别的东西随之被发现。然而这个定义，玄学家是不满意的，因为他们认为其中还有缺陷。玄学家认为一个原因是产生别的东西的一个东西，原因中还有隐秘的势力或潜能，借此势力或潜能来产生结果。原因与结果有一枢纽——因果间必然的关联——来联结它们；我们若知道这种枢纽，纵无经验，也能预料到结果，亦能依思想与推理之爝火，一见而确定其结果。果真如此，我们确实能由原因推出结果，知道了原因，必定知道结果。我们纵未经验过，也能立即知道一个物体将如何行动。

然而势力、潜能、必然的关系——这些术语是什么意思呢？我们有何权力运用它们呢？为了了解这些问题，我们必须要分析一下势力、潜能、必然关系等观念。我们内外的感官预先不能感知的东西，我们不能想到。然而这个势力的观念所依赖的是什么印象呢？我们怎样得到这种观念呢？当然，我们观察外界的物象、讨论原因的作用时，我们绝不能发现什么势力或必然的关系，联系原因与其结果，而驱使这一物象必为那一物象的结果。我们只发现了这一件事物确实跟随着那一件事物。打动了一个台球，就引起了第二个台球的运动，这是我们的外界感觉中所呈现的情形。我们绝不能由一个物象的初次发现，推论其结果如何。宇宙中怎样运用全体的势力，我们完全不知道。我们知道热常跟随着火，然而它们之间的关系，我们不能想象。我们未曾由我们的心理作用——反省——得到权力的观念；权力的观念也不是由我们内界的印象或观念影印出来的。然而有人也许会说我们不是时常知道自身的权力吗？不是能感觉到意志在命令我们的身体机关、指导我们心的官能吗？一种意志的运动，可以运动我们的四肢，进而引起一个新观念于我们的想象中。我们通过意识知道这种意志的势力。故我们可以得到权力或潜能的观念，而且确定我们自己及其他有理智的生物都具有权力。

休谟说，让我们来检查这种意见对不对。我们由意志指挥身体的各个机关，这是事实。然而其指挥之法，我们不知道；我们绝不能直接认识到意志指挥身体各机关所凭借的潜力。这个潜力完全非我们所能知道的。身体的运动出自意志的命令，这是经验告诉我们的，但意志如何运动身体，则是神秘不可思议的。经验未曾告诉我们：联结意志与其作用，使二者不能分离的奥秘。身心间全部的关系，是神秘不可思议的。它们的因果关系，我们不知道；我们绝不能通过因果关系推论心理对于身体的影响，与身体对于心理的影响。我们的意志如何支配我们的思想，我们的心灵如何产生观念，也是同样不能知道的。我们从未发现过这样的力量；我们所知道的，是意志命令一个观念及随之而生的事情。

总而言之，我们完全不能发现因果中的任何势力；我们所知道的，只是一件事情跟着另一件事情。我们不能观察到运动与意志相关联的枢纽，或心理产生此结果所凭借的潜能。自然界的事情也与此相同。一件事情跟着另一件事情，我们绝不能发现其间的关系。它们似乎是相关联的，但绝不是有必然关系的。我们从未经验过联结它们的线索或势力；我们没有这样的印象，所以没有这样的观念。像玄学家所说的什么势力、什么关联，完全是无意义的文字。但是若把那些文字正当地使用，也还有意义，比如说一个物象跟随另一个物象。这个意思就是说，它们在我们的思想中有一种关系。如前所说，心理上有一种习惯，因为一件事情被发现，就期待另一件事情随之被发现，而且相信其必被发现。所以我们心中觉得的这种连贯的关系——一件事情必随着另一件事情的习惯的想象——是一种情感或印象，我们由之构成权力或必然的关系。

所以据休谟说，诸物象不是必然连贯的，但是因为我们心中联想的作用，诸观念是连贯起来的。联想的作用是重复的结果或习惯的结果。观念能联系在一起，常常是因为有了这一个，就暗示出来那一个。这没有逻辑上的必然性，但有心理学上的必然性。这种心理学上的必然性，靠着经验。这种历程在兽类与儿童中是这样的，在成人与哲学家中亦是这样的。

还有一个概念是哲学家构成的，这一个概念是实体的概念。它们以为物体的声色、嗅味、形状及其他性质不能独立存在，必有其主宰者。想象杜撰一种不可知的、不可见的主宰者，是千变万化中的不变者。

这种不可知的主宰者，就是实体。实体的性质，叫作偶然事情。哲学家又假定有灵妙的性质与实体的法式。但这些都是杜撰的，都是在暗室中寻黑鬼。我们除了知觉之外，没有别的完备的观念。实体与知觉不同，所以我们没有实体的观念。各种性质，彼此不同，不仅可以认为是彼此独立的，而且与不可知的实体也是不相同的，也无任何关系。

第四节　知识的确度

我们所有的观念或思想，即印象的影版，所有的知识当然是生于经验的。现在且来问一问知识的确度如何？其证明的本性如何？所有人类理性的对象，可分为两种：一为观念的关系，二为事实的材料。属于第一种的如几何学、代数学、算术，简言之，凡是直觉的或论证的论断皆属于此种。直角三角形斜边的平方等于两直角边的平方之和，是表示各边的关系。三乘五等于十五，是表示这些数目的关系。这一类的言论，可由思想的作用来发现，无须什么别的帮助。自然界纵无一个圆或三角形，几何学所证明的真理，永久是确实的、自明的。

人类的理性对象的第二种事实材料，非感觉或印象所能证明，完全出于因果关系。我们关于因果的知识，是来自经验，这是前面已经说过的。我们的习惯使我们由所经验的常在一起的事物推论到那些事物仍旧要在一起，但习惯是一种本能，而本能也许会出现错误。事实材料的证明不像数学的明证。它的反面依然是可能的，因为其绝不含有矛盾。例如“明天太阳不出来了”，这句话的不可理解处与矛盾处并不多于“明天太阳要出来”这一句话。这里并不是论道确实自明的知识，而是论道或然的知识。

我们对于实体无任何观念，实体在我们的知识中无地位。但是也许有人要问：为何关于因果，我们相信想象，而关于实体，却不相信想象呢？休谟的答案是：我们必须要区别永久的、坚固的、普遍的本原与变化的、软弱的、不规则的本原。前者为因果的本原，而后者为实体、实体的法式、偶然的事情、灵妙的性质之本原。前者是我们的思想与行为的基础，这种基础如果动摇了，人性必定会消灭。后者不是人类所必需的，对于人生行为亦非有用的、不可少的。

所以我们关于事实材料，无绝对的、自明的或确切的知识；我们的知识绝不能达到绝对的确实性。我们的结论根据于经验，我们相信将来必与过去相同，但我们不能绝对地断定将来的事物无变动。然而我们的行动若不根据于自然有连贯、有规则的信仰，我们就不能生活；任何实际上的福利，不能来自怀疑论：实行是医治怀疑的思想之最好的方法。

第五节 外界的知识

然而单纯的感觉不甚可靠，我们必须由理性来修正之。我们相信我们的感觉，是由于我们自然的本能。我们假定有一个外界的宇宙，并未用任何推论，甚至在运用推论之前，就已经假定有一个外界的宇宙。我们假定纵使每一个有感觉的生物都消失了，外界的宇宙依然存在。可是些微的哲学便捣毁了众人的意见。它说呈现于人心上的没有别的，只有影像或知觉而已。我们不能证明知觉是由与它不同的或与它相似的外界物象产生出来的。经验亦不能证明它，因为我们心中所拥有的只是知觉。我们看见了两个知觉间的因果关系，但我们绝未看见知觉与事物间的因果关系。因此，我们不能由知觉断定物象为其原因。我们若把物质的原始性质与二等性质剥夺了，就只剩下了一个不可知的、不明了的东西，而且认之为印象的原因。但既然不可知，又不明了，还有一顾的价值吗？我们不知道到底有无物体的自体。我们知识的所有对象，都是我们自己的印象之观念。这些观念到底是来自外界的物象，还是来自不可知的实体，还是来自我们本身，或者来自神，我们不能证实。感觉呈现于人心中，是由于不可知的原因。所以我们所能做的，只限于经验范围内，只限于印象及观念范围内。我们能比较我们的观念，指出它们的关系，推论它们的关系，因而得到一种论证的知识。我们也能观察我们的感觉的秩序；我们由于习惯的作用，认为这个物象与那个物象有关系，因而叫作因与果。

我们研究的对象，必须以人类悟性之狭小的能力所能及者为限。哲学的断案不是别的，就是正确的、有方法的、普通生活的反省。哲学家的言论不能超出普通生活，因为他们讨论的凭借狭小无能、不甚完备。关于宇宙的起源及自然的情境永远得不到满意的结论。

第六节 心灵的实体

所以研究宇宙的最终本源及宇宙的本性之玄学，是不可能的；合理的宇宙论是没有讨论的价值的。我们也不能有什么合理的心理学——研究心灵本质之学，我们不知道有什么非物质的、不可分的、不消灭的心灵实体。实体的观念，不论用于物质上还是心理上，都是无意义的。休谟说，思想的实体单纯不可分之说，是真正的无神论；如果我们采用了这种学说，就算是采用了斯宾诺莎的学说。我们没有有些哲学家所说的单纯的、一贯的自我。我们本身没有这种单纯的、一贯的本原。我与所谓的自我合一时，我只遇着一些冷、热、明、暗、爱、恨、苦、乐等知觉。无论何时，若无知觉，绝抓不住所谓的自我。除了知觉之外，绝观察不出来什么。所谓心，不过是各种知觉的汇总。这些知觉以非常的速度前后相随，并不停地变迁，不住地运动。心好像一个舞台，一些知觉在其上继续地表现，穿来穿去，构成一种变化万端的景致。在某个时候，心无单纯性；在各种时候，心无前后的一贯性。休谟说，把心比作舞台，切不要误会了。构成心的只是一些相随的知觉。心并不是供它们扮演的一个地方，也不是什么物质所构成的。每个明显的知觉，都是一个明显的东西，与其他暂时的或相随的知觉有别。这种一贯的关系就是真实地约束几个知觉于一起的东西呢，还是只联合知觉的观念于想象中的东西呢？当我们说一个人一贯时，我们是否观察出了约束其知觉的真钥匙呢，或者只是觉得他在我们对他所形成的诸观念中呢？悟性从来没有观察出来物象间的真正联系，纵使是原因与结果的联系也是由观念的联想决定出来的。所以一贯不是各种知觉所固有的、来将其联系起来的，而是当我们思维时，在想象中有各种观念的结合，因而给予的一种性质。心不过是各种知觉依某种关系而联系在一起的汇总，因而假定其有完全的单纯性与一贯性——虽然这种假定是不当的。

第七节　自由与必然

必然与因果的观念，完全出于在自然界的作用下所观察到的统一性。凡是相似之物象，常常联系在一起时，我们的心受习惯之驱使，就由这一物象的被发现，来推定那一物象。除了相类的物象常常联系在一起，及由此推彼之习惯的推论以外，我们没有什么必然或关系的概念。这个必然的观念，也可以应用于人类之自由的行动上。自由与必然的争论，是起于误会的。若有明了的定义，即可铲除这种争论。人的行动中多有统一性；人无论在什么时候、什么地方，多半是无变动的。动机与自由行动间的关系，有其定规与统一性，恰如自然中有因果关系一样。这是普天之下的人共知的。若不知道必然的道理，及由动机到自由的行动之推论，由品行到行为的推论，似乎就不能从事研究学问及行动。然而为什么有些人还反对必然说呢？这是因为人有错误的必然之概念。他们相信他们观察到的自然界因果间的必然关系，但反省自己的心理作用时，未曾感觉到动机与行动间的普遍关系。可是必然并不是强制的，而是行动的一致、动机与结果间的普遍关系。自由是依照意志所决定的做与不做的权利；如果我们的意志决定休息，我们可以休息；如果决定运动，我们就运动。也许有人否认这样的行动为必然，但是了解必然的意义，此说亦无妨碍。此中自有其道理。

这样解释的自由说与必然说，不仅与道德无冲突，而且绝对为维持道德所必需的。必然是相似的物象之常联系在一起，或是悟性之由此推彼的推论。我们常推论人之行为，这种推论，是根据于相似的动机必有相似的行动之经验的关系。如果一个人的行动不出自其品性与气质，其对那种行为就是不负责。缺乏自由时，人的行动就无道德可言，既不能赞赏之，也不能贬责之。道德的行为必出自人之固有的品性与气质，因为这是自由的行动。若行动出自外界的强迫，便无褒贬可言了，因为其不是自由的。

第八节　神

虽然我们相信世界是独立存在的，但不能证明之；因此，合理的宇宙论成为不可能的了。我们也不能证明心灵实体的存在及灵魂的不死；因此，合理的心理学成为不可能的了。最后，我们不能证明神之本性、属性、命令、计划；因此，合理的神学成为不可能的了。目前常见的现象，譬如一块石头的分子及凝聚力，尚且是不明白的，我们又怎样能确切地断定宇宙的起源，追究其永久的历史呢？我们的思想若欲上极悠久的往古、下究无限的来世，换言之，若欲研究宇宙的创造及构成，神的特征及本质、无始无终、全知全能、无限无变、不可了解的普遍，神灵的能力与作用，我们的各种心能肯定做不到。

神之存在不成为问题，其成为问题者，为神之本质。神之存在是千真万确的，是我们的希望之本源、道德之基础、社会之基石。没有什么东西能够无根源而存在，宇宙之根源我们叫作神，我们认为神是各种完全的标准。然而我们不能了解神之属性，更不能假定它的完全有些像人类的完全。休谟极力攻击目的论的论证——由宇宙的秩序及美、善推论神的智与善。他说，若非各种事件精准地相似，我们不能完全信任类推的方法。宇宙与房屋、家具及机器，其间大有不同；我们不能由结果中约略的相似，而推论出相似的原因。本来，智慧是自动的原因，我们看见自然中的某部分借此自动的原因而产生变化于其他部分中。但人与其他动物的思想、理智、计划亦不过是像宇宙本原中的冷或热、爱或憎及日常所见的一样。我们不能由部分推出全体，而得到确实的结论。纵或能够，我们脑中的小小激动——所谓思想者——又何能为宇宙之模型呢？我们能想象到自然不绝地、很透彻地影印浩瀚的宇宙吗？如果看见一所房子，我们可以断定它经过了建筑家或泥瓦匠之手，因为明明白白的是我们所经验过的某种结果发生于某种原因。但宇宙不是一所房子，我们不能确切地推论出相似的原因。宇宙中用类推的方法，是十分不可靠的。关于宇宙方面，若由结果推论出其相似的原因，只有瞎猜或想象。

我们也不能以为神心类似人心，如果真如此，必流为拟人论。人心不断地变迁，绝不配与神心的单纯不变性相比拟。再者，为什么不以物质的世界为止境呢？说神之理性的构成自有其秩序，由其本性使然，与说物质的世界之部分自有其秩序，由其本性使然，其意义相差不远。我们经验着物质是如此，经验着精神亦是如此。

想由宇宙之本性推论神之本性，其结果必发生毛病。用这个拟人论的推论法，我们必不能给神以无限性，因为其结果不是无限的；又不能给神以完善，因为宇宙不是完善的。纵或宇宙是完善的，但其精美的工作是否应该归功于一个创造者，尚不能确定。在现有世界成功之前，也许经过了悠久的时期，创造了许多世界，没有好结果，白费功夫，等到经过了许多的试验，长久的时期，慢慢的进步，之后成功形成现有的世界。而且依靠这种证据，也不能证明只有一个神；也许有许多神联合制造了此世界。再者，人是有生死的，借世代轮回来更新其种族，然而我们又何必用此类推法将宇宙的遭遇排除于神之外呢？又为什么不完成我们的拟人论，而给神以肉体呢？

据休谟说，还有一种假设，以为世界是一个动物，神是世界的灵魂，它使世界实现，而世界又实现它。世界显然地最多似一个动物或植物，最少似一个钟或一台缝纫机。所以世界的根源类似于动物或植物的根源，其或然度高多了。动植物的根源是繁殖或发育，所以世界的根源也可以断定为类似繁殖或发育。

其实，这些假设都是幻想，我们并无建设宇宙创造论的材料。我们的经验是有限的、不完全的，不能揆度万事万物。但是将世界比作动物的假设，与将世界比作一个人的假设是同样可能的。或许前一种类比，比后一种类比更为贴切些。

休谟又说，我们不能由宇宙推论出来一个具有如同人类所具有的道德的性质的神。自然的目的或用意，似乎在于保护并延续种族，但不在于保护并传播它们的幸福。世界上的苦痛多过幸福。世界上痛苦的事实，足以证明神不是仁慈的或万能的。身体的与道德的罪恶，使我们不能推论出来一个善神。也许有人说人类的理性薄弱无力，不足以了解宇宙的目的。但是这种说法，也不足以推论出神是善的，仅足以警告人必须由其所知的下推论，不可由其所不知的下推论。

神是必然存在的东西，我们没有先天的论证。我们不能证明神是由于其本性的必然结果而存在的，因为不知道它的本性是什么。我们知道物质的世界有各种性质，故足以证明物质世界的存在。

休谟对于宗教的起源问题，认为人之所以信仰神，不是由于思想、好奇或纯粹的爱好真理之结果，而是由于对幸福的渴望，对来世痛苦的恐惧，对死亡的恐惧，对报复的希望，以及对饮食和其他必需品的欲望。最古老的宗教必定是多神教或偶像崇拜，而不是有神论。

休谟虽然有上述的一些怀疑思想，但他说如果真有好的悟性的人，一受神的暗示，绝难否认神之观念。万物中的目的、意旨或计划是显然的，我们若扩大我们的悟性，即足以洞观此目的、意旨或计划，并且必定十分相信有不可见的、具有理智的原因或主宰者的观念。这种普遍的趋势——信仰不可见的、具有理智的主宰者——若不是一种本能，至少也是通常的人性，这种信仰可以认为是造物主赋予人的一种特记或标志。

第九节　反主知主义

神学不是一种可以论证的学问，我们不能证明神之存在或属性。目的论的论证是不完全的；拟人论是一种偏见。休谟倾向于一种有机体的宇宙观，这与18世纪的理想相反。他的宗教起源的意思，也与18世纪的意见不同；18世纪的学者，以为宗教的起源是原始人的合理的心能或机巧的祭司之发明。休谟反对这些意见，他以为神之信仰不是思想推论的结果，而是根据人的感情或冲动。宗教的根源在于人的意志，这种主张便是宗教之主意的说明，代替了宗教之主智的或合理的说明。再者，宗教是逐渐发展起来的，不是一时造成的；有神论是由多神教进化而来的。休谟又把这些见解引入他的政治学中，他排斥18世纪所盛行的神权的政治学说及契约论。没有什么明显的、得大众认可而立的契约；契约的观念是远非野蛮人所能了解的。酋长的权威的运用，必是因为特别的事故，必是出自当时所认为的紧要事故，之后觉得运用权威有利益，遂常常用之，用之既久，遂成习惯，习惯既成，就认为得了民众的同意。倘若我们回到政府在广漠之地开始的时候，就会发现民众即权力与法律的本源；他们为了得到安宁和秩序，自动放弃其本来的自由，而受法律的支配。这是历史的或发展的政治观，不是理性的政治观。

第五章　英国之理性论的反动

第一节　剑桥学派

英国自罗吉尔·培根及奥卡姆的威廉以来，虽然经验论大盛，但持反对论者未曾完全消失。经院哲学之理性论的传统，依然保存在各大学中及神学者之间；因此唯心论的哲学开始反对霍布斯、洛克及休谟的哲学。剑桥大学的教授卡德沃思（1617年—1688年）在1678年所著的《宇宙的真智论》中，通过基督教的柏拉图主义之见地，来反对霍布斯的无神论及唯物论。他采用了笛卡尔的理性论，反对一切流于无神论的机械的自然观。凡人都有相同的根本概念或范畴，凡是明明白白地知觉到的，都是真的。这些先天的范畴，都是普遍的理性之必然的反映，即神之必然的反映，并且构成万物的本质。道德法律是这类先天的真理。卡德沃思的伦理学记载在他的遗著《永久不变的道德论》（出版于1731年）及《自由意志论》（出版于1838年）上。

剑桥学派中其他的名人有莫尔（1614年—1687年）、盖尔（1628年—1677年）及诺里斯（1657年—1711年）。

理性论——主张有思想上与实用上的普通必然的真理，不是出自经验——依然存在于英国18世纪的思想中。克拉克（1675年—1729年）在其1708年所著的《自然宗教之不变的义务论》中说，宇宙中有万物之永久必然的差别与联系，神与人的理性能知觉之。无论何人，不能否认正确的数学论证或道德真理。沃拉斯顿所著的《自然宗教》及普林斯（1723年—1791年）所著的《道德上的根本问题》与《唯物论及哲学上的必然论》皆同意此说，后来又为里德的苏格兰学派所采用。

第二节　苏格兰的常识学派

里德（1710年—1796年）所领导的苏格兰学派，反对贝克莱的唯心论及休谟的怀疑论。原来，经验论曾经否认常识所认为的最确实的知识之事实——外界之存在、灵魂之不死——而怀疑于真理之可能。如果实体与因果的概念仅是幻想，物象不过是脑子中的观念而已，则实质的灵魂不能有，神之存在将不能被证实，而哲学亦要破产了。哲学不能与人类的共同意识相反。感觉足以直接使人相信物象之实在，而对物象的信仰即真理的标准。一切证据都依赖于此直接的自明的知识，再没有什么别的更好些的证据了。这种直接的证据及真理的标准即常识：这种原理是我们通过观察而发现的，是必然的真理之第一原理，也是偶然的真理——实在的事实之真理——之第一原理。里德说，属于前者的，为逻辑与数学之公理、文法、嗜好、道德及玄学的原理；属于后者的，为我们所认识的事物之存在；我们所应知道的自我之思想，我们自己的统一的人格及继续的生存；我们通过感觉明明白白知道的实际存在的万物；我们有力支配我们的行动，决定我们的意志；我们区别真伪之自然的心能不是错误的；我们的同类有生命与智慧；在相同的情形下，必有相同的事情。

苏格兰学派中，其他的名人有比提（1735年—1803年）、奥斯瓦尔德（？—1793年）、斯图尔特（1753年—1828年）。布朗

（1778年—1820年）于1803年著了《因果关系论》，想调和休谟哲学与常识哲学。到了哈密尔顿，这种哲学受到了康德的批判哲学之影响。启蒙时期的德国哲学家，大都感受到了苏格兰学派的思想，而开始翻译其著作。两者相同点甚多。法国的罗伊尔·科拉德及乔弗罗拥护常识哲学，来反对感觉主义、唯物主义、实证主义。

第十五讲

德国理性论之发达

由莱布尼茨看来，空间是诸力调和的共存之结果，空间不是绝对的，是相对的——没有物体存于其中的绝对空间——力不赖于空间，但空间有赖于力。所以万物之间，与万物之外，不能有空间，因为力停止作用，世界就归于乌有了。

第一章　莱布尼茨

第一节　德国文化的兴起

在18世纪以前，德国哲学无大的进步。宗教改革后所发生的虚空的神学上之争论，及三十年战争（1618年—1648年）对于哲学与科学之发展皆有影响。德国在路德的时代，文化甚低，当时英国有莎士比亚、培根、弥尔顿及洛克诸大学者，法国有蒙田、高乃依、拉辛、莫里哀、帕斯卡、笛卡尔诸大学者，其文化皆较高。当时德国文字似非文坛上之工具，上流社会交流用法文，一般学者著书用拉丁文，唯有一般平民才用德语。经过无数时代，才引入法国文化，而效仿之。当时民族主义的精神衰落，德国疆域分为很多独立的国家，德国人民不愿用德国名字。各大学——与英法各大学相仿——不负有传播近代思想的责任；新科学与哲学只在各大学之外流行，而且为一般上流社会所鼓动。德国新文化最初的大师：一、为普芬道夫（1632年—1694年），他拥护自然法则的理论；二、为克里斯琴·托马修斯（1655年—1728年），他开始用德文定期刊发读物，并用德语在莱比锡大学讲演；三为莱布尼茨，他凭借数学、法学及哲学出名。沃尔特（1651年—1708年）亦是其中一人。

拉辛

他与斯宾诺莎及莱布尼茨交好，采用数学的方法，而且以为一切演绎法须以经验的事实为起点，在经验中求其实证。这些学者，都是德国近代思想及启蒙时期的先锋队。这种近世思想及启明运动，业已撒播种子于英法两国，后来到了莱辛、歌德、康德诸大哲之手，就得到最丰富的收获。

第二节　问题

笛卡尔假定精神与物质为一切解释之两种不同的原理。前者的根本性质为思想，后者的根本性质为体积。斯宾诺莎假定一种普遍的实体，有体积与思想。他们两人皆认为物质界与精神界是绝对不相干的两个系统，其不同之处，唯笛卡尔主张二者在人脑中有交互影响而已。他们把物理的东西作物理的解释，都认为物质的宇宙是一个机械体。这种机械观是近代哲学家及自然科学家所共同承认的。然而许多大学中盛行的哲学兼神学的经院哲学，则极端反对之，并责之为无神论，未尝顾及世界中神的目的。莱布尼茨与他的先辈一样，青年时期在大学中学习经院哲学，而且秉承新教的经院学者之传统的宇宙观，研究了近世哲学与科学，尤其是他发现了微积分后，他的思想大加变动，认定必须把近世哲学与科学的成功，与基督教经院哲学之宝贵的成分，以同样的价值来看待——简而言之，必须有一种学说调和机械论与目的论、自然科学与神学、古代哲学与近世哲学。他的老师，耶拿大学教授、数学家魏格尔给了他真理的概念，更成为后来他努力构建其宇宙观的范本，即毕达哥拉斯、柏拉图之和谐的宇宙观。他从来没有放弃宇宙是调和的全体，支配于数学的及逻辑的原理之观念，所以他认为数学与玄学是基本学问，论证的方法是哲学的真方法。

莱布尼茨生于1646年，死于1716年。他的出生地是莱比锡。他在耶拿大学及奥尔特多夫大学学法学、哲学及数学。他的老师是著名的克里斯琴·托马修斯的父亲雅各·托马修斯及魏格尔。之后寄居于马因斯（1672年—1676年），乃从事修改法庭审判手续的工作。1672年至1676年间，出使巴黎。归国后，为汉诺威图书馆馆长，以终其身。

第三节　力之概念

莱布尼茨研究新科学的假设，而发现其有不妥之处。他觉得纵使是物理学的事实，也不能仅仅以有体积的物体与运动的假设解释到满意的地步。笛卡尔曾经说过，运动的量是不变的。然而物体静而复动，似乎运动又有消失与发生了。这又有悖于连续性原则。由此，可知当运动停止时，必有一种别的东西存在，为运动之根本。这别的东西就是力，力的量是不变的。所以没有什么实体不运动，不运动不是力之表现。凡不运动的便不存在，唯运动者为真实。所以物体的根本属性不是体积，而是力量。因而运动不灭律，要被力量不灭律压倒。体积不是物体的根本属性的另一证据，是体积构成的性质；凡为各部分构成的东西不能算作一个原始的本原。因此，必须有更简单者。力就是这种最简单的、不可分的实体。

莱布尼茨哲学中运动的或力的自然观，压倒了几何学的或静的自然观。物体不以体积而存在，体积则以物体（力）而存在；无力或运动，体积就不能存在。据笛卡尔说，物体之存在，有赖于体积；据莱布尼茨说，体积有赖于力或物体之存在。力是机械的世界之来源，机械的世界是力之表现于人之感觉者。体积依赖于物体中的扩张、发展、绵延之诸性质。物体中有一种力，先体积而有。物体之所以呈现其为坚固不可入的物质，是由于其中有抵抗之力。力之根本是灵魂与物质——自动性与被动性——之不可分的结合。它是有机的、自制的、有目的的力，所以限制自己，或有抵抗力。

所以由莱布尼茨看来，空间是诸力调和的共存之结果，空间不是绝对的，是相对的——没有物体存在于其中的绝对空间——力不依赖于空间，但空间有赖于力。所以万物之间，与万物之外，不能没有空间，因为力停止作用，世界就化为乌有了。

第四节　单子说

是以物体是一群简单的力之集合体。既然有许多物，自然中当然不止一个单纯的力，而是无限量的力，各个力都是一个单独的实体。力是单独不可分的，所以是非物质的、无体积的。这种单独的实体或力，莱布尼茨名之为玄学上的点、形式的原子、根本的法式、实体的法式、根本的单子。它们不是物理学上的点，因为物理学上的点是紧合的点；也不是数学上的点，因为数学上的点，虽然是真点，但非实点，而是着眼点。唯有玄学上的点方是真而且实的，没有它们，就无物。为何呢？因为没有根本，便无庞杂；没有一，便无多。再者，力的根本，必是永久的，不能消灭的——唯奇迹能消灭之。力又不是创造的，因为力的单子无生无灭。这是莱布尼茨把他青年时代在大学中所得的原来的经院哲学中单独自动的实体法式之概念，转变为单独的力之学说。

我们既然知道物体界是由无限量的、非物质的、无体积的力构成的，那么这种本原，我们是在什么地方知道的呢？我们在我们自身内知道的。我们在我们的内心生活中，发现了这种单纯的非物质的实体，灵魂就是这种实体。凡在灵魂中是真的，在一切单子中也要是真的。莱布尼茨用类推法解释了单子为心理的或精神的力。单子有些地方与我们的感觉及倾向（意志）相似。它们有知觉与嗜欲，与表现于我们心中相同之本原，亦作用于物体及动植物中。各处都有力，各处都没有真空；物质的各部分恰如一个花园，种满了植物；一切物质皆是有生气的，纵使是其中最微小的部分，亦是如此。

然而石头与植物中怎样有精神呢？莱布尼茨说，对的，石头、植物、人类三者的心理，不是绝对一样的。笛卡尔以为心中没有什么无意识的东西，物质中没有什么无体积的东西。可是物理学指出自然根本上是非物质的，心理学指出精神根本上是无意识的。物体与体积不是同一的名称：心与意识不是同一的名称。心由知觉与倾向构成。这些知觉之判然明了，依各种单子而异。就是人心本身所显示的知觉，其判然明了的程度亦有不同。当我们精细地注意一个物象时，其最值得注意的部分就判然明了些，而其不值得注意的部分，就渐渐不明了了，以至于完全辨别不出来。距我们注意的焦点更远的物象，更加微小而模糊，所以有明了的知觉与不明了的知觉之分。不明了的知觉，就叫作微小的知觉。当海洋中有怒涛时，我们的感觉不能辨别各波浪的运动之于我们所产生的细微的知觉，然而各波浪的声音都含于我们的感觉中。因为各单子的明显程度有所不同，故其在知觉中的明显程度亦不相同。在最低等的单子中，无论什么事物都是混淆不清的，类似于在睡眠中；它们是一种昏迷状态；这在植物的生活中可以见到。至于动物，就带有记忆的知觉——意识了；而到了人类，意识就更加明了了。人类的意识叫作统觉，是内心状态之反省的知识或自我的意识。

各个单子有知觉或表现之力，它们知觉或表现全宇宙。由此言之，各个单子是宇宙的缩影——小宇宙，是宇宙之活的反照。但是各个单子各由其观点来表现宇宙，其表现的程度有各种不同的等级；各个单子是有限的，是个别的，除了自身以外，还有其他一些个别的单子。等级愈高的单子，其所知觉或表现在宇宙中的部分越判然明了；愈接近宇宙的单子，其表现宇宙愈明白。由此可得一个结论：全宇宙中所发现的万事万物，各人都可感觉到，因为各人可由个体认识全体，可由任何一个特别的事物中发现随处可有的事物，而且可于现在的时间空间中，发现过去已久的时间空间及遥远未来的时间空间中所有的事物。

再者，单子是逐渐进步的，由最低的等级进至最高的等级。宇宙是由无限数的逐渐明了的单子构造而成的，其中单子没有两个恰好相同；如果有，必定不能辨别（不可辨别的原理）。自然中无间隔，由最低等的东西至最高等的东西，中间无罅隙；从最微小的一点无机物质，到至高的神，中间是一个无限小的差异之连续的线索。宇宙中，没有什么是无结果的，没有什么东西是死亡了的，没有什么东西是不存在的。神是最高等最完美的单子，是纯粹的自动力，是原始的单子，是单子中的单子。绵延连续的原理需要此最高等的单子。

斯宾诺莎承认只有一个普遍的实体，莱布尼茨则承认有无数的普遍实体。笛卡尔也假定实体不止一个，但他所谓的本质是直接相反的（心与物）。莱布尼茨所说之力在本质上是相同的。古时候的原子论者也认为有许多同质的实在，但都是物质的，然而莱布尼茨所说之实在是心理的。莱布尼茨的原理与柏拉图的观念一样，是永久的目的，又与亚里士多德所说的一样，是在万物之中，为万物之原理。莱布尼茨曾说过："要了解我，必须了解德谟克利特、柏拉图与亚里士多德。"莱布尼茨在青年时代，主张唯有个体是真实的，共相的基础在个体中，共相除非在神心中，否则不能离个体而独立。他永远没有放弃这种思想。他把全体宇宙分成了无数独立的东西，而且以为这个独立的东西是心理的实体。

各个单子是在进化的程序中的，因内部的需要而实现其本性。它不由外面的东西来规定；它周身无隙可入，它是由自己内部潜伏的力量所规定的。这是连续性原则之必然的结论：照连续性原则所说，不常在单子中的东西，即不能在单子中；现在不在单子中的东西，永远不能进入单子中。单子经过进化中的各阶段，来发展其内部预先有的东西。全体人类是预先制成于亚当的种子中、夏娃的子宫中。发展成熟的个体，预先制成于种子或胚胎中。单子中所有的东西不致丧失；原始的阶段中所有的东西，到后来的各阶段中，俱未丧失，后来的各阶段都是由原始的各阶段预先规定的。所以各个单子是通过过去的阶段放大，进而放大为将来的阶段。这种预先的内定论是莱布尼茨时代的生物学家列文虎克与斯威莫尔登等所共同主张的。1759年，沃尔夫出来反对之。他倡导表观发生学说，以为各机体是由原始的同质种子逐渐形成的；但此说未得到当时一般学者的认同，一直到1859年达尔文的《物种起源》出版后，一般人才开始认同他。

有机体与无机体的差异如下：二者虽然都是由单子或力之中心构成的，但有机体有一个中心的原子或灵魂，代表其全体的图像，指导其周围的单子。无机体则无这样集中的组织，它是由一盘散沙的单子聚合而成的。物体的等级愈高，愈是有组织的，高等有机体是单子之有好秩序的组织。

因此引出了身心关系的问题。中心的单子如何影响其身体呢？我们本可以假定二者之间有交互作用，但莱布尼茨说过了单子无隙可乘，不能由外面的势力影响之。机会主义说以为神创造心物，而且规定其彼此间互相克制，恰如表匠规定其钟表一样。莱布尼茨反对此说。他以为神创造心物，使其平行，心物调和的关系，是神所预定的。这里面没有相互的因果关系；心的状态与物的状态之间有平行的关系。由这个意思来说，身体就是无数的单子或心理的力构成的。各个单子是有机的，其行动依据于其本性中预定的法则。心灵凭借欲望、目的与手段，依照根本的原因之法则来活动。身体依据势力的法则来活动。这两方面是彼此调和的。换言之，有机体及其精细的部分是神造的，它们是神圣的自动机或神的机器。

这种思想扩大之后，包含了宇宙全体。所有单子的共同作用，如同有机体的各部分，每一部分执行其各自的机能。万物皆有因果的关系，但所谓的因果关系不是相从的变化，而是神所预先规定的各部分之调和的行动。换言之，神安置宇宙使其独立行动，各个单子中的状态，是其以前的状态之结果，又与其他的单子之状态有调和的作用。宇宙完全是调和的。自然界的万物，亦可以作机械的解释，因为物质界有法则、秩序与一贯性。然而在全体计划中，有一个高等的理性——神——为万象之根本的原因。这就是莱布尼茨以为机械学的本原在玄学中，且为其思想的根本的缘故。

我们不能证明自然法则或运动法则之必然性；它们不像是逻辑、算术、几何学一样的必然法则。它们依赖着对其的利用而存在，由此可以发现其基本在神之智慧中。神选它们作为实现其目的的方法，所以宇宙之存在，依赖着神之心中的目的。换言之，神是根本的原因：使用次等的或应验的原因是其方法。

由此我们可以得到机械论与目的论之可能的调和。解释自然，本无须引入目的的概念，但机械论的哲学要引出神，因为若无神的目的，我们就不能解释物理学、机械学的普遍原理。宗教与理性由此而调和了。物理界与道德界——合理的心灵与神——之间，亦有调和之余地。灵魂是神之影本——小神，人之理性与神之理性是一样的，唯其等级不同而已。人之目的与神之目的是调和的，所以我们是一个诸灵魂的统一体。这是精神界与物理界的认识，但构建自然的机械之神与主宰精神的天国之神是调和的。

第五节　神学

现在来叙述莱布尼茨的神学。神是最高等的单子——诸单子的单子。它的存在可由几方面来证明。连续性原则在诸力的序列之最后阶段上，需要有一个最高等的单子。再者，解释诸单子本身①，必须有一个原因，来对应于充足理性的原理（宇宙论的论证）。最后，自然之秩序与调和需要一个调和者（物理的神学之论证）。世界的原因必在世界之外；原因必只有一个，因为宇宙是一个，又必是合理的，因为世界中有秩序。还有一种认识论的论证，即永久的必然的真理——逻辑与几何学上的真理，假定有

① 莱布尼茨在他的玄学论文中，以为单子是永久的实体，唯奇迹可以毁坏一个单子。然而在神学中，则主张唯神能创造单子，能毁坏单子。有时，称单子为神之闪光，因而接近于泛神论。——译者注

一个永久的智慧。

神如同一个单子，是一个个体——人。但是它超乎一切单子之上，是超自然的、超理性的、最完善而真实的。人不能构成一个完备的神之观念，因为神是最高等的单子，而人是有限的单子。唯有完备的心，方能知道完备的心。然而人能由各单子所有的性质来推论其为最高等的单子，而以神为全知、全能、绝对的善。人由这种方法构成神之概念，以神为超理性的，但不能与理性相反。人慕神而又有神之暧昧的观念。人对于神的认识，其明白的程度各不相同，因而有各种不同等级的宗教。

神是完美的，不与别的单子相同，无变迁与发展。它本身是完全的；它的知识是完全的；它的目光一倾注，就看见万物之全体。它是实现的实体。它依照一种计划创造这个世界，世界为一切可能的世界中最好的。它的选择不是无根据的，而是依据于善之原理——道德上的必然。它又受制于逻辑上的必然；思想基本法之支配神，恰如其支配人。

然而世界上的罪恶，如何来解释呢？这个世界是最可能的世界，换言之，这个世界中有最大可能的差异与调和。但世界不是完全的，它有它的缺点；神若无限制、无阻碍，则不能表现其本性于有限的法式中；这些限制是玄妙的罪恶；由此而生痛苦（物理的恶）与犯罪（道德的恶）。再者，恶非善与美的障碍，其对于善美的功用，恰如一幅画上的黑暗之处，是用来完成美善的。而且道德得到力量，在于其与罪恶做斗争。恶其实是使我们趋向于善的刺激力。这种主张，又回到斯多葛主义与新柏拉图主义，而为中古时期基督教神学之共同的主张。

第六节　伦理学

伦理学是一种理性的学问。有些道德原理是心灵所固有的，不能论证，但其他一切的道德原理，必须由它们产生出来。它们于不知不觉中，作用于我们的心中，如同一些本能，但我们可以认识它们。所以求乐避苦的真理，是根据于混沌的知识与内心的经验——希望幸福的本能。其他原理能由此原理推演而出，其性质是自明的。即使是盗窃团伙，如欲保持其团结，亦必须顺从之。

道德本能直接地指导人，无须思虑，但不是无阻挠的，因为其可以被情感与恶习所腐化。公道的原理，纵使在野蛮的人群中，也是有的，因为其本性中原来就有它。心灵的这种倾向，虽然有陈训、习惯与教育帮助其发展，但毕竟还是根据人类的本性。

人类未曾常常顺从其生来就有的道德法则，本来也是实情，但这不足以证实人不知道道德法则。不认识道德与公众违反道德法则，也不足以作为道德原理非先天所固有的论证，只能算作道德法则未被认识的论证。其实，这些法则并非时常被人明明白白地认识着，必须加以证明，恰如几何上的命题须要证实一样。自来学者也许不十分明了这些原理，必须有注意与方法才能使其明显。

如前所述，精神生活的本质是知觉与嗜好，换言之，是认识与欲望。知觉与嗜好的结合叫作冲动或欲望。意志是意识的冲动，是明白的观念所指导的冲动。所以意志绝不是漠然不关心的或放纵恣肆的，而是靠着观念来规定的。人之所以是自由的，是因为其意志不是靠着外面的势力所规定的，单子无隙可乘，不能有什么东西进去强制它。然而人的意志由其内在的力量规定，由其本性规定，由其冲动与观念规定。抉择出自最强的欲望，所以想要随便决定这件或那件事，便是想要做一个愚人。

第七节　逻辑与认识论

莱布尼茨的认识论根据于玄学。他承认理性论，以为真知识是普遍必然的；其所根据的原理，不是由经验而来的。宇宙是一个数学逻辑的系统，唯理性能阐明之。既然心灵单子是独立的东西，外界的原因不能影响之，所以知识不能由外界而来，必是由心灵本身内部而来的。所以心灵不是一个白板，由外界的自然写东西于其上——如洛克的主张。一切知识都包含于心内，知觉与悟性俱是如此；经验不能创造它们，只能显明它们，发挥它们。理智中的东西，没有不先存于知觉中的。莱布尼茨说，除理智本身以外，这可以说是真的。纵然我们不承认单子论，但知识不是来自感觉是可以证明的。如果知识来自感觉，普遍的知识就成为不可能了，因为经验的真理，无必然性，它们是偶然的东西。我们不能说因为某种东西曾经被发现过，它必然在同样的情形下常常被发现。所以普遍必然的知识不是来自感觉，是来自心本身。

洛克曾经说过，没有这种先天的知识，因为我们不认识它。如果就非心所认识的东西，即不是心所固有的东西而言，则洛克之论是对的。如果笛卡尔派以为精神生活与意识相同的主张是正当的主张，则经验论者的主张，是确实的。然而心不能常常认识其观念，纵然我们的心未认识到观念与原理，但它们可以存在于我们心中。而且纵使能指出真理其实是由经验产生出来的，这种洛克派的见解对人来说亦是无益的。不过真理出自经验我们很难来证明。出自经验的真理或由归纳法而得的真理，缺少普遍的必然性；它们产生不出来确实的知识；纵然有许多偶然的事例被发现，也不能证明某件事常常必然被发现。我们有不依赖于感觉的证明之知识，如数学上普遍必然的真理。这种知识有心所增加的、非感觉所提供的东西，这是显然明了的。逻辑、玄学、伦理学、神学、法学上的真理，多来自心本身。本来，我们若没有感觉经验，就绝不能认识这种本原；我们的感觉给我们机会来认识它们，但不能创造它们。若无这种本原，便无科学，只有一堆材料而已。必然的真理之最后的证据，只来自悟性，其他的真理，则来自经验或感觉。我们的心能够认识这两种真理，但心本身是必然的真理之本源。然而普遍真理中纵然包含有许多的个别经验，但我们不能由归纳法绝对地确定之，除非由理性认识其必然性。感觉能引起、修正、证实这种真理，但不能论证其永久必然的确实性。

这种先天的真理，不像意识的真理，存在于心灵中。我们学得理性之永久的法则，不是如读行政官之布告一样通过文字来了解的，而是感觉供给我们机会时，我们注意于理性之永久的真理，就能在我们本身中发现之。观念与真理之为先天的，如倾向及自然潜力一样。由这个意思来说，算术与几何学，是潜伏于我们心中；我们无须一点经验的真理，即能由内心阐明出来。这种真理之发现，虽然在其所用来组织的观念之后（洛克的说法），但不能否证其起源；我们先认识符号，后认识观念，最后认识真理——这种事实，亦不能否证真理之起源。普通原理——例如同一原理——构成我们思想的生命；我们的心无时无刻不依赖于这种原理，虽然必须有强大的注意后才能认识之。我们甚至在推论中，自然而然地应用逻辑的法则而未意识到这法则。在伦理学中，也有这种先天的真理，这是上一节已经说过的。

所以认定接受观念之心能是空白的，是一种幻想。我们绝寻不出一种空虚的心能。心灵预定有一种特殊行动的方法——都有一种确定的倾向。经验是刺激心灵所必需的，但不能创造观念。心灵不是一块供印象印入的蜡版，有将之认为是印入印象的蜡版者，实际上是把心灵当作了物质的实体。经验论者反对智慧中没有什么东西不先存于知觉中。莱布尼茨说经验论者的这种主张是对的，唯须加一句——除了智慧本身。心灵中所有的本质、实体、统一、一贯、原因、知觉、推论、性质诸概念，绝不是感觉供给我们的。

莱布尼茨的这种学说的目的，在于调和先天论与经验论。这种工作之后由康德担任之。他以为空间的概念是心理的一种法式，这也是康德的先觉。他以为感官知觉及理智均是不可分的单子之功能，其种类相同，唯其程度不同而已。感觉是暧昧不明的观念，而悟性的对象则是明了的。感官知觉不知道万物之真相，只知道其暧昧不明的现象。诸单子之共存，由明白的概念思想来看，是诸精神的实体之调和的秩序，而感官知觉则认为有广袤的现象世界。换言之，知觉的本体，借空间的帮助察看并想象精神的秩序。莱布尼茨说我们的空间、形状、运动、静止之观念，皆发源于常识，起源于心本身，因为它们是纯粹悟性的观念，但它们与外界有联系。根据这种意见，空间的观念是与生俱来的，与后来康德的主张相同。但空间是由众单子之并存所引起于人心中的观念，众单子之并存产生客观的物质世界。可空间不是实存的，不是实在的东西，而是力之表现或现象。

合理的知识唯有根据于先天的本原之确实的推论而后能成立。先天的原因有同一与矛盾的原理及充足理由的原理两种。前者为纯粹思想范围中真理的标准，后者为经验范围中真理的标准。莱布尼茨以为充足理由之原理不仅有一个逻辑上的意义（每个判断必须有理由来证实其真理），而且有一个玄学上的意义（每件事物必须有充足理由来佐证其存在）；充足的理由实际上含有逻辑的与实在的根底。物理学与伦理学，玄学与神学，都是建筑于充足的理由之原理上的；我们若不承认充足的理由之原理，则神之存在及其他哲学理论的证据就不能成立。宇宙是一个合理的系统，其中没有什么不充足的理由；它可被想象为一个类似逻辑的系统，其中一切言论都有合理的关系。哲学的问题在于发现知识之基本的原理，这种原理同时又是实体之基本的原理或假设。实在的宇宙与逻辑的系统相同，也有同样的必然性。莱布尼茨的逻辑学影响了他的玄学，但他的玄学同时也影响了他的逻辑学，他的知识论建立于他的唯心论的单子论上。他的个人主义不是他的逻辑上的宇宙论之必然的结论：独立的个体之存在不是逻辑的理由所能证明的。然而莱布尼茨以为个体之存在求出了一种目的论的解释，个体是神圣的创造意志之目的，所以必是自始就包含于宇宙创造中的。这是把人类的价值看作有宇宙之逻辑的根底。

判然明了的知识之外，也有混淆不明的知识。例如调和与美丽根据于某种比例的关系。它们由学者看来也许是显然明白的，但不是必须如此；它们表现于一种美之快乐的感情中，所以是人之调和知觉中一种暧昧的知觉。心灵之知觉、万物之秩序、宇宙之调和，亦是如此，无显然明了的认识。其对于神有一种暧昧的感情，这也是一种混淆的知识，能变为明了的认识。

第二章 莱布尼茨的继承者

第一节 常识哲学

莱布尼茨的哲学，在德国为常识哲学所继承，此种常识哲学与里德所领导的苏格兰的常识哲学相似。莱布尼茨是近世德国第一个想建立玄学系统的伟大的思想家，但是他的论文几乎都是用法文或拉丁文写成的，散见于各类杂志上。哈雷大学的教授沃尔夫的工作即为组织莱布尼茨的学说，用德文来发表，以适应常识。沃尔夫采用笛卡尔、斯宾诺莎与莱布尼茨的理性论，并把哲学的方法视同数学的方法。同时他又主张，经验的事实须与理性的推演一致，理性与感官知觉都是知识之合法的心能。他采用笛卡尔之精神与物质的二元论，但他认为力是物质之根本的属性，并且以为心物间的关系是神所预定的调和（莱布尼茨的主张）。他认同斯宾诺莎之处，在于他承认宇宙是一个内部相关联的因果秩序，不过他的解释则归本于莱布尼茨的目的论。他也曾把进化的观念引入他的学说中。

沃尔夫依据心灵的两种心能——认识与嗜好——而将学问划分为理论的与实用的两种。理论的学问包含本体论、宇宙论、心理学与神学——这些学问构成玄学。实用的学问包含伦理学、政治学、经济学。一切学问若依其立论来自理性或经验言之，又可分为合理的与经验的两种。逻辑则是一切学问之入门。

沃尔夫关于这些学问，用德文或拉丁文著了一些教科书，被德国诸大学采用了多年；今日所用的许多德文的哲学名词，还是他创造的。

他虽然缺乏创造的能力，简化了莱布尼茨的哲学，但他给了德国人以研究哲学的原动力，而有贡献于启蒙哲学。

莱布尼茨、沃尔夫的学派中有名的继承者，有比尔芬格（1693年—1750年）、鲍姆加登（1714年—1762年）——德国的美学之建立者及早年的康德。沃尔夫的哲学发展为一种折中的运动，企图调和经验论与理性论，而开了康德的纯理性批判之先河。折中运动中的代表有康德的老师克努岑、兰伯特（1728年—1777年）及影响康德的提顿斯（1736年—1805年）。折中运动的其他代表，所谓的通俗哲学家，有门德尔松（1729年—1786年）、加尔弗（1742年—1798年）、恩格尔（1742年—1802年）、普拉特纳（1744年—1818年）与尼古拉（1733年—1811年）。他们的主要工作，在于把著名的哲学弄成通俗的体裁。这些思想家可以认为是德国18世纪启蒙哲学的代表。

第二节　神秘论

莱布尼茨与沃尔夫的理性论，未曾满足一般的思想家。有些思想家虽然不甚相信理性能够得到真理，但也不愿意与经验论者或怀疑论者站在同一战线上。这班人是神秘论者的直系后裔，发现内心经验中，感情与本能中，有真理之本源。他们以为最高的真理不能论证，唯能感觉。莱布尼茨以为感情、欲望或冲动，是知识的另一阶段，是真理之本能的法式。神秘论者的主张足为莱布尼茨此种意见的保障。莱布尼茨以为此种知识是低等含混的知识，而神秘论的哲学家则以为感情或信仰中有高等的知识：凡人之有限的理性所不能得到的，可以在宗教的、美术的、道德的感情中得到。这种学说的代表人物有哈曼、赫尔德（1744年—1803年，著有《超批评论》，用来批评康德的纯理性批判与雅各比由直觉的哲学来反对理性论的玄学）。

还有一种亲近的运动叫作虔敬主义，发生于德国的新教主义中，为新教之理性化的神学之反动派。他们以为基督教不是大学教授们运用思辨的学问，而是一种内心宗教的大悟。他们的代表人物有施本尔（1635年—1705年）、弗兰克（1663年—1727年）、兰格（1670年—1744年），后面两位是沃尔夫在哈雷大学被罢免教授职务的负责人。

第十六讲

启蒙哲学

启蒙时期的知识、科学、美术、文化与进步，本足以为荣；人事之成就，本足以自夸。然而当时自命不凡的天之骄子卢梭则极力抨击之。他以为当时的科学、美术是淫逸堕落的结果，道德败坏的本源。他主张返于自然之简朴。

第一章　启蒙的进步

第一节　18世纪

前面已经说过，近世的精神是推翻中古时期的社会及其制度与思想的革命精神，为人类理性在思想与行为中的自白。文艺复兴开始的工作，一直延续到16世纪及17世纪；宗教改革、三十年战争及英国、法国的政治的、社会的革命，都为此变化之征象。大陆上的思想，及英国的经验论为此种运动的煽动者；独立自由的研究精神，逐渐地、确实地改变了人生观。然而这些新思想，须得再加以通俗化，须得广播于人间，整个18世纪，就是做的这种工作，这个时期，叫作启蒙时期。启蒙时期代表着全部理智运动的顶点，这是前面已经说过的。那个时期有各种原理与宇宙观；极相信人类的理性能解决问题，人类的理性想了解人类的生活——如国家、宗教、道德、语言——并想使其容易了解，不只对于人生如此，对于全宇宙亦作如是想。那个时期是哲学的独断时期，有勇敢的著作，如沃尔夫所著的《神世界中人类灵魂及万有论》一类的书。那个时期是思想自由独立的时期，能够大胆地发表言论，在法国尤盛。

18世纪的哲学，不仅反映了时代的努力，而且影响了当代人的行为。哲学跑出了学者的书斋，恰如苏格拉底时期，跑到市场上的群众中；哲学也不再使用学者所用的特殊语言、文字作为宣传的工具，而是使用人民所公用的语言做宣传的工具。在法国，因为政治的、社会的、宗教的压迫太甚，启蒙的思想走入极端，其影响也最大。法国大革命即是宣传新思想的结果。崇拜人类理性与人类权利为近世最重要的哲学学说之特征，遍布于18世纪的人心中，而人道、善意、自然权利、自由平等、四海同胞等类的名词，挂在每个人的口上。纵使是世袭的政府，亦当把为人民谋福利作为其本分。中古的思想制度之革命，到了18世纪末期，获得了胜利，旧的人文制度被打倒了，新的社会成功了。近代精神所要求的，如信仰自由、机会平等、经济自由、代议政体、法律平等都获得了一定程度的成功。

第二节 伏尔泰

有助于唤醒新精神、广播新思想于法国及全欧洲的最伟大的思想家，是伏尔泰（1694年—1778年）与孟德斯鸠（1689年—1755年），两人都曾游历过英国，都极其羡慕英国的制度。伏尔泰是启蒙时期一个聪明多才的宣传家，运用洛克的思想，而使之通俗化。他由英国带回了洛克的哲学、牛顿的自然哲学及英国的自然神教，把它们糅合一起而于1728年著成一书，名叫《哲学通信》，后来被出版检察官下命令焚毁。他本人是一个自然神教的信徒，但从来未放弃对于神之信仰。他说："一切自然对我们来说有神。"他在早年的著作中也承认意志自由、灵魂不死，但是到了后来，他就怀疑于死后的生命，而倾向于决定论。他说："我若能做我所愿望的，我就是自由的，但我必须愿望我所愿望的。"他常常严厉地攻击迷信与教会的权威，他以为启示的宗教是无知与欺骗的结果，是聪明的传教士利用人类的愚昧与偏见来钳制人类的伎俩。他的宗教基于道德上不变的原理，他以为各哲学家的学说中俱是如此。他反对一切压迫，而争夺知识的、政治的、宗教的自由，出版自由，选举自由，集会自由：他又为工商业上兴起的第三阶级要求政治的权利。他虽然持自由主义，但他不是民主主义的拥护者，他不相信下等阶级的自治能力。他说："下等阶级中免不了无知暴徒，无知的暴徒一论政，万事都失败。"所以理性的时代，其所赐福者未尝想包括"仆从、鞋匠与雇女"。

伏尔泰的思想虽然受有培尔之《辞典》的影响（《辞典》几乎影响了18世纪的所有法国思想家），但其大部分表现的是洛克哲学的精神。英国的思想在解放改革法国的事业上，亦占有大部分的功劳。

在法国帮助发挥并宣传英国经验论的哲学家，有孔狄亚克、爱尔维修、孔多塞、卡巴尼斯、沃尔尼、博内、拉·梅特里、霍尔巴赫，尤其是一班百科全书家。

第三节　英国的启蒙运动

英国的启蒙运动不如法国的启蒙运动在比较短的时间内就大功告成，其影响表现得也不显著，因为它们的社会情形不一样。在英国，进步的新思想与新理想逐渐传入民众生活中。归本于洛克哲学的一班思想家，几乎都是启蒙运动家。自然神学家、道德家如休谟、哈特利、普里斯特利、伊拉斯玛斯·达尔文、戈德温、潘恩，都是促进独立思想的鼓动者。

第四节　德国的启蒙运动

德国的莱布尼茨与沃尔夫的玄学，到18世纪中期还十分兴盛。那时候由于翻译了洛克、休谟、沙夫茨伯里、哈奇森、弗格森诸人的著作，英国的思想已渐在德国产生影响了。其结果，在德国发生了理性论与经验论的调和，即所谓的常识哲学，以为宇宙与人类历史是合理的、有目的的秩序，能够使其完全为理性所了解，因为其是理性的表示。这种哲学的任务在于扫清神秘，破除迷信，用理性的光明，照耀万物。这种哲学贡献了一种合理的或自然的神学，证实并澄清了一切宗教所共有的根本教义——神之存在，意志自由，灵魂不死。前面已经指出了在玄学上此种运动的主要人物。历史的研究上亦用这种理性论的方法，语言、法律、国家、道德、宗教皆产生于人类的理性。例如语言是人们发明作为交换思想之用的；国家是组织为了保护其福利之用的。既然这些事物是理性之作用的结果，所以不能不使其更为合理，而解除不合理的及偶然的成分；因为这些成分由历代加入而导致腐化了它们。这种思想之合理的态度，有助于改革德国的政治学说，并有助于化自然权利及平等——社会区别，有悖于自然及理性——之说为通俗的学说。

启蒙的、清明有用的精神也传入美术范围内，诗歌、雕刻、建筑、绘画都顺从理性论的态度。格勒特的小说，有人说是“道德哲学诗”；他的宗教诗，有人说是“有韵律的合理神学”。哥特瑟德所著的《诗的艺术》，说诗应该如何作，以便启发人类，而使之道德化。

这种运动，在1个世纪以前，英国洛克哲学中已有其呼声。反对此运动者，有使18世纪末期德国知识界光辉灿烂的文学界哲学界之大师。康德攻击启蒙运动中合理的神学，赫尔德攻击历史之理性论的解释，温克尔曼、莱辛、歌德、席勒攻击理性论的美术。

第五节　唯物论与进化论

我们已经知道笛卡尔派的哲学后来成了马勒伯朗士的客观唯心论，英国的经验论后来变成了贝克莱的唯心论。这些大运动，到了18世纪，又变成了唯物论。笛卡尔原来把有机物界做了机械的解释，认为动物是一个完全的机械体。这种思想，暗示人亦是一个机械体，心灵不是一个独立的实体，而是身体的一种机能。洛克的继承者——孔狄亚克、哈特利及其他诸人——想把一切精神作用悉归于感觉。这种想法不难变为"一切精神作用不过是脑髓的作用"之见解。莱布尼茨把物质解释为力，认为其与精神的活动相似；还有些人把精神的活动解释为物理的势力。古代亚里士多德的玄学中的精神本原，被近世科学放逐于自然之外，被哲学埋葬于其他世界之中；另有些哲学家想把它们完全消灭，并把一切现象解释为物质运动的结果，又何足怪哉？

唯物论的宇宙观，在18世纪的英国与法国中，占据思想界的上风，到了18世纪末期，竟然成了法国启蒙社会中的普通学说。约翰·托兰德（1670年—1721年）在临死的前一年所著的《泛神论》中，说思想是脑髓的功用，是"脑髓的某种运动"。舌是味觉之机关，脑是思想之机关。哈特利以为精神作用依赖于脑髓之波动，其活动遵循机械法则，心理学的关联紧随着生理学的关联。然而意识状态不属于运动。哈特利对于精神与运动的关系，到底是否为因果的关系，则未确定。但发现氧气的普里斯特利则把精神的程序与运动视同一样，因此大胆地承认心物问题之唯物论的解决。可他并不否认神之存在或灵魂之不死。他效法霍布斯，主张人类及灵魂之物质的见解，并不与基督教的神灵及人类灵魂的物质之概念不相容。

拉·梅特里受了洛克与笛卡尔的影响，根据笛卡尔的动物机体之机械观，主张唯物论。他说如果动物是一个机械体，人为什么不是一个机械体呢？德国的霍尔巴赫，把唯物论的学说构成了玄学之概括的系统，而著成了《自然的系统》（于1770年出版于伦敦）。万事万物皆以物质与运动来解释。没有什么灵魂，思想是脑髓的作用，唯有物质是不灭的。人类的意志是有严密规定的，自然界中或自然界外，无目的的无神。

其他宣传唯物论的人（虽然并不严格地属于唯物论），有狄德罗（1713年—1784年，《百科全书》的撰写者）、卡巴尼斯（以为思想是脑髓的作用，恰如消化是胃之机能，胆汁分泌是胆之机能一样）、特蕾西（1754年—1836年）。法国的生物学家布丰（著有《自然史》）及洛宾勒提（著有《自然论》），采用改变形式的唯物论（万物有生论）。布丰以为分子有生命，洛宾勒提（受了莱布尼茨的影响）以为物质的各细微分子都有感觉。拉·梅特里、狄德罗、博内一班人的著作中都有进化论的学说，而开拉马克与达尔文之先河。

法国启蒙时期的思想家，枝叶上虽有差异，但都同意于自然现象，无论其为精神的或物质的，都有法则统治之，都同意于人类之精神的与道德的生活，为自然之必然的结果。爱尔维修以此见解解释了人类的道德，经济学家杜尔哥及孔多塞以此见解发挥了历史哲学，孟德斯鸠以此见解研究了法律与制度。

第六节　科学

启蒙时期的学者，不仅尽力宣传前一个世纪所发挥的一般思想，而且热心于精神的与物理的科学之研究。当时的学者，在科学方面的成就颇不逊色。欧拉、拉格朗日、拉普拉斯在数学上大有成就；赫歇尔及拉普拉斯在天文学上大有成就；伽尔伐尼、伏特在物理学上大有成就；拉瓦锡、普里斯特利、戴维、阿羽依、贝采利乌斯在化学上大有成就；林奈、哈勒、毕克哈特、沃尔夫在生物学上大有成就；洪堡为语言学家、教育改革家；孟德斯鸠为政治学家及法学名家；魁奈、杜尔哥及亚当·斯密为新的政治经济学之开创者；鲍姆加登为美术学之开创者。至于心理学家、道德学家，前面已说过，不再重举。

第七节　卢梭

启蒙时期的知识、科学、美术、文化与进步，本足以为荣；人事之成就，本足以自夸。然而当时自命不凡的天之骄子卢梭（1714年—1778年）则极力抨击之。他以为当时的科学、美术是淫逸堕落的结果，道德败坏的本源。他主张返于自然之简朴。他以为人本来是天真烂漫、无往而不善的；人有保护自己、发展心能的冲动，而且受同情及宗教的感情之鼓动。道德与宗教不是推理的思想之事实，而是自然感情之事实。人的价值不在于其智慧，而在于其道德的本性，道德的本性根本上是由感情构成的。只有善意有绝对的价值。卢梭力言道德感情之重要，谓其为精神生活中的要素，而否认理性之发展足以完成人类。人本来是平等的，因为社会上有私有制度，使人不平等，因而有主仆之分，贫贱之分，有斯文人与下等人之分。由这种不平等的原则所发生的文化，腐化了人类的自然倾向，一方面产生了屈卑、嫉妒、恨憎，另一方面产生了轻侮、傲慢、残忍，而使人生变成矫揉的、机械的。这些见解与近世社会主义的理论多有相似，在社会的情形下，寻求道德与罪恶的根源，而谋求社会之改进，以完成人类。

卢梭主张人民的直接政府（创制权与复决权），来代替代议政府。他的政治学说是瑞士的民主共和国所实行的政治学说。他所说的人民，不仅包含第三阶级，而且包含第四阶级，劳工阶级——他自己即属于此阶级——而为这些阶级求平等的权利与社会的解放，恰如伏尔泰为中等阶级要求政治的平等权及思想与信仰之自由一样。卢梭极其赞成洛克的民主主义之思想。如果人要有自由与平等，及相同的权利与能力，则不应受特权阶级世袭的统治。法国1789年与1793年的《人权宣言》①，多半是卢梭的思想。现今各国的立法，亦是根据他的思想而来的。

归返自然，足以解脱腐败矫揉的现状。欲达此目的，只有创造自然的社会状况，运用教育的自然方法。卢梭为了实现此目的，乃于1754年出版《社会契约论》，1762年出版《爱弥尔》。自然的社会是建筑在契约上的，在这种契约的社会中，各人依据民众的普遍意志或道德意志，限制其个人的自由，以换取大众的自由。自由是顺从自己所立的法律。国家的主权在于人民；人民共同的意志——人民谋取共同福利的意志是最高的法律。政府执

① 1789年的《人权宣言》第一节说："人生来是自由平等的，社会的区别只是建筑于社会的利用上。"第六节说："法律是普遍意志之表示；一切人民都有亲身或派代表参与立法的权利。"——译者注

行人民所委托执行的命令。

卢梭的教育学说是自然的教育学说，其目的在于自由地发展儿童之自然的、未被污染的冲动。未有知识的欲望时，不得使用教育。所以教育的功用大半是消极的，是解除不适宜的情形的。儿童的个性必须注意于研究，研究自然，亦有助于区别善恶的冲动。所以最好的教育是把儿童托付于私人教师之手，离开社会环境，遵循自然途径，来发展之。卢梭的教育学说，大有影响于现代教育，巴泽多、裴斯塔洛齐与福禄培尔即实行其学说。

卢梭的这些学说，并不与洛克哲学相冲突。如果心灵本来是一个白板，则人之本性是平等的，之后之所以不平等，是由于外界的一切原因，正如爱尔维修所说。教育与社会环境是完成人类的重要工具。

卢梭与伏尔泰一样，排斥唯物论与无神论，承认自然宗教。就此意而言，他是一个自然神学信徒。他以为宗教是感情的事，不是思想的事，虽然宗教的真理是可由理性证明的。心灵是非物质的、自由的、不死的；来世的生活是战胜现世罪恶所必需的。

卢梭对于德国学者——康德、赫尔德、歌德、席勒——大有影响。康德受了卢梭的影响而思想发生变化，他的下列一段话可为见证："我自己天性上爱研究学问，我觉得探讨知识最有趣味；我热心地想增进知识，极端地以知识之进步为满足。有一段时期，我相信这足以增进人类的荣耀；我轻视无知识的下贱。待我遇到了卢梭的著作，我就改变了。往时气盖一世的夸张心思消失了，尊敬人类的心思产生了。我觉得若不尊重其他一切职业的价值，重建人类的权利，我便不如一个寻常的劳工有价值了。"

第十七讲

康德的批判哲学

知识的成立，依于先天的综合判断，分析的判断也常常是先天的，是根据同一和矛盾的原理的；但不能增加我们的知识。经验的（即后天的）综合判断虽能增加我们的知识，但其知识漠然不确实。学问需要绝对确实，而这种确实唯独于先天的综合判断中乃能得之。

第一章 康德

第一节 近世哲学的进步

近世哲学以人之心力可以得到一切知识的信仰为出发点，其成为问题者，是得到知识的方法如何，其界限又如何，经验论者和理性论者都把真正的知识看作普遍的、必然的，差不多一直到休谟，都主张在一定范围内“自明的命题”是可能的。笛卡尔、霍布斯、斯宾诺莎和莱布尼茨都建立有玄学的学说，而且认为其有与几何学一样的逻辑的证明。培根不曾建立一种玄学学说；他以为必须到有新方法来建立事实时，不能办此事；但他主张神的存在可以被论证，自然的法则，事物的本质，可以被发现。然而人的智力果真能解决根本的问题，甚至较小范围的问题与否，这种疑问终是不可免的。培根曾以为玄学和神学超越于自然理性的能力之上。霍布斯和笛卡尔一样，以为经验不能得到确实，但以为人的一切知识来自感觉。洛克对知识问题的研究比向来所见的更为透彻。他的结论是我们对于观念的一致和不一致有一定的知识，对于自己的存在和神的存在有确实的知识；数学和伦理学是确实的，但关于外界的存在和

康德

事物之必然的关系则没有这样的知识；自然科学中没有真的知识。贝克莱说无可知的外界（物质界），我们所可知的只有观念、心灵和观念间的关系。培尔破坏了玄学和神学，以为它们不仅远于理性，而且违反理性。休谟提倡感觉论的知识论；倘若我们只能知道由感觉所经验的东西，则合理的神学、合理的宇宙论和合理的心理学都是不可能的：神、世界和灵魂不是人的知识所能及的。就是我们对于事实的知识也不过是或然而已；其必然的关系，实体和本身都是不可得知的。甚至不能说许多观念必然与我们经验它们时次序相合，而相信它们将会重复被发现。通过比较许多观念，注意它们的关系，加以推理，我们就能得到一种“论证的知识”，此外则无可得。

第二节 神秘主义

从前曾破毁教权、因袭，而推重理性的批评精神，今则反而拘束理性本身，否认其权威了。但衡量理性论而发现其缺陷的人，不独有经验论者，神秘学家和信仰哲学者也反对之，不相信知识的能力，而另于人心的其他机能中寻求一种沉静渴望确实的方法。依他们说，悟性绝不能发现实在；真理的本源乃在于感情、信仰和一种神秘的眼力；实在的真理不能由理性知之，仅可感之于心。在近世中特别激起这种反理性论的，是机械论之必然论的世界观，这种世界观是科学的及理性的思想所必有的趋势，而且视个体如同傀儡。就许多人看来，这种无所裨益的自然智力之结果，不就成为一种无望而悲观的怀疑说了，就是成为一种悲观的宿命论，这种宿命论也是嘲笑人类最深的悲痛，使人之最可贵的价值都成为虚构的。

第三节 康德的问题

关于智力对于其本身的破坏的批判，和意志对于其本身在道德上与宗教上的价值之要求，哲学不可不有对等的答复。康德以这种责任为己任；他想对于当时的启蒙思想、经验论、怀疑论和神秘论等诸种思潮，做一个公平的判断。当时有人说他的问题是："一方面限制休谟的怀疑说，另一方面限制旧时的独断论，而又排斥、摧毁唯物论、宿命论、无神论、感觉论和迷信。"他自己出自沃尔夫的理性论派，但又与英国的经验论和卢梭接近，而休谟又惊醒了他的独断论的睡梦。他以为考察或批判人类的理性，实为急切的需要，由这种批判可以保证理性的正当要求，同时，弃去其无根底的要求，换言之，可以考察普遍必然的知识之可能与不可能，可以考察知识之本源范围及界限。他以为哲学保持独断，已经很久了；哲学没有事前批判本身的能力。现在须有批判哲学，须公平地检验普通理性之能力。康德依此目的，著其三种批判学说：《纯粹理性批判》，即理论的理性或科学的检验；《实践理性批判》，即实践理性或道德的检验；《判断力批判》，即美和目的论的判断的批判，或艺术与自然之目的的考察。

康德将真的知识的意义定为普遍必然的知识。他和理性论者的意见相同，认为有这种普通必然的知识——在物理学和数学中——又和经验论者的意见相同，认为这种知识只是观念的知识，现象的知识不是物质自身的知识；所以合理的玄学（宇宙论神学和心理学）是不可能的。他又和经验论者相同，主张我们仅能知道所经验的，感觉形成知识的材料；而同时又和理性论者相同，认定普遍必然的真理不能从经验得来。感觉供给知识的材料，而心以其自身必然的方法整理之。所以我们有关于观念的秩序之普遍必然的知识（理性论），而无关于物质自身的知识（怀疑说）。知识的内容虽然是从经验得来的（经验论），但是心依着其先天的方法思维这种经验，认识这种经验（理性论）。然而无论如何，物质自身是存在的，我们能够思维它，但不能知道它如同经验的事实。故若没有道德意识或实践理性，则超越时间、空间的世界之存在，如神、自由、心灵不灭等问题，不能有答复，其实，永远也不能了解。

康德在1724年出生于哥尼斯堡，是一个马具商的儿子。因为其父母都是虔敬的教徒，故他的生活向来就在宗教的环境中。他一生作为学生、教师和著作者，不曾出过乡关一步；在大学预备时期（1732年—1740年），专心致力于罗马的古典，到哥尼斯堡大学（1740年—1746年）后，乃学习物理学、数学、哲学和神学。从1746年到1755年，他曾在哥尼斯堡大学附近诸家做家庭教师；1755年，被聘任为大学讲师，讲授数学、物理学、逻辑学、玄学、伦理学、地理学、人类学、自然的神学和哲学百科等。从1766年到1772年，又兼任图书馆副馆长，1770年为逻辑学和玄学教授。任职到1797年，因病弱离职，死于1804年。康德开始的时候，学习当时流行的莱布尼茨、沃尔夫的哲学，自1760年到1770年，乃受英国经济学说的影响，而受洛克、沙夫茨伯里和休谟的影响更大。他说过，从独断的睡梦中唤醒他的是休谟。1770年，他已经拥有让他极负盛名的哲学观点，而发表了拉丁文的著作《论永久和平》，以后十年间，即致力于此文。

第四节　智识问题

康德的基本问题是知识问题：何为知识？知识如何可能？人

类理性的界限如何？要回答这些问题，必须考察人类的理性，而加以批判。知识永远表现为判断的形式，以肯定的为何事物，或否定的为何事物。但不必每个判断都是知识；在分析判断中，其宾语仅说明其已包含于主语当中，例如物体是有体积的东西。故判断不可不为综合的；就是说，附加事物于宾语中，扩展我们的知识不是仅仅说明就算了，例如一切物体都有特别的重量。但不是一切综合判断都能给我们知识，有的知识是从经验得来的，只能告诉我们某物有如此如此的特性，能如此如此地动；不能说一定有如此的特性，一定如此地动。换言之，就是这种判断缺乏必然性，理性不能强制承认这种判断如同其不能强制承认数学命题一样。再者，这种判断又缺乏普遍性；我们不能因为一类中的几个物体有一定的性质，就说一类中的一切物体都有这种性质。这种缺乏普遍必然性的判断，即经验的判断，不是科学的。如要使其成为知识，则综合的判断是必然的（不能设想其矛盾）；而且是普遍的（不容许有例外）。这种普遍性、必然性不是从感觉或知觉得来的，而是来自理性或悟性本身；不用经验（即先天的），我们就知三角形的三个内角和必等于二直角，且永远是相等的。所以若要产生知识，则判断必为先天的。

于是得一结论，就是知识的成立，依于先天的综合判断，分析的判断也常常是先天的，是根据同一和矛盾的原理的；但不能增加我们的知识。经验的（即后天的）综合判断虽然能增加我们的知识，但其知识不确实。学问需要绝对的确实，而这种确实唯独于先天的综合判断中才能得之。

康德相信有这种先天的综合判断，以为物理学、数学和玄学内可有之。他确信普遍必然的知识的存在是既定的事实，故不问先天的综合判断之可能与否，只问其如何可能。什么是这种知识的条件呢？有了这种判断，什么是其理论的昭示或必然的含义呢？所以他的批判方法如他自己所说，是独断的；知识论是一种严密的论证的学问，即先天的纯粹的学问，其真理根据于先天必然的原理。他的方法不是心理的，而是逻辑的，又是先验的。他不在我们的意识内考察知识产生的条件——不求知识的心理之起源——唯承认真的知识，像谈数学或物理学的命题，而求什么是这种命题之存在的理论的昭示。例如关于空间的关系或因果的关系之判断，什么是必然要发生的？无综合的心不能有综合的判断；无知觉空间的心，不能有空间的判断；无思考因果的心，不能有因果的判断。康德在应用这个方法时，自然是用人类的理性和其范畴，肯定知识的可能与确实。从这一方面来看，他是一个独断论者。但此并不能动摇康德，因为他曾说若休谟否认知识的可能是真的，则亦不过是一件可耻之事而已。就如在理性作用之先须有理性自身能力的考察，那么我们将什么也不能得到。

但数学、物理学和玄学中如何能有先天的综合判断呢？纯粹数学、纯粹物理学和纯粹玄学是如何可能的呢？须得指出在此等学问中我们如何且为何能得到真正的知识。要回答这些问题，必要考察知识的机关、能力、可能和界限。知识昭示有一个心。思想必有对象，思想的对象为感觉所给予。若心无感觉，则不能感受之。感觉供给对象或知觉（康德称之为经验的直觉）于人，而经过悟性思考、理解、认识，遂成为概念。无感觉（即知觉）和思维（即悟性），则知识定不可能。此二要件虽然根本不同，但彼此互相补充。“知觉和概念是一切知识的要素”，无概念则知觉是瞎的，无知觉则概念是空的。理智所做的都是整理感觉所给的材料。这两种能力也许有一共同的根源，但我们不知道。

于是知识如何可能的问题又分为两个问题：感觉的知识如何

可能？悟性如何可能？第一个问题可于先验的感觉论中得到答案；第二个问题可于先验的逻辑学中得到答案。二者相合，则为先验的要素论。

第五节　感觉的知觉说

今先说先验的感觉论。什么是感性能力，或感觉的知觉之逻辑的预先条件是什么？要知觉事物，不可不有感觉（色、声、硬等）。但仅有感觉，不能成为知识；感觉仅为意识内所起的变化，仅是由于某事物而生的主观状态。感觉必托于空间和时间，必托于空间时间内一定的地位，必认为是外界的物。我们一切的感觉都整列于空间和时间的秩序中。所以知觉预定材料（感觉）和形式（空间和时间）。感觉组成原料（色、声、重等），而感性以空间和时间的形式整理之，乃成知觉。心灵不仅接受感觉，而且依其直觉之力而认识之，就是在其本身之外，从空间时间之中，见色闻声。感性具有认识空间时间的先天能力；人心的组织是这样的：纵然没有对象呈现时，也能认识空间、时间；即不仅能于空间时间中认识对象，而且能认识空间时间本身，这就是纯粹知觉。

安排感觉材料于空间时间中的法式（或机能），其本身并非感觉。它们不是直觉之经验的（后天的）法式，而是心灵的本性（先天的）原有的。时间是内感的法式，就是我们心理的状态若非时间的继续，便不能了解之。空间是外感的法式，就是只有影响于感觉机关的东西，我们才能了解空间的性质。但因为凡是呈现于感觉的都是意识的变态，属于内感，故时间为一切意象或现象的必然条件。

空间和时间不是自己存在的实物，也不是事物的属性，而是我们感觉到对象的方法或机能。若世界上没有原本具有时间空间的直觉者，则世界就不能是时间的与空间的。“倘若无思维的主观，则全体有形的世界即将消灭，因为世界不外乎是我们主观的感性之表现”。虽然空间洞然若虚，无所包含，但绝不能想象空间是没有的。换言之，我们必须依赖于空间来想象、来知觉。空间乃是现象必然的先决条件，故此为必然的先天观念。这就是康德所谓的先验方法的一个例子。无空间，我们就不能思考事物；但无事物，却能思考空间；故空间是事物意象或世界现象之必然的先决条件。凡是必然的先决条件，必是心的先天法式。关于时间也可以有同样的说法。

由此，“纯粹数学如何可能”的问题可回答如下：因为心有空间时间的法式，心的本性必须以空间的、时间的方法而有所知觉与想象，故在数学中有真正的知识、先天的综合判断和自明的真理。

但空间和时间仅仅是感性的条件，是感觉之知觉的法式，是我们知觉事物的方法，所以它们的确实只是在认识现象界的事物时，而不可适用于物质本身（即离我们的知觉独立的物质）。它们不能适用于我们的意象界以外。但无论空间时间是物质本身所固有的，还是仅仅为我们知觉事物的法式，经验的知识则依然确实。我们所知觉的事物不是物质本身，所知觉的关系也不是在物质本身上的关系。我们若除去主观，或者仅除去感性，则空间和时间中一切事物的性质和关系，甚至空间时间本身，必都归于消灭。它们的现象本身不能再存在，仅是存在于我们心中的感觉，是我们意识的变形：至于超脱感性的物质本身，离开那对于感觉机关的影响而独立的物质，我们则不能知道。事物呈现于目则成色，入于耳则成声……凡此都是内的感觉，其物质本身离开那发生于人之意识上的影响而独立，人不得知之。我们所知道的，仅仅是知觉此等物质的方法。这种方法虽然在人类方面为必然的，但在一般动物方面则不必为必然的，故空间时间是主观的或理想的。然而我们所有的一切现象，都是排列于空间和时间的秩序中的，凡不在时间条件下的事物不能成为我们的经济。而演变成外界现象的一切物体，又永远与空间共存，故空间时间又是客观的、实在的。

关键的是，人类所有的实在的知识，若没有这几个条件，则是不可能的。心必有些东西呈现于它的面前，它才能感受影响或接受印象。若仅仅感受印象，或感觉到意识的变形，则不免为主观所禁锢，不能知觉客观的世界。我们的感觉不可不为外界的、客观的——排列于空间和时间的秩序中。我们认识客观世界，全因为人心有此等知觉的方法。

第六节　悟性论

但仅仅无关系、不联络的知觉，不能成为知识；仅仅空间和时间中对象的知觉，不能产生知识。知觉到“太阳”，又知觉到热石子，不是和知道太阳晒热石子的知识一样吗？以一定的方法结合这两种经验，才能得到“太阳是使石子变热的原因”这一判断。故必须把诸对象结合起来，找出它们的关系，而且要认识它们，思考它们。知识或判断若没有综合的思维的心，若没有悟性或理智，则是不可能的。理性不仅是被动的，而且是自动的。直觉是知觉的，理性是概念的（以概念来思维）。我们须使知觉为明了的，置知觉于概念之下，又须使概念为显明的，给概念以知觉的对象。悟性本身不能知觉到任何事物；感觉本身不能思维任何事物。二者相结合，才能产生知识。论感性的规则之学，叫作感性学（或美学）；论悟性的规则之学，叫作逻辑学。

悟性认识或联系各知觉，有种种方式；因为其都是先天的，不是从经验得来的，故叫作纯粹概念或范畴。悟性表现其本身于判断中；其实，悟性就是判断之心能，思考就是用来判断的。故悟性的认识方法，就是判断的方法，而要发现这种方法，必须要分析判断，来考察其所表现的方式。这种工作普通逻辑学已经做过，若论述之，可有所帮助。逻辑学上的判断表，足为发现范畴的引导。判断表中有种种判断的可能，纯粹概念或范畴也有多种。康德的逻辑学中研究这种题目的部分，叫作先验分析法。

康德分判断为四大类共十二种。第一类三种：（1）全称判断，如所有金属是元素；（2）特称判断，如某植物是隐花植物；（3）单称判断，如拿破仑是法兰西的皇帝。这三种判断，是表示分量的范畴，即总体、多数、单一等。第二类三种：（4）肯定判断，如热为运动的形式；（5）否定判断，如精神不是有体积的。（6）无限判断，如苏格拉底不是颜色。这三种判断是表示性质的范畴，即实有、非有、限制等。第三类三种：（7）直言判断，如物体是重的；（8）假言判断，如空气升温，则温度表上升；（9）选言判断，如实体或为固体，或为液体。这三种是表示关系的范畴，即实体、因果、交互作用等。第四类三种：（10）或然判断，如这个可能是毒物；（11）实然判断，如这个是毒物；（12）必然判断，如任何结果必有其原因。这三种判断，是表示形态的范畴，即可能、不可能、存在、不存在、必然、偶然等。

第七节　判断的确实性

我们如何适用此等心的法式于事物呢？其客观的确度如何呢？此等法式的来源是纯粹精神的，而且应用于经验中。我们把离经验独立的范畴使用到经验中，使用到对象的世界中，结果如何可能呢？我们有何权利这样做呢？法学家称合法的权利和要求的证明为推断。现在我们所需要的，则是范畴的先验的推断。康德的证明是说明没有范畴，则经验就不可起作用。没有这种本源的先天思维作用，没有统一的自我意识，或者没有统觉，则无知识，无连贯的经验世界。悟性就是判断，就是把许多知觉的对象统一于一个自我意识（统觉）中的作用。若无一定的方法（空间和时间）来知觉，及一定的方法（范畴）来判断与思考，则不能有经验对象的普遍必然的知识。知识就是悟性的纯粹概念（即范畴）适用于感官所供给的对象而被知觉为空间和时间的对象。所以范畴是成立经验必需的条件，即经验唯一的判断。

例如水结成冰的知觉，虽然为单纯的作用，若非心认识这两种状态（液体和固体），在时间上有关，而且联系到一个思维作用中，则不能成立。对于判断为必要的统觉作用，对于知觉来说也是同样必要的。作用于思想中的认识、再现及想象等自发作用，也作用于感觉经验中；而作用于两方面的范畴，也是相同的。我们的经验依范畴而存在；现象的秩序即我们所认知的自然界依赖于我们理智的法式，不是我们理智的法式依赖于现象界或自然界，就如经验论者所说的。此即康德所谓的“悟性规定其法则于自然界”。康德这种哲学上的革命，如同天文学上的哥白尼的革命。

因为心规定其法则于自然界，所以我们先天地得知自然界的普遍法式。我们能知道：知觉的世界永远按可以理解的方式关联着，我们的经验永远按一定的秩序存在着，具有空间性与时间性的事物，永远是有实体与属性、原因与结果和相互作用之关系的事物。故我们于感觉界不能误用范畴。但不可忘记范畴的使用，是仅限于经验范围的，仅限于现象界的，出此范围以外，其适用就不能确切了。我们不能超越经验，不能有超越感觉的物质本身的知识。因此，我们不能先知经验的内容，即或有特殊感觉（色、声、重等）产生。我们可以说无论它们如何，心可按心的必然规则来整理它们。

但理智的范畴如何适用于知觉，即感觉的现象呢？依康德说，纯粹概念和感觉的知觉是绝对不一样的。如果这样，那么两者如何关联呢？两者之间必有第三者作媒介，一方面为纯粹的（没有经验的任何事物），同时，另一方面又为感觉的。这种媒介，康德叫作先验的图式，用以结合经验，关联经验。这种图式的使用，就是悟性的图式论，时间的法式正合这种要求，因为时间是纯粹的，而且是感觉的。我们的一切观念，都依于时间的法式；我们的经验，都由时间规定其秩序，都生于时间内。所以理智若要结合或关联感觉经验，则必须使用时间法式。理智按时间的关系来想象它的概念或范畴。例如连续地加数字，则不断得到新的数字，这种数字的作用，就是数量范畴的图式——这种范畴表现于时间的法式。时间的一刹那，表现为单一；其几个刹那，表现为特称；其全体表现为全称。因此，数量的范畴表现于时间系列的图式。理智又想象那起于时间内的感觉，这种想象是表现性质的范畴之方法，即性质的概念表现于时间的内容的图式。理智又在时间中观察永久不变的实在物，这是想象实体的范畴之法。理智又认为实在物在时间中必然产生其他事物的实在物，这是发现因果的范畴之法。理智又注意于一个实体的性质和另外一个实体的性质在时间上同时发生，这是想象相互作用的范畴之法。此等实体、因果、相互作用的范畴，都表现于时间的秩序的图式（连续、继起、同时）中。理智又想到某段时间中存在的东西（可能的范畴），或一定时间中存在的东西（确切的范畴），或常常存在的东西（必然的范畴）。此等可能、确切、必然的范畴都表现于时间的理解的图式中。

第八节 物质本身的认识

前面已经说过，我们不能超出经验以上，不能先天地知道超感觉的物质本身。知识包含知觉，而物质本身不能由感官来知觉；在感官的知觉中，仅能知道物质本身表现于我们意识中的方法。物质本身也不能由理智来知觉，或直觉到。我们无理智的直觉，我们不能凭理智于一刹那间认识事物。理智是推理的，不是直觉的。我们若使用范畴于物质本身，绝不能证明它们。例如我们不能证明现存的事物是理智界的实体，但我们能想到这种物质本身，说它们不是感官知觉所能形容的，不在空间时间中，又不变化。然而没有一个范畴可以适用于物质本身上，因为我们没有办法知道有没有东西与它们相当。若知觉不给我们以范畴可以适合于其中的事例，则绝不可能知道有无与实体概念相当的东西。关于物质本身的事情，则知觉于我们无所裨益。

物质本身是不可知的，但这不是矛盾的概念，因为我们不能确切地断定现象界是知觉之唯一可能的法式。感觉的知识，仅限于感觉的事物，物质本身则非所能及；理智思考的事物，感觉不能知之。所以物质本身或本体的概念，是感觉所不能知的，是界限概念。人所知道的，仅在现象界，本体则非人所知。

我们不能知道物之本身，仅知其表象。同样，我们不能知道我们的本体，仅知道我们的表象。我们能意识到我们的存在与运动，但意识到自己，并不是知道自己的本体。知道是必有知觉之意。我们不能知觉到我们的“自我”，亦不能有我们的“自我”之理智的直觉。唯借知觉，即时间的法式，各种状态的连续，我们可以知道我们自己，但我们虽然不能知觉到我们的“自我”，却能思想到这个“自我”。康德的知识论全体即根据于这个“自我”论。他所说的统觉即不外乎自我意识的“自我”。若没有自我意识的“自我”，则知识不能成立；但自我意识的自我本身，始终不可由知觉得知。

所以我们对于所不能知觉的事物，不能有普遍必然的先天的知识。因此，不能有超越经验的玄学，即不能有物质本身的玄学，不能有供给非现象界（自由、意志、不灭、神）的真知识的玄学，唯能有现象界的先天的学问。数学是依于空间和时间的法式而有其必然性的；几何学是基于先天的“空间知觉”的；算术则根据于表现先天的“时间知觉”之数目概念的。自然科学是依据范畴来论实体、属性、因果和交互作用等的。休谟和经验论者都是错的。数学和物理学的知识是普遍必然的，但只是现象的知识，是现象的排列法式之知识。我们不能知道物质本身，在这一点上，休谟是对的。然而物质本身是有的，而且是必然有的，否则感觉即不可解了。和现象相当的东西也是必有的，它们影响我们的感觉，供给我们知识的材料。康德绝无丝毫疑惑于物质本身的存在。他曾在著作中证明其存在（观念论的反驳）。但因为他坚持“物质本身之存在”，“物质本身为感觉的根底”，因此，他的学说的性质遂使物质本身的概念变得朦胧不清了。物质本身遂成了界限概念，不能由感觉知之。虽然不能知之，却能思之。我们不能适用范畴，就算能适用之，这些范畴也没有客观的确实。故于此尚有未了的问题，康德自己对其非常在意，他的后继者亦曾努力解决之，后面可以知道。

第九节　玄学之不可能

康德的目的，第一，在于反对休谟的怀疑论，而说明数学和物理学的知识之可能；第二，在于反对莱布尼茨、沃尔夫等独断论，而说明超感觉的玄学之知识的不可能，这种意义的玄学便是假科学。①现在就他的第二个目的来说，悟性仅能知道我们经验的东西，理性则欲超过悟性所能及的界限，而认识超感觉的东西——不能是知觉的对象的东西，仅是能想到的东西。理性混淆知觉和思维，因此，陷于种种的暧昧、谬误、矛盾。这其实是超越的玄学上常有的事。在经验界有意义的问题，在超现象界则毫无意义。例如原因与结果、实体与属性等概念，使用于现象界则完全正当，如移到本体界则了无意义。玄学往往忽略了这一点，混淆现象和本体，用那适用于现象界而有效的概念，来论道本体界。因此陷于谬误、错乱，康德叫作先验的错误。他又称适用于经验界限内的原理为内存原理，而称超越这种界限的为超越原理或理性概念或观念。误以为我们主观的原理是客观的原理，而适

① 康德认为玄学的可能，只在下列几种意义中：（1）知识论的研究；（2）自然的法则和法式的绝对知识；（3）意志的法式和法则的绝对知识，即道德哲学；（4）根据于道德法的精神界的知识；（5）有一定或然度的宇宙的假设。——译者注

用于物质本身，是理性在所难免的错误。发现这种超越的判断之错误，以防备受其欺骗，是先验的辩证学的职务。但这种错误是自然的、难免的，所以不能破坏它，我们可以洞悉之而免受其欺骗，但终究不能摆脱它的纠缠。

细查玄学的议论时，可以看出许多逻辑的谬误矛盾。前面已经说过，悟性是心的能力，即一般的理性按着规则或原理，可以结合我们的经验，来供给我们许多的判断。而此等判断包含于更为广泛的先天概念之下。心的这种能力，就是理性，也就是置悟性的规则于较高原理之下的能力，所以理性的目的在于统一悟性的判断。但这种高等原理，仅是对于悟性之主观的经济法，以求最简约的概念。高等理性对于对象，不规定其法则，也不说明它。

因此，理性在合理的心理学中，力图把一切精神作用都置于心灵观念之下；在合理的宇宙论中，把物质界的事情都置于自然观念之下；在合理的神学中，则把一切变化都置于神的观念之下。所以神的观念，是包含一切事物的绝对浑一的最高观念。这些观念是超越的，没有经验的价值。所以，我们不能在想象的法式中表现出绝对的全体之观念，这是一个无答案的问题。但这些观念有作为悟性的指导者的价值，能通过引导来促进知识的探求。

（一）合理的心理学就在此，并非有主体、自我、知之者，也并非诸多思想综合于单一意识，若非判断主格与所谓两方面的自我是同一的，则必无知识，这个结论是正当的。但我们不能推定这个自我是自存的、单纯的、不变的“心灵实体”。所以在推理中理性的心理学所做的判断并非由前提来担保；它使用的各种名词（如主体、自我和灵魂）有种种意义，这种谬误，康德叫作谬误推论。我们不能通过逻辑证明自由意志和灵魂不灭，但理性的心理学纵然不能增加我们的知识，也可使其不致流为灵魂的唯物论或无根底的唯心论。于是理性暗示我们要搁下无用的悬想，把自我认识转向道德方面去。道德法教人只要尊重正义的意识，使其成为观念中良好世界的市民。

（二）合理的宇宙逻辑性又想把我们一切现象的客观状态化为一个最终的、最高的且无制约的状态。我们构成一个全体自然的观念，或宇宙的观念，或认之为一切现象所依附的原理，或由现象本身中寻求出此最高且无制约的状态。无论哪一种情形，都足以构成宇宙论的观念，而生出种种诡辩，既不能由经验证实之，也不能由经验反驳之。康德称之为矛盾论。这种理论的正面根据于理性的必然，并无矛盾，而同时，其理论的反面，也以同样必然的根底而成立。

矛盾论有四种，其中都是正反两方面可以证明的。其能证明的有：（1）世界于时间上是有始的，又是无始的、永恒的；在空间上是有限的，又是无限的。（2）物体是可以无限分割的，又是不能无限分割的；物体是单纯的、不可再分的原子。（3）世界内有自由，也说世界内万物都依自然法则来运动。（4）世界有一绝对必然的实体为世界之因；也说世界之内和世界之外，都没有这样一个实体为世界之因。任取这两种相反的理论的一方，来排斥另一方，两者都不是靠着逻辑的证据，而是各依自己的兴趣。凡思想正当的人，都有肯定（即独断论）一方面之实践的兴趣。世界是有始的，我的思想中的“自我”是单纯的、不灭的，又是自由的、不受自然约束的；组织世界的万物之秩序，是从一个根本的实体中出来的，所以有统一，有有目的之结合——这些思想于伦理和宗教大有裨益。反之，在否定的一方面（即经验论），则失去了此等裨益。若世界无根本的实体，若世界是无始的，不必有创造者，若我们的意志不是自由的，我们的灵魂是可灭的，则我们的道德之观念和本原，遂失去其确实性而为其所根据的先验的观念，亦不能成立。

亦有思索的兴趣包含在内。因为如果在肯定的理论中承认先验的观念，则我们能先天地认识全体状况的线索，来推知无条件者的来源是有条件者。否定的理论方面，则不能如此。但经验论者若以假设与轻率为满足，则其本原只能教人止于平庸的要求。我们的理智的假设及信仰，对于实践兴趣的影响，是不应该去掉的。经验论者失去了科学与合理的内视，因为其以为实在思索的知识不能有经验以外的对象。但经验论本身也成了独断论，竟然大胆地否定直觉知识的范围以外的东西，这确实有害于理性之实践的兴趣。

康德解决矛盾论的难点，在于指出否定理论所持者为现象界，而肯定理论所持者为本体界。感觉之时间空间的世界，在时间方面，是无始的，在空间方面，是无界限的。我们绝不可能经验到绝对的界限，我们绝不可能遇到时间的起点，我们在时间与空间的进程中不能停于任何一点。但有非空间的世界，即幽灵的世界，有绝对单纯的实体存在于其中。不能因为在这一方的世界不能有界限，就说在那一方的世界也不能有界限。据我们所知，真的世界是有始的，是神所创立的，是有界限的。再者，我们万不能于空间中寻求心灵的实体，而于超感界中寻求空间的物。

解决因果的矛盾，亦如此。现象界的万物都是为其类似者所制约的，每一结果必有其因。所以追求无限因果的锁链，是我们的职责。然而现象的情境还有其本体的情境，即于现象以外还有现象所依存者。由我们的理智本性可以决定我们于感觉界不能看到自由的原因，因此，我们不能从经验中得出自由的观念。自由观念是先验的观念，因为理性并未通过经验而创造它。如感觉界的一切因果，只是自然的因果而已，每个事件一定必然地为其他事件所决定，每种行动也一定为一种自然现象之必然的结果。否认先验的自由，必会破坏实践的自由，即道德上的自由。实践的自由，假定某种事物虽然不曾发生，但总要发生的，所以其现象原因没有绝对的决定力，而我们的意志能离开自然的原因而产生，甚至可以反抗这种自然原因的势力和影响。若先验的自由可能，实践上的自由亦必可能，即意志可以不受感觉的冲动之压制，不像动物的意志之受其牵制一样。

因此，自由和自然的必然得以调和。现象可以看作是由物质本身所产生的，物质本身是不可知的，但其作用（现象）是可知的，是排列为因果的锁链。同一现象，若看作空间时间的现象，即为因果锁链的一部分；若看作不可知觉的物质本身之作用，则为自由原因的作用：此自由原因由自身产生结果于感觉界。由一方面来看，事件仅为自然的结果；由另一方面来看，则为自由的结果。换言之，此结果乃是一种现象，必有一个经验的原因，但此经验的原因本身又为非经验的原因，即自由原因的结果。

将此说适用于人类，则得到如下的结果。若依着感觉和悟性来看，人也是自然的一部分，由此言之，人有经验的性质，为因果锁链的一部分。但实际上，人是有理智、有心灵的实体。对于这种实体，不能使用感觉的法式。人能创造其一切作用，也自知其有这种能力，故自己能感觉其责任。当人想到一种运动为一种现象时，必不会认为它是自生的，而认为必有其原因。但正确的理性则不可以此例来看；不能说理性决定意志的状态，还有其他状态比之优先。因为理性不是现象，故不受支配于感性的条件（时间、空间、因果），因此，我们不能以自然法来解释其因果，不能认为其运动另有原因。理性是其一切意志的运动之基本条件，经验的性质不过是理智的性质之感官的图式，是我们想象人，或把人现象化的方法。

这明白地表示出了康德的意思：所有有意的运动都是纯粹理性的直接结果；因此，人是自由的原动者，不是自然的因果锁链之一部分。当其运动本身被看作现象时，则是绝对被决定的、有因的。人本身是自由的原动者，能创造其运动。其运动为心所知觉时，心即为之贯穿前因后果，而认为其是特殊的冲动、观念、教育、气质等的结果。然而运动的真实原因，乃是理性，理性不受感觉之影响，并不变化。

但康德在其《纯粹理性批判》中的论述，目的不在于构建自由的实在，或证明自由的可能。他只是要指出理性创造观念，产生因果关系，以及理性规定因果法于悟性；又要证明自然不是和自由因果的观念相矛盾的。

必然的实在和偶然的实在之矛盾，康德解释如下：理智不把现象界的万物看作必然独立的；无论何物都是偶然的，又归属于个别的。但这不是否认现象全体依赖于某一个离一切经验的事情而独立自由的，且为一切现象的本源之有理智的实在。我们可以把感觉界的全体看作某种有理智的实在之表现。这种实在是必然存在的，没有它，则万物不能存在，而它的存在，则无需什么东西。不能因为有理智的实在对于说明现象无用，就说它是不可能的。这种实在也许是不可能的，但不能依据其对于悟性是真的，遂说它不可能。当我们说到现象时，必用感觉上的名词，然而这不必是观察一切事物的唯一方法；我们能够设想物质本身，或非感觉的思想之物，不似其表现于感官上的现象，但可以想到它们。我们不能不确认有现象所依附的有理智的实在，但我们不能认识它们；我们只能构成它们的某种概念，通过使用经验概念的类推法来想象之。

（三）合理的神学。我们构造经验全体的观念，又把经验世界认作是离我们而独立的。我们忘记其为我们的观念，故把它们当作实体。我们也把它们当作个别的东西，而且包含一切实在性，是单纯、永恒、全能的最高实在。这种观念，康德称之为先验的神学理想。但此最高实在的理想，只是一个观念。我们先创造其对象，即现象的对象，其次将它认作实体，最后乃将其人格化。

关于神的存在，仅有三个证明，即物理之神学的、宇宙论和本体论的证明，但都没有什么价值。先说本体论的证明：包含一切实在性之实体的概念，不含有存在的意义。存在不能依据于最实在的概念，我们在此从一个完全任意的观念，最终创造出与其相当的一个物体的存在。在宇宙论的证明中，我们从可能的经验（世界或宇宙）的观念，论证一个必然的实体之存在。这种实体只有神可以充当。但不能因为我们设想必有一个绝对的实体，遂断定其存在。这其实又回到本体论的证明了。再者，这种论证是从偶然论到原因。这种推论不能用于现象界以外，在宇宙论的证明中，是用在超越经验的领域的，应在禁止之列。康德叫这种推论为论辩的假说。承认神的存在为一切结果的原因，是可以的，为的是能够帮助寻求诸因的统一；但若是为了说明这种实体是必然的存在，则不是正当的假设。要求一个无预见的必然为万事万物之最后的支持者，原本就是人类理性的根基。

物理之神学的论证是由现世界的秩序推论神的存在。这种论证也不可靠。此说谓由世界的复杂、秩序、美丽，我们不能想到其原因。那么此原因必具有最高的完备，远远高出我们所经验者。我们认为一切可能的完备，俱结合于此最高的完备中，而为单一的实体，有何不可呢？这种证明最为人所尊重，是最古老、最明了且最契合人类理性的；又足以指出与阐明我们所观察到但不能看出的自然之目的。但不能说这种证明是确实的。这种论证是由自然物和人造物（如家、船、表）类推到必有同样的因（即悟性与意志）存在于自然之根底中。倘若我们一定要讲原因，只好由人造物类推，因为人造物的因果，是我们完全知道的。若理性不依其所知的因果，而依其所不知的，暧昧笼统地说明原理，则这种论证必无辩解的理由。但这种论证只能产生一个世界建筑师，这个建筑师受其所用材料的性质之限制，而不是产生一个世界创造者。故物理之神学的证明，由经验开始，结果归于宇宙论的证明，进而为变相的本体论的证明。如果这种论证是可能的，则本体论的证明就是唯一的。

经验的范围以外，因果的原理不能使用，而且无意义。所以我们若不构成道德法作为根底，且为其所指导，则不能有合理的神学。所有悟性之综合的原理，仅可适用于现象界，至于最高实体的知识，只能于超越的用法中使用，此非我们的知识所能及。纵或因果的原理得以超越经验的界限，我们也不能达到最高实体的概念，因为我们绝不可能经验一切可能的结果中之最大的结果，而由之来断定最高实体的原因。但先验的神学有消极的重要用处，可以作为我们理性的监察，来排除一切无神论、自然神学和拟人论。

第十节　玄学在经验中的用处

先验的观念虽然难免陷于错误，但其在理性方面是正确的，正如悟性的范畴对于理性一样。但悟性的范畴确实能表现出真理，从而使概念和对象一致。每种机能，若我们能发现其正确方向，都有用处。先验的观念也有其重大的用处；但若误解为实物的概念，则其使用就错了。先验的观念没有构成的功用，不是对象的概念；它有规制的功用，指示悟性达到一定的目的。其能统一概念的复杂性，恰如范畴统一物象的复杂性一样。理性依此等概念来组织我们的智识，借一种本原来结合之。此组织的统一是合乎逻辑的；理性必须保持统一；组织的统一是一种方法；它是主观逻辑的必然，而非客观的必然。所谓科学的本原，许多都是观念，有假设的价值，不是绝对的真理。我们先天所知道的，仅仅是实在的法式（是空间的与时间的），事物有因果的关系。至于基本的原因、能力、实体，不过是假设而已。我们不能断定有这种统一，但因为理性的要求不能不求此统一，借以组织我们的智识。有些哲学家说，不能有多过必然的原理，就是承认自然中有这种统一。

有些自然学者（特别是悬想派的人），更注意于自然的统一，欲于差别中发现其类似之处；也有些学者（特别是经验派的人），则常欲归类自然。后者的趋向根据于逻辑的原理，此原理目的在于寻求组织的完成。每一个属都有其物种；每一物种又可有其亚种，以此类推。根据理性的要求，没有什么种类可以认为是最低的。所以，同质性定律和异质性定律都不是出自经验。再者，各种类与其属类之间，又有过渡性物种，这是物种连续性定律，就是从这一个物种到另一个物种，不是一蹴而就的，而是通过微小的差异进化的。此法则假定有一种自然的先验法（自然中的连续性定律），若无这种法则，悟性极易违反自然，陷入错误的境地。但此法则的连续性也仅是观念而已，经验中没有与之相应的对象可以指出。此法则只普遍性地指导悟性，而无关于特别的对象。此二原理（统一和差别）很容易结合，但是因为我们总把它们误认为客观的知识，遂导致二者不能一致，甚至流为真理之障碍。

此等观念在某种意义中，有客观的实在，但所谓客观的实在，不是说经验界的任何地方都有与之相当的对象；无论何处，我们都不能看到一个最高的类，或一个最低的种，或无限数的中间的过渡种类。至于把悟性当作它们的对象，又给悟性以法则，在此意义中，观念才有客观的实在。它们给悟性以遵循的方法，而对悟性说：寻求最高的类，最低的种。因此，观念对于经验的对象有间接的影响，而又坚实了悟性的机能。

最高实体（即神）的观念之唯一目的，在于维持我们理性的经验之最大统一。经验对象之原因的观念，有助于我们组织知识。心理学的宇宙论之神学的观念，不是直接有关于观念的对象及对象的性质，但假定观念中有此对象，才得以扩充、组织我们的知识。因此，依着观念进行，是理性必然的规律。在心理学中，为了统一我们的事实，我们不能不结合一切内心的现象，就像心灵是永恒连续的单一实体，而且有人格的齐一。在宇宙论中，我们必须不断地追求我们内外的一切自然现象，就像是无限的系列，没有最初与最高的一个。在神学中，我们必须将属于经验的关联中的事物，看作经验所造成的一种绝对的统一；同时，又必须将此事物看作一切现象的全体（感觉世界），有一个最高的、全能的根底，在它的外边，存在一个独立的、本源的、创造的理性。所有这些并不是说从单一思想的实体推演出心灵内在的现象，而是依着单一实体的观念，交互地推出这些现象。换言之，以科学的方法看待这些现象，这些现象之中就有统一。这也不是说，从最高的智慧推定世界的秩序和世界的组织之统一，而是说为了理性的满足，用这种最聪明的原因之观念作为指导，去结合世界的一切因果。

此等观念或原理不仅是脑髓的虚构，而且是非常有用和必要的。我们若不给观念一个对象，若不使之实现或客观化，就不能思考此组织的统一。但这种对象是不可以经验的，可认为是一个未解决的问题。我们认定有一个神，才可有一定的根底，以推定组织的统一，由其出发，又以其为依归。这些思想，又可以适用于心灵实体的观念上。心灵不可被看作物质本身，它是思想所根据的东西，也是意识状态的中心点。我们若只把观念当作观念，则不至于把完全两样的属于内感作用的解释和物质现象的法则混为一谈，也不至于承认心灵的生灭等空虚假说了。

人类的知识始于知觉，进至概念，而终于观念。这三种要素都是与生俱来的知识本原。完备的批判理论，基于这三种要素的关系来指出思辨的理性，绝不能超出经验的范围。

第十一节　神学在自然中的用处

各种观念中，理性用来考察自然的观念，是目的的观念。关于这种观念，康德在其所著的《判断力批判》中有精细的评论，关于美的判断的性质，亦有论及。悟性设想自然的全体是其各部分协力作用的结果。但关于有机体似乎是部分依于全体，是由全体的形式、计划或观念所决定的。各部分既是手段，又是目的，既以协力作用促成全体，又由全体的观念所决定。在此又遇到正反两方面之论：依正面论，按照机械的法则，创造一切物质是可能的；依反面论，有些东西的创造不能按照机械的法则。我们若不把此等命题当作组织的原理，而当作规制的原理，则矛盾即可排除。因此照后者的意义来说，则正面论是要求人在物质的自然界中寻求其机械的原因，反面论是要求人在几种事实（甚至于自然全体）不能为机械论说明时，另外寻求根本的原因或目的。但这样解释它们，不能说几种自然事物不能作机械论的解释，也不能说它们只可用机械的因果来解释。人类的理性单纯寻求机械的原因，绝对不能发现自然的目的。在我们所不知道的自然的内在根底中，不能把万物之物质机械的系列，与其目的的系列，合并于一个原理中。我们必须从理性的组织（即康德所谓的反省的判断）中，认为有机界是有目的的；但感觉的经验绝不能发现这个目的，而且我们也没有任何理智的直觉可以发现它。这个目的不可以认为是盲目的、无意识的，因为那就成为万物有生论了。那是自然科学的毁灭；况且在我们的经验中，绝对找不出这种盲目的目的。我们所知道的目的，是人之有意识的目的。康德反对生机论，说我们不要去决定有机体的统一之原因，不要认为那个原因是有理智的实体。目的观念的价值，在于其指导自然研究有利于发现物体的机关和其部分的目的，及其借何种充分的原因实现其目的。所以目的论的自然观，是理性难免的一种态度，是由考察现象的形式所唤起的，但除了作为一种假设或指导原理外，对于直接经验没有正当的用处。

第十二节　理性及道德的神学之实际用处

自然的最终目的，是一个道德的目的。理性的全部兴趣，无论是思辨的还是实践的，都集中在三个问题上：什么是我能知道的？什么是我应当做的？什么是我可以希望的？在科学中，我们绝不能有灵魂不灭、自由和神的存在等知识。但在灵魂不灭、自由和神的问题上，纯粹思维的关系很小，纵然它们统统都可被证明，也不能使我们在自然科学上有何等了不得的发明。

在知识上，此等问题对于我们没有裨益；它们实在的价值，是在实践或伦理上。理性命令道德法，道德法是必然的。道德法告诉我们要如何行动，才能享受幸福，所以是必然的实践法。因为理性命令此法，故按理论的理性之必然，我们可以希求幸福。道德与幸福是不可分离的，是相结合的，不过只结合于理想（观念）中。若神为自然的秩序之创造者，则可希望此自然的秩序也是道德的秩序，也可希望在此自然的秩序中，幸福将和道德相伴。理性使我们承认自己属于道德与幸福相关联的世界。但感觉界仅仅表示现象，其中不见有道德与幸福的关联。所以我们不可不假定一个未来世界，其中有这种关联。神和未来世界是两个假定，这两个纯粹理性的本原之假定是与理性所加给我们的义务（道德法）不可分离的。

道德的神学必定引出一个完备的、有理性的创始之神的概念。这个神必为全能的，能主宰一切自然及其道德的关系；又必为全知的，能知道内部的本质及其道德的价值；又必为无所不在的，能达到世界之最高和最善的要求；又必为永恒的，能使自然和自由的调和绝不至于消灭。世界若和实践理性的要求一致，则世界不可不被看作是从最高和最善的观念中出来的。实践的理性要求道德与幸福相结合，若非把世界看作是有道德目的的——在世界里面有实现道德目的的神——这也是不可能的。因此，理论的理性和实践的理性得以调和。所以，自然的研究必至于承认目的论，而成为物理的神学。换言之，我们必须通过道德法而承认目的论和神。

所以纯粹理性在其实际应用上（道德的理性），结合了知识和我们最高的实践兴趣。因此，其不至于陷入独断论，而成为其根本目的之绝对必然的前提。

第十三节　伦理学

康德的道德哲学见于其所著的《道德形而上学基础》《实践理性批判》和《道德的玄学》各书中，可看作是批判直觉说和经验说、观念论和快乐论的争论。他的基本问题是要发现善、是非、义务和我们的道德知识的意义：什么是义务？人的道德性的效验如何？

康德受卢梭的思想之影响，以为除善意外，世界内外没有绝对善的东西。意志的善，在于其依据道德法，即义务的意识被决定时。由自爱、同情等冲动出来的行为，不是道德的，道德的行为必要反乎这些冲动，应该是从尊重道德法出来的行为。再说行为的是非，不在于其结果，而且无关乎幸福的动机。纯粹地尊重道德法是最高的标准。康德嫌弃感情道德，如同他痛恶功利论的伦理学一样。道德法是无上命令法，是绝对无条件的；不是教“你若要得到幸福成功，则做这个”，是教“做这个因为其是人的义务”（为了义务的缘故去尽义务）。道德法不关乎特别的行为或普遍的规则，而是立定一个基本原理，“你要常常这样行动，以便于使你的行动的最高原理，成为普遍法”；你要这样行动，以便于使他人必须遵从你的行为原理。此法实为是非的确切标准。例如，你绝不想他人爽约，因为若每个人都不讲信用，则彼此间就会不信任，而违约本身亦必破败。有理性的人不愿有矛盾，而违约足以导致矛盾。有理性的人不能不顾及他人的福利，因为如果常常不顾及他人的幸福，则自身他日必然会受到非人道的待遇。他又焉肯为此无道德社会的一分子呢？

无上命令法是普遍必然的法则，先天存在于理性本身中。普通人都具有此法则，虽然不能明白地意识到它，但其所有的道德判断，都为其所统管；是非的标准也都依着它。包含于这个法则里面的，还有一法则与之有同样的意义；即“要以待人如己为目的，而不以之为方法”。人各认自己的存在为目的，为有价值的，故不可不认为一切人的存在也是一样的。这是人道的理想，从前为斯多葛学派和基督教所提倡，在18世纪的伦理和政治学说上确实占据一个重要的位置。

所以合理的意志，以普遍法来要求自身，可以适用于一切。如果人都遵从理性的法则，则可组成有理性的目的的社会，康德称之为“目的王国”。换言之，无上命令法隐然地命令一种完全的社会，合理的心灵界之理想必然包含在内。故合理的实体，都是普遍的“目的王国”之合法的一员，必要从其普通的原理或公理而行。它既是君主，又是臣民；它既立法，又须守法。因为它的道德本性，它是心灵界的一员；又因为其承认法的权威，故承认理想界为最高的善。

人为道德法所管制，而不为其冲动、性欲所控制，才是真自由。禽兽是其本能冲动的傀儡，人因为知其原有的道德法，故能制止其自私的、感觉的情欲。因为人能克服其感觉的本性，所以是自由的；人应当自由，所以能自由。道德命令法是人之“自我”的表现。而表现于道德法中的自我，即真自我。道德法即真自我的命令，也就是各个有理性的人的命令。有理性的人把这个加在自己身上，即谓之自律。

道德命令的事实，指出意志的自由。若没有我们的道德本性，即实践理性，则自由意志不能证明。通常科学的知识，是关于事物的现象的，是关于空间、时间的秩序的，因此，万物都受支配于必然的法则，现象界的事情是可以绝对决定的。假若这个空间和时间的因果秩序是实在的世界，则自由定不可能。但康德说呈现于我们感觉方面的世界，不是实在的世界，故自由是可能的。至于自由确实与否，若没有道德法，我们绝不能知道。道德法能指示给我们一个超时间、超空间的世界，即自由实体的理想界。换言之，人的道德意识，即是非的知识，能洞见到一个不同于感觉所得的物质世界。

道德意识，包含意志的自由、神的存在和灵魂的不灭。这些概念，在《纯粹理性批判》中，已陷入论证的独断。关于神的存在之道德的证明如下：无上命令法所命令的，是绝对的善意，是道德意志，是神圣的意志。依照理性，如此的意志是应该享受幸福的，即善人应该有幸福，因此最高的善必要福德一致，因为若有德没有福，则不为完全的善。但在现世界中，德与福不是并行的，有德者不一定有福。理性就对我们说，应该有一个神按人的功过来分配幸福。为了分配幸福，这个神必须有绝对的智慧，以洞见我们，全知我们；又必须有道德的理想，即无所不善；又必须有绝对的能力来调和福德，即全能。因其全知、全善、全能，故是神。关于灵魂不灭的证明，也是根据于同样的前提：道德法所命令的是神圣或绝对的善意。因为道德法是理性的传达，故所命令的必是可以实现的。但人在今世任何时候都不能达于神圣之域，所以要有一个趋向完成的永久进步。换言之，灵魂必不灭。

康德在《纯粹理性批判》中排斥古来就有的意志自由、神的存在和灵魂不灭；但其《纯粹理性批判》的结果，是消极的。他在《实践理性批判》中，把这些概念根据于道德法。人是自由的、不灭的，神是存在的：凡此真理，都是我们内在之合理的道德法所必有的含义。道德法保证自由、不灭和神；宗教就是根据于道德的。

他的这个观念与基督教的思想有着密切的关系，这是康德自己说的。（一）道德要求神圣完全绝对的善意。（二）但是人不能完全地实现这个理想。唯独神是完全的、神圣的；人因为有强烈的情欲，所以倾向于恶。他们所能为的，只是尊重法则和实行义务而已。（三）最高的善仅可于未来世界实现。（四）完全遵行道德法的人，就是完全有道德的人，其有无限的价值，应该享受一切幸福。（五）然而道德法不许诺幸福。因为那是正当的，我们不能不做那种正当事，至于有无幸福可享，在所不论。服从道德不一定能保证幸福。（六）但依据理性，则有德者才配享受幸福。因此，假设有个论功行赏、施报善人的神，不是没有道理的。有这种分配的世界，就是神的国。（七）但幸福绝不能为道德行为的动机。我们的行为必须正当，这不是为了永久幸福之故，而是为了正当之故。世称康德为新教哲学家者，即本于他的这种思想。

第二章　康德的继承者

第一节　问题

新哲学提出了许多问题。其第一个困难的问题，在于理解哥白尼革命的天文学说的本意。当时的人能明白其意义者甚少。哈曼以为康德是普鲁士的休谟，格雷夫又以为康德的学说与贝克莱的观念论相同。有人认为其学说是破坏宗教的、历史的根底和证明自然主义的巧具；也有人怀疑其学说是倾覆信仰哲学的新助力。为了帮助人们了解哥白尼天文学说的意义，康德著有《未来形而上学导言》（1783年），舒尔茨刊布了其《解释》（1784年），莱因霍尔德刊布了其《关于康德哲学的信件》，胡费兰和舒尔茨组办了批判哲学的杂志，作为批判运动的机关杂志。耶拿为新派哲学的前辈，由于席勒、莱因霍尔德、费希特、谢林和黑格尔等的努力，哲学在德国遂成为最尊贵的研究。

康德的后继者所努力从事的其他事业，有阐述其认识论，认识论诸原理的统一，理想界和现象界，自由论和机械论，法式和质料，知识和信仰，实践理性和理性逻辑间的问题之解决；以及物质本身的概念不坚实处的排除。还有一种事业基于康德所建立的批判的根底，而形成普遍的学说系统。这是他最有名的后继者费希特、谢林和黑格尔等的主要事业。

第二节 观念论与物质本身

康德曾考察过数学、自然科学和玄学，以及道德学、美学、神学的判断，而指出其所依据的前提和原理。但此等原理有无共通的根底，康德自己也难以给出确定的观点。“由基本的、绝对的确实原理所涵盖的知识论”之思想，支配着当时的许多思想家，因此当时需要努力创造一个包容一切观念论的玄学。但先前已经有许多思想家努力要解决康德的《纯粹理性批判》中的难点。

莱因霍尔德（1758年—1823年）于其所著的《人类表象能力新论》中从表象能力推求出感觉、悟性和范畴的能力。他以为此表象能力是被动的，同时又是自动的：接受质料，同时生出法式。离表象而独立存在的对象为物质本身，是不可知的。舒尔茨于其所著的《埃奈西德穆》中攻击康德和莱因霍尔德的批判哲学，以为他们去除不了休谟的怀疑论，正好用来恢复他的怀疑论。既否认认识物质本身的可能，又承认物质本身的存在；既说范畴的适用只限于经验界为确实，又适用范畴于物质本身。迈蒙说要制服怀疑论和免去物质本身概念中的矛盾，其唯一的方法是抛弃不可知的和不可能的物质本身。万物的原因和本源，是我们不得而知的，是终究不能解决的问题。因此，我们不能有完全的经验知识；经验的对象不是由我们产生出来的。但我们产生思想的对象，所以是我们知识的唯一对象。贝克受了批判论的影响，以观念论的意义来解之，以为必须要去除物质本身，否则《纯粹理性批判》必会陷于矛盾。康德当不为此矛盾哲学的著者。唯一可能的观点是：意识中所有的，为意识的产物。不用观念论，《纯粹理性批判》就不能成立。

第三节　新哲学的批评

诗人赫尔德（1744年—1803年）反对康德的精神能力之二元论，而主张统一的精神生活；思想与意志、悟性与感觉，是从同一根底中出来的。此等要素共同作用于知识。他以为理性论用概念的方法不能得到活的实在之真相。他把自然和精神做了有机的和历史的解释。神自现于自然及人类中，更特别的神自现于各民族的宗教、美术和生活中（泛神论）。人类的历史就是向人道的理想发展的过程，就是人类的一切心能应付环境的调和而发达的过程。我们合理的心能必须训练成为理性，感觉必须训练成为美术，冲动必须训练成为真的自由，动机必须训练成为人道之爱。

雅各比（1743年—1819年）说，《纯粹理性批判》的结果，势必成为主观的观念论，所以他排斥其结论。依他说，此种绝对的主观论或虚无论不能捉摸最终的实在（神和自由）。批判哲学以为对象是现象，观念、梦即全然的虚幻，自缚于观念的网中，不能得到实物的本质。在另一方面，独断的唯理论，以斯宾诺莎的数学方法为最坚实的例证，也不能达于真理。依这种理性论，万事万物都是决定论的，凡没有根底的，都是不合理、不存在的，推至极点，遂成为无神论和宿命论。这种理性论讨论普遍的抽象的东西，必定得不到自由和神的活泼的自发力。唯理论反对个体，而注重于普遍，反对直接的确实，而注重于演绎推理，反对信仰，而注重于理性，又狭义地确定经验的概念是不出于感觉以外的。雅各比以为感情信仰中有真理的固有法式，故极力排斥观念论的怀疑论和唯理论的宿命论及无神论。他以为我们可直接地确定物质本身的存在；这种信仰的可能，是由于物质本身的直接表现，即由于我们对于对象之直接的知觉。人与实在，面面相对，不像观念论所说的只是观念；观念不过是我们所直接知觉的本源之印本，无论哪种存在，都非理性的抽象原理所能证明的。我们经验自己的存在，美、真、善、自由、因果和神的存在，恰如直接经验外界的对象一样。康德与雅各比同样反对无神论和宿命论的自然主义，而力图维持神、自由和不灭。因为有此见解，所以人都不相信逻辑的悟性是最终真理的本源。他们同为反智主义者，同以为我们不能够有物质本身的知识。然而他们两人皆相当承认自然主义；康德承认全体现象世界的地位，雅各比承认有实在对象的世界，只不过不完全像决定论所讲的样子。但康德依合理的道德法来说明神、自由和不灭，还不失为唯理论者，雅各比则直接认为神、自由和不灭的实在，是由含有直接确实或信仰之感情的内在经验所保证的。康德的信仰是合理的信仰，立于实际道德的确实性上，即人之是非的知识上。雅各比的信仰，则依于超感觉的东西之直接经验：最终的实在是直接表现于我们的意识中的；我们直接遇到精神、自由和神；因为能直接经验之，所以信仰之。雅各比、哈曼与赫尔德共同扩展了经验的概念，把批判哲学所认为的人类悟性不能达到的实在的观察，也包含在内。

弗里斯（1773年—1849年）于其所著的《理性之心理的批判》中，想调和康德与雅各比的学说。他把批判哲学的基础建立于心理学上，而以自己的观察代替先验法。依他的意见，康德以先验的方法证实的理性原理，直接呈现于意识中；我们能够在本身内直接地明了其确定。我们仅能知道感觉所知觉的，不能知道超感觉的物质本身；这种物质本身乃是满足心意所要求的信仰对象。

第十八讲

德国的唯心论

哲学的职务在于了解万物中的理性、自然与精神的本质、永久的调和与秩序、自然界的固有法则与本质、人类制度及历史的意义，以及表现于暂时的偶然的东西中的永久成分，实现于外表上的内性。而且万物中的这种理性，我们只能由辩证的或逻辑的思想中认识其概念而已，所以有价值的知识是先天的或哲学的知识。

第一章　费希特

第一节　康德之后的哲学

如前所述，当时的学者及康德的继承者之兴趣，集中于下列诸问题：如何找寻出自然科学、道德学、美学及目的论诸学问的原理之共同基础？如何构成知识之一贯的系统？物质本身到底是什么样的？如何修正神、自由、灵魂不死之理想？到了现在，觉得把当时的各种思潮——批判的唯心论、斯宾诺莎的哲学、理性论、信仰哲学及法国思想界与赫尔德的著作中所盛行的发展的概念——融合于一个单纯的系统中，更为合适。

康德反对自然科学的世界观之机械论、宿命论、无神论、唯我论及快乐论；并且限定散漫的悟性于现象界，而以为合理的信仰在人类价值中占有一定地位。在感觉的世界中——自然科学的对象——由法则支配一切；万事——人类的行为亦包含于其中——皆在一个因果关系的锁链中。除了感觉的世界之外，科学的知识是不可能的。因为就《纯粹理性批判》所示，物质本身是不可知的。但就康德所著的其他批判学说所示，当人的批判的知识进步了，物质本身的概念亦可随之进步。开始认为是抽象的思想者，之后认为是理性之必然的法则——表示统一（灵魂、世界及神）的合理要求之规制的原理。自由的观念为万物之可能的或设想的根基。然而道德法则证实了自由观念之真实，并保证神

（精神世界）之存在及不灭，开始认为是抽象的物质本身。现在解释为自由、实际理性与意志，而认之为理论的理性之根本。所以有一种比科学的知识高一等的真理。我们内在的道德法，保证了超感觉的世界之存在，这不是悟性之数学物理的方法所能知道的。但康德讨论无上命令法所暗示的实践理性时，是很留神的；他不愿意径直超越经验的限度；他不愿意领导他的后继者流为假定的地位。他以为超感觉的世界不能由理论的理性知道，也不能由直接的经验知道。愈接近于直接经验，或愈接近于混乱，则愈远于真理。知觉无概念，则是盲目的。我们固然无直觉的能力，来直接认识物质本身。此柔和的批判家（康德）亦不能在感觉论或神秘论中寻出实体的中心；他其实轻视这种哲学的夸张。他虽然持理性论，但他的方法中有信仰的要素。信赖道德命令可以免于流为不可知论、唯物论及决定论：因为我们信仰道德律，所以我们知道道德律。若非为道德律，我们不仅不能认识自由与理想的秩序，而且难以脱离自然之机械论的束缚。使我们自由并证实自由者，是道德法则。这是人有影响于新世纪之新哲学的一个方向。这一方向使人脱离了因果的宇宙观，而且不曾牺牲知识之正当的要求。18世纪末期，斯宾诺莎的哲学盛行于德国，许多思想家——即使是反对斯宾诺莎者——也认为斯宾诺莎的哲学是最坚固的独断论，为玄学之根本。勒兴、赫尔德、歌德都倾向之，费希特在未认识批判哲学之前，亦崇拜其决定论。后期康德之观念论的主要代表有费希特、谢林、黑格尔。

康德由严格的批判检定科学的、道德的、玄学的知识以决定其出发点，他的继承者以可知的世界——自由——作为他们思想的出发点。他们以为理想的或超感觉的世界——精神世界——是真实的世界。他们以这种自决的精神活动为原理，以图解决哲学上的所有问题，论述知识与经验，解释自然、历史与人类的制度。他们说，理想的原理统一了我们的知识，统一了范畴与理论的及实用的理性，能使我们克服机械论与目的论间的二元论，免除康德所主张的物质本身之矛盾。我们想了解实体，唯有用自决的理性来解释实体；故理性想了解世界，必须了解其自身。所以认识论——费希特称之为知识论，在康德的后继者之思想系统中甚为重要。他们以为知识的正当方法被发现了，就足以解决玄学上的问题；哲学就是知识论。所以哲学是绝对的学问，是解释万事万物的学问，也唯有哲学能解释万事万物，单纯的经验的事实，不是真知识，自然与历史之经验的学问不是真学问。若以“知道”为了解实体之活动的、综合的、精神的程序，则只是限于空间、时间、因果关系之现象的方法，不得称之为知识。关于此点，费希特、谢林、黑格尔、施莱艾尔马赫，都是一致的。他们又认为实在是进化的历程，认同勒兴、赫尔德、温克尔曼、歌德诸人所主张的万物是有机的、历史的见解，但他们得到这种见解的方法则不同，这可于后面所述中知道。

第二节　费希特的原理

费希特的基本思想是自由的概念，他认为此概念是批判哲学的关键，他以为意志或自我不是万物中的一物——因果锁链中的一节——而是自己决定的活动。唯有这种活动是真的实在，其余的都是死的、被动的存在。这种活动是生命与精神、知识与行为以及全部经验界之原理，是进步与文化之主动力。一切知识以之为根据，理论的理性与实践的理性亦以之为根据，所以知识之研究占据哲学研究之首要位置。费希特不断地做这一层功夫。认识论是一切知识之关键，费希特曾在认识论中精细地研究了理论与实践的理性之条件、原理或假设。

费希特于1762年生于萨克森，是一个穷织工的儿子。某贵人见其在儿童时是一个天才，大发慈悲，资助其在迈森及舒尔普福塔的两所学校中学习。他曾在耶拿、莱比锡及威丁堡诸大学（1780年—1784年）研究过神学。因为他为了取得生活费而在私塾教书（1784年—1793年），荒废了很久的大学学业。1794年，有几个学生请他教授新的批判哲学，他于是开始研究康德哲学，这件事情使他的思想革命化，并决定了他以后的生活方向。1794年，耶拿大学推举他为教授。这个大学在当时的德国是思想的中心点，费希特遂成为新唯心论的领袖，其目的不仅在于改造人生，而且在于改造科学与哲学。他在耶拿大学中（1794年—1799年）著了下列诸书：《认识论》《自然权利》《伦理学》。1798年，发表了一篇论文，名叫《信仰神圣世界之根据》，把神视同道德世界的秩序，因而引起了别人的攻击，说他是无神论者。他于是辞去耶拿大学的教授职位，而去了柏林。他在柏林发挥他的哲学，以通俗的语言文字讲演及著书。1807年至1808年间，拿破仑的军队占领柏林时，他讲演了有名的《对德意志民族的讲演》，以唤醒德国人的爱国心。1809年，新建的柏林大学聘请他为教授，他忠实尽职，以终其身。他卒于1814年。

第三节　认识论的方法与目的

据费希特说，康德曾经由经验中抽绎出了范畴，但未曾指出它们是智慧之必然的法则，换言之，他未曾证实它们的原理。费希特说，想证明范畴，只能由共同的根源中抽绎出来，即只能用严格的科学方法。各种学问，如欲成为科学，其全体的立论必须是连贯的，由第一本原连贯之；它必须是一切立论互相连贯的系统，是一个有机的全体。其各种立论，都有一个相当的位置，对于全体来说有一个相当的关系。所以空间的概念是几何学上的中心观念，因果的概念是自然科学上的中心观念。各种不同的学问，要求有一个包含一切的学问——学问的学问。这种学问，就是认识论，认识论建立各种学问所依据的基本原理。这种普遍的学问或哲学，必须由自明的或必然的立论而来，由绝对的第一原理而来。所谓绝对的第一原理，即其他一切学问之保障。

然而所谓中心的学问并不是立法者，而是知识之编纂者，它认识心之必然的作用系统，观察其必然的创造。但它不仅想登记发生的一切事件，而且想了解精神作用的必然性，发现各种知识之逻辑的前提。"如果观念论所构成的锁链中有一段不能联结，则我们的学问不能证明任何事情。"照这个假定，心理本身是一个合理的组织，其行动如同一个有机的理性、理智之各种作用，不是一个无关联、无意义的活动，一切手段皆是为了一个共同的目的；要不是因为这些理智作用，理性的目的——自我意识的进化——将不能实现。所以哲学家在从事演绎之前，须得了解一切意识的意义或目的。例如一座钟，如果我们知道其全部构造的目的，我们就能知道其部分；我们若知道意识的全体，就能知道其部分。认识论的方法在于指出理智的各种作用，是自我意识进化的手段。若不如此，则精神不能自由，亦不能自明。费希特在他早年的专门著作中，由基本的原理构建知识的系统；在他的通俗著作中，又由知识的观察来达到原理。然而他的目的始终如一——说明知识之有机的统一。他有时叫他的方法为发生的方法。但他的目的不在于记述知识原理之心理的发生，而在于指出那些原理如何由其必然的假定产生，指出理性如何启发它们。

为了研究合理的思想，哲学家的思想必须依据意志的运动来活动，所以哲学不是以事实为起点，而是以运动为起点。知识不仅是一种世界之被动的反映或意见，也是自己决定的活动历程——不是一种占有，而是一种创造，真知识只能产生于自由的运动。我所了解的，只是我在思想中所能自由创造的；我所不能创造的，便不能了解。意识不能由意识以外的任何东西来解释，不能由意识以外的任何东西来产生，它是自发的运动或创造，可由创造的运动中认识之。换言之，知识必须假设纯粹的活动、自己决定的活动。知识、理智、思想是自由的。没有这种活动，便不能有感觉的世界，不能有经验，不能有思想；所以这是我们所寻求的根本原理。纯粹的自我或自己活动的理性，是认识论的出发点，是一切知识之自明的假设，又是认识论的目的，因为认识论若能达到完全的自我意识，意识就有了一切知识的意义。

如前所述，意志的运动是精神（自我）活动所必需的，但意志运动亦间或遵循必然的途径。由此意而言，“必然”乃是自由的结果。我不是被迫而思想，但我若思想，必遵循思想的法则——遵循空间与时间的法式、充足理性的原理等等。但是若无自动的自我，便不能有意识。例如A=A之判断，这个判断虽然简单，若无综合的心理，亦不能成立。如果自我不跳入实在及运动中，就不能有主观、客观及经验的世界。既然无自我的条件，就无经验世界、现象世界，所以不能假定自我是万象之锁链中的一环。

第四节　自我的知识

然而自我原理如何知道呢？我们能够推定其为经验之根源，

思想之法式，理论与实践的理性之统一。但舒尔茨以为这种推论有悖于康德的批判精神，费希特有时亦认为唯心的根据之保障并不强于唯物的根据之保障。他贡献了别的几种论证，以维持其唯心论。其中有一个论证是与康德的道德哲学之结果相关联的，并且依据道德法则来说明原理。费希特又采取康德之理智不完备的见解，以为我们不能由漫然的悟性及空间的、时间的、因果的法则来了解活的实体，唯有依赖直觉——由认识的本性才能捉住现象背后的活动实体——自由、道德的世界及神。如果我们只局限于科学的知识，绝不能超出于因果的秩序之上，而脱离自然的机械论。但是，若依赖理智的直觉——自由意志的行动——我们就能认识义务的法则或普遍的意志，脱离决定论的束缚，不为因果锁链中的一链，而为一个自由的人。接受了义务之法则及自由意志，即足以使我们的生活有价值与意义。自由意志能使我们了解世界是普遍意旨（自由之实现）的工具，并使我们不为这种意旨之盲目的工具，而为其意识的支持者。我们寻常的感官知觉之知识，是完成自由之实用的工具；它给我们以运用意志所必需的阻力，我们若不努力克服之，便不能自由，所以我们须得有一个作为我们奋斗目标的世界。如果完成自由之义务的命令不能实现，世界就无意义。

因为有了此等思想，费希特的哲学就得了伦理的唯心论之名称——根据于道德信仰的宇宙观。我们本来不能由理论的理性来证实自由的、自己决定的实体之卓越——因为理论的理性一定不断地寻求最后的根据——但是我们之所以承认这种本原为最终的本原，因为其足以满足我们的道德之本性的要求，而给我们的生活以价值及意义。费希特说：“一个人的哲学之选择应当因其为何人而定”——即由此出发点而来。一个人若无道德的理想，若不能脱离自然的机械观，就只能认为自己是一个物，而不能对其自由的自我产生兴趣，不能认识并评赏其所未经验的东西，也不能体验到自由的自我，因为其从来未曾完成自由。一个人若解放自己，不为感觉之奴隶，而为一个自决者，就认为其自身是一个高出于一切感觉的事物之权力，而不能认为其是一个物。

费希特的思想中另有一线索，依据此线索，自我在其本身中直接地认识其自由的活动。这是唯心论高于独断论或唯物论之处。唯心论的对象——自我——呈现于意识中，不像一个经验的对象，不像一个现象或因果锁链中的一环，而是一个真实的、高于一切经验的自我本身。自我有一种自由的精神运动之直接的自我意识，但这种意识不是强加于我们身上的，我们必须借自由之行动，以产生于我们本身中。我们若不能有这种运动，就不能了解唯心论的哲学，就不能得到心理世界的真相。独断论者否认自由的假定、自我的独立——这是因为他们不能在其世界中发现这种东西。如果独断论者无破绽、不回头，他们必定是命定论者、唯物论者。我们不能普遍地证明有这种理智的知觉之运动，也不能证明直觉运动是什么样。各人必须直接在本身中发现这种运动，不然，他们就永远不认识这种运动。若我们想对不认识直觉运动的人论证什么是直觉，就如同对生而盲者解释色彩是什么样子一样。然而每个人的意识之各方面都有直觉运动的发现，则是可以对任何人说的。凡是认定各种活动由其自身产生出来的，便是默然地诉之于这种直觉。这是费希特的主张：凡有精神活动之处，就有直觉的意识——不管独断论者对它注意与否。

费希特又指出唯心论的真理可由经验来证实。如果唯心论的假设是正当的，而且如果有正当的演绎法，其最后的结果，是一个必然的观念之系统或经验之总集。如果哲学的结果不与经验相符合，哲学必是假的，因为其不能奢望其演绎全体的经验及以理智的必然运动来解释之。但唯心论不以经验为所求之目的；它不注意于所经验的东西。唯心论的程序只是由基本的观念来推演其立论，并不顾及其结果如何。费希特虽然这样说，但事实上，他未尝不注意于经验。他叫人由理智之活动中观察理智，由心理之作用中观察心理。他的意思是仅仅观察这些作用，算不了哲学，还须了解这些作用与活动的基础及目的，而这种了解，只能由逻辑的思想达到。

第五节　外界

费希特以为一切实在皆归本于自我——自我是万事万物，自我之外，便无什么超脱精神而独立的物质本身。所以唯心论的问题在于：如何解释客观的实体为主观的东西，如何假定本质或存在是与生命、行动、精神相冲突的。费希特说，这种问题是自我活动的原理之本性限制其自己。例如，我在我的红、甜、冷之感情中，就经验着我的限制；它们指出我是有限的；它们强迫把它们本身加诸我。独断论者欲解释这种原始的感情或感觉为物质本身的结果。但据费希特说，这种地方，超越论的解释不能成功。客观的世界是自我为自己构建的，因为心有意把意识之纯粹主观的变化施于空间中，或把那些变化构成对象。若无感觉及自我之运动或必然的机能（空间、时间、因果），我们就永远不能产生我们所知觉的现象世界。什么东西引起感觉，我们不知道。这个意思不是说我们对于现象界的知识无客观的确实性。呈现于我们面前的万象，不是幻象，而是真象。若谓我们以外有独立存在的物质本身，那就是幻象了。引起这种虚幻的概念的是错误的哲学，常识不知道它。你只能承认你所看见的这个世界，你去了解它，并且要依据它去做事。这是批判的唯心论之出发点：我们不能借理论的理性超越意识。我们所能知道的，是自我假定其本身由“非自我”所规定。其之所以如此，不能做理论上的解释。然而费希特通过实际来解决这个问题。他说我们不能向理性解释限度的起源，但它们的意义或伦理的价值是完全明了确实的；它们指出我们在万物之道德的秩序中的固定位置。我们通过它们所认识的东西而有实在，这种实在是与我们有关系的唯一实在。我们的现世界是“我们的义务之感觉的材料”，我们有这些材料，才能实现我们的道德理想。世界是实现我们的目的之手段，所以世界到底是真实或是现象，都不必管。自动的自我需要一个相反的世界，以便在其中能奋斗，以便在其中能认识其自身及自由，并能完成其自由。自我需要有一个有严格规定的世界，受法则支配的世界，以便自由的自我可以依据这些法则实现其目的。自我必须认识其所盼望的东西，不然，合理的、有目的的行为，就成为不可能的了。

第六节　客观的唯心论

这种见解中很多地方暗示其为主观的唯心论，所以费希特同时代的许多人亦认为他是主观的唯心论者。然而费希特的哲学所根据的自我，不是常识上个人的自我，而是纯粹的自我、纯粹的活动、普遍的理性。他以为绝对的自我与个人的自我是大不相同的。理性高于个人的自我，是个人的自我之条件或逻辑的根基。若无这种理性，我们就不能想到个人的自我。但费希特以为的逻辑的根基，不仅仅是逻辑的根基；绝对的自我也不仅仅是抽象的东西。它是超出个体的实在；它是普遍活动的理性，同样地寄于万人之中，个人如果决定它是这样，便能觉察得出来。高等的自我意识是哲学家的自我意识，是理智的直觉。在此直觉中，自我钻入其本身中，而认识其自己的活动。这种自我意识超出于空间时间的知觉之上；它再也看不见现象的、因果的秩序，仅见到其自己，认识其自己。由费希特看来，他的哲学之所以有确实性，即由于凭的是自我意识的直觉。自我意识不仅推论出一种原理，或依逻辑的抽象作用来得到原理，而且经验着原理。这种经验之意，比康德所承认的经验之意义宽广些。费希特在其早年的著作中说这种原理是作用于我们一切人中之普遍的理性，它依普遍的文辞来思想，它认识普遍的真理，而且有普遍的目的或理想。在那个时期，费希特喜欢反驳自然主义，反驳实在的机械论与命定论，而注重一切经验之唯心论的性质。他未曾详细地把自我的概念下一个定义。因此，引起一般人将其思想系统误认为主观的唯心论，但费希特自始至终都在极力辩护。之后，他更确切地加以解释，方把他的反驳者所认为的其个人的主观自我，变成神。

不管这种原理是普遍的理性、绝对的自我或神，都可以认为是普遍的生命程序，而受支配于一切个人的意识之中。我们的外面，还有其他合理的东西，它们既运动于现象的世界之中，也以同样的方式表现于现象的世界之中；它们指出同样的生命权利、同样的普遍理性活动于一切自我之中。“自然”不是个别的自我所创造的，而是主观方面之普遍的精神本原之现象的表示或反映。普遍生命是真的实在，一切个体的自我是这种实在的现象或结果；它支配一切个体的自我，如同自然法则支配一切个体的自我一样。所以就费希特假定实在的普遍本原言之，可以说他是一个实在论者。但他不认为这个本原是静止的实体（或心或物），只认为其是活的、动的、自己决定的精神程序，自己表现于个体的自我中，而为其本性之法则，为其感觉的或现象的生活之共同基础及思想之必然法则。这种普遍理性使我们生活，使我们思想，使我们运动；我们因之而生活、而思想、而存在。就费希特主张个人的意识以外有实在言之，他未尝否认有超越心理以外的世界。其实，他的本意是想指出：若无普遍的生命程序，就无个体的意识。然而这种世界并不是一个死东西的世界，要安排于时间、空间、因果的秩序之中；死东西的世界是绝对的原理之人类意识中所启示的，若无普遍的自我，就不能存在。费希特之主观的唯心论有客观的或玄学的唯心论之补充；他自己名之为实在的唯心论。人是普遍的自然之创造物，自然之普遍法则在我们身体中产生思想，并产生意识。因此，自然必是精神，不是别的。

那么普遍无限的生命原理如何分布于无数个体的自我中呢？费希特想用光线的比喻来说明。光线遇到障碍而分散，进而反映其本源，普遍的生命亦必遇到障碍而反映其自体。普遍无限的生命活动，若不遇到障碍，就不能有意识，不能有自我决定的思想，不能有知识。所以它遇到障碍、受了限制的时候，就认识了其自身。既然普遍的生命是无限量的，就不能尽数耗费于有限的形体中；它必然继续无限地产生个体自我，并且在此分化的程序中认识其自身。意识似乎发生于普遍的自我之限定，似乎发生于意识产生以前的一种运动，而这种运动我们未曾知道。绝对的自我不知不觉地产生个体的自我，而个体的自我就不知道他们如何产生的了。

然而为何有生命呢？为何生命表现其自身于无数的意识之形式中呢？我们不能认为普遍生命的程序或纯粹的活动是无目的的；普遍的生命若不是达到道德的目的之手段，必无意义。自然或非自我的目的亦是如此——亦是实现自我的手段。表现其自身于人类及自然界中，表现于个体的自我及非自我之中的是同一个绝对的自我。世界的生命及世界中的一切个体都是终极的道德目的之显明的表现；它们若不是达到道德目的的手段，它们就无实在。然而个体的自我能借意志的作用，由现象的状态，进而得到超感觉的知识，因此，就采取普遍道德的目的为其自己的目的。

所以绝对独立的自我与有所依赖的个体自我之间有区别。绝对的自我表现于个体的自我中，为行动之纯粹的冲动，为道德的目的，为义务的意识，为命令自我克服感觉世界的反抗，为实现绝对的自我所追求的自由理想。我们若明白了我们本身中的纯粹活动，就能认识实在的本质；我们若力图实现我们的道德目的，就力图实现宇宙的意义——绝对的自我之目的。个体的自我在其本身中所认为的目的，是绝对的自我所表现于万事万物中的目的。我们能完成我们的本性强迫我们做的事情；这种普遍意志鼓动了我们的运动，同时，又产生变迁于外界中。

那么个体的自我有什么自由呢？个体的自我是绝对的活动之表示；它在理论一方面，由思想与感官知觉之必然的法则所规定；在实用一方面，由普遍的目的所规定。不管个人愿意与否，普遍的目的是必须实现其自身于世界中的，感觉世界是要遵循其法则的。但个人有选择的权利，不管其思想与否——真正的思想，是依赖于意志的活动的。个人又能自决，不管其以普遍的目的为自己的目的与否；自决也就是依赖其自由的选择。我们或许是普遍的目的之盲目的工具，或许是求善之意识的工具，都属于我们的抉择之力。我们一旦自由地选择了我们的义务，实现普遍的目的，我们就再也不能自由了。我们自己变成了“绝对”的工具，我们的道德生活就决定了。

由此种关系看来，所谓自由之意，是自由之隐然的选择，是漠然的自由，是意志之突然的发动。费希特由此种见解下一结论：人是善是恶，全由其择善而行或甘愿为感觉之奴隶而定，但唯善能不朽。他又说，障碍与道德的奋斗是永难克服的；普遍的道德目的永难实现；道德生活不断向其永远达不到的善进行，所以世界是不断变更的。

第七节　道德哲学

费希特的全部思想都带有道德的观念；他以康德的无上命令论为起点，以神之普遍的道德目的为终点。我们前面已经说过，他由道德法则演绎经验世界，以为道德法则命令脱离感觉的支配。除非解脱世界所限定的自然的自我——不自由的状态——之束缚，否则就不能解脱感觉的束缚。道德法则含有自由之意，自由含有排除障碍之意，而障碍含有感觉的世界之意。道德法则含有继续奋斗的生活之意，所以是不朽的；它又是一种普遍的目的或神。道德法则含有宗教的信仰之意，无宗教的信仰，则无意义。信仰给予那似乎是虚幻的东西以确实性，这种信仰是意志的抉择——愿意信仰。良心是真理及信心的基础。

道德目的实现自己于世界中；自然与人都是实现善的工具。所以人的职务在于尽其本分；有意地实现至善，而注视于普遍的道德目的。我们的良心命令我们不为感觉的奴隶，不为一个物，而为一个人。然而我们若无知识，终不能脱离自然的决定，且不能有所作为于自然之上，所以人必须寻求知识，是为了实现道德的目的，并非图满足好奇之心理。所以人之本分在于了解其所作为，若未了解其所作为，不要行动。人的行动须出自自己的信心，绝不要出自权威的强迫。自由的命令是命令人运用其理性，命令人了解良心所指示的目的。良心命令为本分之目的而尽本分；这种命令含有实现目的之意；良心指示我们的目的应该是什么。我们不是因为某种东西是我们的目的而这样做，而是因为我们应该这样做才是一种目的，所以良心是不会失败的。在各种具体的情形中，它要常常告诉我们如何去做。费希特以为道德不仅由善意构成——崇拜道德法则是不够的——而且善意必须表现于行动中，必须设法克服自然的障碍。道德是斗争，然而与自然斗争并不是消灭自然，而是使其适应人的道德目的。自然能够用作理性目的的适当工具。因此自然物、财产、各项职业及事业之道德的意义，皆可用以实现普遍的道德目的。既然道德的生活不是一种孤立的个人生活，而是一种共同生活，那么每个人必须认为其是社会上的一分子，唯有为共同的福利而牺牲个人的利益，方能实现最终的目的。每个人必须依据其良心的命令在世界中自由地选择其行为的正当范围。然而欲达此目的，必须正当地选择其需要的教育。为了有良心，个人不可不有教育；若无教育则不知道其本分之所在，也不知道本分之意义。

每个人在社会上都有其特别的地位，为全体人类工作。同样的道理，各民族在文化上亦有其特别的地位，为人类争自由，尽其特别的力量。费希特在他的《对德意志民族的讲演》中力言德国统一的理想；他说德国的使命在于保持其国家的独立，在于执哲学界之牛耳，在于建设一个有个人自由的国家，在于建设一个世界上未曾有过的正义的国家，以实现万人平等的自由。又说人类的要务在于团结一致，成为一个统一的团体——各个国家的普遍联邦，把各时代各民族所贡献的文化散播于全球。

然而世俗的目的不是至高的目的；我们提高世俗的人类目的

是达到普遍目的的手段；精神世界的实现方能给现象的世界以意义及价值。人是两种世界的人民：若不能为现世工作，就不能为来世工作。我们为来世工作，在于有善意。我们根据善意而行，以感动神，又由神来感动其他的鬼神。良心的命令是神在我们心中的命令：精神世界由良心来达于我们，我们由意志来达于精神世界，而对它有所作为。神是精神世界与我们人类之间的媒介。我们认识别人的行为，尊重别人的行为，是借良心之声，而良心之声是神之声。我们信仰感觉世界的真理，不过是信仰在此感觉世界中忠实地尽义务，可以进一步提高自由与道德的生活。

人民和睦，并绝对地控制自然之国家，不是为了国家之目的而有的国家，而是一个伟大的自由的道德社会。人类必须自己创造这种理想，实现这种理想。我们现今的生活是伟大的道德社会之一部分。这个伟大的道德社会之根本法则，对于个人来说并不新奇，不过是出自个人的道德意志；对于社会来说也不新奇，不过是出自社会的道德意志。

“我不晓得我完全的大职。我应该如何，我将如何，非我的思想所能及。但我确实知道我随时应做之事：我应该发挥我的理智，而且应该取得知识，以便扩大我的义务范围。我应该认定自己——精神的与肉体的——不过是达到义务之目的的手段。我所能注意的是为人类谋合理的进步，进而增进理性与道德。我认定自己是达到合理目的的手段，因此我敬爱自己。世上所有的事情，我都以此目的为准绳而测度之。我的全部人格都集中于此目标之探索上。我在此最高的善与智的世界中，探讨其计划而实行之，不致有错误。我在此信心之下，安心而乐业。”

第二章　谢林

第一节　新唯心论与浪漫主义

费希特的哲学记述了当时的各种思潮而欲纳之于一个潮流中。他与启蒙时期的态度相同，反对教权与陈训，而谋宇宙之合理的解释。他高唱自由的人格、人类的权利、文化与进步，要求科学、哲学、宗教、教育、普通人生之改革：这是他所完全表示出来的近代精神。他对于德国统一的热烈呼号及其根据平等与正义建立国家的理想，表达了受绝对的专制与拿破仑战争压迫的人民的呼声。其以精神为实体的中心本原，并拯救被机械论所束缚的人们，是他希望宇宙是可以理解的，是等同于人类理想的。他认同新观念论、新唯心论，与德国文学界的大师勒兴、赫尔德及歌德诸人，认为实在是道德目的所领导的进化中之动的历程。他认同当时古典的与浪漫的诗人及信仰哲学家——康德——以为活的宇宙非科学的范畴所能捉摸。他和歌德一样，以为宇宙是有机的，千头万绪中有一个统一；他和雅各比一样，以为宇宙只能由直觉来认识，因为精神只对精神说话。费希特思想中反理性论的及神秘的色彩，引起了施莱格尔、蒂克与诺瓦利斯等浪漫派诗人的注意。新观念论中的其他方面如主观主义、历史的解释、德国文化的特异等概念，都是他们所注重的。然而他们过于夸大此类特征：理性退居感情之后，而情感主义就大得其势。费希特的直觉论就变成了诗人之神圣的洞察，理性与道德的自我就转变为浪漫的、神秘的、冲动的、个人主义的自我。于是把“自然”解释为类似于这样的自我，而被认为是神秘人格的势力之躯壳，历史则以传说及由过去产生来统治现在的神权为根据。

谢林受了这些思潮的影响，其中受新观念论与诗人的浪漫主义的影响尤甚。他也爱好斯宾诺莎的哲学，以及受到了批判哲学的影响而盛行于德国的自然科学之运动。谢林年轻时，尚未离开杜宾根神学研究所时，即以善于解释费希特的哲学而闻名；数年后，以自然哲学来补充费希特的哲学，不仅引起了浪漫派及歌德的爱好，而且引起了德国许多自然科学家的爱好。

谢林生于1775年，1790年至1795年，在杜宾根大学研究所中学习哲学与神学。在莱比锡做两个学生的私人教师，两年后，在莱比锡大学中研究数学、物理学及医学；1798年，成为耶拿大学的教授。他在此处与浪漫派的奥古斯特及施莱格尔亲近，而且发表了其灿烂的著作。他曾在维尔茨堡（1803年—1806年）、慕尼黑（1806年—1820年）、埃朗根（1820年—1827年）各大学中工作过，重建慕尼黑大学后，又在其中做哲学教授（1827年—1841年），最后，柏林大学聘请其为教授，以抵抗黑格尔的哲学，但少有成功。他死于1854年。

谢林的早年时期，在详述费希特的哲学，著有《自然哲学的观念》（1797年）、《世界精神论》（1798年）、《先验观念论》（1800年）。他的第二时期，受布鲁诺及斯宾诺莎的影响，认为自然与精神是高等本原的两面；这是他的同一哲学，而表现于1802年所刊发的《布鲁诺》及同年所刊发的《研究法》中。他的第三时期，发挥其所称的积极哲学——启示与神话的哲学——与雅各布·波墨的主张相似。宇宙被视为神之堕落。宇宙的历史意义，可于启示与神话之混沌的发端中求得，由此发端中可以看出人由神而来的原始痕迹。这一时期的著作，除了关于人类的自由这一部著作之外，都是他死后刊发的。

第二节 自然哲学

谢林醉心于新观念论，以精神来解释经验的世界。然而他不满意费希特的自然观。费希特以为自然是个人意识中绝对的自我之产生品、意志的障碍物或刺激物——“自然是我们义务的材料”。谢林不认同此种见解，他进一步提出了客观的观念论与泛神论，如费希特之所为；认识论上纯粹的自我变为玄学上绝对的自我。如果实在本质上是一个活的、由自己决定的程序，类似于人类的精神，则自然不能认为是意志表面的障碍物或一个死的机械的秩序。我们之所以能了解自然，是因为自然与我们亲密，因为自然是一种动的精神之表示，自然中有生命、理性与目的。然而理性不一定是自觉的理智；谢林与浪漫派诗人及信仰哲学家一样，扩大了精神、心理或理性的概念，以便涵盖那表现于有机界、无机界及哲学家之最高等的自我意识中无意识的、本能的、目的的势力。无意识的自然与有意识的精神，俱有纯粹的活动、自己决定的能力。实体完全是活动、生命、意志。万物之绝对的根源是创造的能力，是绝对的意志或自我，是无所不在的世界精神，万物由之而生，因之而存。理想与实在、思想与本质，在根本上都是相同的，都是表现于自觉意识的心理中的创造能力，此种能力不知不觉地作用于感官知觉中、动物的本能中、有机物的生成中、化学的作用中、矿物的结晶中、电气的现象中、万有引力中；所有这些东西中，都有生命与理性。构成并运作我们身体之盲目的、无意识的冲动，逐渐认识本身，而变成纯粹的精神与纯粹的自我意识。普遍的自我表现于我们的自我及其他无数的自我中，在心灵中认识自己。因为我们的基础建立在普遍的自我上，故是真实的；我们绝不是独立的个人；绝对的独立是一种幻想。

谢林以为自然是可见的精神，精神是不可见的自然。这种思想鼓动了浪漫派的想象，致使新诗人以为世界具有生命与精神，具有爱的同情，不像死的机械一样。

然而自然与精神、本质与思想，并不如斯宾诺莎的主张，为绝对并行的两面，而是“绝对”精神之进化中的各阶段。“绝对”自行发展，有一种历史；它是一种进化的程序，其最高的目标是自我意识。普遍的自我由黑暗而进至光明，恰如我们自身由无意识或半意识而至明显的自我意识一样，然而依然是同样的自我。一组物体的顺序自无生命的自然，渐进至人类，其逐渐的程序，显然表示了一种创造力，逐渐地进化为完全的自由。自然之死的、无意识的产生物，是一种未成熟的理智，但其现象不知不觉地显出理性的踪迹。自然在人类中达到其最高的目的——自我意识。由此，精神与自然表示其为本来的相同。所以，最完备的自然学说，是自然的法则可以变为思想与知觉的法则，在这法则中，整个自然可以化为理智。

所以无论以自然为研究的起点，还是以精神为研究的起点，都是无关紧要的；到底是自然变成理智，还是理智变成自然，也是无关紧要的。实在的原理与知识的原理是相同的；知识如何是可能的，世界如何是可能的，都依据相同的条件与法则来解决。其结论都是相同的。研究自我意识发展的各阶段，就等同于研究自显于自然中绝对的原理之发展的各阶段。“一切性质都是感觉，一切物体都是自然的知觉；自然是一团凝结的理智”。

万物中有同样的法则：万物的根本原理之运动，皆依据相同的法则。这种根本原理的运动是膨胀与收缩的程序。它发掘潜伏于其本身中的东西，使其本身客观化，转而丰富并扩大其本身。自然在自我意识中，表现其本身为主观与客观，在其表现的历程中分化，并认识其本身。自然的各种势力，在根本上是相同的；热、光、磁、电、有机物与无机物，是同样原理的各阶段。各种不同的有机体中有一贯之处；它们是由同样的组织本原产生出来的，不过其程度上有差异而已。自然中所产生的万物，由创造的精神来统一，其各部分是全体的一部分；人是其最高等的产生品，其目的在于实现自我意识。

谢林想推论自然发展中必然的各阶段，如同费希特想指出精神进化中逻辑的各阶段。他与他以前的赫尔德、费希特及以后的黑格尔一样，在世界中寻求辩证的程序，这种程序中有正反相对的两种活动，调和成最高等的综合。他名此为三重法：行动随反动而来；调和或综合由相反而来，又在时间的无限运动中分解。所以自然中不能有死的、静的实体，不变的原子，亦无完全静止的东西，无绝对的固体，亦无绝对的液体，唯有二者的结合。谢林运用此种思想于有机界与无机界。这种法则表现于吸力、抗力、引力中，磁气、电气、化学中，感性、感应、再现中。我们不再说它的诗意与科学的混合、幻想与逻辑的相依；它的基本观念是以为自然是一种动的进化，这是当时流行的思想。

自然有生命、有法则、有理性、有目的，所以我们能了解之。它是我们的骨髓之骨髓，肌肉之肌肉。谢林与费希特一样，排斥旧的不变的静止的实体之概念，而主张动的观念，普遍的生命之观念，进化之活的、创造的、有目的的本原之观念，由无意识而进化至有意识，其最终的目的在于人类之自我意识的理性。

他反对数学物理的自然观，而代之以目的论的自然观，或以无意识的目的论调和机械论与旧的目的论。在低级阶段中，“绝对”之行动似有有意识的目的，其行动虽然看似无意旨，但不是由外面强迫其作机械的运动。如果观察者不仅观察万物之表面的变化及阶段，而且由其内面观察，就能发现万物的冲动不是出自万物之表面的强迫，而是出自万物之内面的强迫，知道万物的运动出于其自己的意志，而自知其所向往。

谢林的自然哲学中多含有荒诞的言论、大胆的论断、虚妄的类推、巧妙的比喻，以代替论证与事实。他想把自然纳于逻辑的穿凿附会中，而不注意细微之处。然而他引起了自然研究的兴趣，缓和了片面的机械论，激活了德国思想界所固有的寻求哲学统一的本能，而且高唱运动的进化的实在论，至今日还很流行。

第三节　精神哲学

谢林的精神哲学详载于其《先验的观念论》中，其依傍费希特的哲学，是显然明了的，此处毋庸赘述。他的精神哲学是追踪自我意识之发展的各个阶段，由原始的感觉至创造的想象，由创造的想象至反省的思想，由反省的思想至意志之绝对的作用。因为所有生命的形式中都有同样的原理，作用于一切生命形式中，所以我们可以希望各种精神活动，都与自然活动相符合，自然中的种种势力，继续作用于人类意识中。其所用的方法与费希特所用的相同，除非绝对的自我或势力限定其无限的活动，并创造出一个现象的世界，否则不能有有限的自我；若无这种现象的世界，自我就不能完成其自我意识与自由。客观界是绝对理性的产品，它产生每个人的感官知觉、思想之必然的范畴及自我意识。

自我意识及自由的另一产品，是社会与有组织的国家中的生活。孤独的自我不能有真实的世界之思想，所以不能有自由的意识。在无意识的普遍理性所表示的国家中，生来就有的自私冲动由普遍的意志来限制；个人是不知不觉就社会化了的，而且是预备走向高尚的道德阶段的，在这个程序中，其正当的行为是有意的，不是出自强迫的。自我意识发展到最高阶段，是达到艺术。创造的艺术家模仿自然之创造的运动，而认识自然，认识“绝对”的活动；在艺术的创造中，“绝对”认识其自己的创造力。艺术是人类最高贵的机能（但费希特以为道德是人类最高贵的机能），这种见解是德国文学的黄金时代及政治衰落时代的流行意见。

第四节　逻辑与直觉

谢林的哲学是一种泛神论，认为宇宙是一个活的进化的组织，是一个有机体，其各部分在全体中有固定的位置。就这个意思来说，主观与客观、法式与物质、理想与实在，是一而不分的，一就是多，多就是一；恰如一个有机体，部分不能离开全体，全体不能离开部分，二者如果分离，就不能了解。精神生活中亦有这种千头万绪的一致。在认识的运动中，知者与被知者是一而不分的。

然而此说如何证实呢？行动、生命或意志，是万物的本原，而且如谢林所说，它们经过进化的各阶段，我们有什么保证呢？谢林的答案尚不一致。有时候，他说因为世界是完全合理的，所以它是自明的，理性能了解之，我们能在思想中构成之。而且世界的历史中既然有逻辑，我们就能在思想中重演进化之必然的各阶段。谢林的理想在于产生知识之有机的组织，在此知识的组织中，各判断有其正当的位置，其真理依赖于别的判断及全体系统。关于此点，他效仿斯宾诺莎，运用几何学的方法，以使其哲学有逻辑的论证。他虽然想由“绝对”的概念与目的推演心理与自然之进化的各阶段，但他未尝坚定不移地相信他的学说能建筑在先天的普遍必然的假设上。据他说，哲学不能证实唯心论，与其不能证实独断论或唯物论相仿；一个人的宇宙观是他的自由选择。证实自由或创造的原理之实在的唯一方法，是自由之自决的东西本身。当我们以为自由是我们的理想时，我们就是在坚持绝对创造的精神之实在，因为如果世界仅仅是物质，则争自由，便无意义，信仰这种理想，即信仰精神世界。想自由，便是认为世界是唯心论的。还有一种论证，费希特曾经用过，那种论证是：自由的东西可以认识自由是什么东西，并且了解唯心论。我们只能由哲学家所特有的理智的直觉，来认识自由或绝对。自然中活的、动的成分——实在之内在的意义——不能用科学上的时间、空间及因果等范畴捉摸之。谢林说，概念中所描述的是静止的，所以只有有限感觉的事物之概念。运动的概念不是运动本身，若无知觉，就不能认识运动是什么。然而自由只能由自由知道，活动只能由活动知道。自然科学与常识把万物作静的观察，只能认识其实质；哲学在其变化中观察之，而且注意其活的、动的成分。自然科学与常识从万物的外面观察之，并把万物拆散了；但哲学家须由万物的内部来认识万物。我们若说直觉给我们以本原，使我们能构建一种合理的世界观，也许能调和谢林思想中理性论与直觉论的思潮。

谢林生活的时代，是诗与艺术达于高潮的时代，他受到当时这种思潮的影响，遂认为直觉是一种艺术的直觉。开始，他认为自我意识或纯粹的自我、反省是绝对的目标，是心理与生命进化的最高等成就，而且认为这种情形只能由哲学家的直觉来认识。之后，他认为宇宙是一件艺术品，是“绝对”实现其目的于宇宙的创造中。所以人类的最高机能是艺术，而不是哲学的知识。在艺术作品中，主观与客观、理想与实现、法式与物质、精神与自然、自由与必然，是一而不分的。在艺术作品中，哲学家所寻求的调和可以得到。自然本身是一首大诗，它的神秘由艺术表现出来。创造的艺术家创造艺术品，以实现其理想，恰如自然之创造，由此而知自然的工作，所以美是直觉世界的绝对模型，是哲学的真髓。哲学家如同一个天才的艺术家，必须有认识宇宙之调和及一致的心能。美术的直觉是绝对的认识。美术的概念近似于有机的概念，有时，谢林认之为理智的直觉。“认识万物的全体，个体中的共相，千头万绪中的一致，七零八乱中的齐一”之心能，即此直觉。谢林明白地主张直觉中无任何神秘的东西；但是若无力来超越经验之孤立的材料，由实体的外面进入实体的内面，就不能成为哲学家。

此种思想与科学之逻辑数学的方法正好相反；德国文学与德国唯心论的哲学皆拥护之。歌德对于自然、人生及美术的全部思想，都建立于有机的或目的论的概念上；他亦以为认识部分中的全体、具体的实在中之法式的能力，是思想家及诗人的最高才能。

谢林的哲学发展到极点，成为宗教的神秘论。他把世界看作是神之堕落；人之目的在于返归神；这只能由神秘的直觉达到，在神秘的直觉中，心灵铲除其自私，而沉沦于“绝对”中。总之，谢林以为绝对是精神与自然、无限与有限的统一或结合，以为理想在思想家的自我意识中、自由意志的行动中、美术的创造中或宗教的感情中，由直觉来达于此本原的知识。

第三章　施莱尔马赫

第一节　宗教哲学

施莱尔马赫富有深厚的宗教感情及显明的理智才能。宗教是他思想的中心。他的问题在于发挥实在的概念，以满足理智与心意。康德、雅各比、费希特及谢林等人的思想及当时盛行于德国之斯宾诺莎哲学的风尚，是当时哲学界的大运动，他不能不注意之。当时的浪漫主义，他也不能不注意。他同浪漫派的许多代表很友好，因此他们的神秘主义渗入他的宗教本性中。他研究希腊的唯心论，尤其是柏拉图的观念论——他把柏拉图的著作译成德文——供给了他的宇宙观以材料。施莱尔马赫显然受到了这些知识运动的影响。他自命为哲学中的乐道者，其实，他属于折中派。他的折中论是独立的、创作的，内中杂糅有当时文化中他认为足以满足他的道德与宗教的需要之元素。他的根本目的在于建立新教的神学。他之所以建构于宗教思想上，以及得到新神学之建立者的头衔，是因为他了解并欣赏当时的理智生活。

施莱尔马赫1768年生于布雷斯劳，他的教育中有一部分得自虔敬宗教派的学校中。他受到新批判哲学的影响，继续在哈雷大学研究哲学与神学（1787年—1790年）。1809年，在柏林三一教会中充当牧师；1810年，担任柏林大学的神学教授，至1834年，死于其职。在柏林，他受到浪漫派领袖的影响，但未极端地信从那些学说。他虽然以神学家闻名，但也以哲学史家闻名。

第二节　知识与信仰

施莱尔马赫排斥费希特的唯心论，因为费希特欲从自我推演出一切实在，而假定一个真实世界的存在。我们须推想一切思想与本质皆有一个超越的本源；一切个体的根源皆在一个原理中，这个原理是同一的原理，一切差异与反对皆可于其中消灭。我们知道万物的真象，不只是知道万物的现象，如康德所想的。但由于我们的思想之知觉的性质，我们不能充分地认识万物的本源。因为思想运用于相反的各方面，所以思想绝不能实现其绝对的同一。问题在于认识绝对的原理，认识思想与本质的同一——神；而此同一中含有合理的知识之可能。同一原理虽然不能完全实现，但可以近似地实现；概念的思想虽然免不了差异与反对；但根本的原理无差异与反对。所以哲学不是科学，是认识论，是思想术或辩证法。哲学是社会的或共同的思想之结果，指示我们逼近目的的方法。我们不能依据康德的教训，由实践理性充分地认识神。施莱尔马赫的真理标准在其神的概念中；他的知识论建筑于其上，以为人类理智有分离事物的习惯，不能捉摸神圣的自然之同一。

我们只能于宗教的感情或神圣的直觉中实现理想。我们在宗教的感情中直接与神交流。思想与本质的同一——神，在自我意识中，可以直接经验到，但不能以概念的术语来表明。宗教是对于绝对世界之绝对服从的感情。有限的东西，是无限的，其存在有赖于无限；暂时的东西是永久的，其存在有赖于永久：这是直接明了的。施莱尔马赫反对启蒙时期具有神学的论证之浅陋的合理论，也反对正统派以神为司赏罚者之功利的见地，并排斥康德与费希特根据道德来立论的宗教。据他说，宗教不是由理论的教条构成的，亦不是由崇拜的运动及道德的行为构成的。因为神是不能认识的，所以神学必是宗教感情的学说；其职务在于阐明宗教感情的含义。

第三节　神的世界及个人

施莱尔马赫的神学是斯宾诺莎的哲学与唯心论的结合，这是德国19世纪初期所盛行的。绝对是有机的，类似于人类的心理，是思想与本质的同一，是七零八碎中的齐一。施莱尔马赫本来未曾坚定地发挥斯宾诺莎的思想，但有意综合他的泛神论与二元论。施莱尔马赫认为神与世界是一而不分的，但万物不是无本质的形式，世界有相对的独立。合法的宇宙论必须肯定神与世界之不可分开。神离开世界就不能存在，世界离开神亦不能存在。但神与世界之间亦不可不加以区别，神是无空间时间的统一体，世界是有空间时间的复合体。

我们不可给神以人格，如果给了，就是神有限了。我们也不可认为神有无限的思想与意志，因为思想与意志是互相冲突的，一切思想与意志本性上皆是有限的。神是普遍的创造力，是一切生命的本源。赫尔德、歌德、费希特、谢林对于斯宾诺莎的实体皆作这样的解释。

个人对于“绝对”的关系，在于保持个人的自由与独立。个体的自我，是自我决定的原理。自由之意是每个人的才能与天赋之自然的发展。但个人的自我，似乎埋没于普遍的实体之中，而为宇宙的一员了，其个性必与宇宙相符合。然而各个体的自我有其特殊的才能或天赋，在万物的全体中，必有其一定的位置；所以必须表现其个性，以便于实现全体的本性。施莱尔马赫对于人格所给的最高价值，与他对于自我发展及自我表现之坚固的主张，是德国思想界浪漫思潮的特色。阻止他埋没人类的心灵于普遍的实体中，并发展其个人主义的伦理学的，即此种个人主义的思潮。他不认同康德之严肃的道德论及理性与自然的二元论。若不把主观的意志与客观的意志结合于原始自然的意志中，这种二元论永远不能相通。

自然与人类，都有理性与意志。道德是已经表现于自然界下等物体中精神的高等发展，内含于自然中的理性是与人类所有的理性相同的。自然法则与道德法则之间，没有不可调和的冲突。理想不是破坏下等的冲动，而是发展全体调和中个人所特有的本性。每个人的行为之道德的价值，在其特异处，所以特异的人要发挥其特性。纵使在宗教中，每个人亦须自由地用其特异的方法，发挥其特异的本性。这种主张不可认为是自私的个人主义，因为据施莱尔马赫说，认识到自己人格的价值的同时，须认识到别人的价值。普遍的意义是自己完成之最高等的条件。所有的道德生活，都是社会生活，是尊敬人道之特异的人类社会生活。每个人愈类似于宇宙，愈能与别人交流，万众之统一愈能完成；超越于自己之上，即达于真正的不朽与永久的唯一途径。然而光照个人的全部生活，而使其全部生活统一的，为宗教的感情。人在此虔敬的感情中，可以认为其欲成为一个特异的人格，其方法是与宇宙的行动相调和。宗教认为世界上的一切事情是神之行为。人格的不灭是不成问题的；宗教的不灭是无限；此所谓不灭，是时间上的永久。

第四章　黑格尔

第一节　黑格尔及其前辈

费希特与谢林都是以康德的假定为出发点的。他们以心为知识的原理；一切哲学，最后都是心理哲学，其中法式与范畴是最重要的事实。二人都承认动的实在论，都以理想的原理为活动的过程。二人虽然都有浪漫派的倾向，但都用逻辑的方法指出经验所不可缺少的条件，来解释经验世界。我们已经知道谢林曾经修改过费希特早年的主张，至少也修改了几个重要之处。我们可以说，到了谢林，哲学又变成了玄学，自然与精神被认为表现于有机界与无机界、个人生活与社会生活、历史科学与美术中绝对原理之进化中进步的阶段。批评的认识论上的结果应用于本体论上：思想之必然的法式也被认为是本体之必然的法式。谢林的思想中，自然占一重要位置，无意识的程序不仅作用于无生物界，而且作用于历史社会及人心中。谢林早年的著作中所用的严整的逻辑方法，之后逐渐改变了；美术的直觉变成了知识的机关，美术的理想变成了人类发展的目标。

黑格尔

黑格尔的哲学建立于费希特与谢林所建立的基础之上。他认同费希特注重逻辑的方法及谢林视逻辑与本体论或玄学为一体的主张，也认同他们二人认为实在是活的进化程序的主张。他亦认为自然与理性或精神是一样的，只不过视自然附属于理性而已。他认为本质与理性是同一的。作用于理性中的程序，无论何处都有之；所以他认为凡是真实的，都是合理的，凡是合理的，都是真实的。所以自然与历史中都有逻辑，而宇宙其实是一个逻辑的系统。然而“绝对”不是如谢林所说的无差别的绝对（如凡牛皆是黑的），而是理性本身。“绝对”不是斯宾诺莎所说的一种实体，不是生命、程序、进化、意识及知识的主体。一切运动与生命，不过是无意识的思想罢了；它们都遵循思想的法则；所以自然中法则愈多，其活动愈合理。发展的“绝对”所向往的目标是自我意识；全部程序的意义在于其最高等的进化：在于实现真与美，在于实现认识宇宙的意义及目的并把其自身认为是宇宙的目的之精神。

黑格尔于1770年生于斯图加特，1788年与1793年之间，在杜宾根大学学习哲学与神学；1794年至1801年之间，在瑞士及法兰克福做私人教师。1801年，他自荐于耶拿大学；1805年，在其中担任教授；1806年，耶拿战争后，他被迫辞职。1806年至1808年之间，他担任《班贝格新闻报》的编辑；1808至1816年之间，他担任纽伦堡中学的主任。担任中学主任后，海德堡大学聘请他为哲学教授，后又担任柏林大学的哲学教授，在那里产生了很大影响，而且得到了许多信徒；1831年，他死于霍乱。

第二节　哲学问题

据黑格尔说，哲学的任务在于认识自然及全部经验界，研究并了解其中的理性，这种认识不是认识其表面的、一时的、偶然的法式，而是认识其永久的本质：调和与法则。万物皆有一个意义，世界中的一切程序皆是合理的：太阳系统是一个合理的秩序，有机体是合理的、有目的的、充满意义的。因为实在是合理的，是思想的必然程序，是逻辑的程序，所以实在只能由思想知道。而哲学的任务即在于了解理性作用所依据的必然法则，所以逻辑与玄学是一体的。但世界不是静的，而是动的，继续前进的；理性或思想亦如此；真概念亦是动的程序，进化的程序。在进化中，有些东西开始是未发展的、不分化的、同质的、抽象的，因而成为冲突矛盾的形式，之后逐渐进化发展，最终成为统一的、具体的、完整的东西。换言之，我们所由出发之无定的、抽象的根基，逐渐变成有定的、具体的实在，其中一切差异与反对，俱调和而成一个整体。在进化的程序中，较高的阶段是较低的阶段之实现，是较低的阶段所向往的目的，由此意而言，较高的阶段是较低的阶段之目的、意义、真理。开始低等阶级中所蕴含的，现在显现于高等阶段中。在进化的程序中，各阶段都是承前启后的，各阶段都是具前一阶段的结果，后一阶段的原因。然而低等阶段进入高等阶段，为高等阶段所否定，不是其低等阶段中的原型，不过还保持在高等阶段中。这些观念黑格尔以“止扬”二字来表示，而由这一方面转到其相反方面的程序，他叫作辩证的程序。

黑格尔说矛盾是一切生命及运动的根源，万物都是矛盾的，矛盾的原理支配世界，即依据上述原理而来。万物皆欲变化，皆欲转到其相反的方面。万物的种子中皆有变成其他东西的冲动，皆欲抵牾自己，超越自己。若无矛盾，就无生活、无运动、无生长、无进步；万物皆成为死的、静的。然而矛盾并不是宇宙的全体；自然不终止于矛盾，而力图克服矛盾。万物向其相反的方面移动，本来是实，但这种运动继续进行，终至克服反对，调和反对，而变成统一的全体之部分。相反是与其相反的方面相反，并不是与统一的全体相反。单就相反的部分言之，是无意义与价值的，须就其为全体之部分言之，而后方有意义与价值。相反是事物的概念，或理性与目的的表现。事物为了实现其目的或概念，克服其本质与概念间的矛盾，以及现在与过去间的矛盾。自然力图克服其物质的东西，解脱其现象的障碍，实现其真实的本质，以图达到不灭，即为其例。

再者，宇宙是一种进化程序，其之所以进化，是想实现其目的。这是有机体的宇宙观，或目的论的宇宙观。黑格尔说完全的有机体是实现其目的、法式或概念；换言之，是实现有机体的真理。进化中最重要的，不仅是其开始所有的东西，而且是其最后的目的所在的东西。真理虽然在全体中，但全体之实现，乃在进化的程序完成之后。全体最后的目的之所在，就是真理之所在。由此我们可以说绝对在根本上是一种结果；然而这种结果不是完整的全体；经过全部进化程序的结果，始得为真正的全体。一种东西不消灭于其目的中，而消灭于其完成中。

所以哲学应该注意于各种结果，必须指出这个结果由那个结果产生出来的方法。这种运动隐然地发生于自然及历史中（如谢林所说的）。然而思想家能够认识这种程序，并可以描述这种程序，重复地思索各种概念。他们若抓住了世界的理想，认识了世界的意义，了解了普遍的动的理性之作用、范畴、概念，就是得到了最高等的知识。他们的脑子中概念的本性，是与宇宙的概念相同的。他们的心理中概念之辩证的进化，是与客观的世界之进化相符的；主观的思想之范畴，是与宇宙的范畴相同的；思想与本质是同样的。

第三节　辩证法

如果哲学的目的在于探讨万物的本性，在于阐明实在的本质、根由、目的，其方法亦必须与其目的相适合。哲学的方法必须重生合理的程序，或在世界中演化理性的程序。这种目的非天才的直觉或类似的神秘方法所能达到的；除了严密的思想之外，无其他方法。哲学是康德所说的概念的知识。但黑格尔说抽象的概念不能尽量表现实在的真象；实在是动的程序，辩证的程序，抽象的概念不能切切实实地表现之，因为抽象的概念只能表现一小部分。实在时而是这，时而是那；由此言之，实体充满了矛盾与相反。植物之有发芽、开花、凋落，人之有少年、成年、老年，即是其例。我们若想对一件事物下正当的判断，须得说出其全体的真理，指出其一切矛盾，并说明其如何调和及如何维持于有条理的全体之中。寻常抽象的思想，把万物视作孤立的，而认为其是各种真的实在，并讨论其特殊的现象及其本身的矛盾。理智只有区别、反对、关联等作用，此外，无其他的作用；它不能认识相反中的一致，不能了解万物的生命及内在的目的；所以理智只能惊异于动物的本性及其工作。理智轻视思辨的方法，但绝不能捉摸明白生命。万物的种种关系若被抹杀，则其种种矛盾便是无意义的现象了。万物的种种矛盾是一个有机连贯的系统之部分，或者（如黑格尔所说）万物只在“观念”中有真理，因为“观念”是唯一的真实在。“观念”渗透于全体中及全体之诸部分中；一切个体在此统一中，都有其实在。统观万物，调和反对的活动，是心之最高等的机能，然而这种机能，不能无理智。这两种机能是并行的。

所以思想宜从最简单的、抽象的、空虚的概念开始，进而至于比较复杂的、具体的、丰富的概念。黑格尔名此方法为辩证法，这种方法，康德的著作中已有了，而且费希特与谢林也用过，他们认为其中有三个阶段。先由一个抽象的普遍概念（正）起；其次，由此概念产生一个矛盾的概念（反）；最后调和此矛盾的两个概念，而成为此两个概念的统一（合）。例如巴门尼德说实体是不变的，赫拉克利特说实体是不停变化的，原子论者说二者皆非，实际上有些东西是不变的，有些是变的。然而新概念又暗示新问题与新矛盾，又须用别的概念来解决。这种辩证的程序，因为实在之进化而继续前进，一直达到最后的无矛盾的概念。然而没有一个单独的概念（纵使是最高等的），能代表全体的真理；所有的概念只是部分的真理；真理或知识是由全部的概念构成的。真理与合理的实在本身一样，是一个活的逻辑的程序。

换言之，一种思想必定引起一种相反的思想，与此相反的思想结合起来，而成为另一种思想。这种辩证的运动是思想之逻辑的自身发展。黑格尔似乎是说思想或概念是自身思想；思想自身中有内在的必然性，它们如同一个正在生长的有机体，发挥其心能，而变成一个具体的有机的全体。所以一切思想家应该让其思想遵循其逻辑的程序——辩证的程序。因为思想之逻辑的程序如进行得适当，即同于宇宙的程序，可以是万物本身发展的结果。依据这种方法，我们能够想到神之思想。

第四节　思想与实在

辩证的思想是一种研究动的、活的、有机的东西之程序，是调和差异之程序。哲学的概念是一切差异之有机的调和，是诸部分的浑一体，是一个统一而无差别的全部。当黑格尔说具体普遍的概念是一切差异冲突之综合时，即想指出思想及实在的性质。实在是浪漫派所说的类似于生命与心的活动实在。实在不是抽象的理智所能捉摸的，因为抽象的理智只能捉摸实在的普通现象，它切割实在，而忽略其有机的性格。然而实在亦不能由神秘的感情、艺术的直觉或侥幸的猜想捉摸到。实在是一个合理的程序，有意义，而且是可思想的。实在不是一个绝对无意义的偶然发现物，而是一个有秩序的进化。由它的结果可以认识它，就它所完成的目的来看，其表面的冲突与矛盾是有意义的、能调和的。我们想把实在分为本质与现象、实质与属性、力与其表现、无限与有限、心与物、内与外、神与世界——这是不能成功的，是虚伪的区分，任意的抽绎。自然无核心、无皮壳；本质即现象，内即外，心即物，神即宇宙。

因此实在是一个进化之逻辑的程序。它是一种精神的程序，所以我们能由本身所经验的来了解之。但我们要记着，它不是特殊的观念，不是经验的或心理的内容，使我们得到这种了解。一切思想中有一种合理的必然性，我们必须重生之。我们的思想是合理的进化或发展；其进行是逻辑的、发生的、辩证的。因此，黑格尔名之为普遍的、超经验的、先验的或玄学的。真理亦不表现于这个个体或那个个体中，只表现于种族生活中。神圣的精神或理性自现于种族意识的进化中——人类历史中。然而我们不可不记着的是：只有人类历史是合理的、必然的、逻辑的时候，我们方能说历史是神圣的理性之表示。

黑格尔名神为观念、潜伏的宇宙，为无时间性的进化之可能性的汇总。精神是此“观念”的实现。此观念本身中隐然含有表现于世界中的逻辑之辩证程序的全体；进化的一切法则皆内含于其中，而表现于客观存在的法式中。这个观念是创造的“逻各斯”或理性，其活动的法式或范畴，不是空虚的躯壳或无生命的观念，而是构成万物之本质的客观思想、精神势力。研究创造的“逻各斯”之必然的演进即逻辑。这并非说纯粹思想或逻辑观念的神先于世界之创造而有；因为黑格尔曾经说过，世界是永久的创造。神圣的精神绝不能无自己的表现；神是世界之活的动的理性；它自现于世界、自然及历史中；自然与历史是神进化到自我意识的必然阶段。（就无时不进化言之，进化不是暂时的。进化永久地向“绝对”发展，范畴永久地潜伏于其中，绝不停止进化。范畴一个一个地继续进化，这一个范畴是那一个范畴发展的条件。）神不是没入世界中，世界亦不是没入神中；无世界则神不成其为神，神不能不创造世界，不然就无从认识神。绝对中必有矛盾与一致。神不能离开世界。若无观念，有限的世界不能存在，有限的世界不是一个独立的东西；如果无神，就无真实的实在世界；所有的真理皆有赖于神。我们心中的思想与感情，来来往往，不能耗尽精神，自然现象也是如此，来来往往，亦不能耗尽神圣的精神。我们的精神通过思想与经验而丰富、扩大，渐次达到丰富的自我意识；神圣的观念亦是如此，通过其在自然及历史中的自己表现而扩大，渐次达到自我意识。在自给与自救之格律的程序中，普遍的精神实现其命运。它在其对象中，思想其本身，因此认识其本质。绝对只能在进化中认识之，它高出于一切人之上。所以黑格尔不说神是一个自我意识的逻辑程序，先于世界的创造而有。它离了世界，便不能被认识。神是正在进化的，神只在人类的心理中充分地表示其为自我意识的；因为人类的心理可以把潜伏于普遍绝对的理性中逻辑的辩证程序，明白地表现出来。

第五节　逻辑与玄学

由以上所述可知，逻辑是基本学问，因为其能重生神圣的思想程序。辩证的思想表现了普遍精神最里面的本质，在这种思想中，普遍的精神认识其本身；思想与实在、主观与客观、法式与内容，合而为一。逻辑所发展出来的思想的法式或范畴，是与实在的法式相同的；它有逻辑的与本体论的价值。在万物的本质中，思想认识其自身的本质。无论何处的理性，皆是一样的，而且无论何处，皆有神圣的理性产生作用。宇宙是神之思想的结果。无论我们研究我们本身中的理性（逻辑），还是研究宇宙中的理性（玄学），我们常常得到同样的结果。在逻辑的思想中，可以说是纯粹的思想研究其本身，思想者与思想是一体的；思想者又发展其思想。其他一切学问皆是逻辑的应用。自然科学研究绝对或普遍的理性：精神哲学研究理性如何克服客观的自然，回到其本身，或发展为自我意识。

需注意的，在理性的此等启示中，无论是自然还是精神，理性都表现于无限的暂时的形式中。这些表现于外表上的偶然形影，不是哲学的对象。哲学的任务在于了解万物中的理性、自然与精神的本质、永久的调和与秩序、自然界的固有法则与本质、人类制度及历史的意义，以及表现于暂时的偶然的东西中的永久成分，实现于外表上的内性。而且万物中的这种理性，我们只能由辩证的或逻辑的思想中认识其概念而已，所以有价值的知识是先天的或哲学的知识。自然哲学、权利哲学、历史哲学才配成为哲学的知识。

第六节　自然哲学与精神哲学

逻辑研究概念，指出一个概念如何由另一个概念产生，如果我们思想得不错，我们必须逐步地由这个阶段进至那个阶段而达于绝顶，而且指出思想中有必然的进化。当我们思想这些概念时，我们就是在真的实在之世界中，宇宙之永久不灭的程序中。我们在逻辑中所思想的概念系统，构成有机的全体，而代表万物的真本质。这不仅呈现于我们的脑子中，而且呈现于世界的程序中、精神与自然中、个体心理与社会心理中、世界历史及人类制度中。然而在逻辑中，我们赤裸裸地直觉着纯粹的理性；由此意言之，理性又是神创造世界以前的世界影子。之所以名之为世界影子，因为其无本质或身体，因为其是赤裸裸的思想，因为其尚未披上宇宙的大褂子。黑格尔所说的逻辑，无实际的存在，除了人的思想外，逻辑从未实现过，换言之，在人类的思想以外，普遍的理性大于纯粹的思想。我们在逻辑中所研究的，不是理性的表示，不是自然，不是历史与社会，而是真理的系统和观念的世界。然而我们也能由理性的表示研究理性，看出其骨骼如何有了血肉，或者我们能由其血肉中看出其本身。在自然界中，理性表现其自身于时间空间中、外在与继续中。我们不能真实地说逻辑的观念跑入自然中，逻辑的观念即自然，自然即逻辑观念的法式。自然是理性的，是概念的，是有广袤性的概念。黑格尔称之为化石的理智，是无意识的理智。再者，自然是逻辑的观念进化到精神所经过的一个阶段。

精神（或心）经过进化的辩证阶段，而表现为主观的精神、客观的精神与绝对的精神。主观的精神表现为心灵（离自然而独立的精神）、意识（与自然对立的精神）与幽灵（与自然相调和的精神）。黑格尔以为相当于此等阶段的有人类学、现象学、心理学。观念或普遍的理性在动物机体中，变成心灵。它构成身体，变为特殊个体的灵魂，其机能在于运用其特有的个性；这是无意识的结果。这种灵魂在其自身构成肉体之后，认识到自身与肉体有别。意识是由肉体表现的原理进化而来的，意识的机能是认识。它由纯粹客观的阶段出发（它在此阶段中，认为感觉的对象是最真实的东西），而进至另一阶段，在另一阶段中，理性被认为是自我意识与客观实在的本质。高等的精神统一这两种机能，而产生知识。我们所真知的，只是我们所创造的。心灵的对象是其自身的产生品，所以其本质——尤其是理论的心灵之本质——是认识。浸入对象的理智或心灵，是知觉。如果精神未透视一个对象，或未直觉这个对象，绝不能明明白白地说或描述这个对象。知识完全成立于认识的理性之纯粹的思想中。表象（记忆、想象、联想）是知觉与理性的媒介。理性演生概念，悟性或理智掌司判断——分析概念的元素。理性再将概念的元素结合起来，而下结论。理智在纯粹思想的发展中看透自身，认识自身。

理智或理性是其进化的唯一原因，所以其自知的结果是一种知识，这种知识的本质是自决、是意志、是实践精神。意志表现为一种特殊的主体或自然的个体，力图满足其需要，解脱其痛苦。意志若沉沦于冲动中，则最不自由。

第七节　权力哲学

观念或普遍的理性，不仅表现于自然或个人中，而且表现于人类制度及历史中、权力或法则（财产、契约、惩罚）中、道德或良心中、习惯或伦理的礼仪（家族、社会、国家）中。在这些制度及历史中，理性实现其自身，而变为实际的，因此可以称之为客观的理性。产生人文制度的理性，与想了解人文制度的理性，是同样的。以前无意识地发展法规、习惯、国家的理性，现在乃于权力哲学中变成有意识的了。权力哲学的任务，不在于指示国家应该如何，而在于指示其所包含的理性，但要达到这种目的，只有借助于辩证的思想。哲学的任务在于指出合理的制度如何由权利或正义的观念产生。当研究人类制度时，我们能依据历史来解释，指出其存在有赖于什么条件、什么情境。然而这种因果的解释，不是真的哲学的解释，只是一方面追究各种制度的历史进化，指出其所由成立的情境、需要及事情，另一方面证实其中的正义及合理的必然性。只有我们了解了事情的概念时，方能了解权力、法则、国家的理性。

客观的理性实现于自由的个人之社会中。在这种社会中，个人选择其民众的法规与习惯。个人将主观的良心道德附属于普遍的理性之下；在民众的风俗及伦理的礼仪中，个人发展其普遍真实的自我之表现；个人在法规中，认识自己的意志，在本身中，认识法规的详明表现。伦理的精神进化为自我意识的个人之社会，是活动的理性进化之结果。个人在社会中，积累许多经验之后，知道在选择普遍的原因时，他就是自由的，就是在选择自己的意志。当此之时，实在与理想是一体的；个人的理性承认普遍的理性为自己的理性；个人放弃其主观性而将自己的理性附属于普遍的理性之下。普遍的理性表现于民众精神中、国民心理中，谓之为人伦至理。实现完全自由的完美国家，是宇宙的历史所向往的目标：进化即自由意识的发展之意。各民族及历史上的伟人是宇宙的精神实现其目的的工具，各大民族都有执行神圣的进化之使命，而这种事情只能由全体的发展方面来了解。当其完成其存在的目的之后，又进至其他更强盛的民族。这一个国家被那一个国家打败了，就是被打败的国家所依赖的观念附属于获胜的国家的观念之下。这种强力即权力，物质的权利即正义。因为战争是思想或观念的战争，所以黑格尔就认为其是正当的；他的根据是假定强者应当制服弱者，人道的进化是由道德的物理的冲突来促进的，世界史是世界最后的制裁。神或普遍的理性又利用个人的感情及私欲，来实现普遍的目的，这是观念的战略：伟人就是神或理性的执行者。黑格尔在他的历史哲学中力图指出普遍的精神，如何依其本质之辩证进化来实现其目的。

第八节　美术、宗教及哲学

然而普遍精神在精神发展的前几个阶段中，未曾认识其自身，或者未达到最高的自我意识及自由的境地。在那些阶段中，可以说思想与本质、主观与客观，不是一体的，一切矛盾，未曾充分调和。逻辑的观念进化的最高阶段，是“绝对的精神”，其唯一的目的与工作，在于使其认识自己的本性，所以是自由的、无限定的精神。绝对精神也经过三个阶段：表现于美术、宗教及人类精神哲学中。绝对精神表现于美术中，依据直觉的法式；其表现于宗教中，依据表象与想象的法式；其表现于哲学中，依据概念或纯粹的逻辑思想之法式。换言之，在完全的自由中认识其内在的本质之精神，是美术；想象其可尊敬的精神，是宗教；在思想中认识其本质的精神，是哲学。哲学除了神之外，无其他对象，所以在根本上也是合理的神学，而且是永久地崇拜神，以便于寻求真理。这三个阶段各实现于进化的辩证程序中，皆有其历史——美术史、宗教史、哲学史。

在哲学史上，每一个大的思想系统，皆有其必然的地位，而在逻辑的发展上，代表一个必然的阶段。每个系统都会引起一个相反的系统；这种冲突调和成一个高等的综合，而另生新的矛盾，如是进行，以至无已。黑格尔相信他的哲学代表最后的一种综合，在这种综合中，绝对的精神认识其自身，绝对的精神由其发展所经过的阶段来认识其实在的内容。

第九节　黑格尔学派

1820年至1840年之间，黑格尔的哲学是德国的当权哲学。他的哲学是普鲁士人所崇尚的，德国各大学中几乎皆有其代表。使许多思想家特别留意的，是其逻辑的方法，足以避免理性论的抽象论及神秘论的幻想。黑格尔死后，其门徒分为保守与自由两派。他未曾确切地论述神学上的问题——神、基督、不灭——因此，关于神学的问题遂引发了许多不同的见解。保守派如欣里希斯、格舍尔、格布勒以正统派的超自然意义来解释其老师的思想，而主张有神论、人格不灭及化身的神。自由派——所谓少年黑格尔派，主张唯心论的泛神论，神是在人类中可以认识的普遍实质。神化身为基督，是神表现于人类中。这种精神是普遍的精神，不是个人的精神。属于自由派者，有里克特、露格，在某一时期，鲍尔、施特劳斯及费尔巴哈，亦属于此派。自由派中有些人甚至走到了自然主义的地步，鲍尔、施特劳斯、费尔巴哈即为其人。反对黑格尔哲学的人，如魏瑟、费希特及哈利贝乌也认同保守派的有神论之见地。

早年的社会主义者——马克思及拉萨尔——的经济史观，也是以黑格尔的观点为前提的。根据他们推论，以前认为合理的，因为进化的结果，将成为不合理的。私有制度曾被认为是对的、合理的，将被社会主义认为是不对的，而想着来推翻之。这是历史之逻辑辩证程序的结果。

因为黑格尔曾经鼓励研究哲学史、宗教史，遂产生了一些哲学史大家及宗教史大家。属于前者的有特伦德伦伯、里特尔、布兰迪斯、埃尔德曼、泽勒尔、费希尔、文德尔班；属于后者的有普夫莱德雷尔。黑格尔也大有影响于历史哲学、法律学、政治学及其他精神科学。

第十九讲
黑格尔以后的德国哲学

一个生命断了，意志就表现其原有的老程序于新的个体中。许多人的生活是充满无厌的欲望与烦恼，经过四个阶段而至于死，具有许多梦想。人生如同一座时钟，发条上紧了，就向前走动，而不知其所以然。人于生时，就是上紧生命发条的时钟，重演其老调子，而无意义上的变更。

第一章　赫尔巴特的实在论

第一节　对黑格尔主义的攻击

赫尔巴特

不过黑格尔的哲学也引起了大的反对，甚至发生了反对运动。反对运动中的极端之人，排斥一切玄学，认为其是无用的勾当。德国的新运动对于其唯心论、泛神论、理性论及其先天的方法论皆加以攻击。有些思想家坚持较精细的科学方法，从而得到新的哲学：实在论与多元论。有些思想家否认世界是合理的，而且指出实在中的不合理成分，应该为哲学所注意。还有些思想家皈依于神秘主义、信仰哲学、直觉主义，欲用理性以外的其他心理机能来解决宇宙之谜。思辨哲学的两位大师为赫尔巴特及叔本华。他们两人都自认为是康德的真门徒，都注意于自然科学，都欲于经验的事实中寻求其思想的基本。两人都贡献了玄学的系统。赫尔巴特贡献了多元的实在论，而归本于莱布尼茨；叔本华贡献了泛神论的唯心论，类似于谢林的自然哲学，归本于费希特的哲学及谢林晚年的思想。

第二节　哲学之实在论的理想

赫尔巴特生于1776年，死于1841年，是一个批判的思想家，反对康德以后在德国所发展的一切唯心论的运动。他在到耶拿大学之前，曾研究康德及康德以前的理性论者。1794年，他来到耶拿大学听费希特的演讲；既而为讲师，最后为教授（1802年—1809年）。他以为新哲学有悖于康德所立的原理。1809年，哥尼斯堡大学聘请他为哲学教授，以继续康德的讲座。1828年，他说他是一个康德派。他攻击新哲学的方法及结论，而其所得的结论与当时所流行的哲学相反。依他的意见，我们不能由一个原理推演实在。这个原理来自哲学的结论，不来自哲学的起点。我们不能把实在认为只是一个根源，所以一元论与泛神论是不可能的。想认识物质本身，是不可能的，所以黑格尔所说的玄学只是梦想。然而物质本身是有的，不止一个，甚至有许多；世界不是我们仅有的观念。赫尔巴特反对理性论的方法、先天主义、一元论、泛神论、主观的唯心论及自由意志，而主张经验论、多元论、实在论及决定论。

他说经验的范围之外不能希望知识的进步。哲学的任务在于以经验与科学的普遍概念或民族中不知不觉发展的思想为研究的起点。研究这些概念，必须借助于形式逻辑，因为形式逻辑的机能，在于使这些概念的意义清楚明白，如果其有矛盾之处，亦可以指出。所以普通哲学的任务在于推论概念，分析它们，比较它们，并且调和它们。逻辑寻出我们认为最简单、最明了、最清晰的概念——事物、变化、物质、自我意识等的概念——中的矛盾困难。例如寻常思想中的一个东西，就是许多性质的复合物；金子是有重量的，但有可熔解性；一件东西是由许多东西构成的。

赫尔巴特以为凡是矛盾的，都是不真实的，因此，恢复了哲学上旧逻辑的矛盾原理。实在只可认为是一个绝对一致的系统。由此言之，赫尔巴特其实是一个严格的理性论者。真知识是一个一致的概念之系统。所以如果经验供给我们一个矛盾的宇宙观，它就不能成立。玄学的工作以矛盾为起点，它必须调和并解决矛盾，修正寻常的与科学的概念，以便使其结合起来，构成不矛盾的实在，使经验世界易于了解。

第三节　玄学

赫尔巴特的玄学即以此为出发点。他承认康德所说的经验只能指示现象，不过他主张现象必是某种东西的现象，这种现象含有一个实在。这又是赫尔巴特表示了其理性论；他依据这种基本概念，由观念转至物质本身。我们的感觉不能按照观念论者的主张，将之解释为心理的产品：感觉虽然是主观的，但它暗示了一个物质本身的世界。其成为问题者，不过是此世界——真的实在如何构成而已。

现象世界是矛盾的世界，是有许多性质与变化的世界。例如我们说一个东西有许多性质，一个东西变化其性质。一个东西如何能成为许多东西呢？一个东西如何能为白的、硬的、甜的、香的，如何能时而是这个东西，时而是那个东西呢？它绝不能如此，因为如果如此，将是矛盾的。万物皆是其实在的样子，皆与其自身是绝对一体的；若以为其有几种性质或变化，便是矛盾的。每种感觉指出一个实在。一个东西是单纯的、始终不变的、绝对不可分离的，不扩展于空间时间中。它不是连续的，不然，就不是简单的、绝对的。由此观之，同一原理是赫尔巴特的实体论所根据的基本原理。

如果一个物是一个单纯不变的实在，将如何解释复杂与变化的幻觉呢？为什么我们所经验的万物似乎有许多性质与变化呢？玄学想要解释这种事情，只有假定有许多单纯不变的原理或实在。各个体从表面上看似乎是单纯的物，实际上不是单纯的物，而是许多单纯的物之坚固的集合体。我们必须假定许多实在，因为我们所谓的物具有许多性质。当某实在偶尔构成某种集合体，产生某种关联时，就有了某种现象的结果。变化是许多实在的来来往往；我们说一件东西变化了其性质，就是说构成那件东西的实在或原子的关系发生了变化：原来构成那件东西的原子是不变的，是始终保持其原状的；只有关系变化了的时候，原子就增多或减少。我们称现象为万物之“偶然的观点”，即因为此。同一条线可以是半径，也可以是切线；同样的道理，一个实在可以与其他实在产生种种关系，而不改变其本质。我们论述实在的相互关系是什么，并不影响其本质，因为这种论述只是偶然的观点。

实在的世界是绝对的，其中无变化、生长、现象，各个实在皆是其原状。但是我们把这个和那个关联起来，就认为其有同有异；一切性质都是第二等性质。我们所认为的同异即由此见解而起；而实在的世界是绝对静止的，其中没有变化；一切事变只是意识中的现象。

可是实在本身终究是有变化的。这可解释如下：各个实在力图保持其本性的统一，抵抗别的实在之骚扰。所以同一实在，为了保卫自己、抵抗别的实在，而有各种各样的行动。实在中无真实的变化；为了维持其本质，而抵抗障碍，其抵抗障碍之法，因障碍的性质与程度而异。实在纵无障碍，亦将维持其性质。实在常保持其自身的原状；它所呈现的表面永久不变，但为了维持其常态，所用的努力程度则因障碍的性质与程度而异。然而实在如何能够不互相影响呢？实在似乎互相影响；一个实在运动了，虽然不改变其他实在的本性，但会引起其他实在不同程度的活动（自卫）。空间、时间、运动与物质，皆可以这种方法来论之；它们都不是实在，不过是实在的客观现象而已。

第四节　心理学

赫尔巴特的心理学是理性的心理学，是玄学的一部分。经验的心理学不能为哲学的基础。心理学是玄学的前驱，无玄学的心理学，则理性批判的问题不能解决，甚至不能彻底地讨论。心理学建筑于经验、玄学及数学之上。心灵是一个单纯的、绝对的、无时间性的、无空间性的实在；它是一个先验的实体，所以不能如心理学者所说，有种种机能或能力。赫尔巴特由玄学的假设攻击官能心理学。因为心灵是单纯的实体，所以除了自卫以外，不能有别的活动。心灵与身体有关联，身体是许多实在的汇合，所以心灵居于脑子中。一切心灵本质上是相同的；心灵及心灵的发展，其差异都是由于外面的情形——如身体的构造。心灵原来无任何官能，也无观念、感情或冲动。它不知道其自身，它没有法式、直觉或范畴，也没有意志或行动之先天的法规。当心灵维持自己、抵抗别的实在时，就产生感觉。感觉是心灵自卫的机能之表示。进化了的心灵之内容是感觉的联合及重生的结果。心理学是心理的力学。赫尔巴特的目的在于创造一种并行的心理的力学与物理的力学。旧物理学以力来解释万物，新物理学把万事万物化为运动。旧心理学以官能力来解释心理上的事物，新心理学以观念的运动来解释心理上的事物。感觉与观念倾向于固定，但别的心理状态则激发之，于是产生运动与反动。赫尔巴特想把它们之间所有的关系解作数学的，于是把精神生活解作观念的错综复杂及冲突，把感情冲动解作观念的变形。意识不能概括一切精神生活；意识范围以下——无意识界中——同时有种种程序。自由意志是没有的；精神中的一切事情都遵循一定的法则，而心理的程序都能以数学来规定。

精神生活之固定的根本是心灵实体，不是所谓同一的自我——自我意识的人格。自我意识的主体之概念是矛盾的。既是主体，如何能够又是客体呢？自我又如何能代表或认识其本身呢？如果说主体即客体、认识者即被认识者，便是矛盾了。再者，我们绝不能认识自我，因为自我是不能捉摸的，如果要捉摸，终究只是一个自我。眼睛绝不能看见自身，自我只能看见其图形。所看见的自我终究不过是能看见的自我，所以自我永远不能捉摸。自我意识的自我不是一个原理，而是一个结果。自我意识在有了对象的意识后而有之，它是许多自我观念的前驱。费希特之纯粹的自我是一个抽象的东西；我们所认识的唯一的自我意识是我们的经验的自我意识，而且这种意识常是对象的意识。

赫尔巴特的心理学之特色在于其排斥官能心理学，倡导表象为心灵唯一的基本机能之学说、无意识之学说、统觉论、联想论、交互作用论、决定论及自我非原理乃结果之学说。时间、空间及范畴不是心理的先天法式，而是心理力学的结果，是心理元素交互作用的结果。

第五节　价值的科学

玄学讨论实在，美学讨论价值，而不讨论实在。二者绝对不同。

赫尔巴特反对结合此二者的一切尝试。理论的判断之外，有表示赞赏与厌恶的判断、美丑好坏的判断。美学的问题，即在于考察这些判断的对象，而发现其中何者使我们快乐，何者使我们不快乐。赫尔巴特说：使我们快乐或不快乐的，不是判断对象的内容，而是其形式，我们赞赏与否的感情，是事物间所存在的关系引起的。

实用哲学是美学的一个门类，讨论道德的美。我们所赞赏或不赞赏的是意志的关系。经验指出有五种关系产生道德判断，叫作典型或观念。（一）我们赞成个人的意志与其信念相合的关系（内在的自由之观念）。（二）我们赞成同一个主体的意志努力调和的关系（完全的观念）。（三）我们赞成以满足别人的意志为目的的意志所依存的关系（仁慈的观念）。我们不赞成几种意志互相冲突的关系。（四）我们赞成各种意志容许其他意志阻碍自己的关系（正义的观念）。（五）我们不赞成有意为善或有意为恶，而无相对应的报酬之关系（报酬的观念）。与这五种观念相对应的有五种社会组织：法律组织、工资组织、管理组织、文化组织、慈善组织，此等组织结合在一起，以实现内在的自由之观念，而应用于社会上。社会的最高理想是意志与理想的结合，在此理想的社会中，社会上的各分子之间毫无罅隙。

赫尔巴特的教育学说产生了很大的影响。他认为教育学是应用心理学，其目的是由伦理学来决定的。因为他主张精神生活的机械观，所以在教育上力倡兴趣的重要性、统觉的价值。

贝内克（1798年—1854年）受到赫尔巴特、弗里斯及英国经验论的影响，他同意赫尔巴特所主张的心理学须根据于经验，而排斥心理学须依赖于数学与玄学的主张。他以为心理学是内心经验的学问，是我们的知识中最确实的知识，而且必须是玄学、认识论、伦理学、教育学的基础。

第二章　意志哲学家叔本华与哈特曼

第一节　叔本华

叔本华

叔本华1788年出生于但泽。他的父亲是一个有钱的银行家，母亲是一个当时有名的小说家。他年轻时经营商业，之后觉得无味，乃离开账房，而跑到大学中。1809年至1811年间，在哥廷根大学求学，1811年至1813年间，在柏林大学求学，专心致志地研究哲学及西藏文学。他喜欢的哲学家是柏拉图与康德。他在柏林大学听费希特的演讲，自然会受到他的影响，不过他仍然轻视谢林与黑格尔，说他们是“哲学之浮夸者”。自1820年起，至1831年止，他担任柏林大学的编外教授，偶尔讲演他的学说。但当时是黑格尔哲学最鼎盛的时期，叔本华的讲学未能成功。他敌不过他的学敌，痛恨一切哲学教授，于1831年辞去柏林大学讲师的工作，退居于美因河畔的法兰克福，而专心致志于沉思及著作。到晚年，名声渐噪。他死于1860年。

第二节　作为意志和表象的世界

叔本华采取康德的《纯粹理性批判》中的思想，认为经验世界是现象世界，受制于人类理智的本性。人的心理有其知觉的法式（空间及时间）及认识的范畴。叔本华以为认识的范畴是简单的因果范畴。康德以为理智范围以外的世界，我们不能够认识，我们所能认识的只是其现象，至于其本体则绝非我们所能认识的。我们的直觉绝不能认识物质本身，只能知道有物质本身。心理上的空间、时间、因果及其他诸法式，都不适用于物质本身。

关于此点，叔本华与其老师康德不同。他说如果我们仅仅是有理智的人，是由外面观察的主体，我们除了知道时间、空间、因果中的现象世界以外，别无所知。但我们在内心意识中认识了真实的、根本的自我，在意识中认识了物质本身。物质本身即意志。它是原始的、无时间的、无空间的、无因果的活动，表现于我们的身体中，为冲动、本能、努力和欲望。我们知道了自我是一个现象，是自然的一部分，我们想象自己是一个有体积的有机体。我们由两种方法知道自己，即通过意志与身体，但自我还是一个意志，在自我意识中，表现为活动的意识，在知觉中，则表现为物质的肉体。意志是我们真实的自我，肉体是意志的表现。

第三节　自然及人的意志

自然及人的意志之思想是解决叔本华玄学上的问题之关键。叔本华以为万物类似于人类；世界是有意志与观念的。这种主意论的宇宙观有事实来证明。当我们向身内观察时，我们看见意志；向身外观察时，我们看见意志表现为身体。我们的意志自己客观化了，成为身体，而且表现为活的有机体。所以我们由自己的身体，推论出其他物体为意志之外面的表示，是没有错的。意志在石块中，表现为盲目的力；在人类中，自己认识自己。磁针常指向南方；物体下坠常成直线；实体互相影响构成结晶；所有这些现象都是自然界力之作用的明证，都类似于人的意志。在植物界，亦有无意识的冲动之痕迹。树木需要阳光，而力图向上；需要湿气，则根须常向湿土中生长。动物的生长及活动，都由意志或冲动来引导与支配。野兽为了得到食物，而使其爪牙与肌肉发达。意志为了满足其需要，而创造机体。机能是机体的前驱，需要以头抵撞者就生角，为了生存的意志是生活的基本原理。

在人类与其他高等动物中，这种原始的冲动变为有意识的，它创造智慧，以作为其工具。智慧是照耀意志在世界上行走的路灯。意志是其自身构造的一个脑髓，脑髓是其藏身所，智慧与意识是脑的机能——在这一点上，叔本华的意见与唯物论者是相同的。在低等生物中，意志是盲目的冲动，其运动是盲目的、无意识的；在人类中，意志则是有意识的。智慧加于意志上，变成自卫的最大工具。然而智慧常供意志的驱使，意志是主，智慧是仆。

意志支配知觉、记忆、想象、判断与推论。我们所知觉的、所记忆的、所想象的都是我们所欲知觉的、记忆的、想象的。我们的辩论，常常为我们的意志辩护。可以看到，从人类到矿物，智慧渐渐走低；但意志通常是一样的，未曾变化的。在儿童与野蛮人中，冲动强于理智。在动物界，本能逐渐变为无意识的。在植物界，本能是无意识的。在矿物中，理智的踪迹完全消失了。

这种表现于人类及矿物上的根本意志，不是一种人格，而是一个有理智的神。它是维持生存之盲目的、无意识的力。它无空间性、无时间性，但表现于空间及时间中的个体中。换言之，我们的心见到它运动于空间及时间中的个体法式中。它表现自身于永久不变的样式中，柏拉图名之为观念。例如有机体的种类是永久不变的样式。个体有生灭，种类（意志）无生灭。意志由下等物质进至高等的人，成为一个等级连贯的系列。个人有生有死，意志永不灭绝。所以我们的根本部分（意志）是不灭的；意志表现于其中的个体是有生灭的。自杀只是意志的个体表现的毁灭，而不是意志本身的毁灭。

第四节　慈悲的道德

为了生存的意志是世界上一切冲突、愁苦及罪恶的根源。万物之盲目的意志、互相争斗、以图生存，弱肉强食；这种争斗不已的世界，不是一个好世界，而是一个坏世界，是最坏的世界（悲观主义）。人的生活是无价值的生活，因为其充满了愁苦，这是由于人类意志的本性本来就充满了愁苦。人生是由盲目的欲望构成的，如果不能满足欲望，即产生痛苦；第一种欲望满足了，第二种欲望又产生了，如是进行，无有止境。所以人永远不能满足，因为每朵花中都有一个害虫。人如同海中遭难的船上的船员，在凶浪之中，极力挽救其疲劳的身体，其结果便是身体没入水中。人生是不断的生存竞争，其结局终归于失败。一呼一吸之间，皆是为了抵御其所惧怕的死亡。但死亡终归会取得胜利，因为有生必有死，生不过是死前暂时的诱饵罢了。可是人仍然辛辛苦苦，尽其所能地延长生命，就如儿童吹肥皂泡一样，越吹越大，直到破灭为止。

一个生命断了，意志就表现其原有的程序于新的生命中。许多人的生活充满了无厌的欲望与烦恼，经过四个阶段而至于死亡。人生如同一座时钟，发条上紧了，就向前走动，而不知其所以然。人于生时，就是上紧生命发条的时钟，重演其老调子，而无意义上的变更。

人生之所以是恶的，还有其他原因，就是因为其是自私的、卑贱的；这也是生于意志的本性。无情义的、胆怯的自私自利者，因为恐惧而做诚实的事，因为虚荣而做社会的事。但在世界上成功的唯一法门，则是贪婪与欺诈。知识与文化的进步，改善不了这些事情，只能引起新的需要及自私自利与不道德的新痛苦。所谓道德——勤劳、忍耐、节制、俭约——不过是光明的自私罢了。知识多者忧愁多；增加了知识，就增加了忧愁。历史是虐杀、掳掠、阴谋、欺诈的连续，读其一页，即可推知其余。

叔本华说慈悲或悯怜是道德的基本标准，某民族之所以是恶的，就是因为其自私自利。善的行为必是由纯粹的慈悲引起的行为；如果动机是为了自己的利益，则行为便无道德的价值；如果动机在于害人，便是可恶的行为。人类经验的品性完全是决定的，但追悔的事实，则暗示意志是自由的。所以我们的意志必须对我们的品性负责。理智的自我形成经验的自我。

因为自私的意志是万恶之本、愁苦之源，所以必须排斥意志、压抑自私的欲望，以便得到幸福或享受安宁。这可由几种方法做到。美术家或哲学家可以解脱自私的意志，可以忘其自我而进入美术的探索或哲学的思索中；这种方法虽然能救济一时，但不能长久。个人如果熟虑世界的可恶、欲望的徒劳、生存的虚幻，即可解脱其自私的意志。其若思及这些地方，并且记住，一切个人在本质上是一体的，他们都是同一个原始意志的表示，那么这个人就要同情或悯怜一切众生，就要视人如己，以别人的愁苦为自己的愁苦。这同样是道德的方法，但也只能供给暂时的救济。最好的方法是基督教徒及佛教高僧的隐遁生活，完全排斥意志的生活。如果遁世绝欲，意志自然就成为多余的了。佛教的高僧断绝意志，解脱于红尘，足以得到幸福或享受安宁。

第五节　哈特曼之无意识的哲学

哈特曼生于1842年，死于1906年，受到谢林、黑格尔、叔本华的影响。他想调和黑格尔的主知主义与叔本华的主意主义。他的思想所运用的方法是归纳的科学方法。他贡献了一种类似于谢林的自然哲学。他以为机械论不是十分充足的解释，必须用唯心论的思想补充之。我们若不假定自然界有意志的作用，就不能说明事实；而且此意志必须认为是由目的观念规定的，但这种规定是无意识的。例如动物的本能即不知目的而趋向于目的的有智慧的行动。这种行动不是由机械的或心理的条件规定的，而是适应其自身于环境，改变其机关以满足其需要的。万物中主动的原理，是无意识的、无人格的，却是兼有观念与意志的：唯有在人的脑子中才足以充分地认识之。物质是由力之中心或无意识的意志冲动构成的；力之中心，代表绝对普遍的无意识的精神活动。这种绝对的精神，本来是一种非活动的状况——潜伏的意志或理性——后来通过无根本的意志使之活动。无意识的世界意志受制于合理的目的，表现于进化的合理程序中，此即逻辑的理性。然而一切意志在根本上是恶的，而且是不幸的根源。最终的目的是断绝意志，回到原始安静的状态——涅槃。想达到这种目的，只有全体人类决定归于消灭之时。即使在人类未消灭之时，其义务仍然要肯定为了生存的意志，而不实行禁欲主义及遁世主义。

第三章　新康德主义

第一节　思辨哲学的反动

康德曾经设法建立数学及自然科学的确实性以对付休谟的怀疑论，但他否认研究物质本身的玄学之可能。他以为合理的神学、宇宙论、心理学皆无科学的价值，我们不能证实神之存在、灵魂之不灭、意志之自由；这里面都无理论的知识，因为其不能作为经验的对象。我们本来能够构建玄学的假设，具有些许或然性，但不能由其中得到普遍必然的知识。不过我们可以由道德的直觉得到较高等的神之自由及不死之认识。实践的理性能够给我们以这种真理的确实性——虽然我们不能给它们以感觉的内容，且不知其科学的意义。

康德的最大继承者——费希特、谢林、黑格尔——均未曾排斥玄学。黑格尔从各个方面给宇宙一个逻辑的解释，他的哲学在德国一直到1840年，还在执哲学界之牛耳。然而后期康德学派之外，仍然有人批判地反对这种理性论的玄学。这可由弗里斯、贝内克、赫尔巴特、叔本华及其他哲学家的著作中看到。此外，也有反对哲学有特殊的认识法——如谢林之美术的直觉、黑格尔之辩证的方法——之见解，亦有反对以科学的研究为哲学之预备或谬误的方法。思辨哲学被斥为忽略事实或只想由内心的意识构成哲学。自然科学的进步，引起了对于经验之精密的研究及实证主义的产生，并使轻视玄学之风渐炽。1842年，迈尔发现了能量守恒定律。1859年，达尔文发表了其旷世奇作《物种起源》。哲学的衰落及自然科学的兴起，遂带动了唯物论的发展。在15世纪时，德国起了唯物论之争，其中有卡尔·福格特（1817年—1895年）、乔尔贝（1819年—1873年）、摩莱肖特（1822年—1893年）及毕希纳（1824年—1899年）。毕希纳于1855年发表了其著作《力与物质》。这一班人，皆反对唯心论。这种运动反对思辨哲学的猖狂，同时，也反对神学的反动，最终将人道主义、唯心论的伦理学与唯物论的玄学结合一起。其实他们所贡献的学说，并不是坚定的唯物论的学说，而是许多意见的混合，他们中有人认为思想是运动，有人认为思想是运动的结果，有人认为思想是随运动而生的不可知的原理之一部分。毕希纳的《力与物质》最流行，竟然发行了二十版。之后这部书的位置被海克尔于1899年出版的《宇宙之谜》所取代。

德国化学家威廉·奥斯特瓦尔德持运动说或能量说，以反对唯物论及机械论。物质的各种特性都是各种能量的法式。心理的能量是能量的另一种形式，是无意识或有意识的神经能量。相互作用解释为从无意识的能量到有意识的能量，或从有意识的能量到无意识的能量之转移。

第二节　批判主义的复兴

在这种情形下，哲学家自然而然要研究康德所密切关注的认识问题，而对当时的各种思潮都加以批判的研究。批判的哲学遂成为反对黑格尔哲学的方法与唯物论的进步，以及完全不信任玄学者的重要工具。1865年，利布曼喊出的口号是：回到康德。同他观点一致的，还有魏瑟、芝勒尔、福特拉格、海姆、费舍尔及《唯物主义史》的作者朗格。20世纪初，这种新康德派的运动进一步扩大，德国著名的思想家几乎都是新康德派。这派人皆力言认识论的研究之必要；有些人甚至说研究康德的著作，尤其是他的《纯粹理性批判》是哲学家最重要的事情。威辛格、埃尔德曼、赖克诸人，即持这种主张。有些新康德派要把哲学限于认识论，承认实证主义的结论，认为我们只能知道现象，不管是唯物论的玄学，还是唯心论的玄学，皆非我们所能研究的，应该一概加以排斥。

朗格的影响最大。据他说，唯物论者的方法是对的，但其所主张的宇宙观不对，因为其不能解释物理的物体及心理的自我之根本性质。他觉得玄学及宗教的思想是人类建设的本能之结果，无理论的价值；理想的世界之存在虽然不能证实，但在人生上有实用的价值。马堡学派的首领科恩发挥了批判哲学，而且依据康德的方法建立了自己的哲学——1902年出版了《哲学系统》。他的弟子纳托普于1899年出版了《社会教育学》，施塔姆勒于1902年出版了《正当权利论》。

第三节 内在哲学

还有一部分思想家受到了贝克莱、休谟及康德的影响，以为哲学只限于意识状态的分析。他们的学说叫作内在哲学。这一派的代表人物有舒佩、雷姆克、舒伯特·佐尔德恩。这一派中有些人归于唯我主义，但其中的大多数人提倡客观的唯心论，以为普遍意识是知识之必要的假设。

新康德派中的神学论者专重于康德的伦理哲学，以为伦理的、宗教的经验是宗教的基础。这一派的代表人物为里切尔诸人。

第四章 新唯心论（新观念论）

第一节 玄学及自然科学

黑格尔哲学衰落了，自然科学与唯物论就相应地兴盛了起来。不过整体来说，一切哲学都暂时衰落了。凡不了解但尊敬自然科学的结果与方法以及这种哲学的结果与方法之人，都没有重建哲学的希望。然而德国出现了一部分思想家，他们原来是自然科学家，由于他们的努力，哲学在科学界又恢复了其尊贵的地位。他们里面著名的有洛采、费希纳、哈特曼、冯特及保尔森。这班人都受到了实证主义、唯物主义、批判主义、后期康德派的唯心主义等思潮的影响。他们都觉得若要根据旧派理性论的方法，而不用自然科学的方法建立玄学，是徒劳无益的。他们虽然排斥主观的唯心论，否认先天的辩证方法，但他们都可以被称为德国唯心论的继承人。他们依据康德的《纯粹理性批判》，主张离了经验就无科学与哲学；依据实证主义，主张不论什么玄学，都没有绝对的确实性。

第二节 洛采

洛采的性情与学问颇适宜于重建哲学的任务。他结合了莱布尼茨的单子论与斯宾诺莎的泛神论，以图调和一元论与多元论、泛神论与有神论、机械论与目的论、实在论与观念论。他称他的哲学为目的论的唯心论。他的目的在于发展道德的、宗教的唯心论（费希特所主张的唯心论）的要求以及自然现象之严格的科学解释。

洛采生于1817年，死于1881年。他在莱比锡大学学习医学及哲学，1838年，成为该校的生理学及哲学讲师，1844年担任哥廷根大学的哲学教授，至1881年转入柏林大学。

第三节　机械论与目的论

人不是单纯事实的反映，他们不能在机械化的世界中满足其道德的、宗教的兴趣。然而物理的世界——生命包括在内——必须根据于机械论，用物理化学的法则解释之。有机的物质与无机的物质不同，其不同点不在于有机体有生命，而在于其部分的安排不同；这种安排是一种物理的反动系统，规定各部分的方向、形式及进化。活的有机体是一个自动机，但比人造的机器灵敏多了。这种见解似乎忽视了人的地位、目的或理想：不过机械论所依据的假设，不是如此。表现于知觉中的外界，不是实在的写真，不像朴素实在论者所说的，而是自己的意识对于外界的反应，是心灵在自身中所创造的东西。具有空间时间的感觉世界，是现象的世界，是意识的产生品。感觉、知觉及解释现成的感觉之逻辑法则，都是主观者的机能。然而外界真实物体的本质（物质本身）如何呢？这个问题只能由类推法来解决。这种类推法必引导人达于玄学的唯心论。物质本身必有能力自动与被动或接受变化，但万变之中有不变者存在。这种性质，我们可通过内心知道，它是心灵统一之自决的原理。这种意识的统一——结合复杂的现象于意识统一中的心能，使我们认定不可分的超感觉的心灵之存在，与肉体有别。唯有在此心灵中，我们才能寻出千头万绪中的一致，变化不已中的不变；凡我们所经验的都未丧失，依然继续发展，以至于今，而为精神生活的一部分。所以真实的宇宙必须解释为心理的，是我们直接知道的唯一实在。科学所论述的原子，是非物质的本质，与莱布尼茨的单子或力的中心相仿，类似于我们的内心生活中所经验的东西。空间不是一个玄学上的实在，而是这些动的根本存在的感觉现象——知觉的产生品。纵使是最下等的物质，也不是死的、呆板的，而是具有很好的组织系统，充满生命与行动的。实在有各种各样的等级，人类的精神代表精神生活上最高的、自我意识的阶段，而精神生活，也表现于呆板的物质中。

洛采采取玄学的唯心论，根据于实用的或伦理的根基。假定物质原子的机械论为了美术的目的而存在——那是一种不堪的思想，那么这种宇宙既无意义，也无伦理的价值。我们只能把实在算作绝对可赞美的东西，绝对善的东西。所以现象的世界，不能是一个无意义的幻想，必须认为是一个有道德秩序的精神世界之表现。洛采的逻辑与玄学，都是建立于伦理学上的。我们不能想象到不应该存在的东西之存在；我们思想的法式（逻辑的法则）之根源，是在求善之中，实在本身是建立于绝对的善之上的。

身心的关系，是一种交互的关系。心如何使身体发生变化，身体如何使心发生变化，颇难解释，这种难关不亚于其他问题。所谓的因果作用，是说一个物象有了变化，其他物象亦发生变化；不过其间的关系如何，我们不知道。能量守恒定律与身心的交互关系并不冲突，因为身体与心灵在本质上并无差异。洛采与莱布尼茨一样，以为肉体是单子或精神的力所构成的一个系统，心灵居于脑中，其只在脑中与肉体发生关系。心灵支配肉体，肉体如果生存，终究会受心灵的支配。肉体解体后，心灵变成什么，本就是一个不可知的谜，但据洛采说：万物在将来皆有其正当的结果——这是信仰上的事情。

第四节 泛神论

我们且来看机械论在洛采的思想中如何转变为相互影响的精神的实在。这种多元的世界若无统一的、普遍的实体，就不可设想——一切现象，皆是此实体的表现。纵使是机械论的宇宙观——假定最小的原子之运动与其他原子的运动有相互和谐的关系——亦认为这种无限的实在观是必要的；其实，自然的机械论即绝对意志的表现，绝对意志在这种机械观中，表现其外表的有限的形式。我们若不认为自然界的种种历程是包含一切实体的状态，就不能了解交互作用，甚至不能了解因果关系。这是洛采的哲学发展为了唯心论的泛神论——结合有莱布尼茨与斯宾诺莎的成分。人类的心灵必须以最高等的实在来解释宇宙的实体为一种人格；而且我们必须想到这种神圣的人格是绝对善的东西，是爱之神。

第五节 费希纳与保尔森

费希纳（1801年—1887年）是莱比锡大学的物理学教授，心理物理学的创立者，也是新唯心论运动的代表。费希纳用类推的方法，通过我们身内的精神历程及其在我们身内的表现，推论到动物、植物及无机物中都有精神生活，唯其明了的程度逐渐低下而已。全宇宙是有生命的——泛灵论。还有比人类精神生活较高的精神生活；地球及其他星体都有心灵。此等心灵都包含于一个最高等的神之心灵中。神与宇宙的关系，类似于心灵与肉体的关系。自然界是神之身体，是宇宙灵魂的客观表现。宇宙灵魂高于自然，恰如人类灵魂高于人类肉体一样。

保尔森（1846年—1908年）著有《哲学概论》，盛行于德国及美国，论述一种类似于洛采及费希纳所持的唯心论的宇宙观。

第六节　冯特

冯特生于1832年，死于1920年。他的著作显示出他受到了斯宾诺莎、德国唯心论者（如赫尔巴特、费希纳、洛采）及近世进化论的影响。开始，他在海德堡大学当生理学教授（自1864年起，至1873年止）。1873年，他担任苏黎世大学的哲学教授；1875年，又受到了莱比锡大学的聘请。他是近代实验心理学的创立者，晚些的许多心理学教授多是他的弟子。

冯特给哲学下的定义是：哲学是普遍的学问，其职能在于结合专门的科学所得到的普遍真理，而组成一种自身坚固的系统。意识的事实是我们知识的基础。所谓外界的经验——外界的知觉——即内心经验的一方面；我们的一切经验都是精神的。不过世界并非如主观唯心论者所说的是意识的反映；外界的存在，绝不可否认（批判的实在论）。空间与时间、因果与实体以及产生于心中的种种概念，若无客观世界的协作，绝不能产生于我们的心中。若无外界的原因及概念的法式，自然界的知识都不能成立。我们若以为外界的经验是我们宇宙观的基础，必将归结于原子论、机械论；我们若只局限于我们的精神生活的事实，必将流为唯心论。然而我们不能认为外界是无内心生活的东西；宇宙的机械论外面有一个壳子、内部有精神的创造力，与我们在本身内所感觉的相似。就认识论的结果来看，精神占据优越的地位，因为内心经验是知识的原始材料。心理学指出精神生活在根本上是活动，是意志。这种活动表现在注意、统觉、联想、情感及意志中，而构成精神的中心元素（主意主义）。

心灵不是如唯物论者所说的实体，而是纯粹的精神活动。实在必须认为是意志表现于物质的法式中的全体，是由内在的目的规定的、独立的实在构成的目的论。我们必须依据道德的理性，在普遍绝对的意志中认识个体的意志，至于普遍绝对的意志之性质，我们不能下深切的定义。世界是心理的进化过程，是有交互的目的之法式的发展。

第七节　价值哲学

上述各种哲学系统中，有几种根据于价值的判断，其解释实在是用至善——世界毕竟是以道德的、美术的或逻辑的意识所要求的为理想。康德认为宇宙在根本上含有道德意识的意义——应该如何。本体世界必是一个精神世界、自由且合理的社会，其中每个人皆欲组成团体。费希特的宇宙观与此相仿；洛采的思想也是由善的概念出发，我们若不根据于善的原理就不能认识世界。这些概念引入玄学之后，有些人就说剥夺了玄学的科学性质。他们以为哲学担任的是理智的工作；其职务在于贡献一种实在的解释，脱离人类道德的、美术的或宗教的本性之要求。宇宙不可认为应该如何，只可认为实在如何。价值哲学家反对这种科学的与理性论的见解，而以为寻求真理的欲望本来就是价值的欲望——

应该如何的欲望，我们的行动就由这个价值的理想来指导。科学的宇宙观有悖于我们的秩序、调和的爱好或完善的理想。所以逻辑的冲动并不比我们本性的其他要求高，无论什么哲学系统，若不能满足这些要求，就不是适当的哲学。

文德尔班生于1848年，死于1915年。受到康德与费希特的影响，其所持观点带有批判哲学的精神。据他说，哲学是普遍价值的学问，是绝对的价值判断（逻辑的、道德的、美术的）之研究，其他学问的主旨在于研究理论的判断。这个东西是白的，这个东西是好的——这两个判断有本质上的不同。前一个判断是陈述属于现有的客观内容之性质，后一个判断是陈述一种关系，这种关系指出意识所规定的目的。逻辑的公理、道德的法则与美术的规则之确度，是不能被证实的；其真理皆依赖于一个目的，这个目的必须假定为我们的思想、感情或意志的理想。换言之，如果想得到真理，必须认识思想原理的确度；如果想得到是非的绝对标准，必须认识道德规范的确度；如果美必须超出主观的满意，必须认识其普遍的规范。这些公理皆是规范，其确度皆根据于下面的假设：思想的目的在于实现真理的目的；意志的目的在于实现善的目的；感情的目的在于实现理解美的目的。对于普遍的目的之信仰，是批判的方法之先声；若无这种信仰，批判哲学就无任何意义。

所以逻辑的法则是要求真理的意志之必要的工具。然而这个意思不是实用主义所说的工具的利用，即工具的真理。真理并非生于人的意志，而是生于物质本身，不是一件可任意捏造的事情。文德尔班划分科学为自然科学与历史科学两种。前者讨论永久的、抽象的、普遍的法则，后者讨论个体的、具体的、特殊的、新奇的事情。

属于此系统者有李凯尔特、闵斯特贝尔格、狄尔泰。狄尔泰力言精神科学的特色与自然科学有差别，著有《精神科学导言》（1883年）。我们必须研究精神科学的关系、方法及假设。我们通过思索历史及心理学中的心理表示，而得到实在价值、规范及目的的知识。不过玄学（实在、价值、目的之逻辑系统的玄学）是不能成立的。精神科学的基础建立在目的论的、记述的、分析的心理学上，而心理学又分为普通心理学、比较心理学、社会历史心理学。

第八节　倭铿

倭铿生于1846年，死于1926年。他贡献了一种玄学，对于人类的价值及逻辑的知识有正当的看待，且引起了各方面的学者对于伦理学的唯心论之注意。

据倭铿说，不论自然主义还是主知主义都不能圆满地解释实在：前者否认精神世界的假定，后者绝不能使经验与逻辑的思想相符合。渴慕无限的心理呈现于我们本身及历史中，显示出一个普遍精神的程序、独立且可知的另一个世界，为一切个体精神生活之源。我们本身经验着这种自由的自我活动的精神；这是一个确切的事实，但我们不能演绎它，只能直接领悟它。人的本质原是超越历史的；唯因其不完善而企图完善，就是历史的东西了。精神生活或是一种物质的本性之现象，或是一种自存的浑一体——万物之本源。如果人类生活是自然界的一种偶然现象，便无价值可言；而其中宝贵和高尚的东西便是虚幻了，宇宙便是不合理的了。宗教所力求的东西，不在于人的幸福，而在于保存人类所根据的真的精神生活。人类的精神禀赋与其实在的性情间锐利的冲突，让人深信那活动于自身中的高等势力。我们不能从根本上铲除人心对于真理与爱好的欲望、对于其生活之欲望。人不断地努力，若无无限的能量作用于人身上，便不可设想了。如果无超越的世界，精神生活将化为乌有而失去其内心的真理。唯心论的泛神论产生于一种高尚的世界之欲望。

宇宙的生命为万物——人类历史、人类意识及自然本身——的根基。宇宙的程序是进化的，是由无机进至有机的，是由自然进至精神的，是由自然的心灵生命进至精神的生命的。宇宙在这种趋向于独立自现的进化程序中，逐渐认识其自身。然而人类的人格并没有沉没于此宇宙的精神中；其实，个性只能在其中发展。

第二十讲

英法哲学

人心爱求万物之统一，此乃主观的趋向。其实我们不能将各种自然法则纳于一种无所不包的法则中。据经验所得，自然法则是各种各样的。孔德所说实证之意，是实在有用的，确实无疑而精确的，即消极之反面——实证知识不是批评或消极。

第一章　法国的实证主义及其著名代表

第一节　感觉主义的反动

在法国方面，由自然主义的哲学而引起的启蒙运动，引发了大革命，致使政治上、社会上发生了骚乱。及大革命之后，盛行于18世纪后半期的孔狄亚克、霍尔巴赫及百科全书派所主张的感觉主义及唯物主义的学说失去了权威，而且产生了新的哲学，以代替其位置。批判主义及自由主义走到极端，势必会引起保守主义的反动，思想自由走到极端，势必会引起注重于典礼及超自然的哲学，以图救济的反动，这是不足为怪的事情。故约瑟夫·德·迈斯特（1754年—1821年）说人类的理性曾经自示其不能管理人，唯有信仰、典故、权威能够维持社会的常态。但心理学是对抗唯物论的最好论证，而且是最有希望的学问。加上孔狄亚克的感觉主义，纵然属于同一派，也感觉其不能让人满意：唯物论者的卡巴尼斯也注意于有生机的感情及本能的反应——这些都是意识的生活之元素，难以解释为外面感觉的产物。俾龙之缅因（1766年—1824年）原是私淑孔狄亚克及卡巴尼斯的人，在努力的感情中，发现意识的中心元素及知识的基本原理。他以为在这种内心的经验中，我们直接认识了灵魂的活动及物质的世界之存在。这种努力的感情也就是势力、因果、统一、一致等概念的基础。

反对唯物论最有力者有科拉德（1796年—1845年）、维克多·库申（1792年—1867年）、乔佛罗（1796年—1842年）。索罗本大学擅长口才的哲学教授科拉德采取了里德的常识哲学。库赞贡献了一种折中论及唯心论的要旨，显示出其受到了里德、科拉德、皮隆、谢林及黑格尔的影响，而且成为法国教育界的领导势力。

第二节　圣西门

在上面的一些运动中，并无一种运动具有充分的力量，足以达到自由、平等、博爱等理想时代的要求。人类社会的改革，仍然是大部分法国思想家的梦想，他们认为实际的问题，仍然比折中的哲学家的理论更为重要。政治上的革命未能产生民众的幸福，这是实情；下层阶级的无知与可怜，依然未被人权宣言消除。注重实际的思想家以为欲实现民众的幸福，唯有借助于社会进化，而社会的逐步改革，非教育与知识不可成功。圣西门（1760年—1825年）认定了一种新的社会学之理想，足以扫除贫富贵贱的不平等。据他说，主要的任务在于工人之经济的及知识的解放；政体如何无关紧要。但新的基督教是需要的，这种新宗教不主张自灭，而主张爱世界，尤其主张爱贫苦之人。社会的改造须预先有社会的法律知识，因此含有科学及世界观的改造。他认为当时是批判主义的时期，是精神紊乱的时期，不是有组织的时期。中古时期是建设的时期，精神上与社会上俱有组织，必须回到那个时期才好。当时需要一种新的思想系统，而新的思想系统即实证哲学根据于经济及科学的思想系统。

第三节 孔德

圣西门是一个热情的社会改革家，但不是一个系统的思想家；他未曾建设实证主义。建设实证主义的哲学家是孔德；他受圣西门的委托，而著《实业问答》中科学教育系统的一部分。但圣西门认为其对于教育情绪及宗教方面的论说不够圆满。孔德生于1798年，其家庭所信奉的宗教为旧教。1814年及1816年间，他肄业于巴黎的工业学校，因此得到了精确的科学知识，并接触了圣西门主义的原理。离校之后，研究生物学及历史学，并教授数学来维持生存。他赞助圣西门很多年，但主张不相投，可以说他的思想是独出心裁、无所依傍的。他一生虽然常欲担任大学教授，但终未如愿，于1857年就去世了。

第四节 社会及学问的改革

孔德的理想与圣西门的相同，目的在于改革社会。想改革社会，必须预先有社会的法律知识（社会科学），而社会科学包含一切学问，又是一种哲学的见解。所以要改革社会，就要改革政治学、社会学及哲学。孔德毕生之力，即在于建设新哲学。中古时期有一种宇宙观，是自神学而来的，代表初民思想的阶级。近世自然科学的长足进步（尤其是在法国），指示出科学方法为新学问所应该运用的方法。科学的唯一目的在于发现自然法则或事实间不变的关系。此种成功唯有靠着观察与经验，依观察与经验而得到的知识，是实证的知识。唯有这种知识能够应用于人事的各方面且有效，可以由实证的科学来证实。凡是未曾得到这种知识之处，我们都应当仿照高等自然科学中所用的方法来得之。由此我们可以看出，孔德是站在经验论的思想家一边的，而且是休谟与狄德罗一派中的人。

第五节 知识的演进

孔德理想的实证知识，是历史演进的结果。人类的心理经过三个阶段（三级律），换言之，人类的哲学思想，用过三种方法，神学的、玄学的及实证的。这三种方法各有其实际的价值及相应的社会制度。在神学阶段（人类的儿童时期），人类以拟人化的观点来解释万物，认为万物是超自然的表示，由拜物教经过多神教而至于一神教。在这个时期，政治上是专制政体，拥有绝对的权威，僧侣为其领袖。在玄学阶段（人类的青年时期），抽象的力量或实体代替了有人格的万物；这种力量或实体为万物所固有，而且为万物的现象中必然的原因；认识了万物的原因，就可以推演万物的结果。开始假定各种力量，以解释各种现象——如化学的力、生机的力、精神的力，恰如前一时期趋于一种原始的力。在玄学阶段，政治上是国家主义、民权主义为主，法律家为领袖。神学与玄学皆相信绝对的知识之可能及解释万物内部的本质之可能。在实证主义阶段，想发现万物内部的本质之念头，已被认为是徒劳无功的了，进而抛弃之，只努力于现象间的一致关系。问题不是“为何”，而是“如何”。自然法则代替了绝对的原因；目的在于通过观察的方法确定各种事实间不变的关系。伽利略、开普勒与牛顿曾经建立了实证科学。我们虽然不知道热、光、电本身为何物，但能知道其在何种情形下可以被发现，且能知道此种情形下所共有的普遍现象——支配热、光、电的普遍法则。这种知识对于实用的目的是足用的；先寻求知识，以便预料事实，是实证主义者的动机。

人心爱追求万物的统一，此乃主观的趋向。其实我们不能将各种自然法则纳于一种无所不包的法则中。据经验可知，自然法则是各种各样的。孔德所说的实证之意，是实在有用的，确实无疑且精确的，即消极的反面——实证知识不是批判的或消极的。

第六节 学问的分类

然而建立一种实证的哲学，亦甚为必要，因为这种哲学可以搜集并安排各种科学所提供的普遍法则，指示各种科学所共有的方法及各种科学如何彼此相关联，换言之，提供给我们一种科学的分类。这种综合对于教育颇有价值，而且是解决专门科学的弊端之工具。孔德的安排科学，是依据其进入实证阶段的秩序；其秩序如下：数学（内含算术、几何、力学）、天文学、物理学、化学、生物学及社会学（社会学之后，为伦理学，是一切科学的顶点）。此种分类又表示由简单到复杂的逐渐进步；数学内含最简单、最抽象、最普遍的言辞，在各种科学中居于首位，为各种科学的基础。而社会学的言辞最复杂，包含其之前的一切科学。故法则愈简单而普遍者，其实用愈宽广。几何学的真理可以应用于一切有体积（静的观点）的现象而不谬；力学的真理可以应用于一切运动的现象（动的观点）而不谬。在此渐进的秩序中，虽然后者承接前者，但并非说前者产生后者，例如不能说运动现象产生生命现象。此将为唯物论的主张，但孔德是排斥唯物论的人。他说，我们不能解释有机的现象为力学的或化学的现象。在此六种科学的范围内，都附加有新的要素，与其他科学的要素不同。一门科学之内，亦有此现象；例如热异于电，植物异于动物，各种生物，彼此不同。

孔德的科学分类中无逻辑、心理学与伦理学的名称；逻辑是理智的功用，似乎应该在数学之前；而一般法国学者认为其是心理学的一个分支。据孔德说，心理学不是一种特别的科学，心或灵魂是一种玄学的实体，在实证主义中不能存在，因为我们本身不能观察精神程序，若用内省法则，内省是不可能的。我们只能客观地研究精神程序，换言之，我们只能研究与精神程序有关的有机现象及精神程序表现于其中的人类制度。所以心理学一部分属于生物学，一部分属于社会学，将心理学插入科学分类表中，是孔德最大的困难。

几何学与力学不能适用于精神程序中，科学分类亦不能成立。如果有机的程序在科学分类中有其地位，则心理学被排斥也不足为奇了。孔德未曾坚持此论。他对加尔的骨相学的兴趣及对唯心论的心理学的厌恶使他觉得心理状态为脑之功用。

第七节　社会科学

孔德的科学分类表中，最复杂且最后进入实证阶段的科学是社会学。社会学依赖于其他科学，尤其依赖于生物学（因为社会是由有机的个体组成的）。其所包含的，有经济学、伦理学、历史哲学及心理学的一大部分。离开社会学、历史哲学，就不能研究心理学、伦理学及经济学；因为它们所研究的现象与社会及社会进化都有关系。社会静力学研究社会事实，如万物的法则、社会的秩序。社会动态学研究社会的进化，即历史哲学，其目的在于追踪社会的进步。

社会生活的起源不是自利，而是社会冲动。人本来有自利的冲动，且为社会所不可缺少的。然而高尚的冲动是利他的冲动，利他的冲动是受理智支配的。自私的冲动开始本来强过利他主义（孔德所立的名称），若不加以限制，将使社会不能生存，幸好有利他的冲动管束之。家庭为社会的单元，为较大的社会生活之预备。理智是进步的指导原则。进步包含有人类的机能之发展，是用来区别人类与动物的。社会进化亦有三个阶段，与学问的三个阶段相对应。军国主义的特征为秩序、训练及势力；组织是进步的最初情形。继而为革命的阶段，政治权力的阶段。实证的阶段为工业主义的阶段，在此阶段中所注重的，是社会问题，而非政治的与个人的权利。这个时期是专家的时期，他们的任务在于领导科学的研究，监督公共的教育，报告公共的意见，支配社会的生产。孔德反对庶民代表制，因为庶民代表制要使专家受制于愚人。公共意见是昏庸政府的消毒剂。他又以为社会问题毕竟是一种道德问题，实证的国家可通过变更思想及风俗而来。

如前所述，孔德的主要思想在于社会的改革，而社会的改革必须建筑于伦理的理想之上。他以其理想的眼光来解释历史。他说的进步之意，即人类理想的实现，亦即在社会中人的完成。历史是趋向于理想的；理智的、社会的、伦理的进化是直达实证主义、人道的阶段。由此，可以看出孔德的实证主义归结于独断主义，而变成了玄学。

第八节　伦理学与人道

孔德晚年，致力于生命的感情及实用方面，而且以为伦理的理想是最大的救济。开始看重智慧，以其为改革社会的最大元素；后来以为理性及科学与感情及实用有正当的关系，客观的方法被主观的方法代替了，所谓主观之意，即将知识与主观的需要相联系，与统一单纯的宇宙观相联系。伦理学作为第七种科学，为最高等的科学，其他的科学皆是其部分。人类的大问题是尽可能地将人格附属于社会之下；万事万物必须与人道有关系，爱是中心的冲动，爱是绝对的需要。人道是最为尊贵的。

第九节 唯心论对于实证主义的反抗

实证主义未曾消灭库赞的唯心论的折中主义。但折中主义本身中产生了一种反动，而且有一部分独立的思想家如拉维松等，或由科学的观点加以攻击，或由德国唯心论的观点加以攻击，皆因不满意于折中主义。法国旧教中，也有柏拉图派的基督教运动之兴起，比利时的罗范大学中有托马斯主义的复兴。不过实证主义的大部分学者如利特雷、滕恩、勒南，皆不愿从事玄学的研究，而专注于心理学及社会学的研究。进化论也足以消灭唯心论的势力。

雷努维耶（1818年—1903年）依据康德的批判主义，反对实证主义及传统的唯心论。雷努维耶编辑有《批判哲学》，自名其哲学为新保守主义。然而发展的结果，又流为一种唯心论的玄学——同于莱布尼茨的单子论——多元论与人格论是其特质。宇宙间无所谓实体或物质本身；物之真相如其现象，除了观念之外，没有别的。实际上无限的概念在逻辑上是矛盾的，在经验上亦是矛盾的。宇宙是有限的事物之有限的总和。故现象不能无限地转移；因此必有不相连属的概念。不相连属的概念，有无原因的起点与自由的意志之可能。故知识是相对的，只限于发现事物间所具有的关系。

雷努维耶的观念中有些已经为古诺（1807年—1877年）所道及，古诺在自然及历史中，寻找出偶然及难以预料的性质。自然法则只是近似于真。偶然成于事情的关联，这些事情是独立发现的一个系列。

后来的哲学家，受到雷努维耶的影响者不少，其中最著名的，有皮隆、布特鲁、柏格森及詹姆斯。

斐叶（1833年—1912年）想用其观念力的主意论与进化论的哲学，来调和唯心论与唯物论。唯物论只是一个方面，因为其注重运动而轻视其他元素；唯心论亦是一个方面，因为其只注重思想。心物是一个完整的实在之两种抽象的名称，是同一事物的两种看法。一切心理的现象都是冲动的表现。心理的东西是唯一的实在，直接呈现于我们面前，所以我们可以把宇宙解释为类似于活动的心或观念的力。斐叶的著名弟子古安（1854年—1888年）注重于统一普遍的生命冲动，此种冲动表现于人类的博爱及自然力中。合群的原理进化为道德的、宗教的及艺术的共同特征。

第二章　苏格兰之理性论的哲学

第一节　威廉·惠威尔

虽然英国哲学自威廉·奥坎以后，早已趋向于唯名论及经验论，而轻视玄学，但反对派依然未完全消灭。前面曾经说过，17世纪时，剑桥大学中的柏拉图学派，18世纪及19世纪上半期，里德所领导的反休谟的学派，后来苏格兰的各大学已被常识哲学所占据。常识哲学的价值，多在于批判经验主义及英国流行的学说。等到了惠威尔（1795年—1866年）与威廉·汉密尔顿（1788年—1856年），苏格兰的哲学才为康德的批判哲学所占领。惠威尔著有《归纳科学史》《归纳科学的哲学》及《道德哲学要论》。他寻找出归纳法中被经验论者所忽略的地方：心本身给了现象的知识以观念及原理，经验的内容由之而构成和统一。在未认识自然之前，我们通过这些观念及原理来解释自然，并将其翻译为人类的语言。它们是无意识的推论，而且是必然的，若非必然的，便是不可设想的。

此种基本观念与原理，作用于简单的认识中；若无它们作用于心理中，则任何心理的作用皆不能设想。它们虽非生自经验，却由经验而取得和发展；它们在心中不是现成的，而是运用了心理以后才有的；它们似乎是心作用于其材料上的方法。惠威尔指出，这些原理是空间、时间、原因、目的及道德的原则。惠威尔与常识哲学派相同，留意于知识的原理，只是忘记了把这些概念加以分析和统一而已。惠威尔在归纳法上甚有功绩。据穆勒说，若无惠威尔做先锋，他就成就不了其逻辑事业。

第二节　汉密尔顿

汉密尔顿遵循康德的批判主义，而超越了常识哲学。他的思想比惠威尔要深沉些。他是一个敏锐的逻辑家及辩论家。他的哲学史的知识比前人更丰富。他的重要著作有《哲学及文学的讨论》及《逻辑与玄学的讲演》。他最喜欢研究道德问题及宗教问题，而且在批判哲学中寻求其神学的基础。

汉密尔顿主张有必然的或先天的真理——简单自明、绝对确实的真理——这种真理有普遍必然性。例如众人皆相信两根线不能划分一整个空间，因为必有一面未被线划分。在所谓必然的真理中——如因果法则、实体法则、齐一律、矛盾律——若说意识的显现不必是真理，便是不可设想的；但在偶然的真理中——如外界的存在————又不是不可设想的，然而实际上我们也不能相信其虚伪。一个命题的相反方面之不可设想，不足以作为其真理的标准，因为这个命题本身，也许同样是不可设想的。故自由与必然，皆是不可设想的。一个命题必须是积极的、必然的。当其是可设想的、其相反的方面是不可设想的，它才是积极的、必然的。“所有积极的思想皆存在于两极端之间，两者不能认为都是可能的。然而它们互相冲突时，我们必须认为这个或那个是必然的。”这是汉密尔顿所谓的条件法则。他运用这种法则于因果原理之上。我们不能认定存在之绝对的开始，也不能认定其绝对的结束。“我们必须在思想中否认某个事件表面上似乎是开始了，就认为其实际上是开始了；我们必须认为其现在同过去一样。”“我们必须相信某一物象在其以其他形式存在之前，实际上已经存在。但是所谓某一物象先于其他形式而存在，其意是说其有原因。”不过，我们不能设想无限的无始无终。因此我们不能认为因果律有绝对的确实性；它只依赖于反面的不可设想，那不得称为是真理的标准。如果它是积极的、必然的，则自由意志是不可能的。但因为其并非积极的法则，所以自由意志是可能的。最终意志是否自由，全以明白的证据为标准。但我们有直接或间接的意识之证据作为自由的事实。

我们所能知道的，只限于有条件的；我们不能从存在本身中绝对地认识之，只能就其特殊形态与我们的官能有关的来认识之。果真如此，我们就不能认识最后的实体或神，因为它是无条件的。无条件的是绝对的或无限的，但不能二者俱备，因为绝对与无限是两个相反的方面。不过神既然必须是绝对的或无限的，我们又不能断定其如何，合理的神学就成为不可能的了。神不能由因推果地认识之。思辨的神学之辩护者无一人能够证实神是绝对的或无限的，纵使他们中有些人把神认为是兼具此两方面的。汉密尔顿未曾主张无条件的概念是自相矛盾的，也未曾说绝对或无限是自相矛盾的。相信神是可能的，相信神是绝对的或无限的也是可能的，但相信其兼此二者，则是不可能的，因为无法证明其如此。

无条件的法则之其他的应用为实质与现象的原理。我们对于心物的所有知识皆是相对的、有条件的；我们只认为其存在是有条件的。我们被本性驱使，觉得现象是不可知的实体之已知的现象。我们不能想到这种相对是绝对的相对——这种现象只是现象，不是别的。我们能假定其为未曾表现的物之现象；我们认定其为实体的偶然物。

汉密尔顿在其自然的实在论中，表现出苏格兰常识哲学派的影响。他说：我们直接意识到世界是真实的存在；我们之所以相信其真实存在，因为我们认识到、感觉到且知觉到其存在。然而我们未曾直接知觉到物质的或精神的实体。我们所直接知觉到的，是表现于万物并存中的现象。我们不能不想到这些现象或性质是某种有宽广、形状、硬度等性质的现象。这种东西之所以能被认识，只是由于其性质、影响、关系或现象的存在。思想法则驱使我们想到绝对的与不可知的东西，为相对的与可知的东西之基础或条件。凡应用于物质上的，即可应用于精神上。可知的或被知的精神与物质，为现象或性质的两种不同的系列；不可知的与不能知的，为两种实体，其中假定固然有各种不同的性质。所以我们能直接知觉到性质、属性、现象，而不能直接知觉到实体。

第三章　穆勒的经验主义

第一节　经验主义与实验主义

休谟曾立下他所认为是经验主义的假设之最后的结论。如果自我不过是一种感觉，那么，我们就无普遍必然的知识了。因果的概念，即变为暂时的继续之观念了；而相随的必然之意识，即变为习惯与信仰了；假定精神的实体或物质的实体为我们感觉的根源，皆是幻想了。休谟的思想因为终止于局部的怀疑论、存疑论及现象论，于是引起了强烈的反对及苏格兰常识哲学的发展。然而在19世纪中期，因为自然科学的进步及法国实证主义的兴起，经验论又来执英国思想界之牛耳。其基础建立在休谟及哈特利的学说上，而其中最大的成就是约翰·斯图尔特·穆勒的《逻辑》。虽然约翰·斯图尔特·穆勒逃不了他最为羡慕的孔德之影响，但他有英国传统学派中的先哲作为前导，这些先哲中有其父亲詹姆斯·穆勒（1733年—1836年）及边沁（1748年—1832年）。其实，法国实证主义及英国后期的经验主义之间有相同点，足以使哲学史家认为后者是前者的流派。两种主义的相同点为：注重于事实的价值及科学方法的价值，而在原理上，都反对玄学；而且二者的目的都在于改良社会，以幸福及人道的发展为道德的理想。不过实证论者专重于特殊科学的方法及结果，并欲分类及组织人类的知识，而英国学者则遵循其学派的旧法，以实证论者所疏忽的心理学及逻辑为出发点，并于其中寻求问题的解决之道。

约翰·斯图尔特·穆勒（1806年—1873年）为詹姆斯·穆勒之子，东印度公司的书记，以经济学、政治学、社会学、逻辑及哲学的著作闻名于世。在孩童时期即受其父亲的理智的教育及精密的教养。他的父亲命他研究18世纪的哲学，而哈特利的心理学及边沁的伦理学给他的印象尤深。哈特利的联想论为其心理学的指导原理；边沁的功利论为其宇宙观及人生观的中心。当其游历各地及研究法律之后，即于1823年担任东印度公司的书记，直至1858年，才被国会决议革职。1865年，被选为国会议员，隶籍自由党，供职凡三年。然而其对于英国政治影响最大的，仍然在其著作上。

第二节　科学与社会改良

穆勒求学的目的，在于社会的与政治的改良之理想。他具有18世纪时力求进步与光明的热忱，并相信教育有达此目的的最大功效。因为其觉得人类的天性没有不可改变的，而且人类的性格随其思想而转变。欲求改革，知识最为重要，必须知道正当的目的及实现正当目的的方法。想得到知识，必须有正确的方法。穆勒为了达此目的，乃致力于《逻辑》的写作。自然科学的奇异进步，暗示了科学方法的研究及其在精神的或道德的科学——心理学、伦理学、经济学、政治学、历史学——上的应用。但知识方法的研究，若抛弃知识论的普遍原理，则不能成功，而此种研究即在其《逻辑》中。此书为经验论派的认识论所未曾有的杰作。

第三节　逻辑

休谟曾主张我们不能得到普遍必然的知识；我们未曾经验到万物中任何必然的关系；直觉论者所夸大的判断之必然性，不过是习惯的结果而已，我们所认识的是我们的观念，这些观念彼此相生，依照一定的暂时的秩序，其所依据的法则为相似、毗连、因果等类的联想法则。这种联想论是哈特利造成的，是由休谟的三种法则转化成的一种简单的毗连法则；观念被这种法则唤起，之前与之相连于意识中的观念，一切精神作用都可用此法则来解释。据此而论，知识不过是诸观念之紧固的连贯；而所谓思想的必然，不过是此种连贯之坚固性的表现。所以认识的意义，即研究我们观念的结果，删除偶然变异的连接，并且发现永久不变的连接——确凿可靠的结果。这必须辅之以归纳法，穆勒说这种归纳法是近世实验的研究所用的方法。所以一切推论与证据及一切真理（非自明的）的发现，皆成立于归纳法及归纳法的解释；一切非直觉的知识，皆出这个渊源而来。

第四节　归纳的推论

穆勒全部的逻辑理论，皆建立于联想法则之上。儿童被火烙了，必定要疼痛，因为火烙与疼痛，以前曾经同时碰到过。此种推论，是由这个“个体”到那个“个体”，不是由共相到个体，或由个体到共相。这种推论即一切推论的根本形式。由保罗之死或一切人之死，推论到彼得之死，是没有分别的；不过后者的推论，范围扩充到无限数目的个体，以代替一个个体。在这两种推论中，都是由已知到未知，而且都是同样的推论程序。归纳法的结论所包含的，不只是前提中所包含的。

三段论法——凡人皆有死，保罗是人，所以保罗是要死的——不是推论的程序，因为其不是由已知到未知。在每个三段论法中，有一个问题的臆断小前提（保罗是人）已经包含于大前提（凡人皆有死）之中。大前提未曾证实结论。如果我们确定了“凡人皆有死”，推论即算终结。大前提由一些个例来证实；它是许多观察与推论的结果之简单表示，而且是构成各种未曾预知的事件中推论的指示。大前提实际上是告诉我们已经发现的东西，是记载曾经推论过的东西，是记载曾经关联在一起的事实，必可推定其将来也会关联在一起，并给将来的归纳推论以指示。

第五节 归纳法的保证

归纳法有何保证呢？归纳法的假定是：凡发现一次者，在相同的情形之下，可以再次发现。不仅发现一次而已，有几次相同的情形，即可以发现几次。这种假定又有什么保证呢？这由经验作保证。就我们所知的而言，宇宙的构成是这样的：凡在一件事情中是真的，在其他相同的事情中都是真的。这种自然界的齐一性原理，是归纳法的基本原理。然而其本身即归纳法的一个例子，是达到严格哲学的精密之最后的一种归纳法。果真如此的话，如何能肯定其他一切的保证呢？这不是穆勒的循环论证，由自然的齐一律证实个别的归纳推论，又由个别的归纳推论证实自然的齐一律吗？穆勒答以不然，自然的齐一律对于所有归纳法的关系，就如三段论法的大前提对于结论的关系；自然的齐一律之贡献不在于证实归纳法，而在于归纳推论的证实必须有自然的齐一律之条件；若自然的齐一律不是真的，结论即难以被证实。凡对于彼得、约翰及其他人是真的，则对于人类皆是真的——这种假设的真实证据就是，如果有不同的假设，便与我们所熟悉的自然界的齐一律不相容。穆勒以为这种法则是我们过去的经验之总结或摘要；他只是记载已经观察过的东西。法则不证实特别的推论，只不过增加了那些个别推论的确实性而已。穆勒虽然能免于循环论证的毛病，但未曾为他的归纳理论建立逻辑的基础，是显而易见的。他没有完成他应该完成的东西，而且他似乎未觉察到他的主张之可疑的结果。

穆勒也曾指出可疑的齐一不是固定的齐一，而是许多齐一。凡某种情形被发现时，某种事实必定会发生；没有某种情形时，必无某种事实发生，其他事实也是如此。这样的一些齐一性存在于自然界中，叫作自然法则。归纳逻辑的问题在于确定自然法则，并追求其结果。目的在于确定什么样的齐一性是完全不变的，普遍于自然界，而且确定什么是随时间、空间及其他有变异的情境而变异的。有些齐一性，因为其是人类的目的所需要的确实性，可以认为是十分确实、十分普遍的。我们能够利用这种齐一性，做出种种推论，与之同样地确实与普遍。因为如果我们关于任何归纳的推论指出其必然是真的，或那些确实普遍的归纳中容许有例外，则前者的结论可以得到后者的属性所指定范围中的确实。

第六节 因果法则

我们有同时的法则及前后连续的法则。我们在数目的法则及空间的法则中，通过颇难形容的方法，认识我们所寻求的严格的普遍性。但是与现象有关的一切真理对于我们最有价值的，在于贯穿其前后连续的秩序。这些真理中没有一种曾经在任何事例中被任何情境的变异所扰乱。这即因果法则。因果法则，就其并存于任何连续的现象之范围中言之，也是普遍的。凡有起源的事实，就有一个原因，这种真理在人类经验的范围内自来就有。

因果概念为全体归纳理论的根本，所以不能不求其清晰明白的观念。归纳理论所需要的唯一的因果概念，是从经验中所能得到的概念。因果法则是最寻常的真理，看看自然界的任何事实，其间丝毫不爽。某种事实常追随某种事实而发生，我们相信其永久地追随发生。所谓因果并不是万事万物间神秘的最有力量的联系。凡一定的前事即原因；凡一定的结局即结果。哲学上所谓的因果即积极的与消极的情形之汇总。

这种原因的定义，似乎有反对的余地，因为其未曾涉及重要的元素，即必然或必然的关系之观念。如果一定的前事是原因，则黑夜必是白昼之原因，白昼必是黑夜之原因。穆勒为了免除这种反对论，乃说因果之意，不仅是前事必随有结局，而且只要事物之现在的组织永存，其必长久如此。所谓必然，其意即无条件性。凡必然即将来亦然。所以一个现象的原因，即前事，现象为其必然的结果。我们如何知道结果是无条件的，这可由经验来解答。在有些事情中，我们不能决定一定的前事之一定的前事。然而有些永久的原因，某现象是其结果，而且是其必然的结果。一个人如果知道现在的一切作用，与它们在空间中的排列，以及它们的一切属性，换言之，知道作用的法则，就能预料宇宙全体的结果之历史。一个人如果熟悉一切自然作用之原始的分配及其连续的法则，即能演绎构造宇宙的历史中全体事情的序列。

我们看到的穆勒的假定是：严格的法则与秩序受支配于宇宙中，有必然的无条件的结果，而这些结果能用构成科学方法的归纳、演绎及证实来确定。这种理论如果确实成立（实际上不能够），将成为一种理性论的科学，至少在理论上能成为一种绝对的知识体系。然而这种理论与他的归纳论不相容，因为据他的归纳论所说，因果观念不过是信仰现象的继续，这种信仰依赖于意识中观念的继续。穆勒游移于理性论与经验论的因果概念之间，理性论的因果概念以为因果含有必然的关系，而经验论的因果概念以为因果不过是必然的暂时的继续。据后者的假定所说，对于因果的信仰，是随着我们继续的经验而增加的。其实，当穆勒假定因果法则的普遍性时，通常即采用此种见解。穆勒又说：我们不能由人心有信仰这种假定的趋向，就确定这种假定是对的，因为信仰不是证据，而且本能的信仰没有必然的。纵使到了今日，仍然有许多哲学家认为意志是因果法则的例外。穆勒在这个问题上的态度，是与其自然的齐一律之见解一致的。其实，因果法则的普遍性，不过是自然界的结果之齐一性的一例罢了。我们得到因果的普遍法则，乃是通过总括许多部分的结果之齐一性而来的。我们得到这种法则，本来是由松散而不确实的归纳法而来的，骤然见之，这种原理将会证明科学的归纳法之基础不坚固。然而方法的不坚固与通论的广大成反比，而且因果法则的范围极宽广。关于确实性，其为一切观察的法则之冠，而且给了那些法则很多的证据。有人批评穆勒，说他的归纳论之基础放在因果法则上，之后又解释因果法则为归纳法的例子，这算是循环论证了。穆勒的解答之法与其解答自然之齐一性的反对论相同。除了每件事情有无一个原因可疑外，我们确定了个别结论大致可靠而无疑义，就算是尽了我们的能力了。可是穆勒忘记了他假定因果是无条件的结果，而且自然中有恒常的因果，这种因果决定了宇宙历史之全部事情的序列。依照这种意见，特别的结论是毋庸怀疑的，因为其假定了一切现象是自然之恒常的原因之结果。

关于证据方面，我们既不需要绝对，也不能得到绝对。只要在无数的事件中发现是真的，而且经过精细的考究之后发现不出假的，我们即可认之为暂时的普遍性，直至有毫无疑问的例外出现，才不能认为其有普遍性。然而我们不能确切地断定这种普遍的法则，通行于我们可能的经验范围之外。我们不能把它认作是宇宙的法则，只能认其为我们确切的观察范围内的一部分法则。

第七节　先存的真理

自然的齐一法则与普遍的因果法则皆是经验的结果。它们都不是必然的或先存的真理；其实，并无这种真理。纵使是逻辑的原理及数学的通则，都是由经验概括而成的。两条平行线不能相交于一点——这个命题，也是由经验归纳而来的。而且数学的真理不过是接近于真而已，若没有宽度，我们不能想象一条线；完美的圆之半径都相等，但实际上并无这种圆。事实上并无与几何学上的定义相符合的真实的点、线、圆；这都是我们所经验的点、线、圆之理想化的形影。所以数学的命题只有假设的确实性。如果命题的反面不可思议，这种命题不能由经验产生，则这种论据也无用处。一件事物不可思议，证实没有什么抵触我们对于其信仰的经验之根源。所谓演绎的科学之结果是必然的，其意必然从第一原理（公理与定义）而生；如果定义公理是实，则结果也是实。定义是实验的真理，因为其建立于许多鲜明的证据之上；公理则是由经验归纳而来的最普遍的通则，是外表的感官及内部的意识所提供给我们的通则中最简易的东西。实证的科学无一不是归纳的科学，其证据都是经验的证据，但它们也是假设的科学，因为它们的结论在假设上都是真的，都是接近于真的。

第八节　外界及自我

穆勒的观念与批判的唯心论相同，主张我们只能认识现象，不能认识物质本身。关于精神及物质之至深的本性，我们依然感到莫名其妙。因为物质自身表现于我们面前，是通过感觉，我们就认为物质是感觉的原因，所以心（或思想原理）被我们认识，也只是通过我们所意识到的感情。如果我们所认识的只是感觉，只是未曾知道的外界原因之结果，我们如何能相信万物独立于我们之外呢？穆勒根据记忆及联想，给我们的信仰以心理学的解释。

我看见一张纸放在桌子上，我闭上眼睛或走到别的房间；我看不见这张纸了，但我记得它，而且希望或相信还可以看见它。如果在相同的情形之下，我们构成一些永久的东西的概念；所谓外界的物，不过是一种可能性，这种可能性即某种感觉在其曾经发现过同样的秩序之下，可以重复发现。我们过去的经验是感觉之永久的可能性——它们的反复是常有之事——外界是感觉之永久的可能性。于是我们相信永久的可能性是真的，一去不复返的感觉，仅仅是偶然之事或可能的表现。故信仰外界的物，是信仰感觉可以复现。这种信仰不是原始的信仰，也不是先天的概念，而是我们经验的结果，是后天的信仰与联想的结果。穆勒在这里不是想证实物体存在于我们之外，他只是想记述下列的一个事实——纵使我们所经验的，不过是观念的继续而已，但我们能够构成存在意识以外固定的物体界之形象。

然而我们在穆勒的哲学中，也发现了物质本身——一种不可知的东西之概念，与感觉有关系。穆勒虽然主张观念论，却不能免去超越的实体或感觉的根源。认识的世界是一个现象的世界，然而除此之外，还有一个本体的世界，不可知的物质本身之世界。在这里，有一个问题，是穆勒未曾讨论的，这个问题就是依据其假设而有的不可知的世界及其概念的可能之问题。他说这些物质本身是实体与根源，却未曾根据其实体与根源的定义，来研究这种意见的可能性。如果实体是感觉的复合，根源是必然的现象之前导，那么我们如何能说感觉系统以外的东西为实体与根源呢?

穆勒对于心或自我的概念游移不定。他结合了休谟和他的父亲詹姆斯的观点，说心是一连串的感情。他想把我们对于外物的信仰与对于自我永存的信仰解作是一样的；信仰自我的永存是信仰感情的永久之可能性，而且这种信仰跟随着我们的实际感情。然而他看出联想论以心为感情的继续之见解有困难，而直接承认之。他说："如果我们说心是一连串的感情，我们必须说这一连串的感情认识其过去与未来；而且我们必须走两条路，一条路是相信心或自我异于一连串的感情，另一条路是承认一种似是而非之论，这种似是而非之论，即假定心不过是一连串的感情，又能认识其自身……我深深觉得我们最好承认这种难以了解的事实，而不问其如何产生的理论；若不得已而必须假定一种理论，则关于意义可以隐秘之。"穆勒的思想中颇多矛盾之处，这是因为他一方面忠实地继承英国联想论派的心理学，另一方面又承认当时理性论者的学说。

第九节　精神与道德的科学

前面已经说过，穆勒对于社会改良及人类幸福深有兴趣。他相信社会与政治方面的知识如果有进步，其所得到的结果必可等同于自然科学的结果。然而他以为欲得到这种知识，必须应用物理学、解剖学及生理学所使用的有效的方法。他觉得最要紧的，是改良精神与道德的科学。

然而把人性作为科学的研究对象，就假定了精神范围内有秩序、法则、一致及必然的结果。可是这里有问题：精神范围内能有科学吗？人类的行为也受法则的支配吗？持反对论者说，人不受法则的支配，因为人不是决定的，而是自由的。穆勒与休谟相同，认为决定论之主要的反对论起于一种误解。决定论的正当意义是必然的、确实的、无条件的结果，不是强迫逼勒，不是这种现象逼出另一种现象，也不是某种动机逼出某种结果。他的意思是：有了动机、性格及情形，我们能预料行为。某种行为不一定跟随于某种情形；其他情形也可以附带生出另一种结果。所谓必然，即某种原因必有某种结果，并非原因是不可抵抗的。命定论的错误在于其以为我们的性格是为我们造成的，而不是由我们造成的。其实，想铸造我们的性格之欲望是原因。如果我们愿意，就能够改变我们的性格；如果我们愿意，就能够抵御我们的习惯与性情。道德的自由，是如果我们愿意，就能够做到。另一种误会，是以为我们行为的动机是快乐或痛苦的前兆。根据联想律，苦乐是自生的，而我们构成欲望的习惯，并不受苦乐的思想之影响。

一切事实彼此相随，皆根据于定律，这种地方即能成立科学。然而这些法则也许尚未发现，而且也许非我们现在的能力所能发现的。在人性的科学中，我们不能预料，因为我们未曾尽知一切情形，而且未曾尽知一切个人的性格。但许多结果，是由普通的原因决定的；它们都依赖于人类共有的情境与性质。在这种地方，我们能够有所预料，这种预料，常能得到证实；而且我们能够确立真实的通论。这种近似的通论必须与其所产生的自然法则有演绎的关联，我们必须表现出它们是普遍的自然法则之积累。换言之，我们必须有一种人性之演绎的科学。然而我们未曾研究什么是人心的本性，仅仅研究什么是思想、感情、意志及感觉的法则而已。况且心理学不是生理学；心理学的对象不是神经系统的作用，而是精神的事情。心之简单的法则是通过寻常的试验方法发现的。比如记忆的法则及观念联想的法则即这类法则；这类法则即人性哲学之普遍的或抽象的法则。一切共同经验的格言，就是这类法则的结果。不过如果这些经验的法则逾越我们的观察范围之外，就不是真实的了，我们就不能有所确定，因为结局不是真实的前提之结果，而且结果被分化为更简单的结果，也是有理由可以相信的。真正的科学真理是解释这些经验的格言之因果法则；经验的格言证实因果理论。经验的法则绝非确切的真实，只有在最单纯的科学（如天文学）中，原因或势力才最为简单，而且原因越简单、越整齐，就越有规律。

第十节　性格论

心理学确定心之简单法则，它是一种观察与实验的科学。伦理学研究这些简单法则在复杂情境中的作用，是完全演绎的。伦理学是正在创造的学问；它的大问题在于由心理学之简单或普通的法则，来演绎所需要的中间原理。由人类心理的普遍法则，参照其在宇宙间的普通地位，来决定何种可能的情形之结合能够增进或防止人类性格的产生，以便有利于我们。这种学问为教育的基础。自果推因的实证，必须与自因推果的演绎并行。理论的结果并不是与观察相符的，是不可信赖的；观察的结果并不是由人性的法则及特别的情形来分析演绎的，以证实其与理论接近，也是难以信赖的。

第十一节　社会科学

个人的科学之后，就会有社会的科学。我们能把政治及社会的现象作为科学的研究对象吗？一切社会现象，都是人性的现象，都是由环境作用于人类群体的心性而产生的现象，所以社会现象也必须与固定的法则相合。社会现象是难以预料的，因为其太繁复，时常变迁，而且原因的复杂远超出于我们的预计之外。哲学家研究社会与政治，有两种错误的方法：一种是实验的或化学的研究方法，一种是抽象的或几何学的研究方法。正确的方法是演绎法，但应该是以多数的前提来演绎，而不是以少数的前提来演绎；这种方法把各个结果作为许多原因的汇集之结果，有时是由相同的精神或人性的法则所产生的作用，有时是由不同的精神或人性的法则所产生的作用。社会科学是一门演绎的科学，不像几何学的形式，而像最复杂的物理学的形式。计算各种冲突的意向之结果是很困难的，所谓各种冲突的意向，即作用于不同方向上的意向与促进社会上某种事例产生不同变化的意向。然而遇到这种情况，我们有一种救济方法，即实证——把我们的结论同具体的现象相比较，或者与能够得到经验的法则相比较。

然而社会学——演绎的科学——不是一种积极的实证之学，而是趋向之学。所以其一切通论都是假设的，都基于假设的情境之上，并指出某种现有的原因如何作用于这些情境之上。穆勒也指出各种社会的事实大部分都依赖于各种原因，必须分别加以研究，这种研究表明我们的社会学思想是显然分离的（虽然不是独立的）。例如政治经济学即根据于人类取得财富、消费财富的假设，以研究支配各种作用的法则。财富的欲望所引起（若不被其他欲望所阻止）的行为是什么？但是各种分离的科学之结论最后必会因为实用的缘故而有所更正，而且这种更正是由其他分离的科学所提供的。

不过政治学是不能分离的，因为其混合了特别的人民及特别的时代之性质。政治学必须是普通社会科学的一部分。在这种普通社会科学中，没有真实科学的方法，只有演绎法，换言之，它不问某种社会状态中何种原因产生何种结果，只问产生某种社会状态的原因是什么，某种社会现象的原因是什么。它的根本问题在于寻找出社会状态的演变所依据的法则。这引出了人类及社会进步的问题。人类的性格及其外界的情形，都在不停地演进。若适当地研究历史，即可得到社会之经验的法则。社会学必须确定这些经验的法则并使其与人性的法则相关联，用演绎法指出这些都是延伸的法则，自然而然可以作为那些根本法则的结果。经验的法则之唯一的校正法是用心理学及性格学的法则不断地来证实。经验的法则是同时并存的法则与前后连续的法则，因此我们就有了社会静力学及社会动态学。社会动态学研究社会进步的状态；社会静力学研究社会的相互作用及对当时社会现象的反应，换言之，研究社会现存的秩序。据穆勒说，社会静力学主要研究固定的政治结合之需要：教育系统、忠实感情以及同情实为首要的。

社会现象之静的观点必须与动的观点相联系，不仅研究各种因素之进步的变化，而且须研究其当时的情形；如此，则可以在经济上得到那些因素之同时的状态及变化中相应的法则。这种相应的法则可以变成人事及人性的发展中真正科学的延伸的法则。历史及人性的证据指出人类思辨的官能之状态，是社会进步的原因中最显著的。思辨的势力是社会进步的主要原动力；与社会进步有关系的人类的其他心性皆依赖于思想，以完成其功用。人类各方面进步的秩序，大多依赖于理智进步的秩序，换言之，依赖于人类意见继续改进的法则。那么这种法则能够先由历史决定为经验的法则，再由人性的原理用由果溯因的方法演绎为一种科学的理论吗？这样必须将过去的时间全部加以研究，必须研究有史以来的各种现象。用理论联结宇宙的历史事实，已成为真实科学的思想家之目的。

第十二节　伦理学

穆勒的伦理学说大多介绍的是英国快乐论者洛克、哈奇森、休谟及边沁等的学说。穆勒读了杜蒙的《立法论》及边沁的论著后，在其思想上产生了一大转折。在他的《功利主义》中，他同意边沁所说的，以最大多数人的最大幸福为至善，为道德的标准。然而有几个要点与其老师不同。据边沁说，快乐的价值由其程度、经久、确否、远近、纯粹及范围而决定。性质上没有区别；其他的东西都相同，“穿针与作诗是同样的好”。穆勒则谓快乐在性质上也有分别，理智官能的活动所产生的快乐，比感觉的快乐更高尚，对于二者皆有经验的人，宁取高尚的快乐。没有一个聪明人愿意当笨人；没有一个有知识的人愿意当愚人；没有一个有良心的人愿意自私自利。你绝不愿把你的命运换成一个笨人或痞子的命运，纵使觉得笨人或痞子对于其命运比你对于你的命运还满意些。人类的不圆满总比猪的圆满好些；苏格拉底的不圆满总比笨人的圆满好些。猪同笨人也许觉得它们的命运更圆满些；但那是因为它们只知道其一方面而已。边沁与穆勒也都以为我们应该力图最大多数人的最大幸福，但边沁的根据在于自私，而穆勒的根据在于人类社会的感情——希望人我如一。穆勒说，功利主义是要人处于自己的利益与他人的利益之间，作为一个公正无私的观察者。耶稣的思想中，即有功利主义之完全的精神。己之所欲而施于人，爱人如爱己——这都是功利主义的道德理想。其实，最大多数人的幸福之原理，若个人的幸福异于别人的幸福，则无意义可言；边沁所说的“各人只顾各人，则无人顾及旁人”，可作为功利主义的注解。

穆勒的功利论同他的别的许多学说相同，游移于正反的见解之间；既趋向于经验的联想论、快乐论、唯我论、决定论，也趋向于直觉论、完成论、利他论、自由论。然而功利主义的破绽引起了许多人的注意，其中许多东西是相反的学派可以同意的。格林曾说过功利主义有很大的实际价值；而且用批判与理智的遵从，代替了盲目与无疑的遵从。最大多数人的最大幸福论曾经增进了人类的行为与性格；有助于人们实现有利于众人的理想。我们可以说这不是快乐论的因素之功，而是尊重普遍主义之功；因为功利论者的目的在于实现较好的社会生活，在这种社会生活中，各人不仅顾及自己，也顾及别人。穆勒是英国自由主义哲学的宣传家，而且是民主主义理论的战士。他在《自由》及《妇女的地位》中，主张个人之充分可能的权利，因为其觉得社会的幸福必与个人的幸福相关联。他指出人类及社会的性格有很大的差异，对于人及社会都甚为重要；又以为人性有充分的自由，需要往很多方向发展，也甚为重要。他亦以为压迫妇女不仅有损于妇女，而且有损于社会。他在《经济学》初版（1848年）中尚尊重经济的个人主义，但是后来他进步的理想超越了民主主义，而接近于社会主义。他在其《自传》中说：我们虽然大力反对许多社会主义的思想所假定的社会对于个人所施加的暴力，但是我们希望社会不要再将人分为懒惰的人与劳动的人；不做事就不吃饭的法规，不仅要施之于穷人，更要不偏不倚地施之于一般人。生产的劳动者不要像现今的状况，生存于不安定的环境中，而要共同生存于公认的公平的原理之下；人类的努力不是纯粹为自己取得福利，而是为社会图谋安全。将来的社会问题在于解决如何联结大多数人行动的自由与天然物的共有，以及平等地享受共同劳动的利益。他相信人性有种种的可能性，教育、习惯及感情的培养，可以使人们为了国家共同耕织，如同其为国家共同御侮一样。

功利主义者中的名人还有西季威克。他生于1833年，死于1900年，著有《伦理学的方法》《伦理学史》以及《道德要论》。他的伦理学受到了巴特勒及康德的影响；他抛弃了穆勒的心理快乐论，而采用伦理快乐论——普遍的幸福是至善，是是非的最后标准；达到至善的目的有自明的实用原理，如合理的自爱与谨慎、仁慈及公平。

第四章　斯宾塞的进化论

第一节　知识的理想

斯宾塞

斯宾塞之知识的理想，在于思想有统一的系统。寻常人的知识是不统一、不连贯、不巩固的，各部分不相关联。科学所提供的知识是部分连贯的知识。哲学才是全部统一的知识，是一种有机的系统。哲学的问题在于发现由力学、物理学、生理学、社会学及伦理学的原理所演生的最高真理。一切言论均须彼此调和。他在《第一原理》中，确立了根本的原理作为他的全部学说的基础，之后应用于《生物学原理》《心理学原理》《社会学原理》及《道德原理》中。《道德原理》中有上述诸书中的通论，所以伦理学的真理是建立于其他一切知识的结果上的。这些科学的通论，可由经验来确定，然而亦可由第一原理演生。

斯宾塞称他的哲学为综合哲学，以为哲学的作用在于把各种专门的科学所得到的普遍真理，结合为一种巩固的系统。这与冯特的主张相同，而与汉密尔顿及穆勒的主张有异。汉密尔顿完全没有贡献出一种哲学系统，而以为其非人之心能所能贡献的，以为绝对是不可知的。穆勒对于孔德的非议，即以为孔德想把贯通科学的念头纳入哲学中。穆勒其实也有一个真理系统的理想，这个真理系统是由普遍的原理汇集于其道德学的逻辑中，并暗示演绎的自然科学之可能，但他本人未曾想把他的思想贯通起来；其实，由他的普通观点来看，求得一个普遍的贯通，实属不可能，因为其前辈休谟业已看出。斯宾塞与经验论者亦不相同，因为其有意把知识建立于康德所谓的心之先存的法式上，而将这些作用转化为简单的原理。关于这一方面，他受到了批判哲学的影响，这大都因为其读了汉密尔顿的著作。他说，我们的一切知识皆依赖于思想的原始行为：纵使怀疑论者想否认知识的可能，亦假定思想的根本作用。若非人心有发现同异的才能及逻辑的理论之要求，知识即不能成立。这些作用都不是个人经验的结果。斯宾塞运用进化论的假设，把它们解释为民族经验的结果，想由经验主义方面来调和直觉主义与经验主义。经验的绝对法则产生思想的绝对法则。外界的法则是万代重复的结果，产生于固定的观念之联想及思想的必然法式。然而斯宾塞未曾告诉我们，在知识的萌芽时期，在没有一个由果推因的综合之心下，这种关系如何能够成立；他也未曾根据下列的基础，建立知识的确实性：今日认为必然的原理，是人类无数代相传的经验之代表，这种事实不足以保证它们是绝对的真理。

斯宾塞1820年生于英格兰，其先辈多以教书为业；他似乎遗传了其父亲理智的才能。他的父亲是一个修养很高且有独立思想的人，其教学的方法重在使学生思考，以代替其记忆；这对于斯宾塞的教育学说颇有影响。因为他的身体不健壮，父亲就未强迫他读书，且他在学校中疏懒顽皮，不听教训。他最大的进步是在校外，受他父亲的指导，研究自然，搜集事实，并做物理化学的实验。之后又受到其叔父托马斯·斯宾塞的教育（1833年与

1836年之间）。其叔父是一个教堂的牧师，有大方的精神及民主的思想；原本想送斯宾塞到剑桥大学，但斯宾塞对那里所教的东西毫无兴趣，拒而不去。他读书能抓住要点，能决断，在数学及力学上的才能，也远超其同学，但是文字、文法则非其所长。他有独立创造的天赋。在1837年，他帮助父亲教书，并研究市政工程学。他且教且学，到1846年开始专心致力于新闻事业。他又分出很多时间来研究地质学及其他科学。他的第一部大著作为《社会静力学》，但未引起许多人的注意。1852年，他辞去《经济学家》的编辑工作，而致力于建立其综合哲学系统，1860年，发表其要旨。他因为出版其著作，经济上受到了不小的损失。直到美国的出版社愿意出版后，他的著作才盛行于世。他死于1903年。

第二节　知识的相对性

斯宾塞与汉密尔顿相仿，注意于知识的相对性，而且以为其可由分析思想的结果及检查思想的作用来推论得到。我们所得到的最普遍的认识，不能转化为较普遍的知识，所以不能了解或解释。解释最终使我们不能明了；而我们所能得到的最确切的真理，必是不能说明的。而且思想本身的历程，含有关系、差异、相似；凡无这些东西的，都不能认识。思想什么就是关联什么，所以没有思想能表示关系以外的。我们所用来发现同异思想的原始运动，一切知识——知觉与推论中俱有之。没有这种思想的原始运动，即无知觉与推论，所以人心中此种原始作用的确实，是必有的。

哲学的任务在于把意识中所含有的观念组成系统，在于发现我们的基本直觉之含义，在于构成一种有关联的言论系统。思想确实性的标准，一方面是其必然性（真理之明证是其反对方不可设想的），一方面是其结果与实际的经验相吻合。

若知识如上面所说是相对的，我们就只能知道有限。至于“绝对”“第一因”或“无限”则不能知道，因为其不同于别的东西。然而我们常常把万事万物与绝对关联起来；其实，我们必须有一个绝对来与万事万物相关联——若无绝对，相对本身就是不可设想的——相对即假定了一个绝对。我们之所以能认识万事万物，就因为其彼此有关系，与绝对有关系。如果我们不能使万事万物与绝对有关系，就不能认识它们；它们本身就是绝对了。我们觉得一切现象背后有实体，想否认现象背后隐藏有实在，是不可能的；由此不能对于实在性（实在论）有坚定的信仰。但绝对本身不能与其他任何东西相关联，故绝对是不可知的。绝对之不可知不仅可由我们理智方面的演绎来证实，而且可借科学的事实归纳来证明。例如科学最后的观念，如时间、空间、物质、运动、势力、自我以及心之起源等，皆非我们所能理解的。

但我们不能因为绝对之不可知而否认其存在。一切现象背后隐藏有绝对，这是科学与宗教都相信的；一切现象背后都有一个绝对，宗教想为我们寻求这种普遍的实体之各种解释；不过宗教越发展，越觉得这个绝对之不可思议。人的思想仍想为绝对下一些定义，确立一些观念，但依然仅仅是用一些符号勉强表示之。我们必须认为绝对是主观的力（例如肌肉收缩）之客观的关系，认为绝对是力。本体与现象都是变化的两面，我们不能认为后者较前者真实。

第三节　力之恒常

这种主观的力因为其与客观的力有必然的关系，必须认为是恒常的。“有”变为“无”是不可设想的；当我们说“有”变为

“无”时，我们就确立了两个观念间的关系，这两个观念中有一个观念是不存在的。所谓力之永恒，即某种原因之永恒，超越于我们的知识及思想之上。当我们确定它的时候，就是确定了一种无始无终之无条件的实在。力之永恒超越经验且为经验的基础，是唯一的真理。因为其是经验的基础，所以必定是任何经验的科学组织的基础。最后的分析使我们得到这种结果；而合理的综合必须建立于这个上面。

所谓物质之不灭，即物质所用来感触我们的力之不灭。这种真理的呈现，不仅是由于经验的认识之分析，而且是由于先天的认识之分析。另外一个普遍真理，是运动的连续。“有”——运动——变为“无”，是不可设想的。然而运动常常消失，似乎又觉得有可疑之处。其实，空间的转移，其本身不是一个东西，所以运动的消失，不是一个东西的消失，而是一个东西的表现之消失。换言之，运动中的空间元素，其本身不是一个东西。位置的变化不是一个东西，而是一个东西的表现。这个东西不表现为本身的转移，而表现为张力时，可以知其为一个东西。这种时而借转移来表现，时而借张力来表现，而且时常借二者的结合来表现的活动原理，是不能被看见的；运动所指示给我们的活动原理，是与我们的努力之主观的感觉相关联的客观的感觉。运动中真正被我们所知道的，只是力。

力有两种：一种是物质用来表示其存在的力，一种是物质用来表现其活动的力（叫作能量）。能量是表现于物质运动及分子运动中的力。凡力的表现，不论其是无机的行动，还是动物的运动、思想或感情，都只能解释为力的结果。精神的能量与身体的能量，都是所产生的能量与所消耗的能量在数量上相当；如其不然，就是“无”变为“有”，“有”变为“无”了。我们必须承认物理及心理上的变化，皆是相应的力所产生的，而物理及心理上的变化结果比由其所产生的力的数量不多也不少。

因此科学的基本原理，是能量守恒定律；能量是不增不灭的。这种原理斯宾塞未曾想用实验的方法来证实。据他说，这种原理存在于一切实体中。我们不能想象“有”生于“无”，或变为“无”，这是思想的必然结果。这种原理蕴含于因果的概念中，或与因果概念相同。我们不能不承认有永存的东西。

第四节　精神与物质

绝对或不可知，表现其本身于正反两个方面——主观与客观、自我与非我、精神与物质——之中。然而此二者皆是力的表现；凡我们所思想的与思想本身都是力的不同种类。而物质的东西及心理的东西都受相同的经验法则的支配。如果心理的东西与物质的东西被认为是“绝对”不可分化的两面，则心理不能产生物质，物质也不能变为心理，如运动不能变为热一样。在最初几版的《第一原理》及《心理学》中，斯宾塞本来认为这是可能的；但之后又看出不能用能量守恒定律来解释心理。后来他依然将进化论的方式如势力、物质、运动等应用于一切现象之上，而生命、精神及社会皆包含于此等现象中。这是他在思想上表现出唯物论的样子，而受人攻击的缘故（虽然他曾叫人不要将他的思想看作唯物论）。绝对是不可知的，我们可以将其解释为唯物论的，亦可以将其解释为唯心论的；无论如何解释，都不过是用符号表示而已。力之性质非我们所能知，我们也不能想到它受时间空间的限制，但它对我们产生了种种影响。这些影响中，最普通的，我们称之为物质、运动、能量，而且这些影响之间有相似的关联，其最固定的关联我们名之为最确实的法则。

第五节　进化的法则

我们的知识只限于相对的现象，换言之，只以绝对的外表为限。哲学家的任务在于发现一切现象的共同点或事物的普遍法则，这种法则即进化的法则。进化的历程中有种种现象：（一）集中（如云、沙堆、原始的星云、有机体及社会等的构成）；（二）分化（如物质与环境的分离、物质中特殊物质的构成）；（三）决定（如各个不同的部分合成统一有机的全体之构成）。这就是进化与分散的不同之处，分散中有分化而无组织。在决定中有各部分的分化与各部分的集中为全体。进化是由无限定、不连贯的同质状态，进于有限定、连贯的异质状态。这种法则是由归纳法而来的，但也能由能量守恒定律演绎而来，而物质的不灭、运动（潜伏的与实现的）的继续、势力关系的恒在、运动方面的法则、运动不断的规律都由此而生。这种普遍的综合法则是物质与运动的继续分配法则。进化由物质的结合及运动的分离构成；分散由运动的吸收及物质的分散构成。当集中与分化达到平衡的状态时，进化就达于极点了。但是这种状态不能持久，因为外界的影响可以破坏之。换言之，分散即结果，全部的程序又将重新开始。不过这种现象不适用于全宇宙，仅适用于呈现在人之经验中的特殊全体。

斯宾塞把《第一原理》中所得到的普遍原理应用于万物的各种形式——生命、精神、社会及行为的各种形式上。它们被假定是真实的，并用来证实生物学、心理学、社会学及伦理学的特殊真理。伦理学是普遍的真理之例证，普遍的真理是特殊的真理之解释。所以进化法则适用于一切现象；而在各项研究的范围中所发现的特别法则，可作为普遍法则的表示。当这种经验的法则或真理见于普遍法则的特殊事件时，可以演绎法来证实之。

第六节　生物学

生命是内部的（生理的）关系与外部的关系之继续的适应。有机体不仅感受印象，而且以特别的方式适应外界的变化。换言之，生物内部的变化是适应外部关系的，内外之间有相互的作用。除非生物的内外关系之间相适应，否则生物不能维持其生存。内外关系之间适应得愈密切，生物的发展愈完善。最完善的生活必是内外关系之间完全适应或调和。

有机物并非生于无机物，而是由于外界的影响，生于原来无定形的有机物或同质的原形质。有机物组织的分化依照进化的普遍法则之作用，即原来异质的物质起了分化作用。种类的产生是生物与外界的交互作用之结果。形态学及生理学上的分化，是外界能量分化的直接结果；天文学、地质学及气象学上的情形变化缓慢，已有几百万年之久。生物机体中的变化，起于外界的原因，如果适应环境，即为天择所保留。构成生物机体的生理要素因为各部分的继续作用，而发生变化，进而传于子孙（后天性格的遗传）。所以据斯宾塞说，仅用天择不能解释物种的起源；而达尔文夸大了天择对于进化的直接影响。有机体本身适应于外界，则此种适应就使得机体中产生新的平衡状态。

第七节　心理学

物理学研究外界的现象；心理学研究内部的现象；生理学研

究内外的关系。主观的心理学是内省的；其所研究的是感情、观念、情绪及意志，也研究意识状态的起源及相互的关系。心理的现象及神经的作用是同一变化的内外两面。由客观的方面来研究，是神经的变化；由主观的方面来研究，是意识的现象。客观的心理学不研究这样的心理作用，只研究其与人类及动物的行为之间的关系而已。客观的心理学又像生物学的一部分，研究精神现象的机能，借此机能，内部的关系适应于外部的关系。

印象太多了，必须加以整理时，就产生了意识，换言之，人到了其印象不加以整理即不能适应环境时，就会产生意识。所以意识是经过整理的内部状态对于外部状态的适应。然而意识不是感情与观念的总和，其背后有一种实质性的东西或结合的媒介，不过是不可知的而已，因为一切根本上的东西，都是不可知的。不过这种实体所表现的状态是可以研究的。心理学的任务在于发现意识所构成的元素。分析意识的现象方面，可知根本上的元素，斯宾塞认之为神经的冲击之心理的平衡。知觉由感情的元素构成，恰如各种感觉由共同的元素构成一样。心理的元素或原子，不能转化为物质的元素或原子。我们认为物质的原子是有抵抗力的，与我们自己感觉到的张力相似，这是以运动的意识来解释物质的原子。依照同样的方法，我们又以物质的语言来解释精神的事情。斯宾塞在意识的生活中发现了表现于相关的实在中的集中分化及决定的现象；意识也有进化的程序，逐渐由反射的行动，进化为本能、记忆及理性。这都是理智的各阶段随外界情境的复杂与分化而逐渐地进步，例如记忆与理性产生于本能。原始的推论完全是本能的。情境复杂了，自动的行动有所不能时，即产生意志。前面我们已经看到斯宾塞怎样由民族的经验推演出知识的原理。现在他又用进化的理论来解释感情；愤怒、正义、同情，虽然这些本来都是个人的，但都是祖先与其环境抗争的结果。

第八节　外界

我们原本只能意识到自己的感觉，外界事物的存在，则出自推论：这种观念论者的言论，并非真理。观念论是一种语病；它只是文字上有之，而思想上无之。理性贬损知觉的价值，也就毁坏了自己的权威。实在论其实出自意识的基本法则——理性的普通假设。我们已经见到并感觉到的物体，说它没有，这是不可设想的。我们不能不想到一种超越精神的实在，也不能不想到它如同势力，我们本身可以经验到，而且是不可知的客观的存在之符号。这种不可知的存在也表现于我们的时间、空间、物质与运动的观念中。

这是斯宾塞所说的变形实在论，代替了粗陋的实在论。据这种实在论说，表现于我们意识中的事物，不是客观的实在之影像或模本，而是各种符号。这种符号与其所代表的实在少有共同性，如文字与其所代表的精神状态少有共同性一样。然而意识以外有东西，是一种不可避免的结论；若不如此设想，就觉得变化的发生毫无前因。“有些本体的秩序是我们所认为的空间现象的秩序所产生的；有些本体的秩序是我们所认为的时间现象的秩序所产生的；有些本体的关系是我们所认为的差异现象的关系所产生的。这种外界的知识很有限，但对我们有益的，唯有此种知识而已。我们的心必须知道的并非外界作用本身，而是其固定的关系，且这种知识是我们所拥有的。真实存在的永恒感觉是我们理智的基础。我们常常感觉到有永久独立存在的东西。我们不能构成这种绝对存在的概念；我们所构成的各种概念极端不同于其本身。现象的背后有实在，这是我们不能避免的意识，因此我们对于实在就产生了坚定的信仰。”

第九节　伦理学

斯宾塞在其《伦理学》的序文中说，他以前的研究，都是其道德原理的辅助工作。他的目的从他的第一篇论文——《政府的正当范围》（出版于1842年）——发表之后，已经为是非的原理立下了科学的基础。他说，想了解道德行为的意义，必须了解全部的行为——一切生物的行为及行为的进化——而且必须从物理学、生物学、心理学及社会学的方面来研究行为；换言之，我们必须借助其他科学的结果来研究行为。

这种研究将使我们认为行为是顺应目的的运动，或运动对于目的的顺应，而且指出我们是最高等进化的生物，因此在伦理上最有价值的行为，是使个人及社会的生活更加丰富悠久的行为。进化的最终目的，在于形成一种永久和平的社会，在这种社会中，各分子有其目的，毫不伤及他人的成功（正义），而且各分子彼此帮助，以达到成功的目的（仁慈）。凡使各分子容易适应的，就会增加全体的适应，且增进生活的完全。有益于生活的行为，我们称为好的行为，阻碍生活的行为，我们称为坏的行为，这是根据一个假设而来的，这种假设是生活的幸福多于不幸（乐天论）。凡是善的，都是快乐的（快乐论）。完全正当的行动除了有助于将来的幸福之外，还有直接的快乐。人类的行为大部分不是绝对的正当，只是相对的正当，因为其有时产生痛苦。绝对伦理学的理想法典是规定完全适应最进化的社会的人类行为。这种法典使我们能由许多真实社会的变动状态来解释现象，而且使我们对于变态社会的性质，确立下接近于真的结论，因而得到正常社会所向往的途径。

斯宾塞说社会中各分子的生活是道德的最后目的。社会的安宁是各分子实现幸福的手段，所以危及社会安宁的，就有碍于社会的各分子。开始唯我主义甚强，唯他主义甚弱；所以相关的道德法典即注重于他人所加于行为上的限制。这种法典禁止侵略的行为，促进合作（正义），发挥仁慈。同情为仁慈与正义的根源。因为社会理想在于大多数人的完成与幸福，唯我主义不能不在唯他主义之前而有。然而唯他主义亦是生活发展、幸福增加的要义，而且自己牺牲并不比自己保全要少。社会上各分子的唯我主义的满足，有赖于唯他主义的行为，见义勇为，是为了别人身体的、道德的、知识的增进。纯粹的唯我主义与纯粹的唯他主义都是正当的。由于社会教育的增进，同情的快乐将成为一般人所趋向的。其结果是，个人将克制其自私的要求，别人也不能偏向于利己的行为了。

斯宾塞结合英国传统的功利论与新兴的进化论，而组成一种进化论的快乐论。由他看来，这是可能的，因为他觉得最进化的行为，产生最大量的幸福。而且他以为其合理的功利论与前辈的经验的功利论有区别，其所持的理由是：他的伦理学系统是由各种科学所贡献的根本原理演绎出来的道德法则。

第十节 政治学

伦理的理想在于产生完全幸运的个人——最适合个人的生存与发展。这种目的的实现，唯在每个人感受到自己的本性及行为结果的利害时。然而团体生活既然是适者生存的要义，个人的行为必须不能妨碍他人的行为。在抵御战争时，个人更要受到进一步的限制，甚至要牺牲自己的性命。故正义所要求的是：个人若不侵犯别人的平等的自由，是应该可以自由地为所欲为的。所谓权利，即平等自由的法则之集合：每个人都有相应的权利。

斯宾塞根据这些前提反对近世的社会主义政治。据他说，无所不包的国家的机能是一种低级的社会形式之特征；到了高等的社会，即丧失其机能。人民团结一致，在这种情形下，每个人及其同胞都能得到可能的圆满生活。国家必须防止内争，抵御外侮，逾此范围，即失正义。国家机能的发展，实属不幸，唯有顾及平等的立法制度，方能有所成就，而且在竞争的情形下，各种无政府的运动也有最好的成就。竞争强迫人们增进、利用最好的工具，以成为最好的人。社会需要的扩大也有助于此。最后，国家的干涉有一种坏的影响。我们秉承自古不开化的本性，对现今半开化的世界已不太适应，但是，若置于竞争的情形之下，则足以慢慢地适应将来十分开化的要求。数千年来的社会生活之训练，在时间的进行上，仍然有其效力。斯宾塞强烈地反对社会主义；据他所想，社会主义是要来的，来了就是民族的大害，但不能持久。他不了解社会主义对于互助及合作是有害的；他相信工业制度的特色是合作，将来必定要兴盛的，在工业社会中，每个人都服从于群众的目的，适应合作的生活。他采取自由放任理论，因为他相信欲实现一般人的幸福，唯有让个人尽力自救才行，国家不得干涉。

第五章　英美的新唯心论

第一节　德国唯心论的影响

19世纪初期，康德的唯心论因为大文学家柯勒律治、华兹华斯、卡莱尔、罗斯金的介绍而传到英国，开始影响经验论与直觉论，穆勒、惠威尔及汉密尔顿都受到了影响。但严格来说，新的德国哲学的研究开始于斯忒林的《黑格尔的奥秘》；自此以后，出现了一班严肃的思想家，深受康德及黑格尔的影响，执英国思想界之牛耳，如格林、爱德华·凯尔德、约翰·凯尔德、布拉德莱、鲍桑葵是最为著名的。

新黑格尔派的第一部大著作是格林的《休谟概论》（1875年出版），其次为爱德华·凯尔德的《康德哲学的批判性论述》（1877年出版）及《康德的批判哲学》（1889年出版），此外还有很多德国哲学的解释及翻译。詹姆斯·沃德（生于1843年）著有《自然主义与存疑主义》及《目的的范围》，是洛采派的唯心论者，主张多元论，以创造的神之概念代替一元论者的绝对概念。唯心论的哲学流入美国，一半是因为新黑格尔主义的介绍，一半是因为直接研究的德国哲学，其在美国的势力很大，各大学中的哲学教授，现在多属于此派，其中以罗伊斯为领袖。

此派学者的共同点是注重知识及心的有机论，而反对英国联想论之原子论的解释，驳斥宇宙的机械论，主张经验的世界为哲学的材料。英国的哲学家未曾采取德国的哲学家之先天的或辩证的方法，也未曾盲目地采纳其结果，而是遵从格林的教训，依据康德的根本原理，以独立的态度，刷新德国唯心论的材料。

第二节 格林的玄学

格林生于1836年，毕业于牛津大学后，就在其中当讲师、教授，开始讲授上古史及近世史、上古哲学及近世哲学；及1878年，被推举为道德哲学教授，至1882年而死。他于学校教学之外，很努力于实用教育、政治及社会的工作。他曾帮助学校改良；他也是一个市议会的议员，英国公共教育改良委员会的委员；其对节俭运动、道德运动、慈善运动甚有兴趣。他常对下层阶级表示温厚的同情，又信仰民主主义。白赉士说："民众之所以尊敬他，是因为他有高尚的义务感且为人直率、热心公益，并不仅仅是羡慕其学问也。"

格林哲学的出发点是客观的唯心论，受德国唯心论者的影响，与英国传统的宇宙观、人生观相反。他根据康德的批判主义及其弟子的唯心论的玄学，攻击休谟的经验论、穆勒的快乐论、斯宾塞的进化论，并欲以唯心论的玄学补充自然科学。他的哲学想调和当时相反的思潮，如理性论与经验论、宗教与科学、泛神论与有神论、希腊文化与基督教、完成论与功利论、自由论与决定论、个人主义与普遍主义。他以为人不仅仅是自然的婴儿；他所持的理由是：人如果是自然势力的结果，如何构成种种势力说来解释自己呢？人是一种精神的东西，不是自然的事情（现象）之系列中的一种。人的身体中有一种原理，不是自然的，其特别的功用在于使知识成为可能。这种精神的原理还有一种表示，是由道德理想的意识构成而规定人类的行为。若不假定有这种精神的自我，就不能有知识与道德。

自然科学所研究的是观察与经验所确定的自然的、现象的、时间的与空间的种种事实。哲学或玄学所讨论的是表现这些事实的精神的或本体的原理。经验论者与进化论者的错误，在于以产生现象的秩序者为现象的秩序之结果。若无统一组织的精神原理，自然界的知识将不能成立；这是格林与康德的批判论的一致之处。但他更进一步，与后期康德派的唯心论者相同，以为若无精神原理，自然界的秩序也就不能有。自然本是一个复杂体，但其中有统一；所以我们不是把它解释为与自我意识相似的东西，而认之为一个精神的宇宙——由一个永久的智慧使其成为一个相关事实的系统。这种统一的意识，包含于一个世界的存在中。它究竟是什么样子，我们只能由它对我们的作用知道：它使我们有世界的知识及道德理想。

第三节 人在自然界中的位置

那么人在宇宙中处于一种什么样的地位呢？人是有认识作用的，有自我意识的，其存在甚为自由——其活动不受时间的约束，不是自然变化的锁链中的一环——除自身以外，没有任何前提。凡脑髓、神经、纤维组织的历程，生命与感觉的作用以及连续的精神现象，都是由普遍的意识来规定的。然而人类的意识本身是普遍意识的重生，至少是综合的、自己创造的。人不像普遍意识的附属物那样受到普遍意识的规定。格林觉得进化论不会影响他这种见解。人类也许是由动物进化而来的；动物也许是经过无数代的进化，以至于永久的意识能够由种种作用实现其本身，重生其本身。

格林说单纯的印象或感觉的连续，不是知识，若无感觉及组织感觉的自我，知识就不能成立。同样的道理，若只有动物的欲望、冲动或嗜好，就不能构成人类的行为。一种嗜好或动物的欲望，是自然的事情，不是正当的动机；它不能激发人类的行为，除非是由自我意识提示于人的，换言之，除非人有意使欲望或冲动成为自己的欲望或冲动，并努力使其在欲望中所见到的理想对象实现，之后方为显然的人类行为。仅由动物的冲动激发的行为，不是人类的行为。当人把各种物象的冲动、情绪、倾向转化为自己的时候，其就产生了意志作用。人的意志是一种欲望，在这种欲望中，人是主动的，不是被动的。人之行善，有赖于其过去的情绪、行为及以往的内心生活（决定论）。但在过去的经验中人是自己的对象，因此是自己行为的主宰。所以他对于现在善的行为负有责任。而且他能认定一种更好的状态，所以能于将来得到好于现在的情形（自由意志）。

第四节　伦理学

人之所以是道德的动物，因为其能为自己认定一种更好的状态并希冀之、实现之。其之所以能如此，因为其是一个自我意识的主体——永久的自我意识之重生。更好状态的观念是理想的种子之交换，或神心中最终的目的。这种观念作用于人心，是因为人有一种绝对的欲望。这是人类生活中道德化的原动力。

那么什么是道德的善呢？满足有道德的人的欲望即道德的善。真善是有道德的人最后的一种目的，是有道德的人之根本的自我——真的意志——认为无条件的善绝对可贵且有绝对的价值。人自身中有可贵的东西之概念。这种自我是受到许多利害影响的自我，而且受到别人的利害之影响。别人是自我的目的，甚至是自我生存的目的之一部分。换言之，我以实现人类的人格、完成人类的心灵、发展人类的心能为至善；为了努力实现此目的，我必须帮助别人的心灵；必须有一种对于别人和自我都是绝对的善之观念作用于自我的心中。但有一种与这种观念相关联的理想，这种理想的实现即完备的道德，在这种理想的社会中，每个人待人如待己。

据说，若无法律及有权威的习惯作用于我们的祖先身上，我们就没有现在的道德。这原本是真的。但这种法律及习惯是有理性的人类之制造品，个人服从它们，是因为认为它们里面有一种兴趣，而且给这类行为一种价值，以限制人之纵乐的意向。

原本道德的理想只是对于其对象之无意识的要求，与快乐的欲望不同。最简单的道德理想是每个人对幸福的要求，由这种要求产生家庭、种族、国家的制度，进而规定个人的道德。制度之自然的发展，对于制度的思考以及维持生存的行动、习惯思想，都有助于更适当的目的或欲望的改良。等到人类范围的概念继续扩大，人类共存的普遍社会之理想亦因此而发展。

我们虽然没有完备的生活之适当的观念，但我们的理想在于完成全体人类。这种生活的实现必须有一种调和的意志，有一种献身的意志。格林所谓献身的意志，并不是一种抽象的东西，而是一种仁慈的世界，这个世界由献身的意志来维持。而且他说行为的道德价值，靠着其动机或品性，但是真正的道德动机，势必将产生道德的行为。

格林尊崇自我牺牲、社会的善、改良家的典型，并说这是现代精神的表示。但他对于宗教的善、中古时期的完成及圣人，似乎更为尊重。他说，道德努力的根本形式是一种精神的行动。在这种行动中，心向于神，而求得个人之神圣的理想。这有一种本身的价值，并非来自本身以外。社会的意志（善意）及此种精神的行动，都有本身的价值；其不同处在于善意之实际的表示有工具的价值，因为其结果在于改善人类社会。但这些改良的目的最终产生一种神圣的心。人之最高的价值最终是自己的完成。故实际的善或神之善都有本身的价值，因为其皆出于心意及品性。没有哪一种善无结果，只是改良家的善是比较明显的、暂时的，而圣人的善比较不可解，且是内含的。

总而言之，格林的思想之要点是：社会改良及社会服务的目的在于人之精神方面的完成，在于发展人的品性与理想。他用文字表示这种思想带有宗教的色彩；他说神圣是这种完成的良法；自己屈服于此神圣理想下的精神是有最高价值的精神状态。道德努力的最后目的必须是人类心灵态度的实现，必须是人格中最高贵的意识之实现。社会改革是一件善事，然而社会改革的目的必须超越物质的快乐及舒适的增进。衣食住行的问题固然重要，但身体中居住何种心灵的问题尤为重要。

之后受到康德及格林之影响的伦理学者，有麦肯尼，著有《道德守则》（1892年出版）；缪尔黑德，著有《伦理学要论》（1892年出版）；拉希达尔，著有《善恶论》（1907年出版）；杜威与塔夫兹，二人合著有《伦理学》（出版于1908年）。唯心论的伦理学之其他代表性著作，有梯利的《伦理学导言》。

第五节　布拉德莱的玄学

近代英国唯心论者中最著名的是布拉德莱（1846年—1924

年），其头脑精细，有“近世哲学的芝诺”之称，其玄学的代表作为《现象与实在》。

布拉德莱与德国的唯心论者相同，以为哲学是了解实在之学，是研究第一原理或最终真理之学，也是了解整个宇宙，而不研究零碎的宇宙之学。我们有一种“绝对”的认识，虽然不完全，却是事实。因为人有一种追求最终真理的本能，故了解实在的尝试完全为人性所容许。他与费希特、谢林、黑格尔及一般浪漫论者一样，认为推论的悟性不足以了解世界。他批评关于实在的一般方法（如第一性质及第二性质、实质的及形容的关系与性质、时间与空间、运动与变化、原因与活动、自我、物质本身等概念），而且谓其皆自相矛盾：现象之中，我们不能发现统一；万事万物不过是现象而已。然而现象的存在是绝对确实的。现象虽然自相矛盾，与实在不符，但不能离开实在。那么此现象所归属的实在之本性如何呢？除了其存在以外，我们还能有什么呢？那只是康德所说的物质本身，或斯宾塞所说的不可知吗？布拉德莱认为最后的实在是自体坚固的一个全体，包含一切差异，而成为一个浑一的调和体；杂乱无章的现象必是统一的，自相巩固的；因为除了在实在之中，不能存在于其他任何地方。而且其内容不是别的，而是感觉的经验；感情、思想、意志皆是存在的材料，除此之外，也无其他的材料。我们有限的人类不能详细地构造这种绝对的生活，亦不能有其构成的特别经验；不过人能得到其主要的现象之观念，因为此等现象存在于我们的经验之中，而且此等现象的组织之观念，从抽象方面来看，是我们所能知道的。

第六节　直接的感情与思想

布拉德莱解决宇宙问题，也借助于理智以外的心之机能。然而他观察“绝对”，未曾诉之于神秘的直觉，只是在寻常人类的经验中发现根本的实在之意义的指示。在感情或直接的表现之中，我们有一个全体的经验。此全体包含一切差异，不过是调和的。此全体暗示我们以全体经验的普遍观念，意志、思想及感情是一个东西。我们也能构成一种绝对经验的普遍观念，在此绝对经验中，一切现象的区别都消失了。因此，布拉德莱说，我们有绝对实在的知识，即建立于经验上的实证知识，如详思之，便发现这是必然的。

故只有思想，不能达到目的。思想是关联的、辩论的，只能指示零碎的东西，绝不能指示实际的生活。思想若不如此，即等于自灭；但若如此，又如何包含直接的表现呢？思想的目的在于达到一种直接的、自立的、无所不包的个体，然而欲达此目的，势将失其自性。布拉德莱为了解此两难，乃指示思想能构成一种理解的观念，似乎有感情的倾向，包含其关联的努力所寻求的性质，而满足自己。只有直接的感情，不能使我们认识绝对；只有辩论的、关联的思想，亦是如此。唯有我们尽可能地接近直接的感情或构成绝对的观念时，才能了解绝对。全体的实在是聚精会神时所想出的对象。这种实在又是满足的感情。此二者之中，我们有直接的理解，无须分析关联。意志也是绝对，于是观念与实在是相同的。这种直接经验的轮廓如何充实，非我们所能想象的了，但我们能说它是实在的，而且它把连贯的系统中的普遍性质统一了起来。

第七节　绝对

因此，绝对是可知的。绝对是一个调和的系统，不是万物的集合；绝对是一个统一的系统，万物在此系统中虽然变化程度不同，但本质都是相同的。而且在此统一的绝对中，分离的关系都消失了。错误、丑陋、罪恶，在其中都消失了；这些都是绝对所固有的，而且绝对无所不包。绝对中不止一种模式，所有东西皆纳于其中。自然，就其为原始性质的骨骼而言，是死的，无所谓美丽，亦无可赞美之处。由此来看，自然并无实在，它是科学所需要的一种理想构造，是一种必然的假想。我们必须在我们的自然观上添加第二性质，忧、喜、感情、美丽。一切专门的科学，无论精神的或物质的，都只是讨论这种假想；心与物都是抽象的东西，是现象，或实在的特殊方面；而唯心论与唯物论都有一半的真理。

实在是一种经验。我们在其中所能发现的，是感情、思想、意志、情绪或其他类似的东西。然而这不流于唯我论吗？布拉德莱说不然，有限的经验绝不会有所蒙蔽。全体实在呈现于我们初次的直接经验中；它又表现于其归属物中。有限的经验是宇宙之部分的实现。全体宇宙呈现于有限的经验中的，不甚完备，如其完备，则为有限的经验之完备。凡我们所经验的，皆是自我或自我的心灵之状态。但那不能称为单纯的自我之形象。自我是实在的生长，是一种现象；那么经验怎么是其产生品呢？

因此，实在不是我们的经验，也不是由心灵或自我构成的。绝对并不是人格的，因为其超越人格。绝对不是别的，而是经验，其包含我们所能知觉到的最高等的东西，而且是包含一切千差万别的统一体；若就此意而言，绝对可以说是人格的。但此语容易被误解；绝对超出于一切差别之上，而且包含一切差别。

绝对没有自身的历史，虽然其中包含有无数的历史，无数的历史都是暂时的现象。否认宇宙的进步，等于承认道德的不进步。

真理是经验的一面。因为其是绝对的，故有一切可能的、真实的普遍形式与形质。此种普遍性质的宇宙是完全可以知道的。然而其详细的轮廓则不可知，也绝不可知。若就认识即经验或实在而言，则绝不能认识全体。从某方面来说真理就是全体世界，是哲学中的最高等级，但即使在哲学中，也能感觉到其不完备。

第八节　罗伊斯

美国唯心论的领袖是罗伊斯（1855年—1916年），曾担任哈佛大学的教授，博学深思，富有文艺气质。据他说，我们的常识世界中无一不可用观念来解释，故此世界完全是观念所构成的材料。凡我们所能描述的实在，因为其是我们所能知道的，就是一种理想。我们的经验给我们一种观念的系统，我们必须用之作为行动的指南。我们名之曰物质世界。然而没有一种东西与此物质的世界相对应吗？其实有一种相对应的世界，它是我们心之外的一种观念系统，但不在一切心之外。如果它是完全可知的，它必是一种精神世界。它是一种标准，存在于普遍的心中，由其观念系统来构成这个世界。我们能了解众心，因为我们就是一种心。绝无精神属性的东西，完全非我们所能知。凡绝对不可知的，即不能存在，因为其毫无意义。凡可知的东西，都是一种观念，都是心的内容。如果能由心认识的东西，其本质已经是理想的与精神的了。实在的世界必是一个心或心的集合。

然而超出于我们以上的精神观念如何得到呢？我们绝不可能得到超出于我们以上的观念，我们也不会想如此，因为构成外在世界的心与我们自己在本质上是一样的。全体世界，在根本上是一个世界，是一个自我的世界。主体的自我与具有较大主体的自我是一种东西。此种较深层次的自我即在统一中认识一切真理的自我。所以只有一个自我，它是有机的、反省的、意识的，包含一切自我、一切真理。这个自我就是“逻各斯”，是解决问题者、无所不知者。这个世界中最先的、唯一确实的东西，是合理的、有秩序的、可知的。所以无论如何，其种种问题是可以解决的，而且最深的奥秘是最高等的自我所知道的。此种最高等的自我超越了我们的意识，既然它包括我们，它至少是一种人格，其意识比我们还要明确。据罗伊斯说，自然与精神、物质与道德、神与人、命定与自由可以依据康德之超越的自由说及行为之暂时的必然说来调和。

以上是罗伊斯的《近世哲学的精神》之要旨。在他的《世界与个人》中，理论尤为详细，且应用于自然与人的解释上。罗伊斯在后几部著作中，一部分因为他所讨论的问题之性质，一部分为了防止对理智的要素过于批判，比前几部著作中更加注重经验的意志与目的方面。所谓“有”不过是表示某种绝对的观念系统中完全内部的意义。观念的根本形式，即我们所寻求的最后对象：（一）我们开始所寻求的有限观念中内部的意义之完全表现；（二）不完全存在于此种观念中的意志或目的的完成；（三）没有别的可以代替个人的生命。

换言之，罗伊斯提倡观念的活动方面，是为了避免主智论的责难，注重于绝对的自我中个人的自我之位置，为了避免神秘主义的责难。

罗伊斯在他的《忠诚的哲学》中，论述了他的伦理学。他由基本的道德原理——忠义——演绎唯心论的宇宙观，我们的种种必定构成一个系统，构成一个原因，构成一个忠义的生命；从而使得普遍的忠义成为可能。所以忠义即对于普遍的原因、最高等的善、最高的精神价值之信仰。如果此种原理有任何意义，如果不是虚幻的，必定会有一种精神的统一，一切价值皆保存于其中。忠义的原理不仅是生命的指导，而且指示给我们一种精神生活之永久的、无所不包的统一，即真与善的维持者。于是我们有一个神之存在的道德论证，类似于康德的《实践理性批判》中所说的。

美国学者之中，受到康德及后康德派洛采的影响者，有的是与德、英、法的思想家相接近者，有的是独立研究这种哲学者，有的是受到这类哲学教授的影响者，有哈里斯（死于1909年）、华生、拉德、豪威逊、奥蒙德、鲍恩（死于1910年）、克莱顿、希本、阿尔比、卡尔金斯、文勒、加德纳、斯特朗、塔夫兹、罗泽斯、贝克韦尔、洛夫乔伊、莱顿及霍金。此派中的青年学者如克莱顿、贝克韦尔、洛夫乔伊、阿尔比等为了对抗实验主义、新实在论的批判及维护唯心论，乃采用反对论之所长，来发展唯心论的学说。

第二十一讲

当代对于理性论及唯心论的反动新思潮

哲学未尝想由先天的真理制造实在，离开经验建设概念的系统，而且未尝闭目塞听，在黑暗中摸索世界。它主张公正地观察经验，首先观察事物的真相，然后了解它们彼此间的复杂关系。它未尝排斥赞助其达到目的的任何方法——不论是理智的、美术的或直觉的。然而它不采用未加批评的任何方法。

当今思想界对于盛行已久的唯心论以及破坏个人自由思想、忽视人类价值的理性论之科学与哲学的方法与结果，出现了很多不满意的现象。我们无论遵从自然科学的机械观，由物质运动的分子着眼，还是遵从客观的唯心论，由逻辑的概念或普遍的目的着眼，都能看出人类的生命不过是一种附属现象而已。在思想史上，曾有过种种念头，为了避免被前人的思想所牵引；而今这种想法又复苏了，不过形式略有变动而已。然而理性论的反对者，并不只有想脱离自然主义及精神主义的压迫之人，还有研究自然科学之人，他们的思想都受到过休谟及实证论者的影响。当今反对传统哲学的思潮者，种类不一，有的是怀疑论者，有的是信仰哲学者，有的是理性论者，其性情大不相同。有些思想家说人类的理智不能解决宇宙之谜，玄学是不可能的。他们之中有些思想家说知识只限于经验的事实之记述与研究；有些思想家说知识是生活意志的工具；有些思想家说知识的结果只是习惯、象征或真理的近似。另有些思想家以为理智不能了解实在的意义，而以为知识之较确实的根源在人类心灵的另一方面——感情、信仰、直接或纯粹的经验、意志或直觉中，并想在这些方面寻求方法，以避免怀疑论、机械论、决定论、无神论及其他无趣的学说。如前所述，这种运动在哲学中并不是新的；其实唯心论的学者之中，如费希特、谢林、黑格尔、洛采、倭铿、文德尔班、闵斯德堡、雷努维耶及布拉德莱的学说中，已有反主智论或反理性论的趋势。还有一派人与赫尔巴特有颇多相似之处，拥护理智，反对唯心论之有机的思想及一元论与主观论，而以分析为科学的哲学之真方法，多元论与实在论为其逻辑的结果。更有一派人竭力反对传袭的唯心论之见解，而回复到自然的实在论，认为万物不是主观或客观的心之现象，而是完全独立于心之外者，并且以为心是万物本身的进化程序中所产生出来的东西。

第一章　新实证论的知识论

第一节　马赫

奥地利维也纳大学哲学及物理学教授马赫（生于1838年），著有《感觉的分析》（出版于1886年）、《科学讲演》（其第四版出版于1910年）。他根据休谟及实证论者的现象论，建立了一种知识论，以为世界仅是由我们的感觉构成的，而物质本身是一种虚幻。他的知识论的基础不是建立在原理或先天的真理之上的，而是建立在直接纯粹的经验之上的。科学的目的在于完全地记述事实，在于记述我们意识的内容；科学的唯一任务在于发现感觉中不可再分的元素之关联，而不在于以玄学的假设来解释这些关联。发展一种包含一切普遍的物理现象学，脱离一切假设的束缚的物理学方法，只有用类推法。科学起于假设，但这些假设不过是暂时的冒险、一种间接的描述而已，所以能使我们了解事实，而且逐渐代之以直接观察法，由经验或感觉的现象来证实之。所有科学都是有系统地把事实再现于思想中。如果复杂的变化中寻找不出比较固定的东西，而欲反映世界于思想中，便是徒劳的。在每一个科学判断中，都包含有大量的观察；我们的概念与判断，都是代表一系列感觉的简单思想符号，都是一种表示事实的简单方法。这是思想经济的原理，一种法则不过是对于我们来说甚为重要的事实之概括的叙述而已。物质是感觉的复合体。

自我也是一系列感觉。感觉复合之比较固定的方面表现于记忆与经验上。记忆、情态、感情（与肉体有关者）的复合体——所谓自我者——是另一个比较固定的方面。依赖于身体的感觉是心理学的材料；同一种感觉依赖于不同的物体上，是物理学的材料。物体并不产生感觉，而是感觉的复合体构成物体。世界并不是由物质本身构成的。科学的目的在于联结比较不固定的关系与比较固定的关系。

虽然这种学说把知识限于感觉的范围内，因此与玄学相反，但马赫欲在主意说中为其学说寻找到哲学的基础。知识是意志的工具，是实际生活的需要之结果（实验主义）。思想不是生活的全体；它是光照意志的途径。我们需要一种世界观，足以使我们与环境有关系；欲以经济的方法达此目的，我们就创造了科学。思想与观察一致，是适应与选择的手段。身体与自我的概念，是世界上实用的标准之一时的手段，必须废弃之；原子、势力及法则的概念，也是如此。各种实用及理智的需要之满足，在我们的思想中能重生感觉的事实。我们的思想表现出感觉的全体，以全十代表了它们。在这种时候，我们就感到满意了。马赫所说的一种冲动把事实理想化、系统化了，而且完成了。

第二节　阿芬那留斯

建立经验批判学派的阿芬那留斯（1843年—1896年）与马赫一样，以为知识的唯一方法是根据于确实的知觉之记述。科学的哲学是经验的普遍概念之内容与形式的记述。纯粹经验是一切可能的个人所共有的经验。知识的任务在于铲除不符合逻辑的个人成分。我们正在接近宇宙之纯粹经验的概念。本来，所有人都有同样的宇宙概念；但因为经验中插入了思想、感情及意志，把经验分为内的经验与外的经验，分为主观与客观，遂把实在弄错了。我们应该铲除插入的成分，而恢复原始的自然世界观——纯粹经验。

与马赫的思想相近者，有麦克斯韦（1831年—1879年，著有《科学的论文集》）、克利福德（1845年—1879年，著有《观察与思考》与《精确科学的常识》）、卡尔·皮尔森（著有《科学规范》）及赫兹。据庞加莱（1854年—1912年）说，科学的公理只是方便的定义，我们选择这些定义依据于经验的事实，而不是任意而为的，必以免除矛盾为限。这也是与马赫接近的思想。

第二章　实验主义

第一节　詹姆斯

詹姆斯（1842年—1910年）的思想受到了其生物学的研究及英国的经验主义、法国的雷努维耶之影响，雷努维耶是最为拥护多元论者。据詹姆斯说，他生长于一元论的空气中，但能免于成为一元论的迷信者，全赖雷努维耶之功。詹姆斯不满意于唯物论及唯心论的一元论之严肃的学说。他说："如果万事万物（人也包括在内）都是原始的星云或无限的实体之结果，道德的责任、行为的自由、个人的努力与希望将如何呢？"个人不要成为绝对实体的傀儡。这种学说不足以达到我们本性的要求，所以不是真的。一种学说、信仰或教理的试验必是其对于我们的影响，即其实用的结果，这就是实用的标准。我们必须常常自问：若采用唯物论或唯心论、决定论或意志自由论、一元论或多元论、无神论或有神论，在我们的经验中究竟会发生什么差异呢？哪一种是令人失望的学说，哪一种是有希望的学说呢？"根据实用主义的原理，若神之假设能令人满意，它就是真的。"

故真理的标准是其实用的结果。换言之，所谓的真理并不是自己的目的，而是满足生活的工具。知识是一种工具；知识是生活的目的，生活不是知识的目的。詹姆斯扩展了此种实用的或工具的思想，而将实际的功利（逻辑的符合与证实）之观念概括于其中。真的观念我们能消化、能确定、能证实，给我们以所希望的实在之观念是真观念。所以关于真理你可以这样说：那是有用的，因为其是真的；或者那是真的，因为其是有用的。“科学的真理是其能给我们最大量的满足，旧的真理与新的事实相一致，尤为最有权威的。”

实验主义主张哲学必须满足逻辑以外的要求，就这个意思来看，它是反主知主义的。据詹姆斯说，道德及宗教的要求，是偏向于多元论、自由论、个人主义、唯心论及一神教的。这都是意志所信仰的概念，詹姆斯反对理智是真理之绝对的判断，就因为此。

绝对论假定完善是永久的、无始的、真实的；虽然这种假定有一个完全确定的意义及宗教的作用，但多元论的方法仍然与实验主义的态度相契合，因为多元论的世界能够救济零零碎碎的东西。我们也可以相信经验以外有一个高等的经验形式，弥漫于全宇宙中；我们也可以依据宗教的经验所提供的证据，相信有一些高等的权力，用与我们相似的理想来救济世界。

詹姆斯从另一方面也达到了同样的结论，所谓另一方面，就是彻底的或纯粹的经验论，这种经验论与旧式的理性论及英国旧式的经验论相反。凡合理的就是真实的，这种主张是不对的；凡经验得到的才是真实的。如欲得到实在，必须认其为概念的思想所锻造的纯粹经验之存在。换言之，我们必须深入概念作用的背后，观察我们的感觉生活之原始的情境，以便取得实在的真象。哲学必须寻求并了解这种实在的运动，不可像科学一样只是泛泛地搜集实在之零碎的、死板的结果。哲学比逻辑更重情感些，逻辑只寻求理性以供后来的见解之用。

詹姆斯与德国唯心论者有相同的认识，他也以为科学的领悟摧残了实体，寻常感觉的经验不能表现出实在的真相。但他与布拉德莱不同，他相信活跃的、真实的人类经验。实在是纯粹的经验，独立于人类的思想之外；那是很难寻的东西；那是人的经验中尚未命名的东西；那是信仰尚未发生、人类的概念尚未用于其上的东西；那是绝对无性质的东西，只是人类心理的理想限度。我们可以看到实在，但绝不能捕捉到它；我们所能捕捉到的只是它的替代物而已，即人类的思想为了我们的消化而烹调的东西。然而这种直接经验是繁杂中的统一：统一是与繁杂同源的。所以经验论的错误在于其主张精神生活是由杂乱的独立感觉构成的，理性论的错误在于其主张杂乱的感觉由心灵中的范畴结合而成。结合的媒介——所谓的心灵——之概念是虚假的，因为无独立的要素可以结合。这两种思想都是抽象的东西。实在是我们的感觉之流动，由何感觉而来的，我们不知道；一部分是我们的感觉或其在我们心中的模型间的关系：另一部分是已有的真理。那些关系有的是变化的、偶然的，有的是固定的、本质的，不过都是直接知觉的事实。关系、范畴是直接经验的事实，与事物或现象无差别，换言之，观念与事物是同质的，都是由同样的材料构成的。

詹姆斯游移于两种意见之间，一种意见以为实在是纯粹的经验，未曾接近思想的经验，与儿童或半睡眠者的生活相近；另一种意见认为实在是成人的全部意识之范围，是掺杂了思想的经验。也许他的意思是后一种实在由前一种实在而来。据他说，有一种感觉之流，其真相自始至终都是我们自己的创造物。世界是真的可以捶薄的，只需要我们的手去捶。实在不是已成的，尚在制造之中，依思想之努力，向各方面发展。真理产生于有限的经验之中，有限的经验彼此相依。感觉之流以外得不到什么结果，它只能由自己的期许或潜力希望得到救济。现象的事实背后没有什么物质本身、不可知、绝对；假定有一种实在，我们不能对它构成什么观念，想用这种假定的实在来解释现成的具体的实在，实属无理取闹。这是主观的唯心论之勾当，不是詹姆斯的意向。他从来没有怀疑过超越精神以外的世界之存在；纯粹原始的经验不是主观的，而是客观的；那是产生意识的原始材料。

彻底的经验论主张多元论，经验指出，宇宙之中杂乱无章、复杂矛盾，不像绝对论者或一元论者所说的宇宙，是一个完全的有机的系统，一切差异矛盾俱调和于其中。而且多元论的宇宙能够满足我们道德本性的要求，绝对论的宇宙则不能，这可用实验主义的方法来证实。本来，一元论不只是关于理智的学说，它足以满足美术的、神秘的本能之冲动。然而一元论未曾顾及我们有限的意识，它只是创造了罪恶的问题，也未曾顾及变化，它是宿命论的。多元论承认知觉的经验之价值，而具体的知觉之流，在我们的活动中贡献了很多因果关系或自由意志的实例。多元论的世界中有变化、奇异及无制约的余地（排他主义或偶然性）。多元论是社会向善论的，以为世界的各部分若能各尽其力，世界是有救的。社会向善论的宇宙像一个社会，社会的各部分各尽其力，宇宙即有相应的成功。如无一部分尽力，即归于失败，如各尽其力，就不至于失败。在这个世界中，人可以自由冒险，实现其理想。

一神教是能满足我们的情感及意志的唯一的有神论。神是宇宙的一部分，是一个具有同情及权力的助人者，是一个最伟大的伴侣，有与我们相同的意识、人格及道德。据有些经验（忽然的变化及信仰的治疗）所指示，我们能和这个神打交道。本来，这种有神论的假设不能完全被证实，但有些哲学系统也不能完全被证实：其根据都是建立在信仰的意志上的。信仰的本质不是感情，也不是理智，而是意志。信仰的意志不能用科学来证实或证否。

第二节 杜威

杜威（生于1859年）反对旧派哲学，不亚于詹姆斯；他讥笑旧派的方法说，旧派的方法之目的在于发现超越自然程序的实在，通过超越寻常知觉及推论之合理的方法来研究实在。他觉得这些问题是无意义的、无须解决的。他反对由人性的认识方面来类推宇宙，以为宇宙是固定的关系中固定的元素之组织，这些元素是机械的、感觉的或概念的，而且以为人性的其他方面信仰、厌恶、感动——是附属的现象、表象、主观的印象或意识中的结果。他也反对把特别的感情、有意志的东西及具体的自我与现象联系在一起；他亦反对在一个世界中，人类的努力已经永久地完成了，一切错误都已经改正了，偏僻的信仰已经永久地通达了，在这个世界中不需要努力的余地了。他原本是一个进化论者，以为实在不是一个已完成的、固定的系统，而是一个变化的、生长的、发展的东西。他以为真正的哲学不是研究绝对的起源与绝对的根本，而是研究产生它们的特别的价值与特别的条件。知识唯一有效力的及可被证实的对象是产生研究对象的特别变化及由变化产生的结果。这些变化的本质及善的最后目的没有可供研究之处。这个进化论的哲学家有兴趣的问题不是旧的本体论的问题，而是实际的、活动的、道德的及社会的问题。例如特别的变化如何与具体的目的相适应，万物如何形成理智，公道与幸福如何增加。他说把宇宙理想化、合理化起来是超越论者的责任。哲学必须成为一种道德及政治的诊断与预计的方法；世界正在制造之中，我们必须帮助制造它。

这种新哲学需要一种改造思想的理论，需要一种新的进化论的逻辑，以思想的事实为出发点。这种逻辑要说明确实性、客观性（真理及真理的标准，其说明根据于它们在问题中的实际意义）。杜威欲于思想中，找到工具来解决已有者及所欲望者之间的冲突，找到实现人类欲望、满意地应付事物的工具。有了这种工具，才算是思想的标准与目的。某种观念、意见、思想、假设、信仰有了这种工具，我们就认为它是真的。成功的观念是真的观念。我们继续改变我们的观念，直到其产生的效力能够被证实为止。观念的效力、观念的成功就是它的真理。如果说这个观念有效，就等同于说这个观念是真的。成功的效力，是真观念的根本特色。观念的成功不是其真理的证据或原因，而是其自己的真理：成功的观念是一个真的观念。真理的标准在受了观念的影响且相符合的实在之中。有一个被证实了的观念，就有一个相符合的情境中的具体事实。但是我们不要把成功的事实与其过程分开。若把它们分开，就既不是真理，也不是真理的标准了，而是事实的状态。在某些情形中，一种观念被证实后，它就没有了。然而科学的观念，如万有引力定律，作用于其他学科中，就不再是一个单纯的观念，而是一个被证实的观念了。

思想是为了达到人的目的、满足欲望、调和冲突的，是有用的，其功用就是其真理。换言之，人类的意志之所以激发思想，是因为想借助于思想来实现人类的欲望。固定的东西（原子、神）是人遇到疑问时才有的。我们的宇宙在根本上具有不确定及疑难之处，人的态度在其中是真实的。

这种新的逻辑又产生了一种信仰的原理。信仰在科学中是有效的假设。信仰是一切事物中最自然、最玄妙的：知识是信仰及实用的人事之生长；换言之，知识是一种有机的机能，所以指出信仰的内在意义及相互关系，而且指出它们的构成与应用。因此信仰改变实在，形成实在；而有经验、有意识的人类规定存在。果真如此的话，就无须担心自然科学将要入侵并破坏我们的精神价值，因为我们常常能够将我们的社会与政治价值改变成种种制度。杜威所注意的世界是活跃的个人之实际的世界。

世界正在制造之中，而且永久在制造之中。我们制造世界，以达到我们的目的；在这个制造过程中，思想及信仰有大力量。杜威以为认识不是经验的唯一方法。一切事物都是我们所经验的状况，每个经验都是一个事物。被经验到的一切事物都是被认识到的样子，但这些经验有属于美术方面的、有属于道德方面的、有属于经济方面的、有属于工艺方面的；所以要给任何事物以恰当的记述，必须指出那个事物被经验到的样子。这是直接经验主义的基本假设。如果要说一个哲学名词——主观的、客观的、物理的、精神的、宇宙的、原因、实体、目的、活动、罪恶、存在、性质——有什么意义，就去经验它们，看它们被经验的状况。个人不仅是一个认识者，而且是一个有感情冲动与意志的东西；思想的态度是由意志引出来的，意志是个人的基本方面。

第三节　尼采

尼采（1844年—1900年）是德国的个人主义者，他反对传统的思想算是达于顶点了。他的著作虽然出现在美国的实验主义之前，但他是反对旧说最有力者。他不仅反对旧的学说及方法，而且扫除一切旧的价值，贬损近代文明的全部趋势，认定历史的态

尼采

度是当今萎靡不振的原因；他说当前的人受到了以往文字及价值的巨大拖累。所以他说哲学的功用在于改变一切价值，重新创造新价值、新思想、新文化。

尼采采用叔本华的根本概念，以为意志是万物的原理，但他以为意志不仅是为了生存的意志，而且是谋取权力的意志；生活的本质即在于努力谋取权力的充实，此种丰富的本能是好的。他曾说过“一切善都是本能的”。他根据这个观念估量理智——知识、科学、哲学及真理——的价值。心或理智不过是本能的工具，是为了生活与权力的意志之工具；它是身体所创造的“小理性”，身体及其本能是“大理性”。“身体中的理性多于智慧中的理性”。知识之有价值，只在于其能维持并促进生命，或维持并发展种类；所以虚幻与真理是同样必要的。把真理放在错觉及虚幻之上，为了真理本身的目的而爱真理，不是因为其是生活的手段而爱真理，这是在颠倒事实，是一种病态的本能。其实，为了真理的目的而爱真理，只是避世主义的另一种形式，是为了其他目的而否定生命。

另外，尼采又说没有什么普遍的真理。向来所说的普遍真理都是错误的。思想其实是不精确的知觉；它寻求类似而忽略差异，因此产生一种错误的实在观。没有什么东西是永久的，也没有实体、普遍的因果、自然界的目的及确定的目标；宇宙未曾注意于我们的幸福或道德，宇宙之外没有任何神圣的权力能帮助我们。知识是谋取权力的工具；保卫自己是发展知识的动机。我们在思想中假定一个世界，认为自己的生存是可能的，所以我们相信有些东西是永久的、时常被发现的。我们依据自己发明的方式与符号，把经验所贡献的混淆复杂的东西，转化为合理的、有秩序的方案；这种目的在于用有效的方法欺骗我们自己。由此而言，寻求真理的意志是支配复杂感觉的意志——把现象分配成范畴。所以逻辑或理性的范畴只是整理世界以作为我们应用的工具。然而以前的哲学家却误认为范畴、法式是真理的标准、实在的标准；他们老老实实地把人类为了自卫而对事物的观察方法认为是万事万物的尺度、真实与非真实的标准了。因此，世界就被划分为真实的世界与虚构的世界了，而人所住的世界——变化、复杂、相反、矛盾、战争的世界——遂遭受诽谤而看不到信任；换言之，真实的世界叫作虚伪的世界、似是而非的世界，虚构的世界反而叫作真诚的世界。

我们直接知道的是欲望与本能的世界；我们一切的本能可以转化为根本的本能——谋取权力的意志。每个生物都试图消灭其他的生物来增加自己的权力，这是生活的法则。生活的目的在于创造超人，若不经过竞争、痛苦、忧闷及伤害弱者，这个目的便不能达到。所以战争是和平的至宝，和平是死亡的征兆。人生于世，非为快乐，非为幸福，亦非为其他的目的，而是为了维持自己、肯定自己、延续自己。所以叔本华所认为的作为道德之源的怜悯是不好的东西；怜悯人者及被人怜悯者都会受到怜悯的伤害；强者与弱者都被它削弱，它有毁灭种族的力量，所以是不好的东西。

生活可怕，本属实情，但不是厌世主义的理由。其实，若非有病的人与退化的民族，厌世主义与避世主义都是不可能的；因为精神健全的人，生活的欲望甚为强烈，常欲排除痛苦与障碍。生活是一种体验，是一个选择的过程。生活是选择的、贵族的。它产生人性中的不平等，指出人是不平等的。有些人的身体与精神好于别人。这种健全人——天生的贵族——应该比平民更有特权，因为其义务比平民的多些。最健全的人应当为治人者，所以平民主义、社会主义、共产主义、无政府主义都是不可能的，因为其与理想相反，阻碍了健全的个人之发展。奴隶制度以前曾经有过的，将来仍然要有。当前的劳工已经取代了古代奴隶的地位。女人不能与男人有同样的权利，因为其创造力、能力及意志，皆不及男人。现在最大的危险在于追求平等的狂热。

尼采也反对传袭的道德，因为传袭道德的基础上放着怜悯，保护弱者，以反抗强者。因此，他反对宗教，尤其反对基督教；他因为尊崇谋取权力的意志，而轻视科学与哲学。和平、幸福、怜悯、克己、厌世、温柔、不抵抗、社会主义、共产主义、平等、宗教、哲学与科学都与生活相反；所以他认为通过这些东西而求得的思想制度是衰弱的征兆。

尼采的前辈中最极端的个人主义者是马克斯·施蒂纳（1806年—1856年）。

第三章　柏格森的直觉主义

第一节　理智与直觉

现今反对理智主义的运动中最有势力者为柏格森（生于1859年），其著作与詹姆斯的著作相仿，有很多人拜读。柏格森与浪漫派者、实验派者及神秘派者相仿，以为科学与逻辑不能渗入实在里面：概念的思想对于生活及运动没有帮助。科学所能了解的只有死东西的结晶、创造的剩余废物、时间的糟粕，而且是可以预料的。不过理智的作用仍然有其目的，就好像实验主义者所说的为了生存的意志之工具。但理智的作用不只如此，而实验主义者所说的话，不过半真半假而已。概念的思想是用来适应死的固定的世界的，即机械主义所支配的物质世界，而且获得了很大的胜利。在没有个性的死板世界中，科学与逻辑才有实用及理论的价值。但科学与逻辑若作用于运动的、活的及生长的世界中，就会出现错误。理智不能认识多端的变化，而且以为变动不停是虚幻的；理智构建死的骨骼，并以其为真的实在。它常把静的分子、永久的实体及原因加入变化之流中，凡与逻辑系统不合者，皆弃之不顾。科学的理想是静的世界；它把流动的时间转变为空间的关系；因此，绵延、运动、生命及进化，它都认为是虚幻的；科学把它们都机械化了。生命与意识是不能用数学和科学的逻辑来处理的；科学家用寻常的数学物理方法来研究它们、分析它们，因而割碎了它们、毁坏了它们，而且丧失了它们的意义。玄学家以为它们不能给我们以科学的知识；哲学必须依赖直觉创造出一种宇宙观；直觉即生命，真实而直接的生命，对其本身一目了然。宇宙中有一种东西，类似于诗人的创造精神，这种东西是活的，是推动前进的力，是生命的演进，不能由数学的理智来了解，仅能由一种神圣的共情来领会，这种共情比理性更能接近万事万物的本质。哲学在宇宙程序中、在生命演进中寻求宇宙的本质。直觉有点像本能，是灵敏的心理本能，本能对于生命比理智及科学对于生命更接近些。实在、变化、内性、生命、意识只能由直觉来领会。为了观察的目的而观察，不是为了行为的目的而观察，“绝对”才可观察得到。绝对的本质是心理的，而不是数学的或逻辑的。正当的哲学对于理智及直觉须公平看待，因为只有此二者结合，哲学家才能接近真理。

第二节 玄学

柏格森对于理智与直觉、科学与哲学的区分根据于他的二元论的玄学。物质是一种没有记忆的大机械体；精神或意识是一种力，其本质是自由与记忆，换言之，是一种创造力，这种创造力把过去的一切堆积起来，就像滚雪球，在经历的刹那间，于旧有的东西之上加上新的东西，这就是真的创造。意识不仅是各部分彼此相关联的部署，而且是一种不可分的程序，其中没有重复的情境，只有自由创造的运动。意识呈现于一切活的物质上；其实，生命不过是为了自己的目的而运用物质的意识。一个活的东西是不确定的、难预料的东西的集合体，即可能的、有选择的东西的集合体。生命本身利用物质中的弹性，插入惰性的物质表现的非决定性的细微分子，以供其自由之用。动物产生意志的运动，只是行使其食物中所蕴含的潜力发出的微光而已。

意识是一种运动，连续不断地创造并增加，物质是一种连续不断地破坏并消灭自身的运动。无论构成世界的物质还是应用物质的意识，皆不能以其自身来解释，二者有共同的根源。世界上生命的全部进化都有赖于此根本的创造力，这种创造力通过物质，而达于人类的境地，但纵使达到了人类的境地，依然未实现其完全。当意识想组织物质以供自由之用时，它自己反受累赘；其结果是，自由为必然与机械所束缚。只有人类曾打破此锁链；人类的脑能反对相反的习惯，并产生必然以反抗必然。我们的行为如果出自我们整体的人格，是我们人格的表现，我们就是自由的；所以我们的生活中真的自由运动是稀少的。

物质产生障碍，使我们感觉到自己的力量，并使我们加强力量。欢喜（非快乐）是生命胜利的符号，是鼓励我们在任何时候都竭尽全力来活动的符号；凡有欢喜的地方，即有创造。人生最后的理由是创造，创造是所有人于刹那间就能够得到的，而且所有人依照自己来创造自己，连续不断地增进其人格，其增进人格所用的元素并非来自身外，而是来自身内。意识穿越物质，必使原来混乱的种种趋势明显，成为显然的人格之形式，并使此等人格考察自身的力量，同时，依照自己的创造之力来增加之。意识也是记忆，堆积并保存过去，是其根本作用之一；在纯粹的意识中，一切过去未曾消失，意识的人格之整体生活是一种不可分的连续。这足以使我们相信，假如努力就可以到达彼岸。也许在人类中，只有意识是不灭的。

第四章 反对唯心论的实在论

第一节 新实在论

柏格森认同德国唯心论者的观点，认为科学的知识是有缺陷的，因为其分割实在；他想要寻找到一种方法，发现实在之有机的性质。英美方面，对于这些唯心论发生了一种反动的运动，叫作实在论，以为科学是最确实的知识，而且以为哲学若与科学分离，便是哲学的灾难。这一派依据于他们所相信的科学方法的精神，反对唯心论的知识论以为的种种关系是内部相连的、有机的，而不与事物的本性有关，不是外在的。一条直线与圆的半径、正方形的边、三角形的高，都是同样的直线。所以这一派注重于分析——这种方法本是黑格尔及其门徒，甚至实验主义者及直觉主义者所认为的真理之不适当的方法。这一派也看出来这种方法走入了多元论而不是一元论。罗素说："我的哲学是分析的，因为其主张寻求构成复杂体的简单元素是必要的，而且主张复杂的东西包括简单的东西，但简单的东西不包括复杂的东西。"这种哲学也是实在论的，因为其认定实在不能依赖于认识。"逻辑、数学、物理学及其他许多学科所研究的实体不是寻常所说的精神实体。"这些实体的本质与本性不受认识的影响。

属于这一派的，在英国方面，有罗素、摩尔、亚历山大；在美国方面，有霍特、马文、蒙塔格涅、佩里、皮特金及斯波尔丁。这六位实在论者都是大学教授，曾经联合起来于1912年出版了《新实在论》及《六个实在论者的宣言》。麦基利欧也认同这种实在论的运动。

伍德布里奇反对主观的唯心论及传袭的意识观。他说意识本身是关系——一种意义的关系——如同时间空间等事物间的关系一样。要了解事物在被认识到的情境中所有复杂的、不可抗拒的意义之关联。认识对于实在所增加的只是增加实在而已，并不能变更实在。认识实在的不是外在的心依照自己的观念，而是依照自己的扩展及重整的秩序。事物不是代表意识以外的其他事物的观念，而是真实的事物在意识中有互相表现的心能。

第五章 理性论及其反对论

第一节 反主知论的功绩

现今反主知主义哲学的特点在于其反对主知主义的唯物论、唯心论、极端的决定论。它们都要求有一个较为弹性的宇宙，在这个宇宙中，人生不仅是戏剧中的一个演员，单纯地照本排演，而且要有演员自己的生活。它们都反对缺乏自由、创造、责任、新奇、冒险、机会、浪漫的世界：它们的兴趣都由共相转到个体，由机械的转到有机的，由理智转到意志，由逻辑转到直觉，由理论的转到实用的，由神转到人。后来的浪漫主义所要求的世界，是人类在其中努力奋斗的机会世界，各人凭借其努力来形成适合其目的及理想的世界，在这个世界中，各人都能有成功与失败。它们要求世界回到其无反省的常识之原状。

这些新思潮有很多好处。它们给了古典哲学一种勇气，而且给以一种相当的地位。若无反对论——彼此的辩驳——哲学容易进入睡眠的状态，沉入已经决定的意见之酣梦当中。冲突好过于自满或不留意。“战争是一切之主，也是一切之父”，这不仅在精神的世界如此，在其他的世界亦如此。被承认的信条就是死的。穆勒说得好，“学生若无学敌，立即会陷入眠睡之中”。哲学的完成就是哲学的崩溃。

一班新哲学家帮助复兴了哲学，而且集中注意力于容易忽略的地方。他们也提出了自然科学与哲学的关系问题——全部知识的问题，且注重于人类在万物中的价值；换言之，他们提出了需要新答案的问题。他们曾警告学者不要把实在之普遍的骨架误认为实在本身，并叫学者注意于具体的经验。他们反对有所偏颇的玄学，这种玄学对于人类的各种经验未曾有公正的待遇，仅以片面的经验来解释世界，认为其是一种物理的、逻辑的或目的论的机械体。他们不承认外观的理智所记载的世界及由人类认识的心理类推的世界是完成的世界。他们采用活动的实在观，承认赫拉克利特派的动的宇宙观，而反对埃利亚学派的静的绝对，并且认为实在与人类的意志相似。

第二节 理性

上述诸点及最新哲学改革家的著作中的观点，都是思想史上常有的，而且是关注的要点。他们不完全信任理智的最后动机，是因为担心贬低了道德标准及宗教的价值。然而我们要记住：根据意志的要求而不信任理性，不一定是一种真实的不信任。满足于信仰的意志者，不一定满足于了解经验世界的意志。信仰的意志必须使其自身是可知的；理性必须足以承认其要求，而且满足认识的意志。信仰的意志必须诉诸理性，理性足以帮助我们解除自然及迷信的束缚。各个反主知论者都是这样诉诸理性的。实验主义者要求人家采用他们的学说，就是因为其学说是合理的，是记载事实的，是真的。而且纵使是信仰的哲学家也常诉诸理性；他们为人类构建了一个世界，在这个世界中，信仰的意志未曾建立一种不合理的元素。康德承认无上的命令及其含义，就是因为他相信有一个合理的宇宙，在这个宇宙中，没有一件东西不合于理。

第三节 理智及实在

如果指出理智把实在弄错了，指出理智使人形成了不真实的实在观，那就是理智的致命伤。这种理智的反对论假定另有一种知识的根源，与理性的结论相反，而且较之更真实而有力。如果理智给人一种无生气的宇宙，而实际上并无一种无生气的宇宙，理智就应在排除之列。但下面的几个问题自然而然要发生：人类的悟性果真剥夺了实在的生命，只给人类一种死的骨骼吗？合理的思想所要求的是一种封闭的系统，在这个系统中，从前没有的，现在就不能有吗？现在有的，从前已经有了，将来仍然会有，宇宙中无新的东西，所谓新的东西不过是旧的东西之重新的安排而已，这种主张果真是由理性的本性而来的吗？我们若说实在是一堆固定的、惰性的物质，除了能推动与牵引之外，不能有别的，那么，所有实在之中，从前没有的就不能产生出来了。我们若认为实在是心，心是一种东西，这种东西若无别的东西冲撞，就不能有所作为，或者我们认为实在是一种静的普遍的目的，那么，这个宇宙又是一种封闭的系统，在这个系统中，从前没有的，现在也不能再进去了。然而我们不一定要给实在以这类的定义，人类的理智也未曾被本性强迫这样地想象实在：人类的理性只需要承认应该承认的定义之结果。而且，这种实在观并不是历史上伟大的思想系统给我们的实在观；依据这样的意义形成的实在观，是虚构的实在观。其实，人类的心自有其思想的方法：我们的问题及结论皆由我们的思想之本性而来。没有一个信仰哲学家、直觉主义者或实验主义者不依这种普通人的思想方法来思想，不求思想的巩固，不寻求其经验中的同异，不选择其经验，不依一定的方法把那些经验连贯起来。心有自己的方法，在那些方法中，有些方法若听其自然，势必将把实在弄成一个静止的骨架；在理智中，常有偏于一面的危险；遇到新的东西仍然贯穿于旧的架子上，任何时间和地点，都可以运用康德、费希特、谢林、柏格森诸人所承认的只适用于死的世界中的方法，来对付生命及意识，如同对付物质一样。这种危险是有的，惯用抽象的法式对付实在的思想家，常常遇到。哲学的正当职能即在于免除这种危险，聪明地运用各种方法；理智经历一次，就进步一层。

人心的本性中并没有什么东西能使实在转化为可以计算、排列、测量的死东西，也没有什么东西能阻止其公平地对付新哲学家所常注意的流动生活的经验。理性论并不是死死地局限于数学物理的方法及静的绝对，也未曾被任何假设阻止其形成动的、发展的宇宙观。黑格尔曾经假定这种世界，而使理性与之步调相合；在他的意见中，合理的思想是一种动的程序，正如世界的程序一样。没有一个浪漫主义者能够高唱理智之不可恃，纵然有之，也不过是想避免理智的错误而已，绝不是抛弃理智，依凭信仰与直觉；浪漫论者觉得理性本身就能救济零碎的悟性之偏见。

第四节　哲学的目的

不论黑格尔想把动的宇宙程序再生于思想中的尝试能否成功，人类的理性都不需要一个静的宇宙观以图满足。有理性的人也不一定要有像逻辑学者那样的心理，把宇宙认为是无血肉的范畴之骨架，或者把宇宙认作一个无情感的想象的神。哲学的目的在于说明其所遇到的经验，换言之，哲学的目的在于理解经验，把经验转化为通晓的知识，把经验的问题加以解决。哲学未曾想由先天的真理创造实在，离开经验构建概念的系统，而且就算未曾闭目塞听，也是在黑暗中摸索世界。它主张公正地观察经验，首先观察事物的真相，然后了解它们彼此间的复杂关系。它未曾排斥帮助其达到目的的任何方法——不论是理智的、美术的还是直觉的。不过它不采用任何未加批评的方法。

而且，新派哲学中没有一派想逼迫我们信任它们的直觉或信仰的意志，却不说出要信任这种方法而不信任那种方法的理由，不过其所说的理由，是否充足尚是个问题。纯粹经验、直接经验、理智的直觉、同情的美术、道德或宗教的信仰能够最明白最真确地看透实在，在这种意见中，通常有或多或少的理性论。求知欲强的人，对于巫术魔术的盲目信仰不是依其证据，而且无经验足以说明之。

第五节　死宇宙

费希特、谢林、柏格森及其他哲学家所注重的内心经验——人之内在的精神生活，若无丰富的认识作保障，就不能等闲视之，或转化为单纯的现象。新哲学的运动反对生活与心理的机械观，这也许是对的，但它们不反对理性论与理智；自柏拉图以来，很多哲学家主张理性论，而反对静止的机械的宇宙观。改革家们对于唯心论的死宇宙观、原子论的精神论或目的论的专制主义之抗议也许是对的，但不是理性论的劲敌，因为理性论未曾视精神生活如木石。理性论的任务在于了解经验所提出的问题。

其实，理性只作用于合理的世界中，在这个世界中，异之外有同，多之外有一，变之外有不变。理性所要求的不是静的死的世界；理性不被生活、变化、进化所妨碍，如果创造与新奇不是绝对紊乱的，理性也不被创造的进化和新奇所妨碍；在杂乱无章的世界中，理性就会有所迷惑。在此情形中，不论是理性还是直觉，都无所用其技。新的若与旧的无关系，便无意义，因为无旧便不能有新。然而新的事物到来并不能使理性无从研究。生活的现象与意识的现象同机械的事情比起来，也许是特殊的事情，理性论若不能把它们归为一种单一的原理，就须承认它们的特殊性。理性的任务不在于误会经验的世界，而在于正当地了解经验的世界。理性有一个简单统一的理想，但它并不一定要消灭差异。理性本身就是参差中的统一，多中的一，并未妨碍其本性。

第六节 理智与直觉

把经验机械化了的思想方法，我们不妨叫作理智，得到别的不同概念的机能不妨叫作其他名称。如果我们愿意，也可以区分理智与直觉，认为前者是科学的研究方法，后者是高等秩序的玄学知识之来源。但这种区分是人为的，浪漫主义者认为其把不能区分的东西也勉强分开了，因而反对之。无论什么直觉，绝对缺少不了理智，无论什么哲学、什么知识，无一不有理智的作用。彻底的经验主义、朴素的实在主义及直觉主义，都力图直接得到实在的真髓，皆渴望得到实在，进入玄学的庙堂。这些学说若能成功，理性论也能采用之。然而未经作用于寻常生活中的理智检验的经验——不论是纯粹的、直接的还是直觉的——能做哲学真理的基础吗？这种理智能够沉默不动吗？能够进入一种非理智的神秘状态吗？假如能够，对于科学与哲学又有何用呢？无论什么学说，如果要确定其方法及知识的来源；绝不能不对其直接的经验加以反省及分析，指出其如何构成，并应用许多范畴说明之。新哲学家所说的纯粹经验，并不是完全纯粹的经验，而是分析与反省的结果，即他们所反对的概念之思想作用的结果。呼声虽然是赫拉克利特的呼声，手腕则是巴门尼德的手腕。

如果理智只给人们以外表的世界，只给以因果的、机械的关系中物理的现象，那么，它就未曾给人们以全貌。如果理智麻痹其所见到的事物，停止运动，残害生命，损伤实在，那么，科学的思想就不适宜，哲学就应当放弃并且需要另谋特别的方法。概念的思想如果犯了这类破坏的错误，那么，直觉论者反对逻辑与概念的思想，或者说逻辑与概念的思想只配应付死的世界，就是正当的批评了。感官的知觉不是知识的唯一来源，感官所知觉到的事物不是知识的唯一对象。直觉论者的这种主张也是正当的。只能感受外观的必不能得到经验的全体，因为经验中有非外观的理智所能得到的。活的意识是世界中的一种东西，只有活的意识能认识之。如果有了静止的绝对方能有科学，那么，想用科学去对付生命与精神，必定会发生错误，科学最好不要去理会生命与精神。可是不要小看了理智与知识。科学不限于外表的知觉。理智的功用不限于分割、计算、测量，以及整理零碎的事物；理智的功用，对于分析与综合是同等重要的。这两种功用互相包含、不能分离，无此就不能有彼。那么计算、测量、整理又怎么能彼此分离呢？

第七节　结论

总之，如果以为理性论是由先天的原理来演绎世界的，离开经验构建绝对的系统，因而反对之，这种反对是很对的。一切思想的目的在于解释我们所遇到的经验，绝不是由先天的原理组成经验。我们研究种种学说，以便于帮助我们了解实在；而这些学说的基础必须放在经验上，绝不可悬在空中。纵然心理上希望真确，并希望有一个互相关联的判断系统为其理想，但现今的理性论并非如此，而且不能要求有完整的真理。再者，人类的思想有自己的方法或习惯，当理性论认识思想的范畴及习惯时，理性论是对的。然而这些范畴或习惯不是任意而为的，而且它们未曾伪造真相。假定在这个世界中生长的心必有其精神的东西——这是自然而然的假设；心在一个未曾有过习惯的世界中，如何能构成种种习惯呢，或者说，心如何能生长于一个不知法则的环境中，且遵守法则呢——这是难以明白的。如果把世界范畴化了，就是误解了世界，岂不是有健全精神的人是疯子、疯子的精神是健全的之二重怪论吗？

另外，如果理性论以为经验表面的复杂是幻象，由抽象的作用而得到的具体个体的绝对领域是物质、能力、精神或神，则多元论的反对是对的。统一离开复杂是死的，正如复杂没有统一是紊乱的一样。思想本身对于绝对统一无所用其技，恰如对于绝对的混沌无所施其技一样。感官知觉、感情及直觉在这种场合，亦无不如此。理性论未曾强迫我们把一切程序转化为一种简单原理；有差异、反对、变化的世界，是合理的世界。无统一与法则的世界，不能有知识；无差异与变化的世界中，也不能有知识。理性论不以为科学或哲学的目的与途径是演绎的，它未曾把心局限于数学物理的方法上，未曾强迫人把生物学、心理学及历史转化为物理学，也未曾强迫人把一切事物转化为静止的绝对及无生气的宇宙。它留有很多冒险及选择的余地，它公平地对待经验，而且发现经验中的和谐及理性。纵使自然及其法则是不断变化的，理性论依然不放弃其在此不断的变化中仍能发现法则的主张。如果自然完全是无法则的，理性论就要归于失败了。但不仅理性论要归于失败，其他的哲学——实验主义、直觉主义及其他主义——无不归于失败，因为任何哲学都是理想经验的，若在不合理的世界中，都是不能发展的，而且在这个世界中，任何事情都不能做。

理性论的根本假设是：经验是可以理解的，正当的问题是可以解决的，理性对于它们如果应付得当，就能够解答它们。然而理性的要求不一定是要阻止自由、责任、变化、新奇、进化的可能，任凭绝对的决定论张牙舞爪。如果实在破裂为物理的因果或精神的因果系列，则具体的个体（人或物）都要成为机械的或目的的东西。人不论是被物理的机械还是普遍的目的所驱使，终究等同于奴隶。可为什么我们要以这样无生气的方法来说明因果、目的及进化的范畴，而且坚持所见到的事物（生命及意识包括在内）是绝对静止的呢？这样的见解，显然是理性及理智之狭隘的及非历史的见解，而且给了机械论以容易获胜的机会。避免死的宇宙观，不是遵从浪漫主义的途径，而是遵从理性论的哲学之途径。